伊藤仁斎の古義学

稿本からみた形成過程と構造

丸谷晃一 Maruya Kōichi

ぺりかん社

伊藤仁斎の古義学＊目次

第一部

第二部

第三部

著者（2014 年 2 月撮影）

凡　例

一、本書は、丸谷晃一氏が生前に発表した論文を荻生徂徠研究会*（通称「徂徠研」）が編集し、各論文を第一部〜第三部に分類し、著作としてまとめたものである。

一、本書の表題は、編者が付したものである。また、各論文の題名は初出に従った。

一、各論文は、明らかな誤字・脱字については編者の責任において適宜訂正し、漢字は原則として通行字体に改めた。また、表記や語句についても本書全体にわたって可能なかぎりの統一を施した。

一、各論文における諸稿本からの引用は、丸谷氏が使用した天理大学附属天理図書館古義堂文庫所蔵本のモノクロ写真版との校合を行った。誤りと思われる箇所については、編者の責任において、とくに断らずに訂正を施した。また、諸稿本からの引用に関する用字や表記については、本書全体にわたっての統一を施した。さらに、稿本以外の引用に関しても、それぞれ原文と校合して、用字・用語を原文と同じくするなどの訂正を施した。

一、第一部・第二部所収の諸論文のうち、諸稿本からの引用が返り点付きの漢文である場合には、それを参考にしながら、編者の責任において書き下し文を作成し、返り点を除いた漢文を【　】のなかに併記した。

一、傍線・傍点等の記号は原則として初出に従ったが、読者の便宜をはかるため、一部の記号は変更し、網掛けなどの処理を施した。

一、各論文の註には、編者による補足を加えた箇所がある。

一、読者の便宜をはかるため、第一部〜第三部の各部冒頭に高山大毅（駒澤大学文学部専任講師）による「解題」、第三部の後に相原耕作（明治大学政治経済学部専任講師）による「解説」、巻末に澤井啓一（恵泉女学園大学名誉教授）による「跋にかえて──丸谷晃一氏の経歴および研究業績」を掲載した。また、「解説」の後に、丸谷晃一氏と親交のあった徂徠研のメンバーによる文章（「コラム　丸谷晃一さんと私──その研究と思い出」）を収録した。

　＊荻生徂徠研究会については、各メンバーによる「コラム　丸谷晃一さんと私」および澤井啓一「跋にかえて」を参照のこと。

（荻生徂徠研究会）

第一部

第一部解題

高山　大毅

丸谷晃一氏の終生の研究テーマは、稿本資料に基づいた伊藤仁斎の思想の解明であった。古義堂に伝えられた伊藤仁斎の稿本類は、現在、天理大学附属天理図書館に所蔵されている。丸谷氏は、これらの稿本を読み解くことで仁斎の思考の軌跡を辿り直すことに取り組んでいた。それは亡くなる直前まで変わらなかった。仁斎の学問の時に逡巡しながら前に進む足取りに合わせるかのように、丸谷氏は膨大な仁斎稿本と格闘しながら研究を進めていった。仁斎の思想の魅力は、晩年の見解――いわば「定論」――にのみあるのではなく、逡巡の過程で示唆されながら最終的には消えていった未完の議論にもある。それと同じく、丸谷氏の論考には、論文内で完結した議論に加えて、十全に展開される機会を得なかった興味深い知見が多く見られる。その中には、現在の仁斎研究では見失われがちな問題への言及もあり、仁斎研究ないしは近世日本儒学研究の今後の方途を考える上でも優れた指針となる。

本書は、丸谷氏の論考をまとめるに当たり、氏の議論の射程が明瞭になるように三部構成を採用した。第一部は、丸谷氏の仁斎解釈の特色がよく示されている三つの論文を収めた。第二部は、試論的な性格の強い論文を集めた。第二部所収の論文は第一部の論文と重なる内容も見られるが、関心の所在や取り上げる資料が異なっており、比較することで読者は様々な発見を得られるであろう。第三部は、研究初期の論文を参考資料として収めた。

丸谷氏の論考は、『童子問』『論語古義』『孟子古義』といった仁斎の著作の改訂過程を丹念に分析する内容であるため、仁斎学に馴染みのない読者は、分かりづらい面があるかもしれない。そこで、丸谷氏の議論の背景にある研究史に触れながら第一部の論文について紹介したい。

伊藤仁斎は、自著の稿本の余白に書き入れを施し（長い文章は張り紙に記す場合もある）、余白がなくなるとそれに基づいて新たな稿本を作成し、さらに書き入れを施す――という過程を繰り返すことで、自己の学問を練り上げていった。そのため、仁斎の著作には複数の段階の稿本が伝存している。

仁斎研究においてとりわけ厄介なのは、稿本と刊本の異同の問題である。仁斎は生前に自著を刊行せず、長子の東涯らが校訂を行なった上で仁斎の著作は出版された。東涯らの校訂は、字句だけでなく内容に関わる変更を行なっていることがあり、刊本は仁斎個人の思想に忠実とは言い難い。そのため、仁斎の思想を明らかにするためには、いわゆる「林本」（弟子の林景范の手になる仁斎生前の最終稿本）をはじめとする稿本の参照が欠かせない。

稿本類を用いた仁斎研究を可能にしたのは、古義堂資料の整理と『古義堂文庫目録』（一九五六年）の刊行である。一九六〇年代半ば以降、稿本資料を用いた研究が行われるようになり、丸谷氏の仁斎研究も、このような稿本研究の流れに連なっている。

⑴伊藤仁斎における「同一性」批判の構造――人我相異論の形成過程（『季刊日本思想史』第二七号、ぺりかん社、一九八六年九月）

丸谷氏は、一九八三年に最初の学術論文である「伊藤仁斎の人間観――『孟子古義』諸稿本を中心として」（第三部所収）を発表した。七〇年代の終わりから八〇年代の初めにかけては、優れた仁斎研究が次々と発表された時期にあたり、丸谷氏の論文もその一つである。この頃の研究の多くは、自己と他者との差異や人間関係をめぐる仁斎の議論に注目しており、丸谷氏の論考も、同時代の研究と関心を共有している。

またこの時代は、学問領域の枠組を越えた近世日本儒学研究者の交流の草創期であった。これ以前は、政治学・倫理学・日本史学・日本文学研究といった領域を隔てる壁は高く、相互交流はそれほど盛んではなかった。一九八五年九月に大阪大学で開催された仁斎シンポジウムは、複数領域の研究者が一堂に会した重要な企画であり、現在の仁斎研究の学際的な有り方の起源として回顧される（シンポジウム全体については、前掲『季刊日本思想史』第二七号を参照）。丸谷氏は、このシンポジウムに報告者として参加している。

「伊藤仁斎における「同一性」批判の構造――人我相異論の形成過程」は、第三部所収の「伊藤仁斎の人我相異論の成立過程――仁斎の人間観と道徳観をめぐって」をもとにしながら、仁斎シンポジウムでの報告を経て、大幅に加筆修正された論文である。

仁斎は、朱子学の説く「同一性」を否定し「人間の能力や性質はそれぞれ異なるものという個別性」を説く。丸谷氏はこれを「人我相異」論と呼ぶ。丸谷氏の論考は、『童子問』諸稿本を比較することで仁斎が「人我相異」論を形成していく過程を丁寧に追っていく。仁斎の学問についてはその画期性に関心が集まる傾向があるのに対し、丸谷氏は、仁斎が朱子学の一部分を選択的に摂取した上で自己の思想を構築していったことを強調する。

さらに丸谷氏は、人間の同一性に道徳の普遍性を根拠づける朱子学と異なり、人間の「有限性・個別性」に立脚しながら、「普遍的原理」としての「道徳規範」を捉える仁斎の視座を分析する。その際に、丸谷氏が仁斎の「思」（思慮）をめぐる議論に注目するのは特徴的である。自己の内に「普遍的原理」を具えない人々が、それぞれの場面での適切な行為を思慮し、判断する——このような過程として仁斎が人々の「道徳的営為」を認識していたと丸谷氏は見るのである。

(2)伊藤仁斎における「性善」論の構造（『人文学部研究論集』第一号、中部大学人文学部、一九九九年一月）

仁斎の「性善」論を、「悪」の問題を視野に入れながら考察した論文である。

仁斎は、『孟子』を尊崇し、「性善」を説く。しかし、仁斎は、「絶対「善」」である「本然の性」が人間に内在すると考える朱子学を否定し、「性」の多様性を是認する。丸谷氏は、仁斎思想における「善」が個人の内面ではなく、自他間の関係の次元に位置づけられていることを確認した上で、仁斎の考える「性善」の意味を探っていく。仁斎によれば、「性善」は「四端の心」を述べたものである。「四端の心」について丸谷氏は自他の役割や状況を配慮しながら、場面ごとの具体的な行動を適宜判断する能力であると解する。このような理解は、丸谷氏の仁斎解釈が「思慮」を重視することと関わっている。

後半は「悪」の問題について扱う。前半で論じられている「心」を開く／開かないというあり方と思慮の関係が、「悪」に関する仁斎の所説を分析することで明確にされる。また、仁斎の考える「邪説暴行」の歴史を追うことで、仁斎の「性善」論の特質を照射している。

この論文の末尾には「人の外に道なく、道の外に人無し」という仁斎のテーゼの検討が予告されている。第二部に収めた「伊藤仁斎における「道」秩序の構造」㈠㈡がそれに当たる。

(3)伊藤仁斎の「情」的道徳実践論の構造（『思想』第八二〇号、岩波書店、一九九二年十月）

第一部の最後に、時系列でいえば(2)の論文よりも早い「伊藤仁斎の「情」的道徳実践論の構造」を置いた。丸谷氏の仁斎解釈の特色が最も鮮明に示された論文だからである。

朱子学と異なり、仁斎学は「情欲」に寛容であるといわれる。丸谷氏は、仁斎が「欲」を含む「情」を肯定しながら道徳的実践論を如何に構築したのかを考察する。

丸谷氏の議論は、「理」を重んじる厳格な朱子学と「情」を尊ぶ温厚な仁斎学——といった図式に収まらない独創的な仁斎解釈を展開する。初めに丸谷氏は、仁斎の用いる「情」概念が「経験に基づく判断力」を含んでいることを指摘する。その上で、仁斎は「情」の逸脱が「心」の「思慮」によって制御されると見ていたと説く。このような解釈は、情緒的な共感を軸に仁斎学を捉える見方とはかなり異なっている。「心」にせよ「情」にせよ、仁斎思想においてそれらは知的判断を伴う内面の働きを指していると丸谷氏は見るのである。

個々の人間に具わる道徳上の判断能力がどのように客観性を獲得するのかについては、丸谷氏は次のように説明する。人間関係における〈適宜〉性の基準は、それぞれの人や場面、時によって異なる。しかし、〈適宜〉性の決定の仕方には共通性があり、「類型的行動様式」をそこに見出すことは可能である。孔子の教えはこの「類型的行動様式」を示したものである。つまり、人間には、善悪について思惟し、判断する能力がある。孔子の教えは、具体的に「どうすべきか」を語っているというより、その能力によって「どう考えるべきか」という判断の手続きや型を説いているというのである。

丸谷氏の描く「思慮」重視の仁斎学は、「人情」重視の仁斎学といった理解の袋小路を突破する手がかりを示している。

伊藤仁斎における「同一性」批判の構造——人我相異論の形成過程——

一　問題の所在

伊藤仁斎（一六二七～一七〇五）は、その思想的営為の出発点を朱子学に置いたが、やがてそこから離れて、紆余曲折を経ながら彼自身の思想を形成することに努めた思想家として位置づけられる。この思想的遍歴の過程は、仁斎が著わした諸稿本のなかに無数の改訂や書き入れとして今も生々しく残されており、そこには、朱子学に身を委ねていた仁斎が、それを対象化し、そのうえで批判的に取捨選択を行い、同時に彼自身の思想を形成しようとした経過が窺える。しかし、こうした仁斎の思想的遍歴を明確に捉えるためには、まず仁斎の諸稿本における改訂の一つ一つの意味を考察し、ついで、その改訂に基づいて仁斎の思想的変遷をたどり、そのうえで仁斎の思想形成過程を組み立てる作業が要請されよう。本稿では、朱子学からの離脱過程にことに着目し、この過程を仁斎の思想形成に即して明らかにすることを試みるが、こうした作業を行う理由は、従来の仁斎研究においてほとんど着手されていないからだけではなく、この作業を通じてこそ仁斎の朱子学理解の内容、それからの離脱過程において仁斎が抱えた問題、またその解決の方法がより具体的に示され、仁斎の思想形成過程が正確に把握できると考えるからである。

本稿の分析対象として取りあげるのは、おもに『童子問』の五種の稿本、「元禄四年本」「元禄六年本」「元禄八年本」「元禄十六年本」「林本」である。(1)具体的には、『童子問』巻之上・二十一章に見える、朱子学における自己と他者の同一性を否定し、仁斎独自の人間観、すなわち人間の能力や性質はそれぞれ異なるものという個別性が説かれている点について分析しよう。これを本稿では〈人我相異論〉と呼ぶことにする。〈人我相異論〉という呼称は、もとより仁斎が命名したものではない。しかし、そこには仁斎固有の発想が認められるので、以下では〈人我相異論〉として扱う。あらかじめ、本稿の展開にそって、さきの稿本をこの〈人我相異論〉の形成過程に位置づけて見ると、次のようになる。朱子学の同一的人間観に有限的・個別的人間観を対峙させるものの、そこから生じた課題をまだ解決できない段階が「元禄四年本」であり、ついでこの課題に対して解決策を提示するが、必ずしも十分な成果が得られていない過渡的段階が「元禄六年本」であり、仁斎固有の思惟方法を創りだし、この課題を解決した段階が「元禄八年本」である。これ以後の二本は字句の訂正にとどまる。

ところで〈人我相異論〉では、『中庸』の、

唯だ天下の至誠のみ、能く其の性を尽すと為す。能く其の性を尽すときは、則ち能く人の性を尽す。能く人の性を尽すときは、則ち能く物の性を尽す。能く物の性を尽すときは、則ち以て天地の化育を賛す可し。以て天地の化育を賛す可きときは、則ち以て天地と参す可し。【唯天下至誠、為能尽其性、能尽其性、則能尽人之性、能尽人之性、則能尽物之性、能尽物之性、則可以賛天地之化育、可以賛天地之化育、則可以与天地参矣】

の解釈が問題とされている。当該箇所に対する仁斎の解釈を見ると、『中庸発揮』(以下『発揮』と略述)の天和三年以前に成立したとされる「第一本」に「聖人上に在るときは、則ち猶《な》を大化の洪鈞を輔くるがごとく、而して人物の性、各《おのおの》其の沢を被りて、其の性を遂げざること莫し【聖人在上、則猶大化之輔洪鈞、而人物之性、莫不

各被其沢、而遂其性】」とある。[2] ここから人と物とは、それぞれに「性」を成し遂げるものだと仁斎が解釈したと考えてよいだろう。また「第二本」以降の解釈の変化について略述すれば、「第二本」では傍線部が抹消され、「第三本」では「天下至誠」などの解釈が改訂されるが、右の文章は残り、最終稿本とされている「元禄七年本」は、おもに「心」に「思」の働きがあること、また『孟子』の「性を養ふ【養性】」という視点から、『中庸』の「性を尽す【尽性】」への批判という内容の大注だけが書き入れられる。大注については、後に分析するとして、ここでは解釈の基本に関わる変化がないことを確認するにとどめる。仁斎の解釈は、少なくとも『中庸』本文が説く自己から他者へ、さらに物へという「性」の連鎖を断ち切る方向にある。とすれば、『童子問』に見られる〈人我相異論〉は、『中庸』に対する仁斎の解釈をさらに積極的に展開したものと言えよう。

では、なにゆえ『中庸』に見える「性」の連鎖を断ち切る必要があるのか。それは、朱子の『中庸章句』（以下『章句』と略述）[3]が、『中庸』の叙述に基づいて、人間と物とに同一的に「性」が具わるとの解釈を導きだしたことに関わる。つまり、仁斎は、朱子学が人間を同一的に把握すると見なしたが、こうした朱子学の人間観の基盤には『中庸』の解釈があると見ていた。そこで『発揮』では、『中庸』本文の連鎖を断ち切っただけであったが、『童子問』では、自己の思想を積極的に展開させて、人間の個別性を強調し、朱子学の同一的人間観を否定する〈人我相異論〉を仁斎は述べたと位置づけられる。それゆえ、仁斎の〈人我相異論〉は、『中庸』の本文を軸として、『章句』の同一的人間観と対峙して形成されたと言いうる。同時に〈人我相異論〉は、ただ朱子学的人間観に対峙するだけではなく、朱子学的人間観を支える思惟方法の否定にまで踏み込むものであり、朱子学の否定を媒介にして仁斎自身の思惟方法を確立させた。したがって、仁斎の〈人我相異論〉には、『中庸』の解釈を発端として、仁斎固有の思惟方法の確立に至るまでの、先行の、しかも外来の思想の受容と変容のドラマの表象を見ることができる。

本論に入る前にいま少し付言しておかねばならないことは、仁斎の朱子学理解という問題である。〈人我相異論〉は、『章句』の同一的人間観への批判として形成されるが、『章句』では、同一的人間観だけではなく、人間の差異性が周到にも説かれていた。それを仁斎は無視している。この点の分析については以下に譲るとしても、つぎの問題点を指摘できる。朱子学では、すべての人々に同一に具わる「本然の性」が説かれているにしても、反面「気」に清濁などの差があることから、現実における人間のあり方の差異性も認められていた。つまり、朱子学では人間の本質的同一性と現実的差異性とは、位相の違いはあるとしても、それぞれ説かれている。にもかかわらず、仁斎は朱子学では人間を同一的に把握していると単純に断定する。したがって、このことから仁斎の朱子学理解は、朱子学の体系的な位相の相異をまったく無視したものと批判できる。しかし本稿の主眼は、仁斎の朱子学理解の浅薄さをただあげつらうことにあるのではなく、仁斎の理解した朱子学像と朱子学自体との相違が何に帰因するのかを考察することにある。この相違にこそ仁斎の問題意識が反映されていると考えられるからである。さらに朱子学批判をしつつ自己の思想を形成するという、仁斎の思想形成過程を考察するにあたって、この相違の生じた理由を解明することは、仁斎の思想の根幹を捉える重要な問題であろう。

以上のような問題関心のもとに、仁斎の〈人我相異論〉を取りあげるが、これは、拙稿「伊藤仁斎の人間観」（本書第三部収録）を引き継いでいる。そこでは、『孟子古義』の四種の稿本の分析によって、以下の点を解明した。仁斎が「性」を「気質の性」に限定したこと。そのために道徳的根拠をどこに位置づけるのかという課題を背負いこんだこと。この解決のために、仁斎は試行錯誤を繰り返し、「元禄十年重訂本」に至り、「夫れ仁義礼智の徳なる者は、天下の達徳なり」という表現を獲得したこと。この分析の結果、つぎのような仁斎の思想的変化を示しえた。それは、道徳的根拠を人間の内面に置く朱子学的発想から、徳目を人間の到達すべき目標として位置づける発想への転換である。この分析を受け、筆者には、この転換が何に基づくのかという課題が生じた。先述のように〈人我相異論〉こそがこの転換の基盤にあると考えられる。そこで新たに稿を起すことにした。

二　「元禄四年本」における思想的展開

〈人我相異論〉は、『章句』二十二章の解釈に対峙して形成されたと考えられるので、まず『章句』の解釈を手がかりにして朱子学的思惟方法の特質を示し、そのうえで「元禄四年本」の分析を行い、このことによって〈人我相異論〉が第一段階で抱えた課題を明らかにする。この二つの作業を通して、「元禄四年本」段階での仁斎の課題は、朱子学的思惟のどの点への批判から生じたのか、また仁斎の発想は朱子学のそれとどこが異なるのかを明らかにすると同時に、仁斎の発想の根幹にある朱子学理解の質を示すことができよう(4)。

其の性を尽す者は、徳実ならざる無し。故に人欲の私無し。而して天命の我に在る者は、之れを察し之れに由りて、巨細精粗、毫髪の尽さざる無きなり。【尽其性者、徳無不実、故無人欲之私、而天命之在我者、察之由之、巨細精粗、無毫髪之不尽也】

『章句』における解釈の主眼は、以下の点にある。「徳」という普遍的原理がすべての人の内面に具わっており、その発現は、「人欲」の克服がなされてはじめて可能なのであり、この克服する営為自体が「其の性を尽す【尽其性】」ことであると述べられている。さらに普遍性は「天命」、したがって事物総体の存在の根拠であり、事物のあるべき姿を示している「理」によって確保されている。ここで注意しなければならないのは、「天命の我に在る【天命之在我】」という表現から、朱子学においては天地自然の自然性と人間の自然性とが同一的に結合させられていると考えられがちであるという点である。しかし、朱子学において、最終的には天人合一的状態が目指されているとは言えるとしても、論理的には「理」という原理が二者の間を媒介しており、単純な二者の結合ではない。したがって、この表現においても「天命」と「我」とが「理」を媒介にして関係づけられており、この普遍的原理の介在によって道徳的実践の根拠が「本然の性」として人間に内在することを示すことが、そのままこの実践を根拠づけることになるのである。

つぎにさきにも触れたが、右の引用のすぐ後に続く部分、すなわち人間の差異性について説いた箇所を検討してみる。

人物の性も、亦た我の性なり。但だ賦する所の形気の同じからざるを以て、而して異有るのみ。【人物之性、亦我之性、但以所賦形気不同而有異耳】

「人物の性も、亦た我の性なり【人物之性、亦我之性】」とは、普遍的原理である「理」の人間におけるあり方である「性」、つまり「本然の性」が自己と他者とに同一的に存在すると述べているのであって、人間存在総体が同一的であると述べているのではない。だから、周到にも「但」以下のところでは、「本然の性」が「形気」を媒介にして発現したあり方が個々人によって異なると述べられているのである。では、人間存在において、同一性と差異性とが重層的に認められている人間観はどのようなものであろうか。朱子学における「理」と「気」の関係は、相互補完的なものである。つまり、「理」がなければ、「気」は具体的な事物を構成できないし、同時に「理」は必ず「気」を媒介にしてしか発現できないと、朱子学では考えられている。したがって現実における人間は、「本然の性」を道徳的根拠として必ず有しており、この点では人間は同一的に把握されていると言える。しかし、その発現を媒介する「気」には清濁などがあるために、その発現の仕方には差異が認められているし、「気」が濁る状態になると「本然の性」は蔽われてしまい、十分な発現は妨げられ、そこから悪への可能性が生じる。この点では、人間の差異性が認められていると言える。要するに、現実における人間の存在のあり方については、朱子学では「本然の性」を発現させる可能性を有してはいるが、「気」の濁に帰因する悪をも行いうるものと捉えられていると概括できよう。

以上のように、朱子学的人間観においては、本質的同一性と現実的差異性が認められており、人間が全体として同一的存在であるとはまったく考えられていないことは明らかである。

ついで、〈人我相異論〉がはじめて示された「元禄四年本」の付箋による改訂箇所を考察する。

> 其の所謂る能く其の性を尽す者は、己の性分に在り。人の性を尽す以下は、己の性分の能く及ぶ所に非ず。学問の功に非ざれば、不可なり。人の性分の及ぶ所は限り有り。【其所謂能尽其性者、在己之性分、尽人之性以下、非己之性分之所能及、非学問之功、不可、人性分之所及有限】

ここで注目すべき点は、(1)「性」を「性分」と言い換えている点、(2)自己の「性」の有限性を述べている点、(3)「其の性を尽す」ための手段として、「学問」の功用を重視する点の三点である。(1)の「性分」は「性」の分限と解釈でき、(2)では「性」の限界性が明確に述べられている。仁斎はこの二点を述べることによって、『中庸』を批判する立場に立つことを明らかにした。つまり、『中庸』のこの箇所では、自己の「性」から他者の「性」へ、そして「物」の「性」へという、一種の連鎖が述べられている。この箇所が朱子学における同一的な「性」の根拠となると、仁斎は考えた。そこで「性」の分限と有限性とを主張することによって『中庸』に示された連鎖を断ち切り、朱子学の解釈の基盤を突き崩すことを仁斎は意図したと考えられる。

さらに右の引用の前に、一把の薪では一斗の米を炊くことはできないという主旨の長い比喩が述べられている。この比喩の意味するものは、人間の能力や性質はそれぞれに異なり、限界があるということである。この点と(1)と(2)とをあわせて考えてみると、「元禄四年本」段階で仁斎は、個々人が「性」を同一的に共有する存在であるという立場ではなく、人間を有限で個別的存在として規定する立場にいると言えよう。それゆえ、〈人我相異論〉の骨組みは、この稿本段階ですでに示されていると言いうる。しかし、この段階では、以後の完成された〈人我相異論〉と比較すると、骨子はほとんど含まれているものの、それはまだ萌芽にしかすぎないと言えよう。

萌芽であるというのは、つぎの理由による。「元禄四年本」段階では、たしかに朱子学の同一的人間観に有限的・個別的人間観を対置させたが、この人間観に基づいた道徳論がまだ積極的に展開されていない。それでも、わずかに示された道徳論からは確実に将来を予見させるような二つの示唆を読み取ることができるからである。その一つは、さきの引用で着目した(3)の「学問」の問題であり、もう一つは、「拡充」の問題である。(3)では、「其の性を尽す【尽其性】」ための手段として「学問」を強調している。この「学問」は、仁斎の文脈からは普遍的原理を体系的に示したものというよりは、学習するという個人的営為として解釈した方がよいであろう。仁斎は、この強調によって道徳的実践を、生来的な「性」のなかで捉えるのではなくて、後天的かつ外在的な学習によって成し遂げるものとして理解する方向に向うことを示そうとしたのである。つまり、仁斎は、『論孟』に示された真理を、個人がそれぞれに学習することこそが道徳的実践においてまず必要なことであると考えていたのである。

ついで「四端の心」の「拡充」論について検討する。「元禄四年本」段階における「拡充」論は、『中庸』の「能く物の性を尽すときは、則ち以て天地の化育を賛す【能尽物之性、則以賛天地之化育】」以下の部分の解釈として示されているが、内容は、ただ『孟子』離婁章句下が引用されて、「其の勢の窮り無きなり【其勢之無窮也】」という仁斎の見解が示されているだけである。したがって、この段階では仁斎が個人の営為として「四端の心」の「拡充」を重視していたことしか窺えない。以上の二点から、「元禄四年本」段階における仁斎の捉えた道徳的実践のあり方を導きだしてみると、以下のようになる。有限的・個別的人間は「教」を個々人で学習することが必要とされ、その営為が「拡充」なのである。「拡充」の過程は、非常に長いものではあるけれども、その営為を成し遂げていく勢いはすばらしいものだ、と。仁斎のこの道徳論は、「性」を有限的かつ個別的に認識することによって、朱子学のなかで重要な位置を占める「性」の価値を貶しめ、それに反比例するかのように道徳的実践における「教」と「学」を重視したと言いうる。しかしながら、この道徳論においては、「教」や「学」の重要性は述べられていても、それがなぜ重要なのか、また「教」にはなにが示されているのか、さらに「教」と有限的・個別的人間との関係はどのようなものであるのか、という点についての仁斎の見解は窺えない。したがって、「元禄四年本」段階における仁斎の思想的到達点を規定すると、朱子学の同一的人間観に有限的・個別的人間観を対置させ、前者を批判してはいるが、後者に基づく道徳論はいまだ積極的には展開されていないと言えよう。けれども、この段階で次の段階での仁斎の方向性を見て取ることができる。それは、仁斎が道徳的実践を個人の営為として捉えている点である。しかし、それが積極的に展開されるのは、仁斎が捉えた朱子学的思惟方法を批判し、彼固有の思惟方法を創りだし、その方法によって道徳論を展開する「元禄六年本」「元禄八年本」においてである。

ところで、「元禄四年本」での〈人我相異論〉では、たしかに人間の個別性と有限性とが説かれているが、その説明は、『章句』における人間の差異性を説く箇所とさほど隔たっていない。『章句』の解釈からも、現実における人間がそれぞれに異なる存在であることを容易に導きだすことができるからである。にもかかわらず、仁斎はこの点についてまったく触れていない。なぜだろうか。これは仁斎の朱子学理解に関わる問題である。これを解明するためには、この段階での〈人我相異論〉から、逆に仁斎が想定した朱子学像を析出し、その特質を考察する必要がある。そのうえで、その特質から仁斎の朱子学批判の意味を考察することによって、〈人我相異論〉の意図と、この段階で仁斎の抱えた問題を浮き彫りにできよう。

〈人我相異論〉においては、「性」を限定的に解釈することから、有限的・個別的存在としての人間像が浮かびあがる。この人間像は、普遍的・無限的人間像と対置される。この時に仁斎が普遍的・無限的人間像として脳裡に描いたものは、朱子学の「本然の性」であろう。朱子学において、「本然の性」は、道徳的実践と人間存在との根拠としてすべての人間の内面に同一的に具わると考えられ、同時にそれは、「性即理」と説かれるように、普遍的原理である「理」によって根拠づけられている。仁斎はこの点を捉えて、朱子学では人間が普遍的・無限的存在と規定されていると理解したのであろう。さらに仁斎は、この人間観を基盤に置いた道徳論をも念頭に浮べていただろう。これは、寛文二年に朱子学からの訣別を自覚した仁斎が、はじめて批判の矛先を向けたのが「復初の説」であったことから推察できる。「復初の説」とは、朱子学的修養論の重要な柱であるが、それは、「気質」の偏りによって「本然の性」を十全には発現できないままでいる現実における人間が、「気質」の偏りを制御して、「本然の性」を発現するようにすることを説いたものである。こうした朱子学の構造について、仁斎は、それを固定的かつ画一的に把握して、「復初の説」は「気質」の偏りを全面的に克服して「本然の性」へ復帰するものと理解し、そのうえ「気質」の偏りの克服による「本然の性」への復帰という道筋だけが修養の方法として人々に求められていると考えたと言えよう。言い換えれば、仁斎は、現実的人間のあり方の全面否定のうえに「本然の性」は発現でき、その道筋は唯一であると理解したと考えてよい。仁斎のこの理解に立てば、朱子学では「気質」の偏りを克服できなかったり、その道筋から外れてしまった人間たちは、道徳的には否定される対象と映ったにちがいない。しかも、現実に仁斎の周囲には、自己を含めて、こうした人々が大多数なのであった。そこで仁斎は、否定の対象とされる大多数の人間たちを肯定的に位置づけるためには、朱子学的人間観や道徳論の要である「本然の性」を否定しなければならないと考えるに至ったのである。[5] それゆえ、仁斎は、「本然の性」を否定するための第一段階として、朱子学の同一的人間像を批判するために、それに有限的・個別的人間像を対置させたのである。それが「元禄四年本」段階である。しかし、これだけならば、朱子学とは別の人間観をただ示しただけであるし、寛文二年以降の「復初の説」批判も同一的人間観への批判を意味しており、したがって、この段階の批判はしばしば繰り返されるが、これだけでは批判の有効性に限界があると仁斎は考えたのであろう。仁斎は、同一性批判だけの段階を乗り越えるための次の段階として、「本然の性」を成り立たせている朱子学的思惟方法を克服しなければならないという考えを展開させた。仁斎が理解したその方法とは、現実を見据えた結果から本質を見いだすというやり方と、普遍的原理によって根拠づけるやり方とである。仁斎は、こうした思惟方法によって人間や道徳を捉えるかぎり、朱子学的人間観や道徳論からは現実における人間を肯定的に把握する視座を獲得することはできないと考えた。そして、この課題に加えて、その思惟方法にかつて依存していた自己の思惟方法を精算する意味をも含めて、「本然の性」とそれを支える思惟方法とに批判の的を定めたと言える。

仁斎は、朱子学における「本然の性」に批判を集中させたために、朱子学に対する視座を固定させてしまった。つまり、朱子学の体系的構造を無視する形で、朱子学を「本然の性」だけを重視する学として固定してしまったのである。この固定化こそが、『章句』の「但」以下で人間の差異性が述べられているにもかかわらず、それを完全に欠落させて、あたかも朱子学が人間を同一的にのみ把握するものと仁斎が考えた要因であると言うことができる。

三　「元禄六年本」の思想的展開

「元禄六年本」では、さきの「元禄四年本」において直面した課題に対し、仁斎が一応の解答を示そうとした努力の痕跡が窺える。この課題とは、「教」の内実がいかなるものであるのかということと、その「教」と有限的・個別的人間との関係はどのようなものであるのかということについて、朱子学の思惟方法に依拠せずに、仁斎自身の方法で示すということであった。仁斎は、これに対して三つの観点から解答を提出しようとしたと考えられる。その観点とは、有限的・個別的人間の側に視座を置くこと、「教」の普遍性を示すこと、「教」の内実をそのまま示すこと、というものである。

三つの観点を考察する前にこの段階で新たに加えられた朱子学批判に触れておこう。このことから、「元禄六年本」の段階において仁斎の置かれた立場が明確になると考えられるからである。

宋明儒先、皆な己の性分を尽すを以て極則と為し、而して学問の功益の大なるを知らず。殊に知らず、己の性分の限り有りて、学問の功の窮り無きを。【宋明儒先、皆以尽己之性分為極則、而不知学問之功益大矣、殊不知、己之性分有限、而学問之功無窮】

ここでは、「元禄四年本」の立場をさらに推し進めて、朱子学では「性」だけを過大に評価しすぎているという批判が展開されている。これは、「性」の有限的・個別的把握と後天的・外在的学習を重視する立場から、「性」を過大に評価して道徳的実践を人間の内面における問題としてのみ理解する朱子学的立場を批判するものである。仁斎が朱子学を「性」重視と批判する場合、朱子学の同一的人間観が考慮された発言である以上、「元禄六年本」段階においても朱子学的人間観に有限的・個別的人間観を対峙させるという骨組みに根本的な変化は窺えない。しかし、これにとどまらずに、先述の課題に対して三つの観点から解決策が提示される。ここにこそ、「元禄六年本」における仁斎の人間観に基づいた道徳論を構築しようとする、彼の意気込みを見て取ることができる。この解決策の一つはつぎの引用に示されている。

所謂る能く其の性を尽す者は、己吾の性の分内に就いて言ひ、其の人物の性を尽し、而して天地の化育を賛す〔に至〕るときは、則ち吾性の外に出でて言を為す。【所謂能尽其性者、就己吾性之分内而言、〔至於〕其尽人物之性、而賛天地之化育、則出於吾性之外而為言】

ここでは、『中庸』本文の「其の性を尽す【尽其性】」と「人物の性を尽す【尽人物之性】」以下とを区別して、前者は自己の「性」について述べたことであり、後者はそれ以外について述べたことだと仁斎は述べている。『中庸』の連鎖を自己とそれ以外とに分断する解釈は、すでに『発揮』の「第一本」にも窺えるものであるが、とくに着目すべきことは、後者を「吾性の外に出でて言を為す【出於吾性之外而為言】」と解釈する点である。仁斎は、後者の連鎖を自己の「性」を究極的地点にまで「尽」した結果、はじめて達成しうるものと捉えた。しかし、これを達成したのは「聖人」だけであって、仁斎を含めた大多数の人々は、まだ達成できず、実践過程においてそれぞれに努力をしている存在にすぎない(6)。それゆえ、大多数の人々には、『中庸』の連鎖は、分断されたものとしてしか認識できないと、仁斎は考えた。したがって、この過程にとどまる人々は、有限的・個別的存在であると言える。だからこそ、その人々にも理解可能な範囲で道徳的実践の意義づけがなされ、その人々の立場が明確に保証される必要があると、仁斎は考えたのである。このように『中庸』の連鎖をいったん「聖人」のこととして棚上げし、実践過程にとどまる人々に立脚し、かつ理解しうる形で道徳的実践を根拠づける意図から、『中庸』の連鎖を分断する解釈を仁斎は示したと言える。

ところが、朱子学では、『中庸』の同箇所の解釈に基づいて「性」の同一性を導きだし、同一性を根拠にして、道徳的に完成した人々だけが理解できるような普遍的原理や人間の本質を示すことによって、道徳的実践の必要性を説いていた。これが可能となるのは、朱子学的思惟方法では視座が普遍的原理の側に置かれているからだと、仁斎は捉えた。この方法による道徳的実践の示し方では、普遍的原理は、人間の能力の有限性に左右されて、千差万別なものとして受け取られることになる。それでは道徳的実践の根拠を示したことにもならないし、なんの説得力も持ちえないと仁斎は判断した。この朱子学的思惟方法の欠陥を克服するためには、むしろ逆に道徳的に未完成な人々の側に視座を固定し、そのうえで道徳論を構築する必要があることを仁斎は考えるに至ったのである。

以上のように、仁斎における『中庸』解釈の深化が、〈人我相異論〉の内容的充実を促進させ、この結果、有限的・個別的人間の側に視座を固定するという仁斎固有の思惟方法の獲得をもたらした。それゆえ、「元禄四年本」で直面した課題に対して仁斎は、有限的・個別的人間に基づいた道徳論を示すという解答を提出するに至ったと言える。

ところが、つぎの引用に示されている第二の観点に基づく解答には、朱子学的思惟方法の残滓を見てとることができる。

夫れ吾の性は限り有りて、而して天下の道は窮り無し。限り有るの性を以て窮り無きの道を尽〔さんと欲すれば〕、学問に非ざるときは、則ち不可なり。此れ教の〔功の〕道に次いで大と為す所以なり。【夫吾之性有限、而天下之道無窮、〔欲〕以有限之性而尽無窮之道、非学問、則不可、此教之〔功〕所以次道為大也】

ここで仁斎は、有限的・個別的人間と「無窮」である「道」とを、「教」によって関連させている。これは、「教」は普遍的原理である「道」を表わしたものであるから、「教」を学習する必要があり、この学習行為を道徳的実践と捉えるものである。この観点では、個人を有限と捉え、学習という個別的営為を重視するなど、「元禄四年本」の萌芽が展開されている。しかし、全体の文脈からすると、その営為は「道」という普遍原理によって根拠づけられていると解釈される可能性がある。つまり、この段階では仁斎の視座が必ずしも固定されていないので、この観点には、仁斎が批判した朱子学的方法との類似性を見てとることができる。

ついで、第三の観点を考察するが、この観点からは、第二の観点に比して、朱子学的思惟方法との隔りがより少ないと考えられる。

〔固に〕己の性を尽すの推と雖も、然れども学問の功に由るに非ざるときは、則ち得ず。〔性を尽すの至験（推衍）にして、学問の極功に及ぶ〕、故に之を性教合一と謂ふ。所謂る（故に曰く）誠なるときは則ち明、明なるときは則ち誠なり。【〔固〕雖尽己之性之推、然非由学問之功、則不得、〔及尽性之至験（推衍）、而学問之極功、〕故謂之性教合一、所謂（故曰）誠則明矣、明則誠矣】

ここで重要なのは、「性を尽す」の究極的到達地点では、「性」と「教」が一体となると述べられている点である。これは、個人の道徳的実践の究極的到達点を「性教合一」と説明したもので、その到達点の内容自体を示すことによって、人々に道徳的実践の必要性を説こうとするものである。したがって、この観点は、第一の観点で示した仁斎固有の方法の対極にある朱子学的思惟方法に依拠していると言わねばならない。仁斎は、この段階では、「性」を軽視し、道徳的実践の基盤から外す方向にいるにもかかわらず、「性教」の合一的状態を明らかにしようとするのは、以下の理由による。仁斎の批判の対象はあくまで朱子学における「性」であって、経典として『論語』についで彼が評価する『孟子』の説く「性」ではない。しかし、朱子学的「性」への批判を徹底させると、『孟子』の「性」への批判へと繋がりかねない。そうなれば『孟子』の経典としての価値を貶めることになる。仁斎はこの点を危惧して、「性」の位置を再び浮上させようとしたが、それが行き過ぎてしまったために朱子学的思惟方法の領域にまで踏み込んでしまったということである。

以上、述べてきたことを要約すれば、「元禄六年本」段階における仁斎は、「元禄四年本」で示された朱子学の同一的人間観への批判を受け継ぎながら、普遍的原理と有限的・個別的人間との関係を示すという課題に対して、三つの観点から解答を提出した。第一の観点では、「元禄四年本」で萌芽として示された有限的・個別的人間の営為を重視することを積極的に展開し、仁斎固有の思惟方法に基づく道徳論のあり方を示すことができた。しかし、後の二つの観点では、その萌芽の展開をわずかに窺うことができるものの、朱子学的思惟方法として仁斎が批判したものの残滓を今だ引きずっているのである。したがって、「元禄六年本」は、仁斎固有の思惟方法が示されてはいるが、その方法が全体に貫徹されていない過渡的段階として位置づけることができる。

四 「元禄八年本」の思想的展開

「元禄八年本」における改訂でもっとも重要なものは、新たに書き入れられた次の部分である。

〔夫れ〕人の我と体を異にし気を殊にす。其の疾痛痾痒、皆な相干渉せ〔通ぜ〕ず。況んや人の物と類を異にし形を殊にすれば、奚ぞ相干渉せん。之れを財成輔相して、各の其の性を遂げしむと謂ふときは、則ち可なり。之れを我の性を尽すと謂ふときは、則ち不可なり。【〔夫〕人之与我異体殊気、其疾痛痾痒、皆不相干渉〔通〕、況人之与物異類殊形、奚相干渉、謂財成輔相之、使各遂其性、則可、謂之尽我之性、則不可】

ここに示された考え方が、さきに定義した、人間の能力や性質がそれぞれに異なり、したがって自己と他者との同一性を認めず、個別性を強調する〈人我相異論〉である。また、この書き入れによって、「元禄六年本」の三つの観点のうち、最初のものは仁斎固有の思惟方法を示すものとして残され、第二は有限的・個別的人間の側から個人と「道」との関係を認識したものとして意味が明確にされ、最後は朱子学的思惟方法に依拠するものとして抹消される。そして、これ以後の「元禄十六年本」では、仁斎の思想性にかかわるような改訂はなされておらず、このことは最終稿本である「林本」も同様である。したがって、「元禄八年本」における改訂作業こそが〈人我相異論〉の形成における最終段階とみなしてよい。

「元禄八年本」で残された観点に示された仁斎固有の思惟方法とは、有限的・個別的人間の側に視座を固定化させることによって、この人間に理解しうる、また立脚した道徳論を示すということである。この点を踏まえてなされるのが「拡充」論の改訂である。

又た浩然の気を論じて曰く、直を以て養ひて害無きときは、則ち天地の間に塞がる、と。吾が気も亦た限り有るの物、其の天地の間に塞がると曰ふ者は、亦た其の養成の極を謂ひ、処として到らざる無し。皆な拡充の謂ひなり。〔旧解以為らく、本然の量を満《みた》す、と。非なり。本然の量を満すは、猶を一升の水を以て、一升の器に入るるがごとし。一斗の水を以て、一斗の器に入るる、（之れを本然の量を満すと謂ふ）、是れ孟子の所謂る本旨ならんか。〕拡充と云ふ者は、□□（推）広充大の勢、遏止す可からざるを謂ひ、本然の量を満すの謂ひに非ず。所謂る本然の量を満す者は、（旧解）徒だ理を以て之れを断ず。而して孟子の本旨を知らざる者（の故）なり。〕【又論浩然之気曰、以直養而無害、則塞于天地之間、吾気亦有限之物、其曰塞于天地之間者、亦謂其養成之極、無処而不到、皆拡充之謂也、〔旧解以為、満本然之量、非也、満本然之量、猶以一升之水入于一升之器、以一斗之水入于一斗之器、（謂之満本然之量）、是孟子所謂本旨乎哉、拡充云者、謂□□（推）広充大之勢、不可遏止、非満本然之量之謂、所謂満本然之量者、（旧解）徒以理断之、而不知孟子之本旨者（故）也〕】

この引用では、『孟子』公孫丑章句上の「浩然の気」を養うことが「拡充」の内実と理解され、さらに『孟子集註』（以下『集註』と略称）の公孫丑章句上に示された「拡充」を「皆な此れに即して、推広して本然の量を充満するを知る【知皆即此、推広而充満本然之量】」と解釈する点が批判されている。ここでまず注目されるのは、人間の「気」が「天地の間」を塞ぐということについての仁斎の解釈である。この点について、仁斎は、人間の「気」が「有限」であると限定したうえで、人間の「気」を「養成」する究極的到達点では、「処として到らざる無し【無処而不到】」という状態が獲得できると解釈する。これは、有限的人間が自己の営為として「拡充」を行った場合、その究極的到達点を示したものと考えられる。そうであるならば、三節で示した朱子学的思惟方法に依拠した表現であると言わねばならない。つまり、普遍的原理そのものを示す思惟方法と類似している。しかし、ここで仁斎がわざわざ人間を「有限」と限定している点に注意を払うべきである。というのは、有限的人間の位置に立ち、そこから普遍的原理を見あげた時に、それをどこにでもゆきわたらせるほどに立派なものに見えることの表現として仁斎が理解していたからに他ならない。これは、普遍的原理を仁斎の表現で言い換えたと考えられるが、もっとも重要なことは、朱子学のごとく、その原理自体を示すのではなく、あくまで有限的人間の立場から見あげた時の普遍的原理の状態を形容した表現として示されている点である。仁斎にとっても、道徳的実践を根拠づけるためには、普遍的原理をなんらかの形で示すことは必要であった。しかし、普遍的原理自体を示すことは、仁斎にとって朱子学的思惟方法に依拠することになると同時に、仁斎が捉えた朱子学的道徳論の問題点を背負いこむことにもなる。そこで、仁斎は、この表現においても意図的に普遍的原理の状態を形容することにとどめ、有限的・個別的人間の側に視座を固定化する仁斎の思惟方法を貫徹させたと言える。

仁斎は、「拡充」についての『集註』の解釈の批判において、「拡充」が本来的に定まった量を充塞させると解されている点をとくに批判する。有限的・個別的人間の立場からすれば、人間の営為としての「拡充」は限定的なものと解釈されて、むしろ『集註』の方が仁斎の方向をより明確に示しているように見える。しかし、仁斎は批判する。なぜだろうか。仁斎は、「四端の心」の「端」は、朱子学のように「緒」と解釈するのではなく、「本」と解する。この語釈によって、「四端の心」を誰でもが有する道徳的な感情とし、この感情を出発点として「仁義礼智の徳」へ向うことが「拡充」であると解釈した。ここでも仁斎の視座は、有限的・個別的人間の側に置かれている。それゆえ、到達すべき目標としての徳目は無限に隔たっているように見えるが、この目標には、自然と湧きでてくる道徳的感情に基づく個々人の営為によって到達できるはずだと、仁斎は考えた。このことから仁斎は『集註』の解釈を批判したのである。つまり、朱子学では普遍的原理である「理」から人間を認識しているから、人間存在における「理」の表出、つまり「本然の量」を充塞させるとしか、「拡充」を解釈できない。だから、生来的に定められた「理」という規範を遵守すればよいと、「拡充」論を固定的かつ限定的にしか解釈できない。そこからは完全に個人的営為の動的側面が欠落してしまうと仁斎は批判しているのである。

以上の作業を通して、仁斎は、普遍的立場からではなく、有限的・個別的人間の側から見える普遍的原理の状態を示し、このことによって人間に普遍的原理の存在を理解させ、さらに普遍的原理へ向う範囲において個々人の道徳的実践を根拠づけたのである。その結果、道徳的実践の過程のなかでそれぞれに努力している人々の営為を含めた道徳論を、その人々に理解しうる形で示したと言える。

ところで、右の仁斎固有の方法は、先述のように有限的・個別的人間に基づいた道徳論を示すものであった。しかし、『童子問』巻之上・二十一章では、仁斎の人間観とその把握のための方法の確立が主題であるために、道徳実践論としての「拡充」論は、その具体的内容がさほど展開されていない。しかし、それは同章の主題からの制約によるものであり、仁斎の思想において道徳的実践が欠落していたものではない。そこで、この点を明らかにするために、『童子問』の改訂作業の過渡的段階と最終段階との中間に位置する『発揮』の「元禄七年本」に書き入れられた大注を考察することにしよう。

心に思有りて性に為《ゐ》無し。〔思有る者は、力を以て能くす可し。為無き者は、其の自ら長ずるに任せて、助長する能はず。〕故に孟子は心に於て尽すと曰ひ、性に於て養ふと曰ふ。而して繫詞《ママ》・中庸、皆な性を尽すを以て〔言を為す、此れ孟子と大いに異なる。〕学者当に諸を審にすべし。聖人、人の□能する所を勉めて、而して人の能はざる所を強ひず。其の高遠にして及□す可からざるを以て道と為す（者、皆な）実に道を知らざるが故なり、（凡そ物には皆な部分有り、其の部分の内に於てするときは、則ち皆な力を以て到るべき処なり。部分の外に於てするときは、則ち到らざる処に力□し、聖人と雖も然ること能はざるが故なり）。[7]【心有思而性無為、〔有思者、可以力能、無為者、任其自長、而不能助長、〕故孟子於心曰尽、於性曰養、而繫詞・中庸、皆以尽性〔為言、此孟子大異、〕学者当審諸、聖人勉人之所□能、而不強人之所不能、其以高遠不可及□為道（者、皆）不実知道之故也、（凡物皆有部分、於其部分之内、則皆可以力到処、於部分之外、則力□不到処、雖聖人不能然之故）】

ここで重要なことは、「性」よりも「心」を重視している点である。つまり「性」はただ自然な成長を待つだけの自然物として捉えられているのに対して、「心」には「思」という働きがあるので、後天的営為によってより良い方向に変化するものと捉えられている。それゆえ、仁斎は道徳的実践において「性」よりも「心」を重視するのである。「心」の働きとしての「思」の内容は右の引用からは窺うことはできないが、『童子問』で「学」の重要性が繰り返し述べられていることから、個人が「教」を学習することと考えられよう。それゆえ、個人の学習によって「心」の働きがさらに発達することになる。さらに「心」は「四端の心」と当然に関係するだろう。これらのことから、個人が「教」をそれぞれ学習することを持続することによって、「四端の心」という道徳的感情が限りなく湧きでてくるようになる。こうした働きそのものが「思」であると考えられる。したがって、仁斎においては、この道徳的感情の働き自体が道徳的実践ということになり、さらに道徳的実践を持続することによって徳目へ向うことができるようになり、このことこそが「拡充」的営為そのものであると考えられていたと言える。

以上のように『発揮』の「元禄七年本」の道徳実践論と『童子問』の「元禄八年本」の〈人我相異論〉における人間観とが交錯するところに、仁斎固有の発想を窺うことができる。仁斎における認識の方法は、しばしば指摘したように、有限的・個別的人間の側に視座を固定するものであった。それゆえに、究極的目標としての徳目は、それ自体として説明されるものではなく、したがって徳目の内容は具体性を欠くものとしてしか示されていない。しかし、有限的・個別的人間にとっては、徳目の状態の立派さが示されることによって徳目の優秀さのみを直観的に認識できる。もちろん「教」の学習によって、この認識はより充実することになろう。そのうえ、仁斎の道徳実践論において重視される「思」は「心」という道徳的感情の働きであるから、「思」自体が規範性を有しているわけではない。しかし、仁斎においては、「思」によって道徳的方向に向うことができるとされていた。それは、仁斎における「思」とは、徳目の優秀さの直感的認識に基づいて個人のなかに芽生えていく判断力のようなものだからである。そうであるからこそ、有限的・個別的人間がそれぞれに直面する異なった場面においても「思」は意味を持ちえるのである。つまり、その場面場面において勝手気ままに振舞うのではなく、その場面で何が適切な行為なのかを判断したうえで振舞うことこそが、仁斎における道徳的営為だと考えられる(8)。したがって、この道徳論においては、普遍的原理としての道徳規範の遵守を求め、それを実現したか否かによって人間の道徳性を判定すると仁斎が理解した朱子学的構造とは、まったく異なっていることは明らかであろう。さらに、この道徳的営為においては、有限的・個別的人間が個々の場面で判断することこそが重要だとされている点からも、仁斎の道徳論が、有限的・個別的人間観という仁斎固有の発想のうえに立脚して形成されたものと言えよう。

以上のように、『童子問』の「元禄八年本」で有限的・個別的人間観は、それを支える思想的方法を獲得できるようになった。道徳論もまた人間観を支える思想的方法の確立に呼応して、その内実を十全に備えるようになったと言えよう。

五　結論と展望

伊藤仁斎の〈人我相異論〉の形成過程を、三種の諸稿本における改訂作業の変遷を通して考察した。この形成過程は、第一段階から最終段階に至るまで直線的に発展するものではなく、第一段階で示された仁斎の発想が徐々に内容的充実を獲得する過程と特徴づけられよう。この過程の考察で明らかになったことは、仁斎の人間観が有限的・個別的存在に基礎を置くものであること、こうした現実における人間の側に視座を固定することは、朱子学の普遍的原理の側に視座を置くことの転換と考えられること、有限的・個別的人間観に基づいてそれぞれの判断力によって個々の場面で振舞うことを重視した道徳実践論を示しえたことである。

本稿の主題である、朱子学の受容を仁斎の思想形成過程において考察することについては、つぎのように結論づけられる。仁斎の朱子学理解の特質は、『章句』の差異性を述べた部分を完全に欠落させていることである。これは、朱子学の体系からすれば、かなり偏った無理のあるものと言わねばならないだろう。この偏った理解に仁斎が陥ったのは、仁斎が、朱子学の体系のうち、「本然の性」を否定し、「気質の性」を受容したからと考えられる[9]。それは、仁斎が思想的営為を展開する地点が、現実における人間の個別性の位相、つまり「気質の性」の位相であることからも明らかであろう。もちろん、その営為の展開のなかに仁斎固有のものを創りだしたと言うことは可能ではあるが、その営為の出発点にはまず朱子学からの仁斎の選択があると考えられることは見落してはなるまい。とすれば、仁斎が朱子学における普遍的原理を架空のものだと批判する時の彼の立場は、朱子学の「気質の性」の位相に立脚していることになる。したがって、朱子学に対する仁斎の批判の構造は、朱子学の重層的概念区分のうちの一方によって他方を批判するものであると言える。それゆえ、仁斎の批判の立脚点自体が朱子学の体系に包摂されると言えよう。しかし、だからといって、仁斎の思想が全面的に朱子学に依存していると断定することも、その思想形成過程から問題があると言いうる。

要するに仁斎の思想形成過程は、出発点に朱子学からの選択があり、それを他の命題と対峙させることを契機としながら、仁斎自らの発想をより充実させ、そこから得た視座から経典の解釈を行い、そのうえで自らの発想や視座に多種多様の修正を加え、その作業のなかから仁斎自身の思想を形成したと考えられる。ここにこそ、朱子学をただ外側から批判するのではなく、いったん朱子学的思想の洗礼を受けた仁斎が、それのある部分は自己のものとし、他の部分は批判するという仁斎の思想形成における朱子学の受容と変容とを窺うことができよう。

以上のように考察を進めてきたが、残された課題も少なくない。その一つは、仁斎の朱子学批判を経典にまで押し広げて検討することである。つまり、仁斎は朱子学の四書主義を否定して、『大学』を斥け、『中庸』のある部分の価値を貶めたが、この経典の位置づけ全体から、仁斎の朱子学批判の意図を考察することである。またもう一つは、仁斎における同一的人間観を明らかにすることである。そのためには、仁斎の独自性がより明確に示されている「忠信」の考察が不可欠であろう。この考察から導きだされる仁斎固有の同一的人間観と、本稿で分析した有限的・個別的人間観とが交わるところに、仁斎の人間観の総体を窺うことができるであろう。この二点は、後日稿を改めて論ずることにする。

註

（1）稿本は、天理図書館所蔵のモノクロ写真版による。諸稿本の名称は『古義堂文庫目録』によるが、本稿では以下のように略述したものもある。『童子問』では「元禄四年自筆本」を「元禄四年本」と、「元禄六年自筆本」を「元禄六年本」と、また『中庸発揮』の「元禄七年校本」を「元禄七年本」と略述した。返り点は筆者（これに基づいて、編者が書き下し文を作成した）。字体は適宜変更した。

稿本の引用文については、〔　〕は書き入れを示し、これへの書き入れは（　）で示し、傍線は抹消されたことを示す。また□は筆者が判読不能のものを示す。引用文で示した改訂は、稿本の改訂を必ずしも全部示すものではない。

（2）稿本の年代については、三宅正彦「伊藤仁斎の諸稿本とその訓読法」（『伊藤仁斎集』日本の思想11、筑摩書房、一九七〇年）を参照した。

（3）朱子学関係の引用は『四書集註』（芸文印書館）による。

（4）仁斎が批判の対象として捉えていたものは、『章句』だけではなく、『中庸章句大全』も含まれる。したがって、これも含めて考察されなければならないが、この検討は後日に期す。

（5）「本然の性」への批判が寛文年間においても重要な問題であった。この点については拙稿「伊藤仁斎の人我相異論の成立過程」（本書第三部収録）の第二節を参照されたい。

（6）仁斎は、自己も含めた道徳的に未完成な者が道徳的完成者、つまり「聖人」になる回路を閉ざしているように見える。これは、仁斎の道徳論が前者を基盤にしていることから導きだされるものであろうが、仁斎の「聖人」観を孔子像と連関させて考察する必要があろう。これも後の課題としたい。

（7）この抹消の理由ははなはだ理解しにくい。この点については、第三節で触れた。さらに「聖人と雖も然ること能はず【雖聖人不能然】」という表現が「聖人」の絶対性を損なうことになると仁斎が考えたという理由を付け加えておく。

（8）この捉え方でも個人の振舞いがすべて同じになるとは限らない。判断も振舞いの選択も個人に任されているからである。しかし、仁斎からすれば、そうした同一的振舞いを求めることこそ、朱子学的思惟方法に依拠することになる。だから、仁斎は「凡そ天下の水、東に注ぐときは則ち東海に入り、西に注ぐときは則ち西海に入る【凡天下之水、東注則入干東海、西注則入干西海】」と、しばしば述べる。この比喩は『孟子』告子章句上に基づく。つまり、人間の振舞いは大体同じようなところに落ち着くものだと仁斎は考えているのである。この考え方の前提には「性善」説的人間観があることは言うまでもない。

（9）仁斎は、「気質の性」を重視する理由として、『論語』陽貨編の「性相近」章では「気質の性」しか論じられていないとしばしば述べる（たとえば『語孟字義』性2）。しかし、同章の註釈のなかには、「林本」段階まで「気質」という言葉は出てこない。刊本で「気質」という言葉が出てくるのは東涯の手によるものであろう。したがって、同章の解釈から仁斎が

「気質」に着目し始めたというよりも、まず朱子学からの受容があったと考える方が妥当であろう。

付記

本稿は、拙稿「伊藤仁斎の人我相異論の成立過程——仁斎の人間観と道徳論をめぐって」(『寺小屋語学文化研究所論叢』第三号、一九八四年十二月。本書第三部収録)、およびその後同題名で「仁斎シンポジウム」(一九八五年九月)において口頭で発表する機会を得たものに加筆改訂を加えたものである。

伊藤仁斎における「性善」論の構造

一　はじめに

伊藤仁斎は、孟子の「性善」説を「古今性を謂ふの準則」と見なす立場から、荀子の「性悪」説、楊子の「善悪混在」説などの諸説を、「凡そ此等の説、皆な徒に孟子の本旨を知らざるのみに非ず。実に孟子の文義を理会すること能はざる者なり。怪む可し。怪む可し」（『童子問』下・一章）と否定する。にもかかわらず、仁斎の「性」論には微妙な表現ではあるが、見過ごすことのできない「悪」への言及が認められる。その「性」は、「性は生なり。人其の生ずる所のみにして、加損すること無し」（『語孟字義』性1）という定義が端的に示すように、生来的性質と解釈され、さらにその解釈に「本《もと》気質に就いて之れを論じて、気質を離れて之れを言ふには非ず」（同、性3）という限定が加えられた結果、「人の生質、万同じから」ず（同、性1）と位置づけられる。この多様な「性」のあり様を、仁斎は、「天下の性、参差斉しからず、剛柔相錯《まじ》はる」（同、性2）と表現する一方で、「天下の人を見るに、剛柔善悪、気禀同じからず」（『童子問』下・一章）とも捉える。後者の定義には、「性」のあり様の一つに「善」だけではなく、「悪」を見いだす仁斎の視座を窺うことができる。

さらに、孟子の「性善」説に関しては、「本天下の性、皆な善にして悪無しと謂ふには非ず」（『童子問』下・一章）、あるいは「天下の性、尽く一にして悪無しと謂ふには非ず」（『語孟字義』性2）と解されるように、あたかも「性善」説それ自体を否定するのかと見まごうがごとき解釈が提出される。だが、「(孔子の)性相ひ近きの旨を発明」(『論語古義』陽貨篇・〈性相近〉章論注)したと位置づけられる「性善」説が、どのような形であれ、否定されることはありえない。そうであるにもかかわらず、「悪」の影が微妙に刻印された解釈が示される。この「性善」論の解釈に、「悪」への視座を射程に入れつつ考察を加えることが、本稿の課題である。

二 「性善」論の構造

1 「善」と「悪」

仁斎の「悪」への言及は、朱子学の批判のなかでおもに展開される。それゆえ、朱子学における「善・悪」観をまず概観する。[1]「仁義礼智信」を内容とする「本然の性」は、その「未発」の状態では、「渾然たる至善」(『語孟字義』性4)と表現されるように、すべてを包摂した絶対「善」として捉えられる。この「本然の性」の人間への内在は、道徳実践の確固たる基盤が生来的に、しかも万人に存在することを意味する。もちろん朱子学においても「悪」は想定されている。すなわち、「悪」の発生原因は、「性」の位相から区別される「情」に求められる。この「情」が「本然の性」を正しく発現させる「情」の状態、つまり「中」から著しく逸脱し、「過・不及」のいずれかに大幅に偏たることによって「悪」が発生する。なぜならば「気」の「濁」などによって「本然の性」が十全に発現しなくなるからである。

さらに「本然の性」は、「性即理」というように「理」と結合する。この「理」は、「天下の物に至れば、則ち必ず各の然る所以の故と、其の当に然るべきの則と有り。所謂理なり」[2]と定義されるように、存在の根拠であると同時に、全世界をあるべきようにあらしめるものでもある。こうした「理」は、宇宙・万物の形成を規定するがゆえに、それらをすべて包摂する完全態でなくてはならない。だから、「理」、したがって「本然の性」は、「悪」を含むことのない「渾然たる至善、未だ嘗て悪有ら」ざるものなのである（『語孟字義』性4）。これに対して「悪」は、「大段《おお》いに好からざる欲は、則ち天理を滅却すること、水の壅決すれば害せざる所無きが如し」(3)と述べられるように、「善」なる「天理」を壊滅させる危険性を持つ。もし「理」という世界の形成原理に「悪」がわずかに含まれるならば、その世界の存在それ自体がいわば不完全なものとなるからである。だから、宇宙・万物をも含む全世界を形成するがゆえにすべてを包摂する完全態としての「天理」は、不完全態としての「悪」と根元的に対立する。

この「渾然たる至善、未だ嘗て悪有ら」ずと捉えられる「本然の性」に、仁斎は批判の矛先を向ける。この「善」だけしか存在しない状態、これこそが仁斎にとって「人心発動の上」、つまり現実における諸活動を超越した位相としての「未発」の状態の象徴なのである。だから、この状態に対して「すでに悪の見る可きこと有らざるときは、則ち又た善の見る可き無し」というように、「善・悪」並存する状態、つまり「已発」の状態をつきつける。この批判によって仁斎は、「性善」論解釈に「悪」を含まざるをえない事態に直面することになるのだが、それにはいっさい構うことなく「本然の性」批判につき進む。すなわち、「善」だけの状態など現実には存在しないから、「本然の性」は、たんなる「空名」にすぎない。その非現実的状態に固執する朱子学は、けっきょく現実における「善・悪」を欠いた状態、つまり「畢竟善無く不善無きの説」（『語孟字義』性4）に陥るのである。

こうした「本然の性」の否定によって、仁斎は、「性即理」という形での「天理」と此岸とを結合させる論理を解体し、さらに人間存在それ自体に道徳基盤を内在化させる論理をも否定する。その結果として、この「世」をこの「世」の論理で把握する視座を獲得した。だから言う、「豈に世の所謂る動静・真偽・善悪を外にして、別に動静・真偽・善悪といふ者有らんや」（同前）、と。すなわち、すべての価値は此岸において捉えられ、その価値の多様性が是認される。そのうえ冒頭で述べたように、この「世」のなかで暮らす人々は、さまざまな性質の持ち主であるから、そのなかには「善」き性質の人もいれば、「悪」しき性質の人もいる。こうしたさまざまな性格を持ち、しかも朱子学のごとく確固とした道徳基盤を保持しない者が、諸価値が交錯する「世」のなかでいかに生きるのであろうか。

人は、「世」のなかで「五倫五常」、すなわち「道」にしたがって生きる。だが、その既存の関係と規範とにただ従えば、それで事足りるという訳ではない。

人の五倫に於る、父子の親、兄弟の睦と雖も、既に其の体を異にす。況んや君臣・夫婦・朋友、皆な義を以て合す、豈に之れを謂ひて外なりとして可ならんや。(『童子問』上・二十二章)

このように「父」と「子」との間柄を始めとする血縁関係の者同士でさえ、両者は、「阻隔」している(『孟子古義』公孫丑上・六章小注)。つまり、どのような関係であれ、両者は、「人と我と、体を異にし気を殊にす。其の疾痛痾癢、皆な相関わら」ざる(『童子問』上・二十一章)間柄にあるから、その間に共通の価値基盤が生来的に形成されている訳ではない。だから、両者の間の溝への架橋による関係の構築が必要とされる。さらにその関係の構築だけではなく、その内実の充足、つまり「拡充」がなされなければならない。そのためには、まず一定の価値が両者の間で共有される必要があろう(4)。

また、この引用では、その両者間の関係の構築を規定する規範として「義」が挙げられる。この「義」は、「其の当に為《す》べき所を為《し》て、其の当に為べからざる所を為《せ》ざる」(『語孟字義』仁義礼智1)と定義されるだけである。何を指して「為べき所」、あるいは「為べからざる所」とされるのであろうか。この「義」に関しては節を改めて詳細に分析を加えるが、ここではすくなくともつぎの点だけを指摘しておく。仁斎の思想において、上述のように道徳基準が互いに内在化されていないことに加えて、「世」のなかの多様な価値を統一化する基準も想定されていないことを考慮するならば、その内容の決定および共有化ははなはだ困難である、と言わざるをえない。そうであるならば、自・他間において相互に受け入れられた営為こそが、「義」に適ったものということになる。しかし、「理」のような統一的価値基準が存在しない「世」のなかでは、相互了解も容易に実現することはできない。だから、両者の間にすれ違いや対立が起こりうる。こうした諸対立のなかの一つが、「善」と「悪」との対立である。つまり、この対立は、「凡そ善と謂ふときは、則ち必ず悪に対して之れを言ふ」（『語孟字義』性4）と言われるように、あることがらに関して下された価値判断に対して、正反対の判断が下されるというような、価値観の対立を意味し、この対立の発生は、「善有り悪有る者は、其の常」（同前）と言われるように、価値多様な「世」のなかにおいてはけっして珍しいことではない。(5)

さらに、仁斎の「善・悪」観において着目しなければならないのは、

夫れ跡の見る可き有て、而る後之れを善と謂ふ。若し未だ跡の見る可きこと有らざるときは、則ち将《は》た何者を指して善と為《せ》ん。すでに悪の見る可きこと有らざるときは、則ち又た善の見る可きこと無し。（『語孟字義』仁義礼智1）

という認識である。この認識は、「本然の性」が現実にはなんらの痕跡を残していないことへの、つまり、その非実体性への批判を展開する文脈のなかで示される。これに前述の「拡充」の重要性を加えて表現するならば、仁斎にとっての「善・悪」は、実行された営為がその関係の構築、および「拡充」に「善」き影響を与えたか否かによって決せられる。言い換えるならば、その営為が相手に受け入れられ、その関係の構築・「拡充」に益あるものが「善」であり、また他者に拒絶され、その関係を損ない、解体させるものが「悪」と言うことになる。

では、こうした「世」のなかにおいて両者間の溝に架橋する営為はいかに設定されているのか。仁斎がもっとも重視する実践規範は「忠信・忠恕」である。この点に関しては、すでに分析を加えたことがあるので、本稿では最小限の分析に留める。(6) ここでは「学の根本、始を成し終を成す。皆な此に在り」(『語孟字義』忠信1)と、最大限に評価された「忠信」に分析を加える。「忠信」は、「皆な人に接するの上に就いて言ふ」(同前)と言われるように、自・他関係を規定する規範である。「忠」は、「夫れ人の事を做《な》すこと、己が事を做すが如く、人の事を謀ること、己が事を謀るが如く、一毫の尽さざる無き」(同前)と、そして「信」は、「凡そ人と説く、有れば便ち有りと曰ひ、無ければ便ち無しと曰ひ、多きは以て多きと為、寡きは以て寡きと為、一分も増減せず」(同前)と定義される。要するに、嘘偽りない態度で相手と交際することによって、他者の心情・事情を己のことのごとく感じられるようになるまで徹底的に斟酌する。その斟酌が何度も相互に繰り返されることによって、相手の心情などが徐々に理解され、相手と気持ちが通じあい、やがて相手の心情などに含まれる価値意識に対する一定の理解も生まれ、最終的には相手の価値意識も是認される。そうなれば、相手の価値意識もが一定程度組み込まれることになるから、自己の価値観も変容する。この作業が両者の間で行われることによって、自己の枠にとどまることのない自・他共通の価値基盤が形成される。

この道徳実践論において、もっとも重要な前提が、相手に〈心を開く〉ことである。仁斎は、「仁」を「愛」と捉える解釈を展開するなかで、「我能く人を愛すれば、人も亦た我を愛す」(『童子問』上・四十四章)と述べる。つまり「愛」の起点はあくまでも自分の側にあり、その働きかけなくして他者から愛されることはない。この「仁・愛」論と同様に、他者の心情などを斟酌する際にも、心の奥底から湧きでる「誠」意をもって相手と交際すること、すなわち相手に心を開くことなくして、相手が心を開くことはない。相手が心を開かなければ、相手の気持ちを知ることすらできまい。それゆえ、相手の心情などを斟酌するためには、相手に対して自分の心を開くことが必要不可欠なのである。

逆に〈心を閉ざし〉た場合は、如何。仁斎の「持敬」批判がそれを示す。朱子学の重要な修養法の一つである「持敬」は、「とくに矜持を事と」するから、「外面斉整」であったとしても「其の内を察するときは、則ち誠意或は給せ」ざることになる。このような外面だけが立派な人物が信頼をうることはできにくい。しかも「敬を持する者」には「己を守ることはなはだ堅」き傾向がある。つまり、自己の価値観に固執しがちなのである。多様な価値が混在する「世」のなかにおいて、このような態度で相手と交際したならば、その態度は押しつけがましいものと感じられる。しかも、自己の価値観の保持に汲々としているから、相手に心を開くこともほとんどない。そうなれば、相手も心を開くことはないから、相手の心情をなんら斟酌することもできない。にもかかわらず、自己の価値観を押しつけるならば、その態度は、「人を責ることはなはだ深」き断罪として相手に感じ取られる。こうした押しつけがましい態度や振舞いが繰り返されるならば、両者の間柄は、次第にとげとげしいものとなり、やがてさまざまな対立が発生し、最終的には関係それ自体が断絶されることにもなりかねない。だから、相手に接する時に心を閉ざしたままでいることが人間関係における「種々の病痛」(同、上・三十六章)の原因とされるのである。

以上の分析からすでに明らかなように、関係の構築という観点から見るならば、「善」は相手に〈心を開く〉ことを意味し、「悪」は〈心を閉ざす〉ことを意味する、と言える。(7) ただし、この区分は固定化されたものではない。後述の「四端の心」の生来的欠落者以外は。その「善」の到達点は、「慈愛の心、渾淪通徹、内より外に及び、至《いたら》ずといふ所無く、達せずといふ所無《の》ふして、一毫残忍刻薄の心無《な》し」(『童子問』上・四十三章)と言われるように、いわば全人類、全世界に対して心を開くことである。この心のあり様は、あくまでも聖人の「成徳」に属する。だから、聖人の域には到達していない、その「教」を「学」ぶ過程の途上にいる人々にこうした態度や振舞いを求めることはできまい。聖人以外の人々の常態は、ある相手には心を開くが、別の相手に心を閉ざしたままでいる、というものであろう。こうした態度は、当然、相手との対立を発生させる。その対立の発生によって自分の過ちに気づく。それが自覚されたならば、「君子は過無きことを貴ばずして、能く改《あらたむ》るを以て貴しと為《す》」（同、下・二十五章）と言われるように、その過ちを改めればよい。この改善行為によって、ある場面で発生した対立は解決し、その関係の内実はより充足される。この改善行為の原動力となるものが、多種多様な「性」のなかに万人にほぼ共通して存在する「善を善とし悪を悪とする」（『語孟字義』性1）判断力、あるいは「其の善に趨く」（同、性2）志向性、すなわち「性善」である。

2　「四端の心の拡充」

仁斎は、孟子の「性善」説を、『論語』陽貨篇・〈性相近〉章に基づくと解釈する（補注）。『論語』の章の本文は、「性相近、習相遠、子曰、唯上知与下愚不移」である。この「性相近」の解釈に仁斎は苦心する。「元禄九年校本」段階では、「性相近」を「其の初め善・悪未だ甚だ遠からず」と、「善・悪」未分化論によって解釈するが、この解釈は「林本」段階で抹消され、「其の初め甚だ遠からず」と改められる。つまり、このはなはだ近かった生来的性質がやがて遠く隔てられる原因は、「習」に求められる。「善に習ふときは、則ち善。悪に習ふときは、則ち悪。是に於いて始て相遠し」ということになるからである。この点は、論注において、「堯・舜より途人に至るまで、其の間、相去ること、奚ぞ翅《た》だ千万のみならん。遠しと謂ひつ可し」と展開される。この「堯・舜」と「途人」との隔たりは、たんに性格が異なるというにとどまらず、「四端の心の拡充」の程度の反映としての人格、立ち振る舞いなどの人間としてのあり様すべての優劣の差をも意味する。この差があるにもかかわらず、「其の四端有るに至っては、則ち未だ嘗て同じからずんばあらず」（『論語古義』陽貨篇・〈性相近〉章論注）という解釈が提出される。つまり、それぞれの人間は、生来的にさまざまな性格の持ち主なのであるが、その「性」のなかに、上述の判断力ないし志向性がほぼ共通して保持される。だから、仁斎は、「所謂る善とは、四端の心に就て言ふ」（『童子問』下・一章）と述べるように、この「四端の心」の共有性をもって「性相近」を解釈する。

仁斎にとって「四端の心」は、「愈《いよい》よ出でて愈よ竭きず、愈よ用ひて愈よ尽きず。是れ則ち心の本体、豈に此れより実なる者有らんや」（『語孟字義』心3）と述べられるように、涸渇することのない「善」の内的源泉であり、かつ「四端の我に在る、猶を手足の我が身に具すがごと」し（同、四端之心2）と捉えられるように、生来的に具有されるものとして位置づけられる。(8) この具有性の主張は、『孟子集註』の「四端の我に在り。処に随つて発見す」という解釈の「発見」に対する批判のなかで展開される（同前）。つまり、仁斎は、「四端の心」が「当に惻隠すべき者を見」るという、対象からの刺激によって発見されるとすれば、「当に惻隠すべき事、日間幾ばくも無」いから、その「惻隠の心」の「曠廃の日は常に多」きことになってしまう、と朱子学の解釈を批判したうえで、つぎのような議論を展開する。この「四端の心」の初発の自覚に関しては、『孟子』の著名な記述、

今、人乍《たちま》ち孺子の将に井に入らんとするを見れば、則ち皆な怵惕・惻隠の心有り。交りを孺子の父母に内《い》るる所以に非ざるなり。誉れを郷党・朋友に要《もと》むる所以に非ざるなり。其の声を悪んで然るに非ざるなり。

（『孟子古義』公孫丑上・六章本文）

が明示するように、外的刺激によって起動すると言わざるをえない。だが、自覚後の「拡充」によって、「四端の心」は、「言はずして喩り、思はずして至る」（『語孟字義』四端之心2）ようになる。すなわち、「四端の心」は、「拡充」によって恒常的に、しかも意識することなく起動するようになる。だが、「夫れ人の是の心有るや、猶を源有るの水、根有るの草木のごとく、生稟具足触るるに随《したご》うて動」く（同、心3）が端的に示すように、「四端の心」は、その適切な対応もあくまでも対象からの刺激によって起動するものであって、けっして

能動的に起動するものではないことを、ここでは確認しておかなければならない。さらに、「四端の心」の恒常的起動を模索する仁斎とても、陸象山が「当に惻隠すべき処は自ら惻隠」すと述べるような、いわば「四端の心」の自動起動論に対しては、「其の説亦た甚だ快に過ぎて、孟子の意を得ざることは、則ち侔《ひと》し」（同、四端之心2）と組みしない[9]。

その「四端の心」は、『孟子古義』公孫丑章句上・六章においてつぎのように解釈される。「惻は傷の切なり、隠は痛の深なり」（同・六章小注）、「羞は己の不善を恥づるなり、悪は人の不善を憎むなり。辞は、解て己を去らしむなり。譲は推て以て人に与ふなり。是は其の善を知りて以て是と為すなり。非は其の悪を知りて以て非と為すなり」（同前）と、『集註』の語釈通りに解釈される。これらの「心」は、「仁義礼智の端本」（『語孟字義』四端之心1）である。だから、仁斎の議論は、その「拡充」、およびその先の「仁義礼智」にもっぱら集中する。こうした事情から、以下の議論は、おもに「仁義礼智」のレベルから「四端の心」のあり方を推論する。「仁の一事、実に義礼智の三者を兼ぬ」（『語孟字義』仁義礼智5）という宋儒の説が、「其の言、終に定説と為つて、学者能く其の説の孔孟に謬《あやま》ることを識ること莫し」（同前）と批判されているように、「仁義礼智」がそれぞれ別々に位置づけられている。だから、「四端の心」においても「惻隠の心」が他の三つの心を包摂するとは考えられてはいない。そのうえで、「仁にして義無きときは、則ち仁に非ず」（同、仁義礼智6）と言われるように、「弁別・取捨」（同、学2）なく、ただ一方的に相手を愛するならば、それは「墨子の仁」（同、仁義礼智6）に陥る。なぜならば、間柄の親疎、および自・他の心情などを「羞悪の心」によって判断すること抜きに、「惻隠の心」を発動させたとしても、それは道徳実践として適切さを欠くからである。このように「四端の心」は、それぞれ独立しながらも、相互に連関することによって適宜な働きをする。

ところが、人間は「四端の心」だけを保持している訳ではない。仁斎は言う、「人、嗜欲有り」（同、性4）、と。だが、この「嗜欲」は、ただ心の内に抱かれているだけではない。「以て嘑爾の食を受く可」し（同前）と言われるように、その欲望に駆り立てられた行為が実際に行われる。「嘑爾」云々は、食事を投げ与えるというような無礼な行為を意味する。だから、『孟子』の解釈では「食を欲《ほっ》するの急と雖も、而れども猶を無礼を悪むがごとき」になるから、「寧ろ死して食せざる者有り」（『孟子古義』告子上・十章小注）と否定的に位置づけられる。しかしながら、仁斎は、『語孟字義』性4では、投げ与えられるような無礼な形で与えられた食事をも欲望に負けて食らう可能性をも認める。他方、「盗賊の至不善と雖も、然れども乍ち孺子の将に井に入らんとするを見れば」（『語孟字義』性4）、必ず起動する「怵惕・惻隠の心」も保持されている。このように、もろもろの気持ちが、深浅の程度の差こそあれ、内面において並存・相克している。この「嘑爾の食」に関する内的格闘劇においては、「羞悪の心」によってその食を食らうことへの羞恥心を感じるがゆえに、「嗜欲」が「縦《ほしいまま》に」暴走しないように一定の制御が加えられた結果、そうした食事を拒絶する行為が選択される。これが「性の善に非ずして、豈に能く然らんや」（同前）と言われるがごとき「性善」の内実なのである。

　しかしながら、「四端の心」は「拡充」されなければならない。その「拡充」は、以下で詳細に検討を加えるように、「聖人の教」を「習」う必要がある。その「習」は、「善を習ふときは、則ち善。悪を習ふときは、則ち悪」と言われるように、けっして「善」だけを習得する訳ではないから、「此れ聖人の人に教ふるは、性を責めずして専ら習を責るを明かにす」（『論語古義』陽貨篇・〈性相近〉章大注）と言われるように、「習」のあり方が問題視される。このように、「習」以後の道徳実践が自・他関係の構築、および拡充に益あるか否かは、「習」得対象に左右され、その「習」得の程度は「堯・舜」から「途人」に至るまでさまざまな段階が想定されているから、その段階に応じて道徳実践の到達度もさまざまである。とすれば、もっとも低い段階にしか達していない「途人」による「嗜欲」の制御は、はなはだ心許ない、と言わざるをえないだろう。

「性の善を充つる者は、教えの功なり」（『童子問』上・十八章）。このように、その「拡充」のためには「聖人の教」を「習」得する必要がある。だが、その「教」は、

> 人の学問生養の具、何物か之れを外に資らざる。設若《も》し其の外なるを以て之れを棄てば、猶を樹の土を離れ、魚の水を去るがごとし。一日も生ずることを得ず。其の不可なることや必せり。（同、上・二十二章）

と言われるように、「本然の性」というような意味での内的根拠を有せず、人間の外に存在するだけである。では、どのように「教」は受業されるのか。それは、「惟《た》だ其（性――引用者注）の善なるが故に其の道を暁し教を受ること、啻《た》だ地道の樹に敏きが若くなるのみにあらず。故に性も亦た貴びずんばある可から」ず（同、上・十三章）と述べられるように、「性」に拠る。その「性」は、「其の生質の美、観る可し」（同、上・二十九章）と言われるように、「美」しき性質を保持する。この「美」とは「善・悪」の判断力、および「善」への志向性を意味する。この「善」なる能力が、「聖人の教」を「学」ぶ源泉となる。だが、「拡充」以前の能力は、「微にして未だ著はれず、少にして未だ充たず」（同前）と言われるように、十全に発揮されることはない。つまり、「性は善にして為すこと無く」（同、上・十八章）と言われるように、「性」は「教」を希求する意欲を持つが、それを積極的に実現しようとする行動力を欠く。それゆえに、その「教」の受業装置としての「性」は、朱子学のそれに比しても脆弱であると言わざるをえない。その意味では「性の善、恃む可からず」（同、上・十五章）となる。

以上の「性」の脆弱さを極限のところで示したものが、「人の性をして、鶏犬の頑然として無智なるが如」き（同、上・十三章）人間である。こうした「性」の保有者は、「教」に心を開くことはありえないから、「百の聖賢有りと雖も、其れをして教て善に之《ゆ》かしむること能ず」（同前）と言われるように、道徳的向上など求める

べくもない。このように、「教」は、人間によって習得されなければ、道徳的向上に貢献することはできない。だから、「能く入り難きの教を受る者は、性の善なり」と言われるように、「性」が「教」の受業装置として脆弱な面を持つにしても、それに依拠せざるをえないのである。

加うるに、「教は為すこと有て入り難し」（同、上・十八章）と、人間の生にとって必要不可欠なことがらを「知り易く、行ひ易」き（同、上・五章）形で提示されている「教」が、自分の方から人のなかに入り、そのことによって人を動かすことはありえない。さらに、つぎのような事態が考えられる。つまり、「嗜欲」が「四端の心」の制御を十分に受けることなく、一定程度、外に発現された場合、「教」に対する解釈がその欲望に規定されるから、その解釈は恣意的になる。その曲解された解釈に基づいて形成された個人の判断基準は、当然、道徳実践において妥当性を欠く。まして、後述するように、その「教」を恣意的に解釈する輩は、朱子学をはじめとしてけっして少なくないうえに、その恣意的な解釈を受け入れる傾向が人間のなかに少なからず存在するのである。

仁斎は、「今人の道徳を以て道徳と為《し》、学問を以て学問と為《す》る」（『語孟字義』学3）がごとき、「道徳」と「学問」とを分離し、「学問」のみに専念する、昨今の学問のあり方を机上の空論にすぎないと斥けたうえで、「学問」の本来のあり方を「道徳を以て本とし、見聞を以て用とす」（同前）と定義する。この「学問」観においては、「聖人の教」をたんなる知識として学習するにとどまらず、その「教」を踏まえた道徳実践とそこから獲得された経験知とが重視されている。この「学問」観を踏まえるならば、つぎのようなことを想定することができる。恣意的解釈によって形成された判断基準は、人間関係の構築に役に立つとは限らない。たとえば、子が疎遠になってしまった父との関係の修復を試みたとしても、その不完全な基準に基づく修復行為が実行されるがゆえに、その行為が親に受け入れられず、その試みはけっきょく失敗する。こうしたことは、各人においてさまざまな形で経験されるであろう。しかしながら、どのような経験であれ、その経験によって自らの判断基準の欠陥が自覚されたならば、そこに反省が生まれ、その判断基準の欠陥の是正への意欲が生じる。

> 村甿野夫、商販奴隷の賤しき、或は孝友廉直、天性に出て、士人の及ばざる所の者有り、或は学問に由らずして、信義遜譲、澹泊自治して、慷慨義に赴く者も、亦た往往之れ有り。（『童子問』上・二十九章）

この引用において示された人々は、「学問」とはまったく無縁の存在であると言ってよい。だが、自己のなかに「微にして未だ著はれ」ざる「生質の美」（同前）を、もろもろの経験の蓄積を通して「拡充」させることによって一定程度の「徳」を獲得したがゆえに、「聖人の教」に適う営為を実行しえたのである。その意味では、彼らも「学問」の経験的実践者である。このように、どのような道徳実践においても「教」の経験的学習は必要不可欠なのである。だから、仁斎は言う、「所謂る充、所謂る養、即ち学問を以て言ふ」（『語孟字義』学2）、と。

「拡充」の到達点としての「仁義礼智」を、仁斎は、

> 此れ（仁義礼智――引用者注）に由るときは則ち人為《た》り、此れに由らざるときは則ち禽獣。ゆえに聖人此の四者を立てて、以て人道の極と為して、人をして之れを行はしむ。（同、学2）

と見なす。この認識によれば、まさに「此れに由る」か否かが人間と禽獣とを区分する分岐点となる。ところで、この「由る」とは、以上の分析を踏まえるならば、「拡充」を意味する。すなわち、「微・小」である「四端の心」を「聖人の教」の習得によって「拡充」する。その実践に従事しているかぎりにおいて、人間は「仁義礼智」に「由」る生き方、すなわち人間としてふさわしい生き方を実践することになる。だが、この「拡

充」は、これまで縷々指摘してきたように、けっして容易に実践しうるものではない。だから、仁斎は言う、「人号して学を好むと称すと雖も、然れども其の志を持し力《つと》めて学び、勇往直前、自暴自棄せざる者は、千百の一、二のみ」（『童子問』上・十五章）、と。

4 「義」論

「義」は「君臣」関係を規定する規範でもある。その「義」は、前引のように「其の当に為《す》べき所を為《し》て、其の当に為《す》べからざる所を為《せ》ざる」と定義される。しかしながら、前にも若干触れたが、この定義だけでは、そのすべきものとそうでないものとを内容的に峻別することはできまい。その「義」に関する逸話が、『童子問』巻之中の十七章ならびに三十九章に示されている。

まず、十七章ではつぎのような物語が示される。すなわち、宋の孝宗が朱熹を招いた時、「正心誠意は、上（孝宗——引用者注）の聞くを厭ふ所為りといふを以てして、戒《いましむ》るに言ふこと勿れ」と助言を与える者がいた。しかし、朱熹はその助言を無視して「吾が平生学問、只だ正心誠意に在り。豈に回互して吾君を欺むく可けんや」と述べた。この自己の学問に忠実な朱熹の諫言に対して仁斎は、「愚謂らく、其の説固《まこと》に善し。学者に在ては則ち可なり。王者に告る所以に非ざるなり」と批判する。その理由として「学者の如きは、固に此を以て自ら修めずんばある可からず。王者に在ては、則ち当に民と好悪を同うするを以て本と為べし」と言うように、それぞれ担う役割の相異が示される。「王者」たる役割を担う孝宗は、道徳的修養を実践する状況にはいない。なぜならば、南宋は、北方の異民族である金に絶えず圧迫される、という国家的危機に直面していたからである。この状況のなかで、民との価値観の共有によって「民」の生活の安定を第一の責務とする「王者」の立場に立つ孝宗は、金との間に不本意な関係を締結せざるをえなかった。にもかかわらず、そうした「君」の立場をまったく考慮せずに、朱熹は自らの学問的立場をもって孝宗に諫言した。その硬直した対応が批判されたのである。仁斎の批判が示唆するように、「正心誠意」（『童子問』中・十七章）という道徳実践論に規定された行動だけでは、その複雑な政治状況を打開することはできまい。他方、朱熹とても自国を取り巻くいわば国際情勢に無関心であったはずはない。その切迫した国際情勢のなかでも、いやそうした情勢だからこそ、自己の学問を貫く態度を取ることによって事態の打開を計るべきだと、原則重視の立場を選択することも、けっして的外れとは言えまい。このように取りうる態度・立場には、選択の幅があるにもかかわらず、仁斎は、朱熹の諫言批判を展開するだけで、朱熹の取るべき態度・立場を内容的に示すことはない。ここからは、「学者」と「王者」との自・他の役割の相異を自覚し、その相手の役割、さらにはその役割を取り巻く状況を斟酌したうえで、その態度や行為を臨機応変に選択すべきであるという、選択の諸原則が形式的に提示されるだけである[10]。

また、仁斎は、同じく三十九章でつぎのような議論を展開する。「臣」の「君」への仕え方の多様性を認めたうえで、「道を以て君に事《つかふ》る者の寡きや」と嘆き、とくに「感激して身を殺す者の多」き現状に対して、「一旦の義」にすぎないと批判を展開する。ここには、「気力も器量も不レ入。一口に申さば、御家を一人にて荷申志出来申迄に候。同じ人間に誰に劣可レ申哉。惣て、修行は大高慢にてなければ、益に不レ立候」[11]というような武士という役割に対する強烈な自負心もないし、その自負心から「緊急の非常事態に際して分を超えて「お家」のために奮闘するダイナミックな忠誠」など窺うこともできまい。仁斎は、「非合理的主体性とでもいうべきエートス」[12]に駆られた行動を、一時の感情につき動かされた衝動的行動である場合が多いから、「難きに似て実は易し」（『童子問』中・三十九章）と斥けた後に、「道を以て君に事る者は、躬其の徳有て、始終其の道を失はざる者に非れば、能はず。故に易《やす》きに似て実は難し」（同前）と結論づける。この「臣」論からは、すくなくとも、その時の感情にそのまま身を委ねることなく、その感情を適宜な水準にまで抑制する道徳実践論を導きだすことができる。しかも、その感情の制御は、けっして自己の内面においてのみ行われる訳ではなく、十七章の内容をも踏まえるならば、「世」のなかにおいて自己の役割、相手のそれ、そして、それらを取り巻く状況等への配慮のもとに実行されなければならない。こうした諸原則を踏まえて直面した事態に対応する具体的行動を適宜に判断する能力が、「四端の心」なのである。

三 「悪」論の構造

1 「四端の心無き者」の存在

仁斎は、『童子問』巻之下・一章において「性善」論に関する奇妙な議論を展開する。この議論は、『論語』陽貨篇・〈性相近〉章の内の、とくに「唯上知与下愚不移」の解釈に関わる。この「下愚」を、仁斎は、「其の四端の心有ること無き者」(『童子問』下・一章)と解釈し、その者を「天下の衆き、間《まま》或は生れて目無き者有り、或は耳聞ざる者有り、或は四体具はらざる者有り。其の四端の心有ること無き者も、亦た猶を此《かく》の如し」と表現し、具体例として「高陽氏の不才子・子越椒・羊舌氏」を挙げる。すなわち、仁斎は、あの「生来具足」すると捉えられた「四端の心」を生来的に欠落させた者が、「億万人中の一、二」(同前)にすぎないにせよ、世の中に存在することを認める。だから、「性」がすべて「善」であると言い切ることはできないのである。「四端の心」の生来的欠落者に投げ掛ける仁斎の視線は冷たい。仁斎は、

四方八隅、遐陬の陋、蛮貊の蠢たるに至るまで、自ら君臣・父子・夫婦・昆弟・朋友の倫有らずといふこと莫く、亦た仁義別序信の道有らずといふこと莫し。万世の上《かみ》も此の若く、万世の下《しも》も亦た此の若し。(『語孟字義』道2)

と言うように、生きとし生きるものをすべて「道」が包摂すると考える。けっして道徳実践に熱心だとは思

われない「販夫・馬卒・跛奚・瞽者」たる「下」の者に対してさえも、「道」が包摂していることを示すために、「唯だ王公・大人のみ行くことを得て、匹夫・匹婦行くことを得ざるときは、則ち道に非ず。賢知者行くことを得て、愚不肖者行くことを得ざるときは、則ち道に非ず」（同、道3）と述べる。このように、どのような立場の人間であれ、彼らが「道」の内に存在しているかぎり、仁斎は、彼らに寛容の視線を向ける(13)。これに対して、その「四端の心」の生来的欠落者は、「所謂禽獣の心」の持ち主であるがゆえに、「之れを不成人と謂ふ。其の人を成さざるを以てなり」（『童子問』中・六十九章）と見なされるから、「道」外存在と捉えられる。それゆえ、この者たちは「人理を以て論ず可からざる者にして、置て論ぜず」（同、下・一章）と、あっさりと切り捨てられる。

この「下愚」解釈は朱子学批判に基づく。すなわち朱子学では「下愚」を「自暴自棄の者」と解釈する。その「自暴自棄者」は、「仁義の美と為すを知」っているにもかかわらず、「怠惰に溺れ、自ら必しも行ふこと能は」ざる存在であるがゆえに、彼らは「惟だ自暴の者、之れを拒みて以て信ぜず。自棄の者、之れを絶ちて以て為さず(14)」とされるように、自らの意志によって道徳実践を拒絶する。とするならば、その「拒・絶」することを止めさえすれば、「上知」への移行は可能となる。それゆえに、「不移」に関する朱子学の解釈では、けっきょく「移る可からざるには非《あらず》。肯《あへ》て移らざるのみ」（同前）になると、批判が加えられる。

ところが、仁斎も、「自棄」を、朱子学とほぼ同様の表現を用いて「仁義の美と為すを知ると雖も、而れども自ら行ふこと能はざるを謂ふ。是れ自ら其の身を棄つるなり」（『孟子古義』離婁上・十章小注）と解釈する。つまり、仁斎にとっても「自暴自棄者」は、「四端の心」の自覚への道が閉ざされている訳ではない。いや、むしろその自覚への可能性に絶大なる信頼を寄せていると言った方がより正確かもしれない。なぜならば、「性善」を「本自暴自棄の者の為に之れを発す。亦た教なり」（『童子問』上・十二章）と位置づけたうえで、その「教」の受業によって「四端の心」を自覚し、それを「拡充」するならば、「皆な以て悪を変じて善と為す」可能性が表明されているからである。だから、「下愚」を「自暴自棄」と解釈してしまえば、その「自暴自棄者」の可能性が否定されることになる。

そこで、仁斎は、『孟子』公孫丑章句上・六章の、

是れに由て之れを観れば、惻隠の心無きは、人に非ざるなり。羞悪の心無きは、人に非ざるなり。辞譲の心無きは、人に非ざるなり。是非の心無きは、人に非ざるなり。（『孟子古義』公孫丑上・六章本文）

に着目する。『孟子集註』では、「人若し此れ（四端の心――引用者注）無きときは、則ち之れを人と謂ふ[15]」ことはできないから、「四端の心」は人間であるかぎり必ず具備されているはずだ、と解釈される。これに対して、仁斎は、この「四端の心」の生来的欠落者が少数であれ必ず存在すると解釈する。そして、この者たちを「下愚」と解釈したうえで、この者たちは「四端の心」を生来的に欠くがゆえに、「上知」への移行など絶対に不可能だ、と断言する。そして、この解釈をもって仁斎は、朱子学の解釈の誤謬を正し、「先儒未了の公案」（『童子問』下・一章）を解いたと宣言する。

では、「四端の心無き者」とはどのような存在なのであろうか。この者たちを「論ぜず」と判断する仁斎には、「四端の心」の生来的欠落者への直接の言及はない。それゆえ、「四端の心」の具備者が「拡充」を行わない場合を示した、以下の文章を手掛かりにして「四端の心無き者」のあり様を推論することにする。

四端の心、良と雖も、然れども之れを拡充することを知らざるときは、則ち父母の至近と雖も、猶を之れに事ふること能はざるがごとし。況や四海を保つに於てをや。（『孟子古義』離婁上・一章大注）

この自然的かつ事実的関係と見なしうる親子関係を含めた自・他関係における「阻隔」を克服することの重要性に関しては、前節の2「四端の心の拡充」ですでに分析を加えた。その「阻隔」を架橋する「拡充」を「四端の心」の生来的欠落者は、当然、実行することはできない。ただ「四端の心」の生来的欠落者であっても、「四端の心」が欠落していると言われているだけだから、「情」はあろう。とすれば、愛情を感じることはできるかもしれない。「情」は、「性の欲」、「物に感じて動くは、性の欲なり」（『語孟字義』情1）とされているからである。だから、「四端の心」を生来的に欠いた子どもは、親の愛情に生理的に反応するかもしれない。しかし、それは、あくまでも生理的反応にすぎないから、瞬時に消えるだろう。それでは親子関係の内実を充足させるにはほとんど役には立たないだろう。

しかし、仁斎にとって「四端は是れ心、情に非ず」（『語孟字義』情2）である。その「心」とは、「情は只だ是れ性の動いて欲に属する者、纔に思慮に渉るときは、則ち之れを心と謂ふ」と定義され、さらに「四端および忿懥等の四つの者の若き、皆な心の思慮する所の者」と展開される（同前）。それゆえ、「四端の心」の生来的欠落者は、その「思慮」する能力をまったく欠く者を意味する。「思慮」を欠いた子どもは、親の愛情に報いるためにふさわしい態度や振る舞いなどを「思慮」し、それに基づいて選択された営為を親に対して行うことはない。生まれながらにしてそうなのである。言い換えるならば、その子が親に対してさえも心を開き、そこで感じられた気持ちを具現化した営為を実践することはないのである。そうした子どもに対しては、親でさえも冷たい態度で接するようになるから、その親子関係は、やがて冷え切り、断絶されることになるか、あるいは心が通じ合わない形骸化された関係に陥るかのいずれかになろう。

あるいは『論語』述而篇・〈子食於有喪者之側〉章では、孔子が喪に服している人の側で食事をする場合に、その人の気持ちを慮って食が進まなかったという逸話が記載されている。仁斎によれば、「夫子喪有る者の側に在り。哀惜の情、已之れ有るが若し。ゆえに食すと雖も甘しとすること能はず」（『論語古義』述而篇・〈子食於有喪〉章小注）と解釈する。そして、この聖人のあり様が、「聖人の心、慈愛惻怛、至らざる所無し」（同章大注）というような「四端の心」を「拡充」した到達点としての「仁」を具現化したものとされる。だから、逆に「四端の心」の生来的欠落者には相手の心情を慮ることや、その場での為すべきことを選択・判断する「思慮」がまったく欠けているのだから、近親者の死によって悲嘆にくれる者の傍らでも、この者たちは「嗜欲」に任せて貪り食うのかもしれない。そうであれば、このような人間は、いわば「世」の常識を欠いた「世」的不適応者と言わざるをえないだろう。

以上のように、「四端の心」の生来的欠落者は、生まれてこの方、他者に心を閉ざし続ける。だから、この者たちにとって、すべての関係はすでに存在し、その関係のなかで生きているにもかかわらず、その関係の快さを味わったことがないために、その関係に関するなんらのイメージも抱かれることはない。それゆえ、その関係はすべてあって無きがごときもの、と感じられる。つまり、この者たちはその既有の関係を無化する反「世」的存在なのである。こうした欠落者は「億万人中の一、二」しか存在しない。だから、その思想的影響力はさしたるものではないかもしれない。しかしながら、次節で詳細に検討を加える墨家は、「其の至親を視ること衆人と異なること無し。故に父無し」（『孟子古義』滕文公下・九章小注）と考えるような異常な考えの持ち主であるにもかかわらず、一定の思想的影響力を発揮した。この墨家に対しては執拗な批判が加えられる。だから、仁斎は、一見、異様と思われる思想の影響力に対してけっして無自覚ではない。とすれば、この異様な存在の影響力もけっして見過ごすことはできないはずである。仁斎が例に挙げた人物は、皆な反乱を起こしたり、一族を滅亡に至らしめた極悪人である。だから、この者たちの悪影響を無視することはできまい。さらに、もしその思想が「世」のなかに流布されたならば、既有の人間関係がすべて無化されてしまうような、いわば危険な思想がはびこることになる。だから、「四端の心」の生来的欠落者たちの隔離や矯正などの強制的処置が議論の俎上にのぼってもさほど不思議はあるまい。[16] しかし、仁斎は、「聖人の教を設るや、人に依て、因て以て教を立て、教を立てて以て人を駆らず、造作する所莫く、添飾する所莫し。人心の同じく然る所に出でて、強る所有るに非ざるなり」（『童子問』上・二十九章）とするように、「教」における強制を認めない。だが、この強制の否定の背後に含まれる「四端の心」の生来的欠落者の矯正の道を探ることなく、この者たちを「固に之れを如何ともすること無し」と、ただ切り捨てるという冷淡さを見逃してはなるまい。(17)

2 「邪説暴行」論

「四端の心」の生来的欠落者は自・他関係を構築しえない存在であったが、その「四端の心」の具備者のなかにも、その関係の構築に向かわない者も、あるいはことさらにその構築を拒絶する者さえいる。彼らはおおむね「邪説暴行」の徒である。この「邪説暴行」の徒は、イデオロギー的操作によって多くの人々を自らの陣営に引きずり込む。

孟子の時代における諸々の「邪説暴行」集団のなかの一つとして、墨家を挙げることができる。この墨家に対する批判は、『孟子』のなかでしばしば展開されるが、ここではつぎの批判に分析を加える。それは、『孟子』滕文公上・五章に記載される墨家の徒、夷之に対する批判である。墨家は、儒家の「厚葬」とは反対の「薄葬」を主張する。仁斎によれば、墨子の兼愛説では、「愛に差等無し」（『孟子古義』滕文公下・九章小注）と考えるから、親だけをとくに手厚く葬ることを否定する。夷之は、この薄葬による「天下の風俗」（同前）の改変を目論むほどに墨家の思想に心酔していたが、親の死に直面した時に、その思想を貫くことはできず、「厚く其の親を葬」らざるをえなかった。なぜならば、「厚く其の親を葬るは、人子の孝の自然、蓋し吾が心の固有に因て其の已む可からざるの情を伸ぶるなり」（同章大注）という、親への自然感情につき動かされたからである。この事例に基づいて孟子は、親子間の自然感情から無理矢理に乖離させる「薄葬」説の虚構に批判を加える。

この自然感情からの意図的乖離が及ぼす害は、こうした葬式のあり方にとどまるものではない。墨子の兼愛説では、父と子、君と臣などの区別を無視し、万人が対等として捉えられるから、自分と相手との間柄の親疎、両者の役割や立場の相異という「五倫五常」の前提が否定される。その結果として、この「生民有てより以来」（『童子問』上・八章）維持され続けてきた「五倫五常」という秩序が解体される。その解体の後には、人間が「獣を率いて人を食む」という状態よりもさらに悲惨な状態、つまり、人間そのものが「禽獣」（『孟子古義』滕文公上・五章大注）と化し、人間を食らうような極限的混乱が発生する。

「仏氏は寂滅を以て教と為」す（『論語古義』微子篇・〈長沮桀溺〉章論注）。だから、目の前に存在する「山川大地」さえも「幻妄」（『語孟字義』道5）と見なす仏氏の目的は、「天下を離れて独り其の身を善くせんことを欲す」る（『童子問』下・二十八章）ことにある。この目的の実現のためには、いわゆる煩悩を断ち切らなければならない。たしかに人間は、「飲食男女」に対して飽くことのない「人欲」を抱いているから、「父母国人皆な之れを賤む」（『孟子古義』滕文公下・三章小注）ような過ちをも犯す。しかし、この「世」のもろもろの欲望の無限連鎖に繋がれている人間が、煩悩の拘束を断ち切り、それから根本的に解放されることはけっして容易なことではない。

だから、「生死念《ねん》重く、愛根絶ち難く、心猿意馬、羈《き》束を受けず、乍《たちま》ち出《いで》て乍ち入り、或は真或は妄、変現起滅、奈何《いか》んともすべき無」き（『童子問』下・二十八章）事態に陥ることになる。この事態から逃れるために、「山林に屏居し、世故を謝絶し、坐禅面壁、硬く斯の心を澄清するを以て事と為《し》」（同前）というように、その欲望を抱かしめる「世」のなかから逃避し、人里離れた場所で孤独な修行を行う。そして「其の修行」が「既に久く、功夫既に成るに及ん」で「自ら三界を超脱」する境地に到達する（同前）。その境地とは、「其の心明鏡の空しきが若く、止水の湛へたるが若く、一疵存せず、心地潔浄」（『語孟字義』心4）という状態である。この境地では、「心」のなかの欲望がすべて消滅するから、相手への「恩義先づ絶へて」しまうことになる。これが継続されるならば、「君臣・父子・夫婦・兄弟・朋友の交りを視ること」は、「弁髪・綴旒」のごとく無用のものと見なされるようになる（同前）。その結果、関係の構築が放棄される。

こうした境地を獲得することができれば、煩わしい人間関係から解放された静かな心情のまま生きることができるかもしれない。しかし、そこには「生生化化」（同、理1）とした生の営みを欠くことになる。しかもこの境地は、この「世」の煩悩をこの「世」のなかで解決したのではなく、この「世」から逃避した結果として得られたものでしかないから、現実の諸問題からたんに目先をずらしたにすぎない。したがって、目の前には「世」のなかの諸問題が依然として解決されないまま残されている。そればかりか、「仏氏の教」によって導かれた人々が、「人事を廃して修めず、天下を蔑して顧み」る（『童子問』下・二十八章）ことはないから、けっきょくのところ、「彝倫尽く滅ぶ」（『語孟字義』心4）ことになる。

3 「邪説暴行」の歴史

「天は是れ天」、「地は是れ地」（『童子問』下・二十八章）。つまり「天」「地」が事実として存在することに異論を挟むことはできまい。にもかかわらず、「邪説暴行」の徒は、自らの「意想造作」に基づいて人間を自然感情や「世」の現実から無理矢理に乖離させ、彼らに「天」や「地」を始めとする既有の物を「幻妄」と教え込む。こうしたイデオロギー的操作を受けた者は、「天地を微塵に」しようとするし、また「人世を幻妄」（同前）のものと感じるようになるから、けっきょく、「世」のなかそのものが否定される。こうした「邪説暴行」の徒は、「世」のなかに害毒を流し続ける。この「邪説暴行」を、仁斎は、

邪説とは暴行の本、暴行とは邪説の発、有るときは則ち倶に有り、二つ有るに非ず。大凡《おおよ》そ人倫に害有り、日用に遠ざかり、天下国家の治に益無き者は、皆な之れを邪説と謂ひ、皆な之れを暴行と謂ふ。（『論堯舜

と定義する。この「邪説暴行」の徒は、歴史上、希有な存在ではない。仁斎は「堯・舜既に没し邪説暴行又た作るを論ず」という一文を著して、堯・舜以前に「邪説暴行」が存在していたことを論証する。これを参照しながら、「邪説暴行」盛衰史に検討を加える。

堯・舜以前の「邪説暴行」の存在理由として、仁斎はつぎの点を上げる。孔子の生きた時代にはまだ「三皇・五帝の書」(「論堯舜既没邪説暴行又作」)が存在していた。だが、孔子はその内の「唐虞の二典」(同前)のみを取りあげ、残りをすべて斥ける。なぜならば、「唐虞の二典」以外の書では「常道を外にして別に大道」(同前)が説かれているからである。この点を論拠にして「三皇三帝の書」に、その後の老荘の説のごとき「虚無・恬澹、無為・自化の説」(同前)の影響を仁斎は見る。「虚無を以て道と為し《し》、天地を視ること死物の若く然り」(『語孟字義』理1)というように「世」のなかが捉えられるから、この説が現実の生に関心をもつことはほとんどない。この説の影響を受けた「三皇三帝」の政治は、「人倫に切ならず、日用に近からず、天下国家の治に益無き」(同、書2)ものとなる。だから、「堯の時に当りて、天下猶を未だ平らかならず。洪水横流し、天下に氾濫す」(『孟子古義』滕文公上・四章小注)と言われるように、堯はさまざまな災害や政治的危機に直面せざるを得なかった。

右の危機が堯・舜の治世を通して克服される。つまり「堯・舜氏起こるに方《あた》つて」、「異端邪説」が「退聴畏縮、復た頭を出さ」ざるようになり(「論堯舜既没邪説暴行又作」)、さらには堯・舜によって諸事業が実践された結果、いわば禽獣が跋扈するがごとき時代から人間の時代への移行が成し遂げられたのである。

この堯・舜の治世において実践され、且つその効果が確認された「正道」を、「祖述・憲章」した(同前)のが孔子である。(18) この堯・舜・孔子と続く「聖人」の営為は、けっして新たなものを作りだしたのではない。

「邪説暴行」によって、現実から乖離した虚構の世界のなかに誘導された「生」を事実の世界に還元しただけ、と認識されている。だから、仁斎は言う、「聖人は有は其の有に還《か》へし、無は其の無に還へし、亦た一毫の智慧を其の間に容れず」（『童子問』下・二十八章）、と。(19)

しかしながら、孔子の死後も、「邪説暴行」はさまざまな意匠で歴史の表舞台に繰り返し現れる。だが、この孔子の教えの出現後は、その「正道」と「邪説暴行」との絶え間なき闘争の歴史となる。「孔子の教」の内容である「正道」は、「時を以てするときは、則ち夫子の時より今に至るまで、既に二千餘年、猶を一日のごとく」（『童子問』下・五十章）連綿と継承されている。「正道」が実践された時代には、「邪説暴行」も息を潜める。だが、「正道」の実践がいったん衰えをみせるやいなや、「漢」代のように「邪説暴行」は「再び熾んになることもある。さらに新たな要素が加わる。それは仏教である。仏教が「外より入寇し、浸爾跳梁、隋・唐に至つて始めて盛んに、宋に迨《いた》つて大いに躁ぐ」（「論堯舜既没邪説暴行又作」）ようになったがゆえに、その混乱に一層の拍車がかけられる。この外来の敵に対して「鉅儒」が全身全霊をこめて戦ったにもかかわらず、はかばかしい成果をあげることはできなかった。仁斎によれば、「邪説暴行を遏むるの術」は、そもそも「吾が道徳を修むる、上策と為し、倫理を以て之れを攻むる、中策と為し、理の有無寂感を弁ずる、下策と為す」（同前）というように三策ある。このうち、「其の上策をうる者は、孔孟以後、未だ是れ或は聞かず」とされるように、「鉅儒」は、儒者でありながら、「堯・舜孔子の徳」を継承する「上策」を実践することなく、「中策」以下の対抗策によって敵と戦ったがゆえに、「邪説暴行」の跋扈をふたたび許すという敗北に帰することになったのである。(20)

4 「正道」と「邪説暴行」

以上の「正道」と「邪説暴行」との闘争の歴史において、着目しなければならない問題が二つある。第一は、なにゆえに孔子出現後に「邪説暴行」が出現したのかという問題であり、第二は、なにゆえに「邪説暴行」が人々に受け入れられるのかという問題である。

まず第一の問題に検討を加える。孔子は、「匹夫」、あるいはたんなる「旅人」でしかないが、堯・舜は「天子」である（『童子問』下・五十章）。だが、仁斎は、孔子を「堯・舜より賢れる」と捉える。ところで、堯・舜の「治績」は、けっして不完全なものという訳ではない。堯・舜の「宜しく声教の遠く暨《およ》んで、余沢の久く流るべし」（同前）と言われるほどに、それは素晴らしい「治績」を実現した。この治世は、民の生活の安定をもたらしただけではない。その治世においては、舜の臣下である契が「司徒」という教官に任じられて、「教ふるに人倫を以てす」（『孟子古義』滕文公上・四章小注）とされるように、後の「孔子の教」の中核となる「人倫」による教化をもすでに実践していた。だが、仁斎は、その治世に「治績九州に過ぎず、子孫の襲封も、亦た後世に及ばず」（『童子問』下・五十章）と、一定の限界を指摘する。なぜか。堯・舜の治世においては、禽獣の害などに対しては舜の火の掌握、洪水に対しては禹の治水などのごとき諸政策が実行され、確実に、しかもすばらしい業績を挙げた。しかしながら、これらの政策は皆、今、眼前に発生し、しかも頻発する危機に対する対応策でしかなかった。それゆえ、その対応策は、迫り来る危険に対する即効性を必要としたために、その対応策の意味などいちいち吟味する余裕すらなかった。こうした事情から、その策には「世俗の多く悦ぶ所」（『語孟字義』鬼神3）の「鬼神・卜筮」なども含まれることになる。だが、「鬼神・卜筮」は、人々の関心を彼岸に存する不可知なものに導いたがゆえに、結果として此岸的規範としての「人道・義理」への関心を希薄にさせた。だから、その堯・舜の治世の「卒《おは》りや、又た弊無きこと能はず」（同、鬼神2）といわれるように、最終的には混乱を招くことになったのである。

これに対して、孔子は「教」を「世」に提示した。その提示には、「鄒魯の郷より、海の内外を問ず、四夷の遠に至るまで、凡そ文字有るの国は、夫子の教を尊崇せずといふこと莫し」（『童子問』下・五十章）という賞賛が与えられる。この「教」の普遍性の確立は、孔子の能力に拠る。つまり、「夫れ堂下稠人の中に厠《まじ》るときは、則ち堂下の人の曲直を弁ずること能ず。身堂上に在て、乃ち能く堂下の人の曲直を弁ず」（同、下・五十一章）といわれるように、孔子は、現実そのものを対象化する視点を獲得することによって、顕・隠を含めて堯・舜の治世全体を観察した結果、その治世のなかの「曲」と「直」とを識別し、堯・舜の治世の最大の「曲」であるところの「鬼神・卜筮」を「語らず」（『語孟字義』鬼神2）という形で排除し、「直」を中心とした「教」を再構成する。この孔子の能力によって再構成された「教」は、「人の当に力を務むべき所の者は人倫のみ。人の当に力を竭すべき所の者は仁義のみ」（同、下・二十八章）といわれるように、人として行うべきことがらをすべて明確に指し示した。それゆえ、その「教」の明示によって、人は人として自覚することが可能となったのである。そうなれば、人間は、いわば「禽獣」のごとく四つ足での歩行をやめ、二本足で歩くことができるようになるから、上下が確定され、「天、上を運《め》ぐり、地、下に載せる」（「論堯舜既没邪説暴行又作」）という認識も可能となる。この人間としての価値基準の提示をもって、仁斎は孔子に、「最上至極宇宙第一の聖人」（『童子問』下・五十章）と最大限の評価を与える。

　ところが、この「大聖」（『童子問』上・五十一章）たる孔子さえも、いわば思わぬ時代的制約を受けていた。孔子の時代には「仁義礼智を以て家常茶飯と為、復た其の間に疑ひ有らず」（『語孟字義』仁義礼智2）とされていた。すなわち、「孔子の時、猶を白日天に中し、目有る者は能く行くがごとし」（『孟子古義』綱領4）と言われるように、「仁義礼智」を体現する孔子が眼前に存在していた。だから、「仁義礼智」の価値や意味は、孔子を見れば一目瞭然であった。この孔子体験を通して、「孔門」の門人たちはその価値などを徐々に共有化する。この共有感覚を保有した門人たちは、その「仁義礼智」の価値等をもはや問う必要はなく、ひたすら「之れを為す所以の方」（『童子問』上・七章）、つまりその実践方法だけを問うた。それに応じて、孔子もその「方」を答える。だから仁斎は言う、「論語は専ら仁義礼智を修《をさむ》るの方を説きて、未だ嘗て其の義を発明せず」（『童子問』上・七章）、と。この「方を説く」内容が孔子の「教」である。もちろん、この「方」とて無原則に選択された訳ではなく、「道」を実践するにあたって孔子によってもっとも適切だと判断された「方」が示されているがゆえに、「論語は専ら教を言ひて、道其の中に在」る（同、上・十二章）。

孔子の没後、一定の期間の経過によって、その弟子たちを取り巻く環境も変化し、世代も交代する。この変化の最大のものが、価値などの共有感覚の希薄化である。このような状況下では、「方」によって何を実現するのか、また、その実現したものの価値や意味とは如何などといったもろもろの問いが問われることになる。ところが、孔子はその「義」を直接的に明示してはいない。ただ『論語』の文言に「道」が含意されているだけである。『論語』の文言から「理」を直接導きだす作業の困難さは、「今其の詞に拠って其の理を推すこと能はず」（『語孟字義』仁義礼智2）と言われる通りである。あえて「徒に論語言詞の上に就いて仁義礼智の理」を「理会」しようとすれば、その「言詞」に含まれた「義」が推論されなければならない。そこに、その読み手の恣意が入り込む余地が生まれる。たとえば「聖人毎《つね》に道の字を以て言を為して、理の字に及ぶ者甚だ罕《まれ》」である（同、理2）にもかかわらず、あえて「理」の観点から『論語』を読解しようとする朱熹のように。こうした恣意的観点からの解釈の発生は、『論語』に含まれる「義」をめぐる論争を呼び起こす。この種の論争の発生こそが、「邪説暴行」をふたたび活発化させる。

この種の議論に一定の終止符を打ったのが孟子である。孟子は、「聖遠く道湮み、異端蜂起し、各《おのおの》の其の道を道として、能く統一すること莫」（『論語古義』綱領8）きがゆえに、「諸子百家、各の其の道を以て道と為て、吾性に循ふと循はざるとを論ぜず、異端為る所以なり」（『童子問』上・十四章）という、混乱を極めた時代状況のなかで「学者の為に諄諄然として、明かに其の理を論じ、其の源委を指し、委曲詳悉、復た滲漏無」き（『語孟字義』仁義礼智2）説を展開した。この「仁義礼智の義」の開示によって「万世の為に孔門の関鑰を啓く」（『孟子古義』綱領4）ことが可能となった。言い換えるならば、孟子が『論語』の「言詞」に含まれる「理」を開示したことによって、「聖遠く道湮」む時代のなかで生きる人々は、「当に之れ（仁義礼智の義――引用者注）を孟子に原づけて其の義理を察して、而る後之れを論語に会して其の全体を求む」（『語孟字義』仁義礼智2）というように、まず『孟子』を理解することによって、「仁義礼智」の「義理」を体得し、その後に『論語』の「方」を理解し、それらを総合して「孔孟の本指」（『論語古義』綱領8）全体を学び取る道筋が拓かれた。だから、「嗚呼、孟子の書は、実に後世の指南、夜燭なり」（『孟子古義』綱領4）と評価される。

だが、孔子没後の最大の功労者たる孟子も、孔子と同じく時代的制約を受けていた。孟子は、「仁義礼智」の価値を共有化しえた孔子の時代からはもはや遠く隔たり、しかも「楊墨行はれ正道廃す」（『孟子古義』綱領2）という混乱を極めた時代に生きた。この時代的制約のゆえに、孟子は、その「道」の「理」を「議論」という形式によってしか開示し得なかった。なぜならば、「道徳盛んなるときは、則ち議論卑し、道徳衰ふるときは、則ち議論高し」（「論堯舜既没邪説暴行又作」）と言われているからである。

『孟子』告子章句上・三章には、孟子の詭弁とも取れる「議論」が展開されている。本文は、つぎの通りである。

> 告子曰く、生之れを性と謂ふと。孟子曰く、生之れを性と謂ふは、猶を白之れを白と謂ふがごときかと。曰く、然りと。羽の白きを白しとするは、猶を雪の白きを白しとするがごとく、雪の白きを白しとするは、猶を玉の白きを白しとするがごときかと。曰く、然りと。然らば則ち犬の性は、猶を牛の性のごとく、牛の性は、猶を人の性のごときかと。

文中で「然り」と連発しているのは、告子である。「生、之れを性と謂ふ」と主張した告子は、けっきょく「犬牛と人とは、其の性も亦た異ならず」と述べたのと同じ地点に、孟子の巧みな弁舌によって誘導されてしまう。このように孟子は弁論術を駆使することによって、告子を自らの土俵に引き込み、「此れを以て之れを詰めて、告子も又た然りと曰ふ」（『孟子古義』告子上・三章小注）状態に追い込む。「異端邪説」の誤謬を明らかにするためであるにせよ、こうした弁論術を駆使した孟子の「議論」の展開は、「詞艱に理遠く、知り難く記し難き者」（『童子問』上・四章）と捉えられてもまた致し方あるまい。このように孟子が位置づけられたとすれば、孟子の「議論」も諸子百家のなかの一つの説にすぎないと捉えられることもありうる。むろん、孟子の議論は、「論孟の二書、猶を一幅の布の表裏有て精粗無きがごとし」（同、上・十二章）といわれるように、孔子を正当に継承するものとして捉えられてはいる。しかし、「義」の具体的体現者を欠いた時代においては、孟子の「議論」それ自体の理解が必要とされる。だから、「学者」はまず『孟子』を「体認」「熟読」（同、上・七章）しなければならない。つまり、『論語』の「義疏」（同、上・五章）たる『孟子』を理解するためには、いわば知的作業を必要とする。そのなかで諸子百家のなかからの『孟子』の選択を出発点とする「孔孟の本指」全体を学び取る階梯を一段一段登る作業は、きわめて困難なものと言わざるをえない。だから、その階梯を登る作業を放棄する輩もけっして少なくないだろう。仁斎は言う、「天下自暴自棄する者、十に八、九居れり」（『孟子古義』綱領5）、と。

ついで、何ゆえに「邪説暴行」が人々に受け入れられるのかという第二の問題に検討を加える。その理由として、仁斎は好奇心を挙げる。仁斎は言う、「怪を好んで常を好まず、奇を喜んで正を喜ばざるは、天下古今の通患、人人皆な然り」（『童子問』下・五十三章）、と。この好奇心が万人に抱かれているからこそ、人は「五穀」から離れて「八珍の美膳、醍醐の上味」（同、上・三章）に魅せられるのと同様に、「日用」「卑近」（『論語古義』綱領7）の現実から意図的に離れ、「高遠及ぶ可からざる」領域に到達するために、もろもろの修飾語を多用し、諸概念を捏造した「艱渋奇癖、遽に通じ難」き「異端邪説」の議論に魅了される。だから、仁斎は言う、「邪説は人を動し易し」（『童子問』上・四章）、と。

しかしながら、「若し夫れ美味は姑《しば》らく口に可なりと雖も、然れども之れを嗜《この》んで止まざるときは、則ち必ず人に害有」る（同、上・三章）。このように「美味」なる食物の過食による病を体験したがゆえに、人はやがて「天下の至味を論ずるときは、則ち五穀に至て極る」こと（同前）を自覚する。この「五穀」こそが『論語』に示されている「道」なのである。このように「五穀」の重要性を自覚するや否や、その「五穀」を食するために、「聖人の教」に心を開き、そして、その受業に努める。だから、仁斎は「人、嘉穀の尚ぶ可きを知るときは、則ち暴珍せず。珠玉の宝と為す可きを知るときは、則ち慢棄せず。況んや己の身に於てをや」（『孟子古義』離婁上・十章大注）と述べる。

四　結びに代えて

「異端邪説」の興隆は、「世」のなかを、「五倫五常」を内容とする「道」の喪失という危機的状態に直面させる。「道」が喪失されたならば、人は人として生きる指針を失い、「禽獣」へと堕落する。この堕落体験が動機となって、「自暴自棄者」が自己の内の「四端の心」を自覚し、「拡充」へと一歩を踏みだすことが期待されている。その「拡充」への踏みだしは、「蛮貊無教の邦、叔季絶学の世と雖も、人皆な化して鬼為り魊為らざる者は、性の善なるが故なり。性の善、豈に貴びざる可けんや」（『童子問』上・十六章）というように、人間が人間として生きる意志を持つかぎり、必然的に行われる、と仁斎のなかでは確信されている。しかしながら、その「拡充」へと踏みだしたとしても、これまで縷々指摘してきた「教」の感受装置としての「性」の脆弱性をはじめとするもろもろの困難や限界に直面し、その「拡充」の営為を途中で放棄してしまう可能性はないとは言えまい。この「拡充」に挫折した者は、その失望感から、「教」に心を閉すという「悪」なる営為のなかに埋没し続けるか、あるいは、「正道」に魅せられつつも、「邪説暴行」の珍味も棄てがたいという、いわば分裂した状態のなかで生き続ける可能性が高い、と言わざるをえないだろう。いずれにせよ、「人」はその存在それ自体において十全な形で「正道」を受業する保証は、仁斎学のなかでは必ずしも十分には確保されてはいない、と言える。にもかかわらず、仁斎が「自暴自棄者」も「四端の心」を自覚し、「拡充」へと向かうという確信を抱く理由は、如何。この解答は、仁斎の思想の中核を占めるテーゼ「人の外に道無く、道の外に人無し」（同、上・八章）のなかにあると考えられる。このテーゼの分析は稿を改めて論ずることにする。

註

（1）朱子学に関しては島田虔次『朱子学と陽明学』（岩波新書、一九六七年）、山井湧『明清思想史の研究』（東京大学出版会、一九八〇年）を参照した。

（2）『大学或問』一八丁ウ（『周会魁校正古本大方四書大全』天理大学附属天理図書館古義堂文庫所収）。

（3）『朱子語類』巻第五・七一（中華書局、九四頁）。

（4）拙稿「伊藤仁斎における「同一性」批判の構造——人我相異論の形成過程」を参照のこと。

（5）この価値の多様性が認められるのはあくまでも「道」の内に限定される。それから逸脱した場合には否定される、と筆者は考える。この「道」論に関しては稿を改めて論じることにする。

（6）拙稿「伊藤仁斎の「情」的道徳実践論の構造」（本書第一部所収）第三節3項Ⅲ・Ⅳを参照のこと。

（7）中村雄二郎『悪の哲学ノート』（岩波書店、一九九四年）第一部第一章第五節（一八〜二五頁）では、哲学の観点から「悪」を分析し、「悪」の定義の一つとして「関係の解体」を挙げる。

（8）前掲「伊藤仁斎の「情」的道徳実践論の構造」三節3項Ⅱを参照のこと。

（9）もちろん、「四端の心」は、刺激を受ける以前から存在している。その存在がなければ、外的刺激を感受することはできないからである。しかしながら、その機能はあくまでも外的刺激がなければ起動しない。もしそれが刺激を受ける以前から機能しているとするならば、冒頭で示した自・他間の「阻隔」は克服されているはずだからである。

（10）平石直昭『日本政治思想史——近世を中心に』（放送大学教育振興会、一九九七年）では政治と道徳の区別という視点から『童子問』巻之中・第十七章に分析を加える。

(11)『葉隠』(相良亨他注『三河物語・葉隠』日本思想大系26、岩波書店、一九七四年)二一八頁。

(12)丸山眞男「忠誠と反逆」(『丸山眞男集』第八巻、岩波書店、一九九五年。初出『近代日本思想史講座 自我と環境』筑摩書房、一九六〇年)一七九頁。

(13)さらにつけ加えるならば、仁斎は、孟子の時代に「とくに盛」んであった墨家などに対してさえも「帰すれば之を受るのみ」(『孟子古義』尽心下・二十六章小注)と寛容を示す。

(14)『孟子集註』離婁章句上(『四書集註』巻之七、芸文印書館)九丁オ。

(15)『孟子集註』公孫丑章句上(『四書集註』巻之三)一五丁オ。

(16)この「世」のなかに害毒を流す「四端の心」の生来的欠落者にいかに対処するかは、重要な問題であろう。同様な問題をアリストテレスが扱っている。アリストテレスは、「立法家は、一方において、習慣によりかなりの進歩を遂げているひとは法律の命じるところに聞き従うであろうと考えて、かれを器量へと奨励し、美しい行為を目ざして鼓舞しなければならないが、他方において、不従順な、素性の卑しいものには懲罰と刑罰を持って臨み、さらに医し難いものに対しては、これを完全に追放してしまわなければならない」(『ニコマコス倫理学』、『アリストテレス全集』一三、岩波書店、一九七三年、三五一~五二頁)と述べる。この認識を踏えながら、アリストテレスは政治学を構築する。

(17)「四端の心」の生来的欠落者の切り捨てに関しては、さらに「易姓革命」論との連関で分析を加える必要があるが、それは稿を改めて論じることにする。

(18)前掲「伊藤仁斎の「情」的道徳実践論の構造」三節1項を参照のこと。

(19)この発想の前提として、いわば一種の予定調和した世界が想定されている。すなわち「天地の間、物、各の不足の理無し。通有て塞無きが為めなり、(中略)人の一身の若き、耳有て以て万物の声を受け、目以て万物の色を弁へ、鼻以て万物の臭を嗅ぎ、口以て万物の味を知る、其の飲食に於る、歯舌以て之れを噬嗑し、咽喉以て之れを呑噛し、三焦以て之れを通じ、膀胱以て之れを瀉す、惟だ人のみ然りと為るに非ず、物も亦た然り、(中略)皆な各の其の用有り、用各の相足る、彼に失するときは則ち此に得、此に失するときは則ち彼に得、物に在て各の不足の患無し、造化の工、亦た何ぞ巧なるや」(『童子問』中・七十章)と言われるように、それぞれの器官が機能することによって身体全体が統一的に機能がするがごとく、「世」のなかで個々人が自らの役割を果たし、その規範を実践することを通して全体的調和が自然に成し遂げられるのである。

(20)この「上策」の「道・徳」はつぎのように解釈すべきであろう。仁斎は、「道は流行を以て言ふ。徳は存する所を以て言ふ。道は自ら導く所有り、徳は物を済す所有り」と定義したうえで、その具体例を「或は補、或は瀉は、薬の道なり、能く病いを療し命を活するは、薬の徳なり」(『語孟字義』徳3)と表現する。病を治す場合、強壮効果を持つ「補」、下剤の働きとしての「瀉」、これらの薬の働き、つまり「道」が実行されて始めて、病気の原因が根絶され、その結果として病気が治癒するという「徳」が実現する。それゆえ、「上策」は孔孟の「道」の実践を通して獲得されたものによって「異端邪説」を撲滅することを意味すると考えられる。

つぎの「中策」の「倫理」は、難解である。この「中策」の実践者は、韓愈と欧陽修である。『伊藤仁斎・伊藤東涯』日本思想大系33の注釈によると、「韓愈の『原道』、および欧陽修の『本論』が倫理をもって仏教を攻めた」(「論堯舜既没邪説暴行又作」)とある。おそらく実践抜きの「倫理」の提示であるがゆえに、「中策」と位置づけられたのであろう。

「下策」は「程・朱」によって実行される。「下策」とされる所以は、仏教の形而上学に「理の有無寂感を弁ずる」(「論堯舜既没邪説暴行又作」)という形而上学をもって対抗したことに求められる。この形而上学という相手の同じ土俵での批判の展開が宋学に「人倫日用に近からざる」(『童子問』上・六章)形而上学を包摂させる原因となる。

補注

本稿で分析を加えた『論語』陽貨篇・〈性相近〉章の稿本改訂過程を「大注」の冒頭部分だけに限定して、以下に示す。この章が記されている『論語古義』の稿本は、「第二本」「誠修稿本」「元禄九年校本」「林本」(天理大学附属天理図書館古義堂文庫所蔵)の四種類である。左の改訂過程を示した資料の記号はつぎの通りである。傍線部分は仁斎が抹消したことを意味し、①等の数字は本文の横に示された改訂を示し、[欄外からの書き入れ]は稿本の上半分・下半分に書き加えられた訂正を指す。□は判読不能を意味する。その改訂を仁斎は数回、繰り返しており、それぞれ黒筆、青筆、赤筆と使い分けているが、筆者の所有の稿本がモノクロ版であるので、それは一々記すことは出来なかった。また稿本の位置づけに関しては、天理図書館編集『古義堂文庫目録』(天理図書館叢書第二一輯、天理大学出版部、一九五六年)を参照のこと。

*『第二本』

此言人之所稟受、雖有昏明強柔之異、然其初未甚相遠、但習於善則善、習於悪則悪、於是始相遠耳、

*『誠修稿本』

此①言②人之所稟受、雖有昏明強柔之異、然其初未甚相遠、但習於善則善、習於悪則悪、於是始相遠耳、

［欄外からの書き入れ］
①（人皆知責性而不知責習、故）
③（其初）
②（性本相近③未必不善）

＊『元禄九年校本』
①（明）　③（善悪未甚相遠）　③（矣）
此①言②人性本相近、其初③未必不善、但習於善則善、習於悪則悪、於是始相遠③焉耳、

［欄外からの書き入れ］
④（之教人不責於性而）⑤（其）
②（聖人④専□責⑤習而言不以悪見性也、）

＊『林本』
此明聖人之教人、不責性而専責習、言其初善悪未甚相遠、但習於善則善、習於悪則悪、於是始相遠矣、

この改訂過程のなかで着目しなければならないのは、「元禄九年校本」段階において書き入れられる「其の初め、善悪未だ甚だしくは相遠からず」という改訂である。これは、「性」段階では「善・悪」がはなはだしく遠いものではないが、「習」によって「善・悪」の区分がなされると言うように、「習」の重要性を示すためのものである。つまり「習」によって「善・悪」の区分がなされるならば、その「習」以前は、「善・悪」未分の状態ということになる。この解釈に立脚すれば、「性善」論に抵触する。それゆえ「林本」段階では抹消される。以上の改訂過程からは、仁斎が「性善」説に立脚しながらも、「性」をいかに捉えるかに関して苦心していたことを窺うことはできる。

伊藤仁斎の「情」的道徳実践論の構造

一　問題設定

伊藤仁斎は、青年期には朱子学に傾倒していたが、やがて朱子学を批判するにいたり、朱子学的思惟による解釈から経典を解放して「孔孟の本旨」（『童子問』上・二章）の回復を目指す「古義学」の構築に後半生を捧げた。仁斎の思想の重大な特質の一つをなす「情欲」に対する寛容が、「天理の極を尽くして、一毫人欲の私無し」（同、上・九章）という朱子学的リゴリズムへの批判に立つことは周知のところである。(1)

朱子学者・山崎闇斎の高弟、浅見絅斎は、仁斎の思想に真っ向から批判を加えた儒者である。絅斎は、仁斎の思想を「彼仁斎ガ云ル孝弟忠信ハ皆只殊勝ニ世間向ノ最愛ガリ結構ヅクニテ、嫗嬶《うばかか》ノ挨拶云様ニ柔和愛敬ヲホケ〳〵トスルコトヲシアフ迄也」(2)と批判する。この批判のなかには、「嫗嬶ノ挨拶」という言葉が端的に示すように、仁斎の思想のもつ卑俗性に対する嘲笑が示されている。この嘲笑は、「兎角心ナリノ理ト云コトヲ合点セヨ。其心カラ指テシマツテ居レバ、モヒトツ理ガ斯《カフ》スル筈ト云コトヲ持テコズ、自然ニ一身修而五倫明ナリ」(3)と述べられていることから明らかなように、「理」を厳格に遵守するという、仁斎とはまったく相違した立場から発せられている。しかしながら、絅斎が仁斎の講筵に列していたといわれること、(4)そして何よりも絅斎が仁斎の思想を受け止めて自己の思想を形成したことを踏まえるならば、絅斎が仁斎の思想をまったく理解することなく嘲笑したとは考えがたいと言えよう(5)。

では、なにゆえに絅斎は、仁斎の思想にこのような嘲笑を投げかけたのであろうか。絅斎は、仁斎が「平生道ノ字ヲ愛シテ理ノ字ヲ不好《コノマズ》」とした後に、「道」と「理」との関係を述べた上で、さらにそれに続けて次のような批判を展開する。

此道ノ字ノ真実ヲ知ント欲レバ、其是非善悪ノ実ヲ正ズシテ、最愛ガリサヘスレバ孝ノ道ト思テソデナキ孝ヲシ、君ヲ愛スレバ忠ト思テ君ヲ賊フ道ヲシ、子ヲ育ルヲ道ト思テソデナキ育様ヲスル。皆道ノ是非善悪ノ実ヲ不レ知故、道ト思ヒツ、道ニ非ズ。左アレバ学ヲ以道ヲ真実ニ明ラメタキモノ、理ノ字ヲ不レ知シテ何トテ明クベキ(6)。

絅斎は、ここで普遍的原理としての「理」が否定されたことによって、「是非善悪ノ実」を判断する基準の設定が不可能となったうえに、「孝」などの道徳規範を「最愛ガル」などの感情によって捉えたために、なんらの修養を積むことなく、ただ相手を愛しく思いさえすれば、道徳規範が実践されたことになると批判を突きつけ、こうした仁斎学からは、結局「嫗嬶ノ挨拶」を互いに交し合うが如き卑俗な道徳実践論しか導きだせないと嘲笑したのである。

ところで、本稿も、仁斎が「情欲」を肯定的に捉えた思想家であることは動かしがたい事実であると考える。仁斎が「苟も礼義以て之れを裁すること有るときは、則ち情即ち是れ道、欲即ち是れ義、何《なん》の悪むことか之れ有らん」（『童子問』中・十章）と述べているからである。この引用が示すように、仁斎は、「人情の厚い人」などというような意味での「情」だけではなく、赤裸々な「欲」をも含む「情」全体を肯定し、しかも「道」や「義」という儒学における重要な道徳規範をそうした「情」の位相で解釈し、「情欲」に対する寛容のうえに立脚した道徳実践論を積極的、かつ自覚的に主張する。このことは、絅斎にとって批判の対象となるべきものが、逆に仁斎にとっては全面的肯定の対象となることを指し示していると言えよう(7)。

本稿は、絅斎が仁斎の思想の根幹に突きつけた根源的批判、つまり「欲」をも含む「情」の全的肯定のうえに道徳実践論を構築することがはたして可能なのかという点を考慮しつつ、仁斎の思想における「情」に検討を加え、さらに「情」的道徳実践論とはどのような内容と構造を持つのかという点それ自体を解明することを課題とする(8)。この課題は、仁斎思想における、いわば〈道徳感情〉(moral sentiments) 論を解明する試みと言い換えることができる。

二　「情」論

1　「情」の肯定の位相

「情」の全面的肯定の立場をあますことなく指し示した文章、「一毫人欲の私無きは、又た形骸を具へ人情有る者の能く為《す》る所に非ず」(『童子問』中・九章)、またさきにも引用した「苟も礼義以て之れを裁すること有るときは、則ち情即ち是れ道、欲即ち是れ義、何んの悪むことか之れ有らん」は、いずれも「天理の極を尽くして、一毫人欲の私無し」という朱子学的思惟に対する批判を展開するなかで述べられている。ここに端的に示されているように、「人欲の私」をも含む「情」の全面的肯定に関する仁斎の言説は、朱子学の人間像、ないし世界観の否定を媒介にして成立したと言ってよい(9)。では、否定の対象とされる朱子学的思惟を、仁斎はどのように認識しているのであろうか。

若し礼義を以て之れを制せずして、徒に功夫切緊ならんことを欲するときは、則ち必ず情を滅し無欲なるに至らざるときは、則ち止まず。是れ近世理学諸家の自ら流れて禅荘に入らざること能はざる所以なり。
(『童子問』中・十二章)

朱子学的思惟は根底において老仏的思惟と相通じる。仁斎によれば、「老氏は天地万物を以て、皆な虚無と為《し》、釈氏は天地万物を以て、総て寂滅と為《し》」て(『童子問』下・二十七章)、本来「生生窮まり無」き(『語孟字義』道5)、「一大活物」の世界を「死物」(『童子問』中・六十八章)の世界として認識する。その結果、老仏的思惟は、一方において「専ら清浄無欲、以て一己の安を成就せんと要す。卒に人倫を棄て礼楽を廃するに至る」(同、中・十三章)、つまり人間関係の構築に対する無関心と社会的秩序の否定へと傾くとともに、他方において「礼義以て之れを裁すること無《の》ふして、特に愛を断ち欲を滅さんと欲《ほっす》る」こと(同、中・十章)、つまり修養による自己の感情の克服、朱子学の表現によれば「明鏡止水」(『語孟字義』心4)の境地への到達に努めることになる。こうした傾向は、「禅に至ては、則ち一向に棄て去る。理を説くこと至高、必ず此に到らざることを得ず」(『童子問』中・二十七章)と述べられているように、仁斎によれば「理」を説くことに起因するのである。

仁斎は、「聖人毎《つね》に道の字を以て言を為して、理の字に及ぶ者甚だ罕なり」(『語孟字義』理2)と、「理」を消極的に捉えるものの、だからといって「理」を全面的に「軽ろん」じた(『童子問』中・六十五章)訳ではない。ただ、その妥当範囲を限定すべきであるとする。すなわち「理を窮るは事物に就て言ふ」(同、中・六十六章)。しかるに朱子学はこの限定をわきまえず「理を以て万物の本原と為《す》る」(同前)と捉え、ために「自ら流れて老仏の学に入」り(同前)、「禅荘の理を以て孔孟の書を説く」(同、下・四十四章)。朱子学の宇宙論は、宇宙の生成の現場とはまったく別の、それゆえに経験範囲を越えた次元に設定された原理である「然る所以の理」(同、中・六十三章)によって、「誰れか見て、誰れか之れを伝ふるや」という「天地の前、天地の始」(『語孟字義』天道5)を解明しようとするから、それは「所謂る無物の地に就て物を求る」(『童子問』中・六十二章)、「想像の見」（『語孟字義』天道5）に依らざるを得ない。それをあたかも「万物の始」であるかのように伝えるとき、そこに独断が生れる。ついで、朱子学の人間論においては、「無物の地」にある絶対的規範としての「理」は、「性即理」というテーゼが端的に示すように、「即」の一字でもって人間の内面に内在する善性の根拠、つまり「本然の性」として位置づけられ、そこから外界と接することによって発生する「情欲」を制御する。この「渾然たる至善、未だ嘗て悪有ら」ざる（『語孟字義』性4）の「理」は、善悪を含む「気質」の世界、つまり現実世界とは対立するから、結局のところ、朱子学では「理」によって「情欲」を絶滅させることになる。こうした朱子学的思惟においては、現実の多様性を無視して、「善を善とし悪を悪とし」て（『童子問』中・六十五章）、画一的に現実の価値を決定し、それを「一毫も仮借」する（同前）ことなく、一方的に強要する。そのために、「凡そ事専ら理に依て断決するときは、則ち残忍・刻薄の心勝て、寛裕・仁厚の心寡《すくな》」い（同前）、独断的かつ冷酷な態度で相手に接することになる。こうした朱子学的思惟は、仁斎によって「夫れ世道に裨《たす》け無く、生民に補ひ無き者は、聖人は為《なさ》ず」（同前）と、全面的に否定される。

以上のような朱子学的思惟の否定を媒介にして、仁斎の「情」的人間像は結実した。では、それはいかなる構造を持ち、いかなる形で道徳実践論と結びつくのであろうか。

2 「情」の構造

『語孟字義』の「情」の項の冒頭では、「情」が「性の欲」と定義されたうえで、『楽記』から「物に感じて動くは、性の欲なり」（『語孟字義』情1）が引用される。この定義は、「情」がある対象からの刺戟に即自的に反応した結果、自然に発生する感情であることを示す。したがって「情」は受動的側面を持つ。相手からの刺戟に即自的に反応する受動的な「情」は、内容的には無規定であり、「性の欲」という表現が示すように「人欲」を含む「情」全般である。人間は、さまざまな人間関係のなかで、相手からの刺戟を受けて、どんな感情をも感じることになる。それゆえに、仁斎にとって人間は、どのような感情であれ、ありとあらゆる感情を感じる「情」的存在なのである。

以上のように「情」を定義した後に、仁斎は『孟子』に基づいて、朱子学の「性」と「情」との解釈への批判を念頭においた議論を『語孟字義』情1において展開する。まず仁斎は、「性」と「情」とを区別する。「性」は、「目の色に於る、耳の声に於る、口の味に於る、四肢の安逸に於る、是れ性」、および「父子の親は性なり」と述べられているように、感覚器官、あるいは父子関係において抱かれる感情と把握される。これに対して、「情」は、「目の美色を視んことを欲し、耳の好音を聴かんことを欲し、口の美味を食さんことを欲し、四肢の安逸を得んことを欲す、是れ情」、また「父は必ず其の子の善を欲し、子は必ず其の父の寿考を欲するは、情なり」を踏まえれば、感覚器官の、対象への接触によって発生する「視聴動作」(『童子問』上・二十三章)、あるいは父と子とが相互に相手に示す感情として捉えられる。このように仁斎のなかでは、「性」と「情」とは、一方は静態的に、他方は動態的に把握され、明確に区別されている。しかしながら、仁斎が「性」と「情」とを感覚器官とその働きとになぞらえたことに象徴的に示されているように、両者はともに現実の位相、つまり人間が実際に相手に接する位相に位置づけられているのである。

このように「性」と「情」とを現実の位相において捉えた仁斎は、朱子学の「未発・已発」の説に次のような批判を加える。

今若し宋儒の説に従て、未発・已発を分て之れを言ふときは、則ち性は既に未発に属して、善悪の言ふ可き無し。猶を水の地中に在るときは、則ち上下を言ふ可き無きがごとし。(『語孟字義』性2)

ここで仁斎は、人間を、「未発・本然の性」つまり「体」と、「已発・気質の性」つまり「用」とに二元的に把握し、その「体」に「理」を位置づけることによって善性の根拠とする朱子学の発想を全面的に否定する。この「体」は、「未発」という言葉が端的に示すように、現実の場面において実際に相手と接する以前の段階を示す。そうした「善悪」を含む「気質の性」の奥底に内在し、それゆえに現実とはまったく別の次元である「体」の位相においては対象からの刺戟を受けて「情」を感じることはできない。したがって、現実に「情」を互いに交《か》わしながら生きている人間にとって「体」は、現実には何らの影響を及ぼさない架空の位相として認識されることになる。こうして仁斎は朱子学の「体」を否定することによって、「人性」からの道徳規範の外在化への第一歩を踏みだしたと言ってよい。

このように「体」の否定によって「情」を肯定する位相を獲得した仁斎は、「情」のなかに受動的働き以外の新たな作用を見いだそうとする。なぜならば、「情」が、対象からの即自的な反応でしかない、いわば相手次第でどのようにも変化するものであるとするならば、「情」それ自体のなかに道徳実践能力や道徳的価値をなんらかの形であれ、見いだすことはできにくいからである。そこで仁斎は、『孟子』を踏まえたさきの文章のなかの、「目の美色を視んことを欲し」て「美色」を希求する云々という記述に明示されている能動的働きを、「情」のなかに見いだす。この「情」における受動的側面と能動的側面との関係に関して、仁斎は『語孟字義』ではまったく議論を展開していないように見える。しかし、この文章は『孟子』に基づく。したがって、仁斎の『孟子』解釈がこの「情」論を支えていることは明白であろう。仁斎は、『孟子』告子章句上・七章に関して、

> 人の飲食に於るや其の嗜好を殊にすと雖も、然れども易牙の調する所の味に至りては、則ち天下皆な以て美と為ざる莫し。此れ天下の口相似て嗜を同じくすればなり。（『孟子古義』告子上・七章）

という解釈を付す。この個人の嗜好のレベルから「天下」のそれへと一挙に飛躍させる仁斎の『孟子』解釈は、やがて当時の思想圏に思わぬ波紋を投げかけることになるのだが、それは後述することにして、仁斎の論理に考察を加える。

仁斎は、たしかに個々の嗜好の相異性を認めてはいるが、しかし『孟子』本文の「口の味に於る、同じく嗜むこと有るなり」に依拠して、個々の嗜好のなかに共通性を見いだす。では、なにゆえに「易牙」の料理は万人をして美味だと感じさせるのであろうか。その料理が「古の味を知る者」（『孟子古義』告子上・七章）によって作られたものだからである。つまりその料理は、過去においてすでに美味であることが経験され、さらに確認された味を持つからこそ、万人に美味と感じさせることができる。ここに「易牙」の料理を食べたことによって感じた「美味」は、その経験に基づいて積極的な希求の対象へと転化するのである。

こうして仁斎は、『孟子』の本文に基づいて、個々人の嗜好のなかに共通して存在し、「美味」を希求する〈共通感覚〉を見いだした。この「美味」を志向する「情」の能動的側面から、次の点が確認できる。その第一は、その感情のなかにはその対象に対する受動的反応能力だけではなく、「美味」をその反対の味と経験的に区別し、「美味」を選択する能動的能力が含まれていることである。ここにこそ、たんなる即自的な反応に過ぎなかった「情」が経験によって美味を美味として感知し、それを追い求める素地があると考えられる。その第二は、この能動的能力が、〈社会〉において経験的に承認された「美味」という価値を受け入れているという点である。これこそが「修為」によって「仁義礼智」を自己のなかで実現する能力の素材であると言えよう。

では、仁斎は、「美味」を希求する〈共通感覚〉から、どのように道徳感情を導きだすのであろうか。仁斎は言う、「人の情の若きは、盗賊の至不仁なるが若しと雖も、然れども之れを誉むるときは則ち悦び、之れを毀るときは則ち怒る」（『語孟字義』性2）、と。ここでは、誉められれば悦び、毀られれば怒ると述べられている点に注目しなければならない。この至極当然のことを示したにすぎないような「情」の感じ方のなかにこそ、じつは仁斎が「情」を基盤に置く道徳実践論を成立させるための基本認識が示されている。すなわち、「情」の感じ方のなかにも、謗られれば怒るというように相手の感情表現のなかに含まれる評価を識別し、それに基づいて自分の「情」を発生させるという、一種の識別力が含まれる。だから、「之れを誉むるときは則ち怒る、之れを毀るときは則ち悦」ぶという事態は絶対に発生しない。この「情」に含まれる識別能力を踏まえて、「性善」論へと議論が展開される。仁斎は続けて言う、「善を善として悪を悪とすることを知るときは、則ち与に善を為るに足れり。是れ乃ち吾が所謂る善なる者なり。天下の性尽く一にして悪無しと謂ふには非ず」〈同前〉、と。この議論の展開は、一見すれば非道徳的な盗賊さえも持つ「善」への志向性を根拠にして、普通の人のなかの「善」への志向性を論証する、いわば単純で楽観的な「性善」論のように、しかも「情」を述べた文脈からそのまま「善を善として悪を悪とすることを知る」という、いわば知的判断力を述べた文脈へと無媒介に飛躍させた議論のようにも見える。そうした解釈を生む余地はたしかにある。しかし、それだけではない。

以上の展開が仁斎のなかで可能となるのは、さまざまな対象からのたんなる反応として即自的に感じ取られる「情」のなかにも、一定の経験によって相手が誉めれば喜び、謗ったから怒るというような、相手の感情表現のなかに含まれる評価を識別する能力、つまり経験に基づく判断力が含まれており、その判断力が、ある場面のなかで相手からのさまざまな刺戟を受けて無秩序に反応するかのようにみえる「情」の感じ方に、一定の秩序をもたらしているからなのである。この「情」に道徳的判断力を認める論理構造は、前述の『孟子』を根拠とした「美味」論のそれと一致する。こうして仁斎は、「善悪」を判断し「善」を希求する〈共通感覚〉を、

孟子又た之れを善と謂ふ者は、蓋し人の生質万同じからざる有りと雖も、然れども其の善を善とし悪を悪とするは、則ち古今と無く聖愚と無く、一なるを以てなり。〈『語孟字義』性1〉

と表現する地点に到達した。まさに仁斎は、「情」の個別性を承認したうえで、個別的な「情」のなかに共通する道徳的判断力を認めたのである。こうした位置づけによって、道徳的判断力は、「情」が対象からの刺戟を受けて自然に発生するのと同様に、人間固有の能力として自然に動くものとされる。これが仁斎における「性善」論ならぬ、「情善」論の構造である。

3　「情」の否定的側面

仁斎は、一方で朱子学と対峙するという思想的立場から、「情」全般の肯定とそれへの絶対的ともいえる信頼感とを表明するが、他方で「情」の現実のあり方を直視する視座をもけっして忘れてはいない。『論語』先進篇・〈子哭之慟〉章は、孔子の高弟でもっとも将来を嘱望された顔淵が死に、それを悼んだ孔子が慟哭する場面を記す。この場面に対して仁斎は、「宜しく哀むべくして哀む、宜しく楽むべくして楽む」感情を「皆な人情の已むこと能はざる所」（『論語古義』先進篇・〈子哭之慟〉章論注）として肯定したうえで、聖人を「聖人と雖も、以て人に異なること無き者」と、一般の人と同じく感情をもつ存在として捉え、そしてそれを論拠として「人情は、聖人の廃せざる所なり」（同前）と結論づける。しかし、そうした「情」の固有性は肯定されてはいるが、その「情」の発現には一定の制限が加えられる。仁斎は言う、「苟も其の節に中《あた》るときは、則ち天下の達道為り。其の節に中らざるときは、則ち一人の私情為り」（同前）、と。まさに仁斎は、外に示された「情」を、「天下の達道」という基準から、〈適宜〉な感情とそうではない感情とに峻別し、後者を否定的に捉えているのである。

以上の点からすでに明らかなように、仁斎は、「情」の多様性を承認しつつも、「情」の発現に一定の基準から制限を加え、その基準によって「情」の発現を〈適宜〉なものとそうでないものとに区分する。それゆえに、仁斎の「欲」をも含む「情」の肯定は何の前提もなしに行なわれている訳ではない。換言すれば、仁斎の「情」論は、「情」の全面的肯定のうえに構築された点を論拠にして感情に無制限に身を任せる「欲望自然主義」と解釈することはできないのである。

4 「情」と「思慮」

以上のごとく仁斎は、必ずしも「情」にあるがままに従うことをそのまま肯定している訳ではない。それゆえに、「情」は「私情」に陥らないようになんらかの方法によって制御されなければならないことになろう。仁斎は、「情」と「心」とに関して、つぎのような注目すべき議論を展開する。

古人喜怒哀楽愛悪欲を以て、七情と為《す》。蓋し言ふこころは、情の品此の七者有り。喜怒哀楽愛悪欲を謂ひて即ち情と為るときは、則ち不可なり。凡そ思慮する所無くして動く、之れを情と謂ふ。纔《わずか》に思慮に渉るときは、則ち之れを心と謂ふ。喜怒哀楽愛悪欲の七者の若き、設し思慮する所無くして動くときは、則ち固《まこと》に之れを情と謂ふ可し。纔に思慮に渉るときは、則ち之れを情と謂ふ可からず。(『語孟字義』情2)

仁斎は、ここで「七情」を内容とする「情」と、それに「思慮」を加えた「心」とを明確に区別する。では、「情」と「心」とを区別する基準である「思慮」とは何か。

心は主宰有りて、気は主宰無し。心は思慮に因りて能く動く。気は思慮に因らざりて自ら動く。当に喜怒哀楽すべくして、能く喜怒哀楽する者は、心なり。喜怒哀楽すと雖も、而《しか》れども自ら其の喜怒哀楽するを覚えざる者は、気なり。(『孟子古義』公孫丑上・二章)

この「気」は、ここでは「喜怒哀楽」を内容としているがゆえに、「情」と異なる内容をもつものではない。したがって、ある対象の刺戟を受けて無「自覚」に「自ら動く」感情そのものという「気」の規定は、そのまま「情」の規定でもある。これは前述の『語孟字義』における「情」の定義とも一致する。これに対して、「心」のなかの「思慮」は、即自的反応としての「情」を交際のなかでしかるべき感情に制御して発現させる働きを指し、さらに「主宰」は、「情」に流されることなく、「情」を自覚し、「思慮」によって「情」を〈適宜〉な水準にまで制御し、それを外に現わす主体的営為そのものを意味する。[10] これを先に引用した〈子哭之慟〉章に即して示してみれば、孔子の悲痛な慟哭は、もっとも将来を嘱望された顔淵の死に直面した時に発せられたからこそ、〈適宜〉な感情の発露なのである。だから逆に言えば、もし孔子が顔淵以外の人物の死に対して慟哭したとすれば、その感情の発現はおそらく〈適宜〉な水準から外れることになろう。以上の点からすれば、〈適宜〉性（propriety）とは、ある対象からの刺戟への即自的反応としての「情」を、その場面、時宜、そして相手に照してあまりにも過剰なものであれば、〈適宜〉性の水準にまで抑制し、逆に過小なものであれば、その水準にまで高揚させることと言えよう。こうして即自的反応としての「情」は、自らの手によって相手との関係のなかで〈適宜〉性の水準にまで制御されることになる。[11]

もっとも、仁斎における「思慮」による「情」の制御は、価値中立的なものであって、その制御することそれ自体が道徳的状態の実現を意味するものではない。だから仁斎は言う、「心とは、人の思慮運用する所、本と貴き無く亦た賤き無し。凡そ情有るの類皆な之れ有り。故に聖人は徳を貴んで、心を貴ばず」（『語孟字義』心1）、と。なぜか。これは、直接的には朱子学の「心」解釈への批判に起因する。仁斎は、その修養論における「明鏡止水」の状態を、功夫既に熟するに曁《およ》んでは、則ち其の心明鏡の空しきが若く、止水の湛《たた》へたるが若く、一疵存せず、心地潔浄。此に於て恩・義先《ま》づ絶へて、彝倫尽く滅ぶ。(『語孟字義』心4)

と全面的に否定する。まさに無感動な境地である「明鏡止水」の状態に「心」をもたらすことによって「本然の性」を発現させるという朱子学の修養論においては、「心」の静態的状態に一定の道徳的価値が置かれているると仁斎は判断し、このような「心」に『孟子』の「心」を対峙させる。『孟子』では、「心」が「流水萌蘖」という比喩によってしばしば表現されることを根拠にして、仁斎は「心」を恒常的に成長・変化する可変的なものとして理解し、この観点から静態的・固定的に捉えた「心」に価値を見いだす朱子学的思惟を否定するのである(同前)。

その「心」には「思慮」がある。この働きは、前述のように交際のなかで即自的な反応としての「情」を、場面などに照して〈適宜〉性の水準にまで制御することであるがゆえに、けっして「理」による判断のように画一的・固定的なものではなく、場面などに応じて臨機応変に働くものである。したがって、この柔軟な「思慮」は、『孟子』の可変的な「心」と一致し、しかもこの働きによって「情」が〈適宜〉性の水準にまで制御された結果、相手との間に〈適宜〉な関係を構築するものであるから、その意味で〈適宜〉な関係を構築するために必要不可欠の行為であり、それゆえに道徳的価値をもつものとさえ言うことができよう。

このような仁斎の思惟からすれば、むしろ積極的に「思慮」に価値を見いだしてもよいように思われるが、仁斎はそれをしない。これは、以下の理由による。すなわち「思慮」は、「凡そ情有るの類皆な之れ有り」とされるから、本節(2「情」の構造)で指摘した「情」のなかの能動的側面、つまり道徳的判断力の基盤にある働きそれ自体であり、それゆえに自然的働きと言いうる。この働きは、個別的場面での〈適宜〉な関係を構築することに止まり、〈社会〉全体という次元での〈適宜〉な関係を生みだすという効用を有するものではない。

しかるに「徳」とは、仁斎によれば、「偏《あまね》く天下に達するを以て言ふ。一人の有する所に非ず」（『語孟字義』仁義礼智3）である。したがって「思慮」による「情」の制御は、いまだ「徳」の域に達していない。だからこそ「心」の働きとしての「思慮」は「本貴き無く亦た賤き無し」（同、心1）なのである。

さらに仁斎は、「四端および忿懥《ふんち》等の四者の若き、皆な心の思慮する所の者、之れを情と謂ふ可からず」（同、情2）と述べる。「忿懥」の「忿」などは「憂心、展輾として愁い、弗鬱たり」[12]とされているように、けっして心地良い感情ではないはずである。それにもかかわらず、その感情は、「思慮」があるという理由だけで、「仁義礼智」の「本」（『孟子古義』公孫丑上・六章）たる「四端の心」と同列に置かれて肯定される。

この「忿懥」は、「恐懼・好楽・憂患」と並べて『大学』に示されている語である。この四つの感情に関して、『大学章句』は、「是の四者は、皆な心の用にして人の無き能はざる所の者」とその存在を認めるが、「一たび之れ有りて察する能はざれば、則ち欲動き情勝りて其の用の行く所、或は其の正しきを失はざる能はず[13]」として否定的に解釈する。この解釈は、その感情の過剰さが「正」を失わしめるというものであって、けっしてその感情自体の否定を述べているものではないが、仁斎は、この解釈を「忿懥」などの感情の否定と捉えて、こうした朱子学の解釈の根拠となる『大学』の「正心の説」に批判を加える。すなわち『論語』季氏篇〈益者三楽〉章のなかでの「好楽」の肯定を論拠として、「今大学、好楽する所有るときは、則ち其の正を得ずと曰へば、則ち此の三益は皆な是れ心の不正為《た》り。夫子の言豈に之れを非とすべけんや」（『大学定本』七章）と批判し、「徒に忿懥・恐懼・好楽・憂患無からんことを欲す」るのは、「孔孟の血脈を識らざるが故なり」（「大学非孔氏之遺書弁2」）と結論づける。以上の点から仁斎は、「予、大学を以て孔氏の遺書に非ざると為るは、亦た此れを以てす」（『大学定本』七章）というように『大学』の経典としての価値の否定にまで議論を展開させるのである。

ところで、〈益者三楽〉章では、仁斎は「好楽」自体を「人好楽無きこと能はず」と肯定したうえで、「但し善を楽むときは、則ち日に益す。不善を楽むときは、則ち日に損す。故に礼楽を節にすることを楽むときは、則ち身規矩に由りて徳に進むの基立つ」（『論語古義』季氏篇・〈益者三楽〉章大注）と述べる。さきの『語孟字義』の定義からすれば、この「好楽」のなかには「思慮」が含まれる。したがって、「好楽」のレベルで対象の「善」と「不善」とを識別し、その「善」なる対象を選択し、それに接することによって「益」という効用をうるための働きは、「思慮」のそれと見なしてよいであろう。さらに仁斎は、「人の善を道《い》ふことを楽むときは、則ち己を守るの心去りて徳を尚ぶの意篤し」（同前）と続ける。仁斎は、人間の性向のなかの一つとして、「己を守るの心」、つまり〈利己〉心を見逃してはいない。人間は、そうした〈利己〉的存在であるからこそ、「思慮」によって選択された「善」なる対象との接触によって発生する、相手を喜んで認める柔軟な心、つまり〈利他〉心を必要とする。そして、〈利他〉心を感じることによって〈利己〉心との間に内的葛藤が発生した結果、少なくとも〈利己〉心が何らの制御もなく発現されることは回避される。これこそ外在化された道徳規範を「情」的存在としての人間が「思慮」のレベルで守ることの内実なのである。念のため付言するならば、ここでいう「去る」は、「忿懥」などの感情の全面的肯定から考えて、けっして〈利己〉的感情を消滅させるというものではない。

　以上の「益」の状態に対して、仁斎は「損」の状態を次のように述べる。

　驕楽を楽むときは、則ち恐懼する所無くして、傲り日に長ず。佚遊を楽むときは、則ち惕勵《てきれい》する所無くして、志必ず荒る。宴楽を楽むときは、則ち貪恋する所有りて、志溺れ易し（同前）

　ここでは、「不善」なる対象の選択によって、感情がなんらの制御をも加えられることなく放恣に流れたままで外に示された結果として発生した「損」の状態が示される。つまり、「不善」なる対象を選択したがゆえに、「驕楽」を楽しむことに溺れ、そのために対象を「恐懼」することによって感じられた自分の行動を自制する〈自制〉心が希薄となる。だから、「傲」慢な感情を増幅させ、相手に対して「傲」慢な態度、つまり個別的関係における〈適宜〉性の水準から大幅に逸脱した態度をとった人間は、対他的関係を構築する契機さえも失うことになるのである。

こうして仁斎は、「理」によって「人欲」を絶滅させるような朱子学の修養論に対して、「思慮」による「情」の制御を内容とする道徳実践論を対峙させた。言い換えるならば、「情」の全面的肯定のうえに道徳実践論を構築したと言える。しかも、その実践論においては、明らかに即自的反応としての「情」に流されたり埋没したりすることなく、「心」において「情」を「思慮」によって「主宰」すること、その意味において主体的人格の形成が目的とされているのである。

三　「情」の客観的制御

以上の如き「情」の制御は、おもに「心」における「思慮」という主観的判断に基づく主体的営為によって支えられていた。しかしながら、その判断のなかに恣意や誤謬が含まれうることは、現実においてはしばしば想定しうる。また「礼楽」を「楽む」ことによって感じられる〈利他〉心も、個人によって千差万別のものであろう。それゆえに、個人のなかでの「情」の制御もさまざまな水準においてなされることになろう。また「中に一を執つて百を廃するの弊有り、礼に事に遇つて変化するの妙有り」（『中庸発揮』綱領5）と、規範を柔軟に解釈する仁斎が、その判断や水準を固定的、かつ画一的に捉えるとは考えにくい。また先述の朱子学批判からすれば、経験しうる範囲外から基準を経験世界に持ち込むこともできないはずである。それゆえに、試行錯誤を繰り返しながら、人間は〈適宜〉性の水準を経験的におおよそ感知できるようになることが基本的には求められる。そうだとしても、とりわけ「情」が「私情」であるか否かを判断し、それを制御する〈適宜〉性の基準が、たんに誤謬を含みうる主観的判断にだけ基づき、自己と他者との間を規定する、それゆえに、どんな形であれ、一定の〈社会〉的合意のうえに成立したなんらかの規範に基づくものでないのであれば、そこには〈適宜〉な自他の関係を構築できる保証はないであろう。ここに、仁斎の道徳実践論においても、なんらかの形で客観的基準を認識する必要性が生れると言えるであろう。この客観的基準の認識においては、「本自《もとよ》り一箇の当然の則あり。之れに過ぐれば不可。及ばざるも亦た不可[14]」というような「理」に求め、その「理」によって「情欲」を制限するという立場には、いうまでもなく仁斎は立脚できないはずである。したがって、その認識はあくまでも「情」の肯定の上に立脚した形でなされなければならない。

1　孔子の「祖述・憲章」

仁斎は、「匹夫・旅人」にすぎない孔子が「天子」たる（『童子問』下・五十章）堯・舜の世界を「祖述・憲章」した（『童子問』下・五十一章）ことをもって、孔子を「堯・舜より賢れる」（同、下・五十章）と断定し、孔子の功績を、

大凡天下の君臣・父子・夫婦・昆弟・朋友、親しく夫子の書を読み、夫子の教に服せずと雖も、然れども夫人《ひとびと》仁義を善《よみ》し、忠孝を崇《たふと》み、君臣・父子・夫婦・昆弟・朋友の倫を失はざる者、其れ誰れが力ぞや（同前）

と評価する。そして、以上の点をもって仁斎は、「古今未了の大公案」（同前）を解決したと自信をもって宣言する。仁斎の判断の根拠となった、この「祖述・憲章」については、すでに黒住真氏が次のような適切な分

析を加えている。「祖述・憲章」は、「この（世界の意義を獲得できる——引用者注）ような視野で天下古今を洞見、至極・標準に叶うものとして諸々の世の対比の中から堯・舜を選んだ」「主体的な」行為であり、その行為によって「教学を媒介にする道徳の世界が成立つ」。そして「道は自覚的に関与してゆくものとなる。そのような次元が開示されたという意味で、仁斎は「仲尼は即ち天地なり」「人倫有るときは則ち天地立つ」と述べたのである」、と。(15)では、このような「主体的な」行為によって開示された孔子の世界とはどのようなものであろうか。

「邪説暴行」との戦いの結果、堯・舜の治世は、

惟だ堯・舜の君、位に在るときは、則ち天下一家、道徳一にして風俗同じく、君君たり臣臣たり、父父たり子子たり、夫夫たり婦婦たり、兄兄たり弟弟たり、忠信・和睦の風隆《さかん》に、詭行・異論の徒熄《や》む。蕩々平々、偏無く党無く、家自ら斉《おさま》り、国自ら治つて、天下自ら平らかなり（「論堯舜既没邪説暴行又作」）

という状態をもたらした。ここで、とくに着目しなければならないのは、「風俗」ということである。仁斎は、この「風俗」に関して、「苟も義に合ふときは、則ち俗即ち是れ道、俗を外にして更に所謂る道といふ者無し。故に曰く、君子の道は端を夫婦に造す、と」（『論語古義』子罕篇・〈子曰麻冕〉章論注）と述べる。『童子問』から先に引用した「情」の全面的肯定を示した文章と同じ構文をもつこの文章においては、「道」が「風俗」という基盤のうえに成立したことを指し示す。さらに仁斎は、この点に関して（林本における改訂では）「堯・舜の授禅は、衆心に従ふなり。湯武の放伐も、亦た衆心に従ふなり。衆心の帰する所は、俗の成す所」（同前）と、議論を展開する。「放伐」や「禅譲」を規定する「衆心」は、（それ以前の諸本では「堯・舜の授禅は俗なり、湯武の放伐も亦た俗なり」とあったのが「衆心に従ふ」に）書き改めることによって成立したことから考えて、「風俗」とほぼ同

じ内容をもつことは明らかである。この「衆心」が個人の「心」からどのように形成されたのかに関しては、個人の嗜好から「天下」のそれに飛躍させたのと同様に、仁斎はなにも議論を展開しない。しかしながら、少なくとも「風俗」が「心」に連関し、したがって「情」と無関係な所に成立したものではないと言うことだけはできる。とすれば、「風俗」は個々の「情」的関係における〈適宜〉性に相即的に立脚していることになろう。それゆえに、「風俗」は個別的な〈適宜〉性の総和としての一種のしきたり、つまり習慣的規範と言うことができる。このような仁斎における「風俗」への「道」の直接的結合は、「道」が現実的基盤を喪失したところに成立したものではないことを指し示すためなのではあるまいか。それでは、なぜ民は堯・舜の治世の「風俗」を「易牙の味」と同様に受け入れたのかといえば、「風俗」に従うことによって、「蕩々平々、偏無く党無く、家自ら斉り、国自ら治つて、天下自ら平らか」な（「論堯舜既没邪説暴行又作」）状態のなかで生活を送ることができたという効用を獲得できたからである。以上の点から明らかなように、堯・舜の治世では習慣的規範が共有され、その遵守が安定的生活をもたらした。だからこそ孔子によって評価されたのである。

ところが、堯・舜の治世のなかで生きる人間にとっては、こうした理想的治世の在り方も自明なものとしてしか感じられないから、その価値を自覚することもなく、堯・舜自身もそれを明示することを行なわなかった。そのために安定的治世の担い手である堯・舜の死によってその治世は終焉を迎え、その業績は、結局「治績九州に過ぎず、子孫の襲封も亦た後世に及ば」ない（『童子問』下・五十章）、つまり地域的にも歴史的にも限定されることになったのである。

そうした優れた、かつ安定した治世を、孔子は「堂上」（『童子問』下・五十一章）に出ることによって自覚化し、そのことによって堯・舜の治世の価値を世のなかに明示した。それが孔子の「祖述・憲章」の意味なのである。言い換えるならば、孔子の「祖述・憲章」によって堯・舜の治世は分節化され、そして意味が付与された。その結果、その世界の価値は明らかにされ、さらに「教」として結実し、すべての人間に開示された。だから孔子の「教」は、「天地自然の道理、人心に根ざし、風俗に徹し、時として然らずといふこと無く、処として在らずといふこと無」き（同、下・五十三章）、普遍的価値をもつものなのである。これが孔子を「堯・舜より賢れる」と評価する仁斎の論拠の第一番目である。

さらに仁斎は、「祖述・憲章」によって堯・舜の治世に孕まれていた問題点が取り除かれ、その治世がより純化された形で示されたと捉える。「三代聖王」の治世を、仁斎は「民の好む所を好み、民の信ずる所を信じ、天下の心を以て心と為《す》」る（『語孟字義』鬼神2）、君と民とが「情」を靱帯として直接的に結びつき、互いに協調しあう政治体制として一定の評価を与える。しかし、仁斎によれば、そうした体制のもつ欠陥を孔子は見逃さなかった。つまり、「三代聖王」の体制が君民協調の体制であるがゆえに、「民鬼神を崇むるときは則ち之れを崇め、民卜筮を信ずるときは則ち之れを信ず」る（同前）ことになった。この「鬼神・卜筮」の流行に孔子は堯・舜の治世の欠陥を見いだしたのである。では、なぜ「鬼神・卜筮」は否定の対象なのであろうか。「卜筮」は、「世俗の多く悦ぶ」（同、鬼神3）素朴な信心とされるが、いずれにせよ、それらへの信心によって人々は、「深く人の力を人道に務めずして、或は鬼神の知る可からざるに惑」う（同、鬼神2）状態に陥った。その結果、「三代聖王」の治世の「卒《をは》りや、又た弊無きこと能は」ざる（同前）ことになってしまった。だからこそ孔子は、この「鬼神・卜筮」に起因する悪弊を「堂上」に立脚することによって見抜き、「鬼神（および卜筮）」を「敬して之れを遠ざ」けた（『論語古義』雍也篇・〈樊遅問知〉章大注）のである。それゆえに、孔子の「祖述・憲章」した世界は、「専ら教法を以て主と為《し》て、其の道を明にし、其の義を暁にして、民をして従ふ所に惑はざらしむ」（『語孟字義』鬼神2）状態を実現させた。これが孔子を評価する仁斎の論拠の第二番目である。

以上のごとく、孔子が堯・舜の治世を「祖述・憲章」したことを根拠にして、仁斎は、孔子を「堯・舜より賢れる」と、さらには「最上至極宇宙第一の聖人」と断言し、『論語』に「最上至極宇宙第一の書」（『童子問』下・五十章）という絶対的評価を与え、そして、その教えを「人に因て以て教を立てて、教を立てて以て人を駆らず、造作する所無く、添飾する所無し、人心の同じく然る所に出でて、強《しふ》る所有るに非ず」（同、上・二十九章）と特徴づける。まさに孔子の教えは、現実的、かつ具体的生活から導きだされた規範であるから、人々にとって自明な規範として感じられるのである。ただし、ここで留意しておかなくてはならないのは、孔子の「教」が「祖述・憲章」によって成立したという点である。すなわち、「祖述・憲章」は、前述のように「三代聖王」の治世をそのまま叙述した訳ではない。それゆえにその「教」は、「人心」に基盤を置きつつも、「人心の同じく然る所」、したがって「風俗」をそのまま示したのではなく、それを弁別し、さらには取捨選択した結果として開示されたものなのである。だから、仁斎は、「事に処して其の当を得るの意に過ぎ」ない「三代の聖人の所謂る中」を、「夫子に至りて、庸の字を加ふるときは、則ち目耳を駭《おど》かさず、時俗に払はず、万世不易の常道為り」（『論語古義』雍也篇・〈中庸為徳〉章小注、論注）と捉える。換言すれば、「生民の極」（『童子問』上・五章）として、「大中至正の道」（同前）を示した孔子の「教」には、「三代聖人」の治世における個別的関係に相即的な〈適宜〉性の水準を「祖述・憲章」した結果として、普遍的妥当性を持つ内容に再構成された〈適宜〉性の水準が指し示されていると言える。

以上の孔子論において確認しておきたいのは、まず第一に、「祖述・憲章」論に明示されている「人倫」（『童子問』下・五十一章）的世界を構築する際の孔子が世界を自覚化する仕方であり、第二に、その世界は、その実現可能性と効用とがすでに堯・舜の治世によって検証され、なおかつ経験されたことによって正当化されているという点である。両者ともに経験的世界を強調する点に仁斎の発想の特徴を見いだすことができるが、この発想こそが、現実に基盤をもたない「一の理」によって「天下の事理を断ず」る（同、中・六十五章）ような、「理」という客観的規範を設定する朱子学的発想が生じさせる弊害を克服するものなのである。では、こうした仁斎における経験的世界から導きだされた客観的規範が、いかにして「情」を制御するのか。この原理的問題は、本節のテーマに関わる重要な問題ではあるが、他方、「修為」論ともきわめて密接に関わる問題であるから、項を改めて論ずる。

2　『論語』を学ぶこと

『論語』は、「聖人道徳を修むるを以て学問と為《す》」る内容であったにもかかわらず、もろもろの歴史的経過を経ることによって「今人の道徳を以て道徳と為《し》、学問を以て学問と為《す》」（『語孟字義』学3）というように解釈されることになってしまった。しかしながら、「学問」と「道徳」とが分離した事態に陥ったからといって、『論語』に示された道徳実践の「方」（同、仁義礼智2）をただやみくもに実行すればよいというのではないだろう。そこには一定の「学ぶ」仕方があるはずである。仁斎は、「学」を「効なり、覚なり」としたうえで、さらに「書を学ぶ」比喩を用いて、すでにあるものを習い、それを体得することだと定義する（同、学1）。この「学」の定義を踏まえるならば、『論語』『孟子』を「学ぶ」ことは、その内容を徹底的に「熟読」することによって「其の孔孟の本旨」を「猶を大寐の頓《には》かに寤《さ》むるがごとく、自ら心目の間に瞭然たらん」（『童子問』上・三章）状態にまで体得することを意味する。では、『論語』を「学ぶ」とは、どのように道徳実践と関わるのであろうか。この問題を考察するために、以下では『論語』公冶長篇・〈顔淵季路侍〉章に考察を加える。

〈顔淵季路侍〉章の注釈[16]は、まず「聖門」の弟子達の「志」がいわば言行一致のものであるとしたうえで、子路、顔淵、そして孔子の「志」の内容を具体的に示し、さらにはその位置づけを記す。子路は、自己の内にある「鄙吝の心」（同章大注）を自制し、「朋友」関係を適切なものにすることを志した。子路の「志」は「義」と位置づけられる。また顔淵は、相手に寛宥の気持ちをもって接することによって、自分だけではなく「人の善」（同前）をも成さしめることを志した。顔淵の「志」は「仁」と位置づけられる。ついで、子路と顔淵との「志」についての問題点に関する解釈が示される。それを〈適宜〉性の水準という観点から表現すれば、両者の〈適宜〉性の水準は、その妥当性と適応範囲において限界を持つのである。つまり、子路の水準は、「朋友」

関係という特定の関係において、主観的判断に基づいて設定され、顔淵のそれは、個別的関係だけに留まることなく、相手に配慮しつつ相手との相互関係のなかで確立されたが、それらを含む〈場面全体〉を見るような場所を獲得する地点にまで到達していないとされる。

これらの問題点を克服したところに孔子の「志」が位置づけられる。それは、「一物として其の所を得ざること無からんと欲す」(同前)と述べられているように、人・物を〈適宜〉な位置に配置するというものである。そのために孔子が行なった行為を、仁斎は、

聖人の若きは、則ち天地のごとく然り。一元の気上に運りて、天地の間一物として其の所を得ざること無し。物物力を著て、然る後ち之れを能くするを待たず。(同前)

と表現する。つまり、孔子がその配置を行なうために念頭においたものは、個別的関係を含む〈全体〉である。その〈全体〉を認識するためには、まず個別的関係を対象化することによって〈全体〉を俯瞰できる地点を獲得し、そこから〈全体〉の見取図を把握しなくてはならない。では、その〈全体〉とは何か。さきの引用のなかの「物物力を著て、然る後ち之れを能くするを待たず」は、仁斎の「道」観である、「道とは人有ると人無きとを待たず、本来自ら有るの物、天地に満ち、人倫に徹し、時として然らずといふこと無く、処として在らずといふこと無し」(『童子問』上・十四章)に通底する。それゆえに〈全体〉は、人為に先だってすでにある「道」を指しているといってよいであろう。ということは、孔子が体得した〈道の全体〉とは、人間関係における自己と相手、そして両者を規定する関係は言うに及ばず、それらを成り立たしめているもろもろの客観的条件をも含む〈全体〉なのである。そうした〈道の全体〉を孔子が把握し、個々の物をその〈全体〉の構図のなかの〈適宜〉な場所に配置したからこそ、「一物として其の所を得ざる無」き状態を実現し、その結果、〈道

全体〉を構成する総ての者に孔子の行為は充足感をもって受け入れられた。換言すれば、孔子によって確立された〈適宜〉性の水準は、いわば〈社会全体〉において妥当性をもつのである。

ところで、こうした「道」を〈全体〉として把握し、個々人を〈適宜〉な場所に配置するという孔子の「志」のなかには、まさに孔子が堯・舜の治世を「祖述・憲章」した時に示した、あの世界を自覚化する仕方が示されている。その仕方は、〈顔淵季路侍〉章では、道徳実践についての孔子の「志」のなかに示されたものであるから、道徳実践の究極的類型として指し示されていると言える。これを「情」の制御との関わりで表現するならば、その制御の究極的形式は、その場面、その時宜、交際する相手などを〈全体〉として把握できる位置を獲得したうえで、そのなかに、個別的人間関係を位置づけることによって判断された〈適宜〉性の水準に基づいて、相手への感情を制御するものであると言えよう。

それでは、孔子が示した〈適宜〉性は、どのような効果をもたらすのであろうか。仁斎は、

仁の徳為《た》る、豈に言を以て尽し口を以て悉す可けんや。（中略）此れを以て身を治るときは則ち身修り、此れを以て事に処するときは則ち事成る。我能く人を愛すれば、人も亦た我を愛す。相親み相愛すること、父母の親みの如く、兄弟の睦きが如く、行ふとして得ずといふこと無く、事として成らずといふこと無し。

（『童子問』上・四十四章）

と言う。

以上のような内容を持つ〈顔淵季路侍〉章には、要するに「仁・義」という客観的規範によって「情」を制御する仕方が示されている。ただし、その仕方は子路・顔淵・孔子によって実際に実践された形で、つまり、具体的実践の類型として示されていると言える。それゆえにこの類型は、『論語』を学ぶ者にとって、自らの

道徳実践を導き、自己の実践の到達度を計る指標となる。その意味において、このような類型は〈道徳実践の手本〉と呼ぶことができる。この〈手本〉は、孔子によって「祖述・憲章」されたという「道」の内容の成立過程からすれば、その実現可能性と効用とがすでに確認されている。したがってこの〈手本〉は、人間の生にとって必要不可欠なものと言うことができる。だからこそ〈道徳実践の手本〉は、学ぶ者にとって、習字の手本の字を繰り返し練習することによって筆法の「妙」（『語孟字義』学1）を獲得するのと同じように、修得すべき対象となる。そして、その努力によって学ぶ者は「情」を制御する仕方を身に付けていくのである。

このような経緯を経た学ぶ者における「情」の制御は、その実践の過程のなかで、『論語』のなかに示された〈道徳実践の手本〉に導かれているかぎりにおいて、より客観的に妥当性をもつがゆえに、前述の〈思慮〉による主観的制御よりも、より〈適宜〉な人間関係を構築する可能性を増大させたと言うことができる。

3　修為論

Ⅰ「修為」の位置

本項では、仁斎における「修為」論に考察を加えるが、個々の「修為」を考察する前に、「修為」がどのように「徳」、ないし「道」と関係づけられているのかを分析する。これは、「修為」を仁斎の道徳実践論のなかで位置づけるための作業である。

仁斎は、

学に本体有り、修為有り。本体とは、仁義礼智、是れなり。修為とは、忠信敬恕の類、是れなり。蓋し仁義礼智は、天下の達徳、故に之れを本体と謂ふ。聖人学者をして此れに由つて之れを行はしむ。修為を待つて而る後ち有るに非ず。忠信敬恕は、力行の要、人、功夫を用ふるの上に就いて名を立つ。本然の徳に

非ず。故に之れを修為と謂ふ。（『語孟字義』忠信5）

と述べる。このように「本体」と「修為」とは「学」のなかに位置づけられ、それぞれ「仁義礼智」と「忠信敬恕」とに関連づけられる。この「学」の構造のなかでの着目点は、とりわけ「本体」が「修為を待つて然る後ち有るに非ず」と位置づけられていることである。つまり、仁斎は、「本体」「本然」という一見して朱子学の修養論とみまがうような用語を使用しつつ、「本体」が「修為」に先行して存在すると捉えているのである。もし「修為」に「本体」が先行しているのならば、当然、「修為」の過程のなかにいる者はその「本体」を十分には理解していないことになるから、「若し夫れ徒に耳目口鼻の欲に克ちて、然る後ち能く其の心の本体に復すと謂ふは、則ち豈に先づ其の大なる者を立つの謂ひならんや[17]」という、朱子学からの決別を宣言した後の比較的早い時期に示された朱子学の「復初の説」への批判が、そのままこの「修為」の位置づけに当てはまることになろう。

「道・徳の二字、亦た甚だ相近し。道は流行を以て言ふ。徳は存する所を以て言ふ」（『語孟字義』徳3）と述べられているように、「道」が道徳的あり様を動的に指し示すのに対して、「徳」は同じことがらを静的に示す。こうした「徳」を、仁斎は「存する所を以て謂ふ」と、またその内容である「仁義礼智」を、「天下の徳にして、善の至極なる者なり」（同、仁義礼智4）と定義する。さらに「人の性は限有つて、天下の徳は窮無し」（同、仁義礼智3）と述べられているように、有限である人間は無窮の「天下の徳」とは明らかに区別され、そうした人間にとって「徳」は、「達徳」（同、徳3）として位置づけられる。このような定義からすれば、「徳」は、その人間の生きる場、つまり〈社会全体〉を、さらにはそこにおける道徳的価値全体を成り立たしめている普遍的原理であると言える。しかし、その原理がそれらを成立せしめているということは、前節（1「情」の肯定の位相）で示した仁斎の「理」批判からすれば、現実を超越する原理によって根拠づけることを意味しない。このような根拠づけを行なうこと自体、たんに「想像の見」にすぎない、有限的人間の越権行為だからである。だが、有限的人間にとって自らの生きる〈社会〉と「徳」との位置関係がそうした越権行為に陥らないように表現されなければ、自らの位置をも確認できない。なぜならば、人間は「徳」の無限性に照射されて始めて自己の有限性を自覚できるからである。だからこそ、仁斎は、「本体」などの朱子学的表現を使用してまでも、あえてその〈社会〉や実際の道徳実践を成立せしめているものという意味で「徳」を位置づけたと考えられる。以上の点を踏まえるならば、さきの引用文において、仁斎が「本体」を「修為」に先行させるというとき、それは、「修為」と「本体」とは区別されるものの、その「修為」が「本体」なしには成立しえず、「本体」が「修為」によって到達すべき目標であるという連関だけを指し示していると言えよう。このようにして「修為」は、「徳」に到達するための人間の側の実践的営為として位置づけられたのである。

ついで、「徳」とほぼ同一の内容を動的に示した「道」に考察を加える。その「道」を、仁斎は「猶を路のごとし。人の往来する所以なり」(『語孟字義』道1)と、また「人倫日用、当に行ふべきの路」(同前)と定義する。第一の定義からは、人間が「道」の上を日常的に「往来」するように、そこですでに暮らしているイメージを導きだすことができる。これに対して第二の定義では、「道」は実現すべき当為規範として示される。しかも後者に関しては、『中庸』を踏まえて「君臣・父子・夫婦・昆弟・朋友の交りを以て達道と為」(同、徳3)と述べられるように、「修為」によって到達すべき目標として位置づけられている。既存の「道」と当為規範としての「道」との二つの定義は、仁斎においてどのように交錯するのであろうか。

仁斎は、「道」を「教を待つて後ち有るに非ず、亦た矯揉して能く然るに非ず。皆な自然にして然り」(『語孟字義』道2)と表現する。この「道」の規定からすれば、「道」は、人間の作為によって創造されたものではなく、あくまでも人為に先だってすでにある「自然」的なものなのである。ということは、仁斎は、人間を「道」のなかに生れ出でざるを得ない、いわば〈社会的動物〉(animal sociale)として捉えていることになる。[18] こうした「道」のなかで人間は、「凡そ父子の相親しみ、夫婦の相愛し、儕輩《さいはい》の相随ふ」（同、道5）ように生きている。ここには相互依存的、かつ対面的人間関係のなかで互に「情」を交換し合う交際の在り方が示されている。したがって〈社会的動物〉とは、いわば「情」を媒介にしたもろもろの関係の総体としての〈社会〉のなかで生きざるをえない存在ということなのである。こうした関係を維持し全うするためには、仁斎は、

夫れ道といふは、君臣・父子・夫婦・昆弟・朋友の交にして、能く此の五の者を維持する所以は、亦た恩・義の両者に在り。（中略）皆な此の心を養《やしな》ふて恩・義を全ふする所以に非らずといふこと莫し。（『童子問』下・四十七章）

と述べる。つまり、「情」を人間相互の結合の紐帯とする人間関係において、「我能く人を愛すれば、人も亦た我を愛する」相互的な関係を構築するためには、「恩・義」が必要だとされる。この「恩・義」は、「恩・義を以て結と為《す》」（『語孟字義』心4）と述べられているように、人間同士を結合させるものである。したがって「恩・義」関係とは、基本的には、ある「情」を相手に及ぼし、相手がそれに対応するという双務的な感情のやりとりなのである。しかし、そのやりとりにおいては、「恩」には、「善く其の為《す》る所を推すは、即ち所謂る吾が老を老として以て人の老に及ぼす」（『孟子古義』梁恵王上・七章小注）云々というように、身近なものから他人へと自分の感情を及ぼしていくという差等が設定され、「義」が「弁別取舎、截然として紊れざる」（『語孟字義』学2）と定義されることからすれば、なんの制限もなく、ただ漠然と感情の交換が行なわれる訳ではなく、一定のルールが存在する。それが「四方八隅、遐陬の陋、蛮貊の蠢《しゅん》たるに至るまで、自ら君臣・父子・夫婦・昆弟・朋友の倫有らずといふこと莫く、亦た親義別叙信の道有らずといふこと莫し」（同、道2）と述べられている「五倫五常」なのである。したがって、以上のような「情」のやりとりは、「五倫五常」という規範の制

約のもとに行なわれると言える。

ところで、仁斎は、以上のように「道」の規範性を述べる一方で、他方、

上《かみ》王公大人より、下《しも》販夫・馬卒・跛奚《はけい》・瞽者に至るまで、皆な此れに由つて行かずといふこと莫し。唯だ王公大人行くことを得て、匹夫匹婦行くことを得ざるときは、則ち道に非ず。賢知者行くことを得て、愚不肖者行くことを得ざるときは、則ち道に非ず。（『語孟字義』道3）

と述べる。「愚不肖者」という道徳的未熟者でさえも、人間であるかぎり「道」のなかに生れて来ざるをえないから、当然のことながら「道」の制約を受けることになる。したがってこの引用文は、「道」の制約が万人に及ぶことを示すことによって「道」の普遍性を示したものである。では、「匹夫匹婦」「愚不肖者」という道徳的未熟者と、「王公大人」「賢知者」という道徳的により優れた者とは、なにゆえに区別されるのであろうか。仁斎は言う、「只だ安んずると勉むるとの別に在るのみ」（同前）、と。先にも述べたが、〈社会的動物〉にとって「道」の存在は生来的に自明なものである。この「道」の恩恵を受けて安寧な生活を送っているが、それに埋没して「道」の制約性を自覚化する契機を喪失した存在が「愚不肖者」である。だから、彼らは「道」を学ぶことにおいても、それを実践することにおいても不徹底さを免れない。これに対して、「賢知者」は「勉《つと》むる」存在であると仁斎は言う。この「勉むる」は、「恕は強《しひ》て之れを能くす可し」（『童子問』上・五十八章）と述べられているから、「功夫」と、したがって「修為」と関連する。ということは、この道徳的に優れた者は、「人能く仁義礼智の徳を修めて、而して其の身に有することを指して言ふ」「修為」（『語孟字義』仁義礼智4）を自覚的に実践している存在なのである。このかぎりにおいて、この者は、「達道」としての「道」をよりよく実践している者と言うことができる。しかし、だからといって、道徳的未熟者が「修為」の実践と無縁の位置

にいる訳ではない。「道」に依拠して生きているかぎりにおいて、彼らもまた消極的、かつ無自覚的ではあれ、「修為」の実践者であり、「行道の乞人と雖も、亦た皆な之れ（四端の心・良知良能——引用者注）有」る者（同、道5）であるからである。だから、この両者にとって「道」は、実現しなくてはならない当為規範として基本的に認識されることになる。以上のように見るとき、仁斎における「修為」とは、「道」の既存の制約性を自覚化し、それを積極的に遵守するとともに、「道」という当為規範を意識的に実践するということなのである。

この「道」の既存の制約性と自明性とを踏まえて定義したものが、あの有名な「道」の定義、「知り易く行ひ易し」（『童子問』上・五章）である。この定義は、そうした「道」のなかで暮らす人間の生にとって、「道」が「須臾も離る可から」ざる（『論語古義』総論）、つまり必要不可欠な存在であることを示しているのであって、けっして「道」の安直な理解、あるいは容易な実践の可能性を意味するものではない。ところが、他方で「道」は、「五倫五常」を内容とするから、個別的関係を規定する規範の〈全体〉であることも指し示している。それゆえに「道の窮無きは、猶《な》を四旁・上下の際無きがごとし」（『中庸発揮』十八）と述べられる。こうした〈道全体〉の恩恵のもとで生来的に安定的生を送る個人にとって、それを自覚化する契機は脆弱なものとならざるを得ない[19]。しかし、「道」の恩恵を受動的に受けているだけでは、けっして十分ではない。だから、

聖人は聖人の修有り、賢者は賢者の修有り、学者は学者の修有り。故に夫子自ら学んで厭はずと謂ふ。其れ聖人を以て生知・安行と為る者は、蓋し学者よりして之れを言ふなり。聖人の意に非ず。（同前）

と述べられているように、「修」による自己の向上が強調される。つまり、当為規範としての「道」の実践によって、「五常百行、皆な是れに由りて出」づるように、自分を向上させる努力なくしては、「将に以て天下の心を通じて、之れを一にせんとす」る（『論語古義』里仁篇・〈参乎吾道〉章大注）ことはできなくなるから、それを

行なわざるをえないのである。換言すれば、人間は「修為」を実践することによって、始めて、いわば〈社会〉に自覚的に参加し、そして、そのなかで自己を実現し、さらには〈社会〉的価値を共有することができるのである。

以上のように「偏く天下に達するを以て言ふ。一人の有する所に非ず」と定義される「道・徳」は、そのなかに人間を包摂し「自ら導」き「済《な》」さしめて（『語孟字義』徳3）はいるが、それが人間とは明確に区分されているから、そこに包摂されている人間の側からみれば、ともに実現すべき「達道」、ないし「達徳」と認識される。それゆえに「道・徳」に到達するために自己のなかで道徳実践を可能にする能力を育成することと、「道・徳」に基づいた実践規範によって規定された個々の行動様式を身に付けることとが要請される。前者に属するものが、「仁義礼智」の人間の側の「本」を育成する「四端の心の拡充」なのであり、後者に属するものが、「仁を行ふの地」（『童子問』上・三十四章）である「忠信」、「一件の仁を得」る（同、上・五十八章）ための「恕」なのである。この両者を含めたものが「修為」である。

では、「修為」によって、どのような道徳的向上がはかられるのであろうか。仁斎によれば、「心・性・志・意」は「工夫」の対象とされるが、「情」と「才」とはその対象から外される（『語孟字義』情3）。「情」が受動的側面を持つことはすでに指摘した。ということは、「情」を感じること自体は、人為ではいかんともしがたいことになる。また「才」は、「猶を手の持ち足の行くがごとく、以て善を為す可く、亦た以て不善を為す可」き「性の能」（同、才1）、つまり、人間の本能的働きと定義される。それゆえに「善・不善」いずれの方向へも行きうるものなのである。こうした「情」や「才」は、自己の努力によって育成された「四端の心」を始めとする道徳的諸能力によって制御され動機づけられて、はじめて「自ら正しく」、また「自ら長ずる」（同、情3）状態に導かれるのである。以上の考察から明らかなように、仁斎における「修為」は、まさに「情」を制御する仕方を身に付けることにほかならない。

Ⅱ 「四端の心」

『孟子』を典拠とする「四端の心の拡充」は、仁斎の「修為」論のなかではきわめて重要な位置を占める。仁斎は、「四端の心」を、「性」から外在化された「仁義礼智」が実践主体の側に「本」として現われたものとして位置づけ、さらに「人人具足、外に求むることを仮」る（『語孟字義』四端之心1）必要のない「生禀具足」（同、心3）のものと捉えたうえで、人間を「禽獣」（同、学2）から区別する人間独自の気持として規定する。と同時に、「四端の心」は人間の善性を保証する。すなわち、『孟子』公孫丑章句上・六章のあの著名な比喩が端的に示すように、「怵惕惻隠の心」は、井戸に落ちそうな子供に対する、何らの打算も功名心もない純粋な同情心なのである。だから、「人必ず惻隠・羞悪・辞譲・是非の心有り、是の四の者は人の性にして善なる者なり」（同、仁義礼智3）と述べられる。ところが、こうした「四端の心」も、他の「情」と同様に「触るるに随つて動」く（同、心3）ものなのである。つまり「怵惕惻隠の心」は、たしかに純粋な同情心として道徳的に評価されるべき内容を持つものであるが、子供の危険な状態に直面した瞬間に即自的に反応する受動的感情なのである。

ところで、「四端の心」に関する仁斎の解釈は、「端」を「緒」と解釈するのを始めとする朱子学の「四端の心」解釈とは異なる。そのために仁斎は朱子学の解釈に対してさまざまな角度から批判を加える。その批判のなかでとくに着目しなくてはならないのは、朱子学の解釈、「四端我に在り、処に随つて発見す。皆な此れに即きて推広して、其の本然の量を充満することを知れば、則ち其の日新に又た新にして、将に自ら已むこと能はざる者有らんとす」[20]への批判である。仁斎は、まず「発見」を「当に惻隠すべき者を見ば、便ち惻隠」（『語孟字義』四端之心2）することと捉え、それでは明らかに「当に惻隠・羞悪・辞譲・是非すべき者を見ざるときは、則ち惻隠・羞悪・辞譲・是非の心由つて発せざること」（同前）になると批判を加える。そのうえで、「当に惻隠すべきの事、日間《にっかん》に幾《いくばく》も無し、動《ややもすれ》ば十数日を経ても、亦た或は有ること無し。（中略）功を用ふるの日はつねに少《すくの》うして、曠廃の日はつねに多」い（同前）から、「四端の心」を「拡充」することができなくなると批判を展開する。こうした対象からの即自的反応としての「四端の心」の「発見」が、『語孟字義』における「情」の定義と一致するにもかかわらず、仁斎は朱子学の解釈に批判を加える。これは、仁斎における「拡充」の解釈に関わる。仁斎は、「夫れ四端の我に在る、猶を手足の吾が身に具はるがごとく、言はずして喩り、思はずして到る、奚ぞ発見を竢たん。亦た何ぞ逐一意を著《ちゃく》して、之れを詧《さつ》識せん」（同前、傍点は引用者）と述べる。つまり、仁斎にとって「拡充」とは、「四端の心」を人間の身体が自然に、しかも恒常的に活動するのと同様のレベルにまで到達せしめることを意味する。この「拡充」の解釈を踏まえれば、仁斎における朱子学の「四端の心」解釈への批判は、最初はある事件への即自的かつ瞬間的な反応でしかなかった「四端の心」を、日常生活のどのような場面においても自然に、しかも恒常的に発現できるようになるまで育成するという主旨に立脚した批判であると言うことができる。

　それでは、「四端の心の拡充」によって、どのような道徳的向上がはかられるのであろうか。「四端の心」は、前述のように「仁義礼智」と連結している。「仁義礼智」を仁斎は次のように規定する。「仁」は「温和慈愛、含弘物を容るる」こと、「義」は「弁別取舎、截然として紊れざる」こと、「礼」は「尊卑・貴賤・品節等有る」こと、「智」は「是非分明、善悪惑無き」こと、このような内容を「仁義礼智」は持つ。こうした規範の人間の側における「固有」の「本」である「四端の心」を育成することは、「仁義礼智」それぞれの対極にある「残忍刻薄」、「貪冒無恥」、「僭差暴慢」、「冥然として覚ること無き」（『語孟字義』学2）状態を〈適宜〉性の水準にまで制御できる感情を、自分のなかで育成することを意味する。それゆえに「四端の心の拡充」は、「仁義礼智の徳を成す」（同前）ことに通底するのである。このように仁斎における「四端の心の拡充」とは、日常生活のどのような場面や交際のなかでも、多様な「情」を〈適宜〉性の水準に、つまり、「仁義礼智」の水準にまで制御するための必要不可欠な感情を自己のなかに育成することなのである。したがって、「四端の心の拡充」によってその水準にまで制御された「情」は、「仁義礼智」に担保されているから、〈社会〉的に一定の妥当性を持つことになる。以上のように、仁斎における「四端の心の拡充」は、即自的かつ瞬間的な感情を恒常的に感じ取れる水準にまで育成し、そのことが「仁義礼智」の人間における実現を意味する。そのあり様を仁斎は、「涓涓《けんけん》の泉、星星の火、萌蘖《ぼうげつ》の生」（同前）というような動きをもつ物の盛大で活発な働きの比喩によって、しばしば表現するのである。

「四端の心」による「情」の〈適宜〉性の水準への制御の具体的あり様を仁斎は、次のように述べる。

盗賊の至不善と雖も、然れども乍ち孺子の将に井に入らんとするを見れば、必ず怵惕惻隠の心有り。人嗜慾有り、以て嘑《こ》爾の食を受く可く、以て東家の処子を摟《ひ》く可し。然れども必ず羞悪の心有つて、之れが為に阻隔し、敢て其の貪心を縦にせず。性の善に非ずして、豈に能く然らんや。（『語孟字義』性4）

仁斎は、再三指摘してきたことだが、「情」のなかに貪欲な気持があることを認める。しかしながら、不善の極みをなすような「盗賊」でさえも、人間であるかぎり、普通の人間と同様に「怵惕惻隠の心」「羞悪の心」を、瞬間的にであれ、感じる。その結果、その感情と「嗜慾」との間で深刻な内的確執が起こり、その確執の果てに、やがて「嗜慾」をもろもろの感情のなかから「阻隔」させて、「四端の心」が外に表れる。こうした制御こそが、まさにさまざまに感じられる「情」を、「四端の心」によって〈適宜〉性の水準にまで制御することの内容である。

ところで、「四端の心」による「情」の制御は、前述の〈益者三楽〉章における〈利他〉心などによる制御とほぼ同様のものに見える。この二者は、たしかに類似した構造を持つ。おそらく仁斎のなかでは優劣を付ける性質のものではないであろう。しかしながら、あえて言うならば、「四端の心」による制御は、その強調のされ方から考えて、〈益者三楽〉章のそれよりも、より確実に効果を挙げるものとされているのであろう。「四端の心」が、客観的かつ普遍的規範としての「仁義礼智」によって担保され、自己のなかで恒常的に感じられる水準にまで育成されるのに対して、〈利他〉心などは、道徳実践主体の主観的選択による対象からの即自的な反応であって、それを担保する規範も自己のなかでの維持も基本的には保証されてはいないからである。だから、そうした〈利他〉心などを確実に感じさせ、そして「仁義礼智」に担保された〈適宜〉性の水準にまで向上させるための「修為」が「四端の心の拡充」と言えよう。

Ⅲ 「忠信」

仁斎は、「忠」を「夫れ人の事を做すこと、己が事を做すが如く、人の事を謀ること、己が事を謀るが如く、一毫の尽さざる無き」と、また「信」を「凡そ人と説く、有れば便ち有りと曰ひ、無ければ便ち無しと曰ひ、多きは以て多しと為《し》、寡きは以て寡しと為、一分も増減せず」（『語孟字義』忠信1）と定義し、「忠信」に関しては、「物に接するの間、欺《あざ》むかず詐《いつ》はらず、十分真実、堅く執て回らざるは、忠信の謂ひ」（『童子問』上・三十八章）と定義する。そのうえで仁斎は、「人、若し忠信ならざるときは、則ち名孝を為《す》と雖も、実は孝に非ず」（同、上・三十五章）と述べて、「忠信」という「修為」によって外に示された態度や姿勢を内実あるものにしなければならないと付け加える。したがって「忠信」は、誠実で嘘偽りのない態度や姿勢を心から示すことができるように自己を向上させる「修為」であると言える。では、そうした態度とはどのようなものなのであろうか。前述のように、仁斎における「四端の心の拡充」は、「仁義礼智」に基づく「温和慈愛」などの感情を実践主体のなかで育成し、その感情によって「残忍刻薄」などの気持を〈適宜〉性の水準にまで制御することであった。しかしながら、この道徳実践がたんに「残忍刻薄」などの気持の制御にだけとどまるものであれば、それは内面的修養の域を出ないことになる。道徳的営為をつねに「人に接する」（『語孟字義』忠信１）なかで把握する仁斎がその域にとどまるとは考え難い。それゆえに、そこで制御された感情は外に示されなくてはならない。以上の点から「四端の心の拡充」によって〈適宜〉性の水準にまで抑制された「情」を、交際のなかで〈適宜〉な態度として発現させたものが、「忠信」によって育成された態度であると言うことができる。だから、逆に言えば、そうした態度を持って相手と交際できるということが、「四端の心」を「拡充」した証となるから、相手に接する態度や姿勢を「忠信」のレベルに向上させることが重要な「修為」の一つとなるのである。このような「忠信」を、仁斎はしばしば「実心」（『童子問』上・三十五章）、また「仁を行ふの地」（同前）と表現する。前者は、「忠信」によって育成された態度が、「四端の心」によって支えられているがゆえに、〈適宜〉性の水準を確保していることを意味し、後者は、その「忠信」によって「仁義礼智」の「本」としての「四端の心」が個人の態度として発現される地点に到達したことを意味すると言うことができる。

ところで、「忠信」によって確立された態度や姿勢が、揺らぐことなく「堅く執つて回ら」ないように維持されることは必要であろう。しかしながら、「忠信」が「人に接する」なかで行なわれる「修為」であるにもかかわらず、その維持が往々にして度が過ぎて「忠信を要する者は、必ず硜々《けいけい》に流れ」る（『論語古義』衛霊公篇・〈子張問行〉章大注）場合も起こりうる。これはまさに融通のきかない頑固な態度を指しているのであろう。また「忠信」は、しばしば朱子学が重視する修養の一つである「持敬」との関わりのなかで論じられる。これは、「忠信」が「持敬」と同様に外に表れる態度や姿勢を確立する「修為」であるがゆえに、「持敬」の欠陥を示すことによって「忠信」が類似の欠陥に陥ることを避けるためであろう。その欠陥とは、

> 専ら敬を持する者は、特に矜持を事として、外面斉整なり。故に之れを見るときは、則ち儼然たる儒者なり。然れども其の内を察するときは、則ち誠意或は給せず、己を守ること甚だ堅く、人を責ること甚だ深

く、種々の病痛、故《もと》より在り。(『童子問』上・三十六章)

という事態である。いずれの場合でも、「修為」の実践が交際における〈適宜〉性の水準から外れる場合を、仁斎は危惧しているのである。

では、なにゆえに「忠信」による修為が右の事態に陥る可能性があるのかと言えば、「忠信を主とするは、只だ是れ已の心を尽し、朴実に行ひ去る」(『語孟字義』誠2)からである。それを防ぐために仁斎は「忠信」と「義」とを組み合せる。仁斎は言う、「忠信は万事の根本、義は学問の大用、故に学者当に忠信を以て基と為て、義以て之れを制すべし」と。その「義」とは、「千変万化、機に臨んで宜《よろし》きを制し、取捨失はざるは、義の功なり」(『童子問』上・三十八章)ということである。つまり「義」は交際のなかでの時宜などを配慮するための規範である。だから、仁斎は、「欺むかず詐はら」ない気持に支えられた態度を確立・維持することの重要性を認めつつも、それに「義」による制御を課すことによって、「忠信」による「修為」が〈適宜〉性を喪失した事態に陥ることを回避しようとするのである。(21)

以上のように「忠信」に基づく道徳実践は、交際のなかでとくに自己を向上させることに力点を置いた「修為」として特徴づけることができる。ところで、仁斎は、前述したように、「忠信」のような自己の向上に重きを置く「修為」が自分本位のものに陥る可能性を見逃してはいないばかりか、「修為」全体の問題としてバランスを取ることに配慮する。この点を、仁斎の「修為」論全体の問題としてあらかじめ示しておけば、仁斎は、自己の向上をはかる「忠信」の反対側の位置に、他者志向的「忠恕」を、ちょうど車の両輪のごとく設定することによって均衡をはかろうとするのである。

Ⅳ 「忠恕」

仁斎の「忠恕」論は、次のような人間存在に関する鋭い分析に支えられている。

夫れ人、己の好悪する所を知ることは甚だ明かにして、人の好悪に於ては、泛然として察することを知らず。故に人と我と毎《つね》に隔阻胡越、或は甚だ過ぎて之れを悪み、或は之れに応ずること節無く、親戚知旧の艱苦を見ること、猶を秦人、越人の肥瘠を視るがごとく、茫乎として憐むことを知らず。其れ不仁・不義の甚だしきに至らざる者は幾ど希《すくな》し。（『語孟字義』忠恕1）

「夫れ人」と、人間一般を想起させる言葉から始まるこの文章において、仁斎は〈利己〉心が人間のなかに一般的傾向としてあることを指摘する。相手を「茫乎として憐むことを知ら」ないように見る〈利己〉心が、〈適宜〉な形での人間関係の構築を阻止する要因として捉えられていることは、すでに指摘した。この〈利己〉心に起因する「刻薄の流」を克服するための「修為」として「恕」が示される。だから、仁斎は、前の引用の後に、

苟も人を待する、其の好悪する所如何、其の拠る所為す所如何と忖《はか》り度《はかつ》て、其の心を以て己が心と為、其の身を以て己が見と為、委曲体察、之れを思ひ之れを量るときは、則ち人の過毎に其の已むことを得ざる所に出で、或は其の堪ふること能はざる所に生じて、深く之れを疾み悪む可からざる者有ることを知り、油然靄然として、毎事必ず寛宥を務めて、刻薄を以て之れを待するに至らず。人の急に趨り、人の艱を拯ふこと、自ら已むこと能はず。其の徳の大、限量す可からざる者有り。（同前）

と続ける。ここで、仁斎は、「恕」の実践が相手への慮りによる「寛宥」の気持、つまり〈利他〉心の育成を

意味することを明らかにする。「寛宥」の気持とは、「能く人の心を忖り度るときは、則ち癢痾疾痛、挙《み》な我が身に切」なる（『論語古義』里人篇・〈参乎吾道〉章小注）程度にまで、相手の気持を徹底的に斟酌し、それをやむを得ざるものとして是認する気持のことである。[22] それゆえに、「寛宥」の気持を抱くことによって、相手を是認する態度や姿勢が示される。このような「忠恕」による「修為」は、絅斎が「嫗嬶ノ挨拶」と批判するようなたんに卑俗な、しかも没主体的営為ではないことは、もはや明らかであろう。だからこそ「恕」による〈利他〉心の育成は、「仁」を「温和慈愛」と捉える仁斎にとって、「一件の恕を為すときは、則ち一件の仁を得、二件の恕を為すときは、則ち二件の仁を得」（『童子問』上・五十八章）と述べられているように、正しく「仁」を実践するための必要不可欠な態度や姿勢を育成することなのである。

こうした〈利他〉心の育成によって〈利己〉心は、相手をまったく眼中に入れないような傲慢なあり様、つまり「刻薄の流」に陥る可能性を秘めた態度から、相手を是認する程度にまで弱められ、その制御された「情」が外に示される。そうなれば、自分が相手を受け入れ、是認するのと同様に、相手も自分を受け入れ、是認する可能性は増大する。しかも「寛宥」な態度や姿勢は、「忠信」と「四端の心の拡充」とによって育成された気持に支えられているから、けっして「実」のない上面だけのものでも、時宜などを考慮しないものでも、そして瞬間的な感情でもない。それゆえに自分の是認が相手からの是認を呼び起こす可能性はさらに増大する。もしかりに相手の是認が得られないのならば、「修為」の実践、ないし修得において、なんらかの欠陥があることになろう。こうして「修為」が「情」を〈適宜〉性の水準にまで制御することによって、道徳実践主体は、自分にとっても、相手にとっても、そして〈社会〉的にみても〈適宜〉な人間関係を構築しうるという効用を獲得するのである。[23]

以上の考察からすでに明らかなように、「修為」は、外在化された客観的規範としての「仁義礼智」を、道徳実践主体が人間関係のなかで自己の感情、および態度として確立・維持する営為なのである。こうした「修為」による「情」の制御こそが、仁斎が「情」の肯定の際に必ずといってよいほど課していた一定の条件、たとえば冒頭の『童子問』からの引用では「礼義」による制限の意味内容なのである。

四　結びに代えて――「天下の同情」の世界

以上のごとく、仁斎における「情」的道徳実践論を踏まえたうえで、仁斎がしばしば使用する「天下の同情」に考察を加える。仁斎は、先述の『語孟字義』の「情」の定義に引続いて、「人常に人情と言ひ、情欲と言ひ、或は天下の同情と言ふ、皆な此の意なり」（『語孟字義』情1）と述べる。「人情」「情欲」が個人的感情であるのに対して、「天下の同情」は、〈共通感覚〉である。この位相をまったく異にすると考えられる二つの感情を、仁斎はなんの説明を加えることなく同列に置いて肯定の対象とする。もちろん、個人の「情」から「天下の同情」へと飛躍させるように見える発想が『孟子』に依拠していることは、すでに指摘した。したがって、『孟子』を「義疏」（『童子問』上・五章）として『論語』を読む方法を採用する仁斎にとって、この発想は、『孟子』を典拠にしているがゆえに、議論の対象とする必要さえない当然の論理として認識されているのであろう。にもかかわらず、この点を考察の対象として取りあげるのは、この発想が仁斎の『論語』解釈に微妙な影を落としているからである。この問題を考察するために『論語』子路篇・〈吾党有直躬者〉章に分析を加える。

〈吾党有直躬者〉章では、父親が訳あって羊を盗んだ行為を、子供は庇うべきか否かに関する孔子と葉公との問答が記されている。仁斎は、孔子の「父子相隠す」という立場を「父子相隠すは、人情の至なり。人情の至は、即ち道なり」（『論語古義』子路篇・〈吾党有直躬者〉章小注）と解釈する。ここで仁斎は、羊を盗むという不法行為を互いに庇いあう「人情」をいとも簡単に「道」に結びつけて肯定する。なぜか。人間が〈社会的動物〉であることはすでに指摘した。つまり、人間は、「人の外に道無く、道の外に人無」き（『童子問』上・八章）

がごとく、「道」以外の所では生きては行けない存在である。それゆえに「情」は、自覚化されているか否かは別にして、つねに「道」からの一定の制約を受ける。この意味において「情」は〈道のなかの情〉と言うことができる。ということは、「情」は、〈道のなかの情〉であるかぎりで、その感じ方においても大方、類似性を持つことになる。こうした「情」に従わないときには、人間は、「猶を人をして夏に当つて裘し、冬に方つて葛せしむるがごと」き（『語孟字義』総論・四経1）状態に陥る。したがって、この「情」は、仁斎にとって「夫れ人情は古今と無く華夷と無く一なり」（同前）という、時代や民族を超越した〈共通感覚〉であると同時に、〈社会的動物〉には〈本性〉（nature）として生来的に備ることになる。この「情」論の視座から〈吾党有直躬者〉章を解釈すれば、父親が羊を盗むという場面に直面したときに、父親を庇おうとする感情を誰しもが自然に抱く――ここには羊を盗んだ父親を訴えようとする感情が制御されている――から、「父子相隠す」という感情は〈共通感覚〉と見なされ、したがって「道」たるに価すると考えられたのである。

仁斎は、さらにこの解釈を、

旧註に謂ふ、父子相隠すは天理人情の至と。非なり。此れ人情と天理とを以て二と為《す》。夫れ人情とは、天下古今の同じく然る所、五常百行、皆な是れに由て出づ。苟も人情に合はざるときは、則ち藉令《たとへ》能く天下の為《な》し難き所を為すとも、実に豺狼の心、行ふ可からざるなり。但だ礼以て之れを節し、義以て之れを裁するに在るのみ。（『論語古義』子路篇・〈吾党有直躬者〉章論注）

と展開し、ここで朱子学のように「天理」という「人情」外の概念、したがって経験的世界以外のところに根拠をもつ概念によって「父子相隠す」行為を正当化することを否定し、その行為を、「父子相隠す」という感情が「天下古今の同じく然る所」であるという理由だけで正当化する。ここに仁斎は、経験できる世界のことがらを、その経験的世界の論理によってのみ正当化する注釈を成立させたのである。

　以上のように見るとき、個別的感情から〈共通感覚〉へ至る過程は、個人の「情」を中心にして同心円的に拡大する構造を持つと言える。しかしながら、こうした同心円的な構造を持つからといって、多様な「情」がそのままの形で相似的に「天下の同情」に拡大されるという訳ではない。あくまでも「天下の同情」は、〈社会的動物〉としての人間の感じ方におおよその類似性があるということである。すなわち、具体的・個別的人間関係において「情」を制御する〈適宜〉性の基準は、千差万別の内容をもつ。現実の人間関係においては、相手も場所も時もすべて異なるからである。それを画一的、かつ固定的に制御しようとすれば、「理」による規制と同じ事態に陥ることになる。しかしながら、そうした人間関係における〈適宜〉性は、同じく「道」のなかで生きる人間同士のなかで決定されるものであるから、その決定の手順やおおよその水準という点では類似したものと考えられる。それゆえに、具体的・個別的人間関係における〈適宜〉性を決定する仕方のなかに共通のルールを、あるいは一種の類型的行動様式を見いだすことが可能となる。それが『論語』のなかに示された〈道徳実践の手本〉なのである。しかも、このルール、ないし一種の類型的行動様式の意味と効用は、堯・舜の世界においてすでに確認されたものなのである。

　右のような経験に基づくルールは、仁斎のなかではけっして内容的に固定されたものとしては捉えられてはいない。もしそれに一定の内容が含まれているとすれば、千差万別な人間関係において、その内容の実行が強制されることになろう。仁斎は、「聖人の物に於る、蓋し時に措《お》くの宜しき有りて、一定の法無きことなり」（『論語古義』雍也篇・〈子華使於斉〉章大注）、また「以て聖人の盛徳の至、地に随ひて変化し、各《おのおの》の其の可に当るを見るなり」（『論語古義』郷党篇・〈孔子於郷党〉章大注）と述べる。このように、そのルールからは、その時宜や地域的特性というような特殊的要因はけっして排除されてはいない。したがって、仁斎におけるルールは、特定の内容を含むものではなく、あくまでもその特殊的要因を踏まえつつ道徳的に生きる生き方を形式として示したものであると言える。

こうして仁斎は、朱子学によって「知り難く行ひ難く高遠及ぶ可からざる」（『童子問』上・五章）ところに持ちさられた世界を、自ら経験できる「実」（『語孟字義』春秋2）の世界に引き戻した。しかしながら、〈吾党有直躬者〉章の仁斎の解釈は、荻生徂徠から次のような手厳しい批判を受けることになる。徂徠は、まず、

是れ執拗の説のみ。天理は誠に宋儒の家言なり。然れども富を欲し、貴を欲し、安佚を欲し、声色を欲するは、皆な人情の同じき所、豈に道ならんや。之れを要するに道は自ら道、人情は自ら人情、豈に混ず容けんや。至道は固より人情に悖らず、人情は豈に皆な道に合せんや。(24)（『論語徴』）

と述べて、「人情」と「道」とを簡単に接合させていると批判し、さらに、

理学家は率ね一を推して以て万を廃す。其の言は聴く可きが如きなり。其の実は皆な一偏の説のみ。予嘗て仁斎先生を以て理学者流と為すは、是れが為の故なり。（同前）

と批判を展開する。つまり、徂徠は、羊を盗む行為を父子が互に庇い合うという「人情」が無媒介に「道」という規範に結びつけられる仁斎の解釈のなかに、朱子学的思惟が「所当然之則」を「所以然之故」に無媒介に結合させ、また個人の「性」を普遍原理である「理」に「即」の一字でもって結びつけるのと同様の発想を見いだし、それに批判の矛先を向けたのである。たしかに仁斎の注釈のように「人情」と「道」とを無媒介に結合させることは、『集註』『大全』においては当然のことながら、他の注釈と比較してもまったく見ることのできない際立った特徴と言うことができる。この批判に対して、仁斎は、訳あって羊を盗んだ父親のやむにやま

れぬ心情を推し量って庇う子供の気持にこそ、寛容な気持の究極的あり様が〈道徳実践の手本〉として示されており、しかもそれは、「道」の成立の仕方から考えて、その実現可能性も、さらには効用を含む意義さえもすでに確認されたものであるから、「人情」と「道」との間にことさらに媒介項を設定する必要はないと反論するであろう。しかしながら、仁斎が前述のように人間の感じ方の共通性を、またルールを形式のレベルで一貫して論じ、さらには特殊的要因に配慮してきたにもかかわらず、この章の「情」の肯定においては、「父子相隠す」行為とそれを支える感情とが直ちに規範化され、その規範の実行が強要されていると解釈することも可能である。徂徠はここに朱子学流のリゴリズムを見いだした。それだからこそ、徂徠は「理学者流」という仁斎にとって最大級の侮蔑的表現を使用した批判を提出したのである。

以上のように、後に徂徠から批判された仁斎のこの注釈は、『孟子』の論理構造に全面的に依拠することによって『論語』を厳格に解釈した結果もたらされた、「情」を個人のレベルから一挙に「天下の同情」のレベルに飛躍させる論理構造に基づいていると見ることは容易であろう。それゆえに、次のような仮説を提出することが許されよう。もし仁斎が、『孟子』の論理にただ依拠することによって、「情」を個人、ないし個別的関係のレベルから「天下の同情」のレベルへと一挙に論理を飛躍させることなく、前者のそれにのみ立脚したならば、羊を盗む行為を庇いあう感情が〈適宜〉性の水準にまで制御されたかどうかを検討する余地が生じることになろう。もしそうした検討がなされたならば、そこに「情」を無媒介に「道」に結びつけるのではなく、何らかの媒介項、たとえば「孝」などの道徳規範を喚起させるものとして、庇いあう感情を位置づけるというような、解釈上の新たな展開を生む可能性が発生するのではあるまいか。もしこのような仮説が成り立つとするならば、それを怠ったために同時代の儒者によって、この章の注釈のなかの「情」と「道」とを無媒介に結合させる思惟が仁斎の思想を特徴づけるものとして見なされるようになったと言うことができよう。そのように見なし、そしてそれに批判を加えた儒者が冒頭に述べた絅斎であり、さらには徂徠なのである。仁斎が

「情」を基盤に据えた道徳実践論を確立したことは、以上のような思想的波紋を当時の思想圏に投げかけつつ、以後の日本思想にも少なからず影響を与えているのである。[25]

＊『大学定本』『中庸発揮』『論語古義』『孟子古義』『語孟字義』『童子問』からの引用はすべて天理大学附属天理図書館古義堂文庫所蔵本に拠るが、『中庸発揮』は「元禄七年校本」、そのほかは「林本」を使用した。引用に際しては、それぞれの校本の訓点、および以下の刊行本を参照した。関儀一郎編『日本名家四書註釈全書』第一巻・学庸部一、第三巻・論語部一、第九巻・孟子部一（以上、鳳出版復刻、一九七三年）、吉川幸次郎他校注『語孟字義』（『伊藤仁斎・伊藤東涯』日本思想大系33、岩波書店、一九七一年）、木村英一編・三宅正彦校注『伊藤仁斎集』日本の思想11（筑摩書房、一九七〇年）、清水茂校注『童子問』（『近世思想家文集』日本古典文学大系97、岩波書店、一九六六年）に所収されたものに拠った。またとくに断らないかぎり、引用文中の傍点および括弧内の注は筆者による。なお文献関係の書誌は紙幅の制限があるので詳述しない。

註

（1）丸山眞男『日本政治思想史研究』（東京大学出版会、一九五二年）五七頁。
（2）西順蔵他校注『劄録』（『山崎闇斎学派』日本思想大系31、岩波書店、一九八〇年）三八六頁。
（3）『絅斎先生敬斎箴講義』（前掲『山崎闇斎学派』）一八五～八六頁。
（4）絅斎は、崎門入門前（近藤啓吾『浅見絅斎の研究』神道史学会、一九七〇年、三五～三六頁）、あるいは崎門入門後（伊藤梅宇『見聞談叢』巻の一、岩波文庫、一九四〇年、六七～六八頁）に、仁斎の講筵に列したと言われている。
（5）仁斎の投げかけた問題を絅斎が如何に受け止めたかに関しては、田尻祐一郎「浅見絅斎「心ナリノ理」をめぐって」（『季刊日本思想史』第二二号、ぺりかん社、一九八四年）、および同「二つの「理」――闇斎学派の普遍感覚」（『思想』第七六六号、岩波書店、一九八八年）を参照のこと。
（6）前掲『劄録』三八六頁。
（7）「情」を全面的に肯定する思想の源流として山鹿素行の思想をあげることができる。しかし、素行における「情」の肯定は、人間の内面に「天性の誠」と「情欲のまどひ」という価値的区分が設定されている点で「情」を人間関係における

〈適宜〉性の観点から捉える仁斎の「情」論とは異なるといえよう。広瀬豊編『山鹿素行全集』第三巻（岩波書店、一九四二年）三二四頁参照。

（8）丸山眞男前掲書は、仁斎において一方、「道の当為的、超越的性格」（五七頁）が強調されることを指摘するとともに、他方、「「情欲」に対する寛容」が見られることを指摘したうえで、「儒教の規範性を純化した仁斎におけるかうした反面（「情欲」に対する寛容）は一見奇異な感を与へるであらう」（同前）と述べる。両モメントの関係について、同書では「仁斎の思想をそれ自体としてではなく、朱子学的な思惟の分解過程の上に位置づけて理解する」（同前、傍点筆者）という分析視角が選ばれ、「朱子学人性論におけるオプティミズムの否定——規範の自然主義的制約よりの純化——は必然にそこにはらまれてゐたリゴリズムの破壊をも伴ふ筈だからである」（同前）との解釈が施されるにとどまっている。仁斎の思想における「情」と「道」との関係を仁斎思想それ自体に即して解明する作業は残されていると言えよう。

（9）「情」を制御すべき「礼義」「道」等の道徳規範は、仁斎においては「人性」から外在化されている。本稿は、「情」論の分析を課題とするので、この問題には主題的には立ち入らない。この点に関しては丸山眞男前掲書、五二～六二頁を参照。

（10）「主宰」は「心とは主宰の謂ひなり」（『朱子語類』中華書局、巻五・七二）と述べているように朱子学に典拠がある。しかし、朱子学のそれが内面への収斂に関わるのに対して仁斎のそれは「情」の発現に関わる。また「思慮」に言及した論文に木村英一「伊藤仁斎の思想」がある（前掲『伊藤仁斎集』）。

（11）〈適宜〉性の概念は、アダム・スミス『道徳感情論』（水田洋訳、筑摩書房、一九七三年）からヒントをえた。もっともA・スミスの社会が「交換」を原理とするのに対して仁斎における社会は「情」的関係の総和である。仁斎はこの「情」的関係の中で〈適宜〉性の問題を考え抜いた思想家であると言うことができよう。

（12）『字彙』天理大学附属天理図書館古義堂文庫所蔵、「忿」の項。

（13）『大学章句』伝七章、『四書集註』芸文印書館、八丁表。

（14）前掲『朱子語類』巻十四・一一五。

（15）黒住真「伊藤仁斎の倫理——基底場面をめぐって」（『思想』第七六六号）六六～六八頁。

（16）この章の仁斎の解釈は、『論語古義』の現存する最古稿本である「第二本」段階から『論語大全』（『周会魁校正古本大方四書大全』巻之四、天理大学図書館古義堂文庫所蔵、百四丁表—裏）の真徳秀語を踏まえている。ただし、真徳秀語のうち、子路の「志」を「私」の排除による朋友関係の確立と解釈するなどの注釈は採用されない。したがって、仁斎の解釈は、「情」の肯定の観点から真徳秀語を取捨選択した結果、成立したと言えよう。

(17)『鈎是人也章講義』(『古学先生文集』巻四、享保二年刊本、学習院大学図書館所蔵)二二丁表。

(18)「社会的動物」としての人間の問題に関しては、拙稿「伊藤仁斎『論語古義』里仁篇〈参乎〉章の注釈の成立過程に関する考察——道徳論における「情」の構造」(本書第二部所収)で論じたことがある。

(19)仁斎の道徳実践論において道徳実践に向かう契機が脆弱であるとは言えるが、この点は「天命」の問題と関わるので稿を改めて論じることにしたい。

(20)『孟子集註』巻三、前掲『四書集註』一五丁裏～一六丁表。

(21)「忠信」に「義」を課した「修為」が「誠」であるといえよう。

(22)〈利他〉心は、墨子の兼愛説批判との関連で、またA・スミス前掲書の中の〈自愛－利他〉心との比較のなかでさらに論じる必要がある。

(23)「情」の肯定の上に立脚した道徳実践は、道徳的向上を目指すことはいうまでもないが、一定の〈秩序〉のなかで生を営むことにも関わる。この点に関しては、「情」の全的肯定の上に構築される〈秩序〉とは何か、またそうした〈秩序〉論のなかで「修為」がいかに位置づけられているか、という問題を設定して、稿を改めて論じることにしたい。

(24)『論語徴』(『荻生徂徠全集』第四巻、みすず書房、一九七八年)一七三～七四頁。

(25)松本三之介氏は、「第一は、兆民が「自由の培養」を説く際に前提とした自由の観念、彼のいわゆる「リベルテー・モラル」「心思の自由」を孟子の「浩然ノ一気」になぞらえたことにも象徴的に示されているように、それは孟子が「養性」を説くときの「気」の重視——とくに伊藤仁斎に見られた孟子理解——と相通ずるものがあること」を指摘する(「中江兆民における伝統と近代——その思想構築と儒学の役割」、『歴史と社会』第二号、リブロポート、一九八三年、二二頁)。

第二部

第二部解題

高山　大毅

第二部所収の論考は試論的な性格のものや未完のものであるため、第一部所収論考との関連に力点を置いて内容を紹介したい。

(1)**伊藤仁斎における「古義学」的方法の形成過程――『孟子古義』諸稿本における「至大至剛」の解釈をめぐって**（『政治経済史学』第三〇〇号、日本政治経済史学研究所、一九九一年六月）

(2)**伊藤仁斎『論語古義』里仁篇・〈参乎〉章の注釈の成立過程に関する考察――道徳論における「情」の構造**（『八千代国際大学紀要国際研究論集』第四巻第二号、八千代国際大学国際研究学会、一九九一年七月）

(1)は『孟子』公孫丑の「至大至剛」解釈について、(2)は『論語』里仁篇の「忠恕」解釈について、諸稿本を詳しく比較しながら検討する。稿本研究の実態がよく分かる論考といえよう。

(1)で取り上げられる「至大至剛」の語が見える章で、孟子は、人が「浩然の気」を養い、それを「天地の間」に満たすことについて語っている。「性」及び「天人」関係を考える上で重要な一節であり、稿本の改訂過程には、仁斎が朱子学の磁場からどのように離脱していったかが表れている。第一部(1)の論文（「伊藤仁斎における「同一性」批判の構造――人我相異論の形成過程」）と関心は近い。

(2)は、「忠恕」解釈を軸に、仁斎思想における「思慮」による「情」の制御を分析している。第一部(3)の論文（「伊藤仁斎の「情」的道徳実践論の構造」）の基礎となる研究といえる。「道」と「思慮」の関係についての丸谷氏の議論は、両論文を併せて読むと理解しやすい。

(3)**伊藤仁斎における「道」秩序の構造**(一)（『人文学部研究論集』第六号、中部大学人文学部、二〇〇一年七月）

(4)**伊藤仁斎における「道」秩序の構造**(二)（『人文学部研究論集』第七号、中部大学人文学部、二〇〇二年一月）

(3)は、第一部(2)の論文（「伊藤仁斎における「性善」論の構造」）の最後に予告されていた「人の外に道なく、道の外に人無し」をめぐる分析である。朱子学の本質主義的な思考への仁斎の違和感が丹念に検討される。朱子学と仁斎学との比較という点では、

第一部(1)の論文とも関わりが深い。

(4)は、「人の外に道なく、道の外に人無し」という「道」秩序の外側にある反秩序の世界を浮かび上がらせる。「悪」の問題を扱った論文である点で第一部(2)の論文の延長にある。仁斎の考える反秩序の世界を考察するために仁斎の豊臣秀吉論を取り上げるなど、斬新な視点からの検討がなされている。

この論文の特徴は、君臣関係や「王道」といった政治に関わる問題が多く扱われていることにある。丸谷氏は、法学部出身の政治学系の思想史研究者であり、政治思想に対する関心を常に有していた。道徳だけでなく政治上の秩序を視野に入れて仁斎の「道」秩序論を分析する手法は魅力的であり、未完の論考となってしまったことが惜しまれる。

伊藤仁斎における「古義学」的方法の形成過程
――『孟子古義』諸稿本における「至大至剛」の解釈をめぐって――

はじめに

伊藤仁斎が近世日本の儒学思想の形成においてきわめて重要な役割を果たしたことは、すでに多くの論者が述べるところである。その役割とは、要するに外来思想としての儒学の日本化を果たしたということである。本稿では、この日本化の過程を具体的に明らかにすることを試みる。ただし、本稿は、仁斎における日本化を、外来思想としての儒学を自己に適合的な形に改変したという意味において捉えるものではない。なぜならば、仁斎の思想形成過程を踏まえるならば、その日本化は、まさに「古義学」的方法によって経典を解釈した結果の意図せざる産物であるからである。(1) ところで、この「古義学」的方法とは、朱子学の解釈との対決のなかで注釈を形成する際の一種の態度であると本稿は考える。言い換えるならば、できるかぎり経典に即して解釈するという姿勢なのである。(2) こうした姿勢を貫くことによって仁斎は、朱子学の注釈書『四書集註』がその独自の観点から新たに付け加えた解釈を析出し、それを取り除くことによって『論語』『孟子』などの経典本来の意味、「古義」を回復する作業を行う。この作業のなかから形成された思想は、仁斎が解釈した儒学の概念によって表現されており、それが近世日本思想に思想的インパクトを与えた。その結果、仁斎学が徳川期の思想界に一定の位置を占めるようになったのである。これが本稿の考える仁斎における儒学の日本化の過程なのである。

こうした朱子学との思想的対決のなかでの仁斎の思想形成過程を考察するためには、まず、その対決の場面、すなわち経典の注釈を形成する場面にできるだけ接近することが必要であると本稿は考える。幸運なことに仁斎の注釈の形成過程は、天理図書館所蔵の諸稿本の無数ともいえる改訂のなかに残されている。そこで本稿では、その稿本に着目して、その改訂の一つ一つにできるかぎり考察を加えることによって、仁斎が朱子学の解釈のどこに問題点を見いだしたのか、そして、その論拠はどのようなものであるのか、さらに、その問題点をどのように乗り越えていったのかを明らかにすることを試みる。言い換えるならば、本稿の主たる課題は、仁斎が朱子学と対峙するなかで「古義学」的方法によって「古義」を回復する過程を、その注釈の形成過程に即して解明することにある。

一　仁斎と朱子学との基本的対立点

1　初期的段階

仁斎が経典を軸にして朱子学と対峙するなかで、そこに見いだしたもっとも重要な対立点は、どのようなものであろうか。これを仁斎の朱子学批判の出発点においてまず確認しておく。朱子学からの決別が宣言された後に行われた『孟子』に関する講義のなかの一つ、『鈞是人也章講義』――『古学先生文集』所収、そこには寛文二年壬寅四月十一日との記載がある――には、なお朱子学的用語や朱子学的思惟構造が色濃く残っているが、すでに朱子学に対する批判も示されている。そのなかでもっとも重要だと思われるものは、朱子学的道徳実践論の一つである「復初の説」への批判である。

①区々たる窮理の学、亦た論ずるに足らず。若し夫れ徒だ耳目口鼻の欲を克して、然る後能く其の心の本体を復すと謂ふときは、則ち豈に先づ其の大なる者を立つの謂ひならんや。【区々窮理之学、亦不足論、若夫徒謂克耳目口鼻之欲、然後能復其心之本体焉、則豈先立其大者之謂乎哉】

ここで仁斎は、「復初」に至る以前には「其大者」＝「仁義」を自覚していないはずであるが、それを自覚していないにもかかわらず、情欲を制限し克服するという道徳実践を行なうことがはたしてできるのであろうか、と朱子学を鋭く批判しているのである。こうした仁斎の批判は、この段階では「窮理」という点と「心」に関する修養法としての「復初の説」に向けられている。とくに「復初の説」批判は、当然、朱子学的人間観、すなわち「本然の性」と「気質の性」との重層的人間理解への批判に支えられているはずである。しかしながら、仁斎は、東涯が『古学先生文集』を編纂した際にこの講義に加えた識語で、「その意、暗に朱を左にし、陸を右にす」と述べているように、朱子学と陽明学との折衷段階にいる。そのために、この講義録段階では、仁斎の批判は、「復初の説」だけに向けられており、朱子学の人間観には及んでいないのである。

2 「自筆本」段階

この問題をめぐる仁斎の思想的格闘は、さきの講義録以降、数年間にわたって続けられ、「古義」の名前が始めて付けられた、現存する最古の稿本『孟子古義』自筆本のなかに次のように結実する。[3] それは、

宋儒性を論ずるに、本然の性有り、気質の性有り。本然の性は、全く善にして悪無し。孟子の所謂る性善は、是れなり。気質の性は、乃ち善悪雑じりて言を為す。夫子の所謂る性相近しは、是れなり。此の論一たび立ちて、万世其の説を易ふる能はず。惟だ孟子の旨、後世に明らかならざるのみに非ず。且つ孔孟一

家・同脈の学をして支離決裂して殆ど相入れざらしむ。【宋儒論性、有本然之性、有気質之性、本然之性者、全善而無悪、孟子所謂性善、是也、気質之性者、乃雑善悪而為言、夫子所謂相近、是也、此論一立、而万世不能易、非惟孟子之旨、不明于後世、且使孔孟一家同脈之学、支離決裂、殆不相入焉】（告子上・二章大注）

という文章である。ここで仁斎は、朱子学の人間観が孔孟の思想とは異なると明確に否定しているのである。だから、「自筆本」段階での仁斎の批判の対象は、朱子学の修養法だけではなく、その人間観へと深化したと言うことができる。

仁斎は、以上のように、「自筆本」段階で、朱子学の解釈を支える重要な柱の一つである人間観を否定した。では、その否定は、仁斎が思想を形成する際にどのような思想的課題をもたらしたのであろうか。その思想的課題を解明するために、朱子学的人間観ないし道徳実践論をまず概観しておこう。

「理」は、二つの面をもっている。一つは、万物の存在する根拠、つまり「所以然の故」であり、今一つは、万物のあるべき姿、とくに人間においては現実における道徳的規範、つまり「所当然の則」である。こうした普遍的法則は、人間には「本然の性」として本質的に内在する（性即理）。このことが人間の善性の根拠なのである。しかし、人間は、悪をも行ないうる存在である。この点は、朱子学ではつぎのように説明される。「本然の性」は、それだけでは現実的に発現できずに「気質の性」の介在を必要とする。この「気質の性」には清濁などがあるので、それが清であれば「本然の性」が充全に発現できるが、そうでない場合には、人間の営為は、「理」の基準から外れてしまい、結局、悪に陥ってしまうのである。だから、人間が正しい行為をするためには、修養に努めることによって「気質の性」の正しい状態を維持し「本然の性」を充全な形で発現させせなくてはならない。これが「復初の説」である。

以上のように朱子学の基本構造を踏まえるならば、仁斎が「本然の性」＝「理」、ないし「性即理」を否定する立場に立脚したということは、普遍的原理によって人間を根拠づける発想を否定したことを意味している。だから、仁斎は、少なくとも人間の存在の根拠を普遍的原理に求めることなく、人間の存在論を構成しなくてはならないという思想的課題を、その思想形成の出発点において背負い込むことになったと言うことができる。以下では、こうした思想的課題が仁斎の人間観の形成過程でどのように解決されたのかを、その稿本の改訂の考察を通して明らかにしていきたい。

二　仁斎と朱子学との注釈上の対立点

1　「浩然之気」の解釈における対立点

以上の思想的対立を踏まえて、それが、経典の注釈の形成において、どのように表われているのかを、以下では検討する。その際に考察の対象となるものは、『孟子』の「敢問、何謂浩然之気。曰、難言也。其為気也、至大至剛、以直養而無害、則塞于天地之間」（公孫丑章句上・第二章第三節）に対する注釈である。[4] 本節は、その語句から明らかなように、普遍性を有する「天」と「人」とに関わる記述が示されており、そして「本然の性」を否定して「気質の性」に立脚しようとする仁斎にとって、もっとも重要な概念の一つである「気」に関する記述が窺える。そのうえ、この節は、朱子学にとっても「『孟子』の原意に沿いつつ、その理気論の体系に組み込もうとする苦心が窺われる[5]」ものなのである。それゆえに本稿は、本節が「古義学」的方法によって朱子学が新たに追加した解釈を排斥しつつ、『孟子』の「古義」を回復していく過程を稿本に即して検討するのに適切な節であると判断したのである。その作業を行う前段階として、まず『集註』の解釈を検討する。

②蓋し天地の正気にして、人以て生を得る者は、其の体段本是《か》くの如きなり。惟だ其の自ら反《かへり》みて縮《なほ》くんば、

則ち其の養ふ所を得て、又た作為して以て之れを害《そこな》ふ所無くんば、則ち其の本体虧けずして充塞して間無し。【蓋天地之正気、而人得以生者、其体段本如是也、惟其自反而縮、則得其所養、而又無所作為以害之、則其本体不虧而充塞無間矣】

この注釈では、「浩然之気」は、「天地の正気」であるとともに、人間に本来的に付与されたものでもあると位置づけられている。だから、「浩然之気」は、天地の生成のレベルと人間の存在のレベルの結節点に置かれているのである。こうした世界観のなかでの「惟《た》だ自ら反《かへり》みて、縮《なほ》くんば」、「作為して以て之れを害ふ所無くんば」という人間の側の修養は、自らに付与された「気」を本来の状態に復帰させることによって、「天地の正気」と間断なく一体化する、「天人合一」の状態に到達することを目指しているのである。しかしながら、現実においては必ずしも人間の「気」が「正気」とはなっていないから、「天人合一」は成し遂げられてはいない。だから、さきの引用の後に、次のような程子語が引用される。

③程子曰く、天人一なり、更に分別せず。浩然の気は、乃ち吾が気なり、養ひて害無くんば、則ち天地に塞《み》つ。一たび私意の蔽ふ所と為《な》れば、則ち欿然として餒じ、却て其れ小なり。【程子曰、天人一也、更不分別、浩然之気、乃吾気也、養而無害、則塞乎天地、一為私意所蔽、則欿然而餒、却其小也】

この程子語では、本来的な「天人」の一体化した状態を害なうのは、「気」の偏った状態である「私意」であるとされる。つまり「本来ニュートラルなものであるはずの気は、ここ（人心のレベル—引用者注）において負の価値を担わされ、倫理的に色づけられて、悪——人欲の根拠とみなされる。この内在した理と気を、天理と人欲の争闘としてとらえるところから、朱子学の倫理学、広くいえば人間学は出発する」(6)。だから、この偏った「気」を「正気」に戻すことがなされなくてはならない。つまり、これが「存天理去人欲」という朱子学の修養法なのである。以上の点から、『集註』の注釈は、『孟子』本文を損なうことのないように細心の注意を払いながら、そこにその思想体系から導きだされた修養法を読み込んでいる、と言うことができる。

では、このような朱子学の「人間学」に対して、仁斎はどのような「人間学」の確立を目指すのであろうか。この点を『孟子』の同箇所の仁斎の解釈の成立過程に即して検討する。

Ⅰ　自筆本

④至大とは、其の量を言ふ。至剛とは、其の体を言ふ。直とは、其の状を言ふ。蓋し浩然の気は仁義の発用にして、吾が心の固有する所なり。故に養ひて害ふ無きときは、則ち流行して滞る無く、所として至らざる無し。故に曰く、天地の間に塞つ、と。【至大言其量、至剛言其体、直言其状、蓋浩然之気仁義之発用、而吾心之所固有、故養而無害、則流行無滞、無所不至矣、故曰、塞乎天地之間】

⑤〔至大至剛、即ち中庸の所謂る広大を致し高明を極むるの意なり。直は民屈撓する所無きなり。言ふこころは、浩然の気を養はんと欲する者は、能く一毫の私意を以て自ら蔽はず、一毫の私欲を以て自ら累せず。而して之れを養ふに、常に其の本然の屈撓する所無きに循ふときは、則ち其の気盛大に流行して、至らざる所無し。蓋し浩然の言ひ難きを以てす。故に其の工夫と其の養ひの得て成る所とを以てして、其の体を形容するなり。〕【至大至剛、即中庸所謂致広大極高明之意、直無所屈撓也、言欲養浩然之気者、能不以一毫私意自蔽、不以一毫私欲自累、而養之常循其本然無所屈撓、則其気盛大流行、無所不至矣、蓋以浩然之難言、故以其工夫與其養得所成、而形容其体也】

Ⅱ　十年本

⑥至大至剛、即ち中庸〔後篇〕の所謂る広大を致し高明を極むるの意なり。〔天下の広居に居り、天下の正位に立ち、天下の大道を行ふ〕の意なり。直は屈撓する所無きなり。言ふこころは、浩然の気を養はんと欲する者□、〔其の心を処すること、至大至剛〕、能く一毫の私意を以て自ら蔽はず、一毫の私欲を以て自ら累せず。而して、之れを養ふに常に其の本能の屈撓する所無きに循ふときは、則ち其の気盛大に流行して至らざる所無し。蓋し浩然の言ひ難きを以てす。故に其の工夫〔養気の法〕と其の養ひの得て成る所とを以てして、其の体を形容する〔之れを明かにする〕なり。【至大至剛、即中庸〔後篇〕所謂致広大極高明之意、〔居天下之広居、立天下之正位、行天下之大道〕之意、直無所屈撓也、言欲養浩然之気者口、〔其処心至大至剛、〕能不以一毫私意自蔽、不以一毫私欲自累、而養之常循其本然無所屈撓、則其気盛大流行無所不至矣、蓋以浩然之難言、故以其工夫〔養気之法〕与其養得所成、而形容其体〔明之〕也】

Ⅲ　十二年本

⑦〔此は浩然の気を養ふの法を言ふなり、〕至大〔とは即ち浩然の気を養ふの法なり、〕至剛〔とは猶を中庸の所謂る広大を致すのごときなり、〕即ち後篇の所謂る天下の広居に居り、天下の正位に位し、天下の大道を行ふ、〔是れなり。〕蓋し至大は、下文の所謂る道の体なり。至剛は、義の用なり、〕〔至剛は即ち富貴淫する能はず、貧賤移る能はず、威武屈する能はず、是れなり、〕直は屈撓〔助長〕する所無きなり。言ふこころは、浩然の気を養はんと欲する者、〔自ら居《お》るに至大を以てし、自ら処するに至剛を以てして、〕其の心を処すること至大至剛〔助長する所無く、〕一毫の私意を以て自ら蔽はず、一毫の私欲を以て自ら累せずして、之れを養ふに常に其の本然の助長する所無きに循ふときは、〔又た忘るる所無きときは、〕則ち其の気盛大流行して〔熄《や》む無く、〕至らざる所無し。〔量を限る所無きは、即ち浩然の気の体なり、〕蓋

し浩然の気の言ひ〔形容し〕難きを以てす。其の工夫と其の養ひ成す所とを以て、而して之れを明かにするなり。【〔此言養浩然之気之法也、〕至大〔即養浩然之気之法也、〕至剛〔猶中庸所謂致広大也、〕即後篇所謂居天下之広居、立天下之正位、行天下之大道、〔是也、蓋至大、下文所謂道之体也、至剛、義之用也、〕〔至剛即富貴不能淫、貧賤不能移、威武不能屈、是也、〕直無所屈撓〔助長〕也、言欲養浩然之気者、〔自居以至大、自処以至剛、而〕其処心至大至剛、〔無所助長、〕不以一毫私意自蔽、不以一毫私欲自累、而養之常循其本然無所助長、〔又無所忘、〕則其気盛大流行〔無熄、〕無所不至矣、〔無所限量、即浩然之気之体也、〕蓋以浩然之難言〔形容〕、以其工夫与其所養成、而明之也】

以上が、稿本に残された注釈の形成過程である。引用④が、「自筆本」段階における最初の注釈で、そのなかの文章に改訂を加え、さらに引用⑤を書き加える。ついで、その最終的な改訂である引用⑤が「十年本」の原文になり、その原文にさらに改訂を加える。これを仁斎は繰り返すのである。

引用④では、「吾が心の固有」とするところを養い、それを損なうことがなければ、「天地の間に塞つ」と述べられているように、ここでは修行が、「天」との一体化を目指しているという意味において、「天人合一」的発想が述べられている。また引用⑤では、「私意」の克服による「本然」の発現が述べられている点で、この解釈は『鈞是人也章講義』段階で批判した「復初の説」とまったく同じ構造に立脚しているのである。それゆえに引用④⑤は、ともにたんに用語法だけではなく、朱子学的思惟様式にも依拠しているのである。他方、引用④と⑤とを比較してみると、仁斎がこの段階で進もうとしている方向をわずかながら知ることができる。それは、引用④では「天人合一」が明確に示されていたが、引用⑤では、『孟子』本文の「塞于天地之間」の抹消によって「天人合一」が少なくとも表現上からは消え、ただ「本然」に戻ることだけが示されている。この改訂からは、仁斎が引用④のような「天人合一」にはなんらかの疑問を抱いていたことは推測できよう。このように仁斎は、講義録段階で「復初の説」を、さらには「自筆本」段階の「告子章句上・二章大注」の注釈で

「復初の説」を支える朱子学的人間観を批判しているにも関わらず、引用④⑤ではそれらに依存した注釈を付している。まさに仁斎は、この段階では混乱の渦中にいると言うことができる。

2 仁斎における「志・心・気」

以上の混乱した事態の原因を考えるために、仁斎における「気」の問題をここで考察しておく。引用⑤で「復初の説」に近似する発想を示すのは、仁斎が朱子学的「性」理解の否定によって「気質の性」のみに立脚することを宣言したものの、その「気」自体の解釈を充全な形で定立してはいないのではないか、と考えたからである。仁斎の「気」に関して、同章の二節の「夫志気之帥也」の注釈において、注目すべき改訂がなされている。まず「自筆本」段階の注釈を検討する。

⑧体は猶を「居は気を移し、養は体を移す」（『孟子』尽心上・三十六章）の体のごとし。耳目四肢を指して言ふ。蓋し其の視聴居動、各《おのおの》の是の一事にして、気は其の大に充つる者なり。夫れ志は心の之《ゆ》く所にして、気の将帥為り。固より持せざる可からず。（中略）気、心の将帥為るが若きに非ざれば、尊然も亦た養ふ可からず。【体猶居移気養移体之体、指耳目四肢而言、蓋其視聴居動、各是一事而気其充大者也、夫志心之所之、而為気之将帥、固不可不持焉、（中略）気非若心之為将帥、而尊然亦不可不養焉】

この注釈における「気」の解釈の要点として、(1)「気」は、知覚動作そのものを指し、(2)「志」「心」によって規制され、さらに(3)「養」われるべき対象である、という三点を挙げることができる。仁斎における「気」は、朱子学におけるそれとは、「理」と連関づけられていない点、それゆえに宇宙の生成などに関わる概念ではない点で、大きく異なる。つまり、仁斎は、「気」を人間の感情に関わるものに限定したのである。この限定された「気」は、(2)(3)が示すように、「気」それ自体は克服される対象ではないが、だからといって、それ自体で全面的に肯定されるものでもない。あくまでも「養」われる対象なのである。この捉え方のなかに、じつは「自筆本」における混乱の理由がある。つまり、この段階で仁斎は、「気」を限定化する解釈を示しえたが、では、その「気」をどのように養うのかという問題には、いまだ解答を見いだせないのである。だから「夫志気之帥也」というように、「志」が「気」を帥《ひき》いるという内容を持つ『孟子』本文の注釈は、「自筆本」段階では『集註』から取らざるをえないのである。

⑨何となれば則ち志は固《もと》より至極為り、而して気は即ち之れに次ぐ。故に又た之れを断じて曰く、固より当に敬して其の志を守るべく、而して其の気を養ふを致さずんばある可からず。〔志は至極し易くして持久し難し。而して其の志の至高なる者は、其の気必ず怒る。是れ道に害有る所以なり。故に志は其の之れを持せんと欲するも、気は其の無暴を欲す。〔此れ志の至極為る所以にして、気の之れに次ぎて、養はざる可からざる所以なり。〕〕【何則志固為至極、而気即次之、故又断之曰、固当敬守其志、而不可不致養其気焉、〔志易至極而難持久、而其志至高者、其気必怒、是所以於道有害、故志欲其持之、気欲其無暴焉、〔此志之所以為至極、而気之所以次之、而不可不養也〕〕】

『集註』から取られた部分では、「固より至極」のものとしての「志」が「気」を統御するとされている。「志」がこうした価値を持つのは、朱子学の人間観からすれば、まさしく万人の道徳実践の究極的目的である「本然の性」の発現を目指すという特定の内容を包摂しているからなのである。こうした「志」の定義を採用した仁斎は、その定義に拘束されて「気」を養うのは、その「本然」の状態に戻るためであるというさきの注釈の方向に行かざるを得ないのである。そこで仁斎は、『集註』からとった部分を抹消して〔　〕内の文章を書き入れる。その書き入れでは、「志」が「極高」なものになってしまって維持できなくなってしまったり、また「志」が、現実から遊離してしまったために、その「気」が荒れてしまって、「道」さえも損なうことになると述べられている。ということは仁斎における「志」は、ある特定の内容をもつものではなく、個々人がそれぞれに抱く多様な内容を持つものなのである。このように仁斎は、この改定で特定の、しかも万人に共通した「志」という朱子学の定義を否定して、それとはまったく逆の個別的な「志」という独自の定義を確立したのである。さらに仁斎は、（　）内の改訂を書き加える。そこでは「志」は、「至極」と位置づけられたうえに、「気」を導くものと定義されている。つまり「志」が「気」よりも上位に位置づけられているのである。この位置関係自体は、『集註』のそれと同様のものである。しかしながら、他の箇所の改訂と合せて考えてみると、その位置関係は、朱子学のそれとはまったく異なるものであることが明らかになる。その他の箇所の改訂とは、同節の大注に「心」と「気」とに関して、次のような文章を付箋で書き入れたものである。

⑩蓋し心に主宰有りて、気に主宰無し。心は思慮に因りて能く動き、気は思慮に因らずして自ら能く動く。当に喜怒哀楽すべくして能く喜怒哀楽する者は、心なり。喜怒哀楽すると雖も、而れども其の喜怒哀楽を自覚せざる者は、気なり。【蓋心有主宰、而気無主宰、心因思慮而能動、気不因思慮而自能動、当喜怒哀楽能喜怒哀楽者、心也、雖喜怒哀楽、而不自覚其喜怒哀楽者、気也】

この改訂と同主旨の文章は、『語孟字義』の「情」の項に「贋刻本」以後に書き入れられ、最終稿本「林本」段階まで残されるもので、「気」や「心」に関する仁斎の解釈を端的に示したものである。この改訂では、「心」には「思慮」があるが、「気」にはそれがなく、無自覚的に忽然と湧きでてくる感情と捉えられている。この「思慮」は、喜ぶべき時に喜ぶとされているから、その感情を外に出す際の適切な主体的判断ということである。だから「気」は、そのままではなく、その時と場所に応じた適切な形に制御されたうえで外に表わされるのである。その「思慮」による「気」の制御という働きそれ自体を、仁斎は「心」と規定しているのである。ところで、この「思慮」は、たんにその場面その場面、またはその時々に対応する「気」のあり様を決定するだけなのであろうか。もしそれだけならば、この「心」の働きは、起こった事に対応するもので、その意味で受動的反応でしかない。この点を踏まえて位置づけられたのが「志」である。『語孟字義』最古稿本（「志」の項、一条）の「志」の定義によれば、「志」は、「心の之《ゆ》く所」と、『説文』の訓に基づいた定義のうえに、仁斎自らの定義「心の存主する所」を加え、さらに「志」の「之く所」が「善」であると規定される。つまり、「志」は、「気」の趨く方向を道徳的により価値の高い方向に導いていく主体的働きなのである。[7]だから、「志」は、「気」よりも上位に位置づけられるのである。この位置関係は、明らかに「志」が「本然の性」を発現させるという内容をもつがゆえに、「気」の上位にあるというのではなく、「志」が「気」を導く働きそのものに基づいて上位にあるというのである。以上の改訂作業によって仁斎は、「気」を養うことの内容を明らかにしたと言うことができる。

では、こうした「志」に関して、「其の志の至高なる者は、其の気必ず怒る。是れ道に害有る所以」という事態がなぜ起こるのであろうか。「志」は、たしかに「気」を主体的に「善」の方向に導くものであるが、あくまでも自らが決定した個別的判断なのである。このことが孕む問題性を仁斎は見逃さなかったのである。つまり、「志」の目指す「善」なる方向が、個人の判断だけに起因するがゆえに、恣意的なものに陥る可能性を仁斎は見逃さなかった。だから、仁斎は、「志」が現実から離れてあまりにも高邁な理想を希求した結果、その維持に失敗し、さらには、そこになかなか到達しないことに業を煮やして「気」を荒だてる事態を設定したのである。[8]

三 「古義」の回復過程

1 仁斎における「天人」観

前節で示したように「志・心・気」に関しては、「自筆本」段階で一定の解釈が成立していた。にもかかわらず、「十年本」段階においてさえも、「私意・私欲」の克服による「本然」への復帰という、仁斎が初期から批判の対象としていた「復初の説」が依然として示されている。では、なにゆえにこうした「志」などの解釈が『孟子』本文の解釈に及んでいかないのであろうか。これは、『孟子』本文の内容に関わる。本文では「其の気たるや、至大至剛にして直く、養いて害ふこと無ければ、則ち天地の間に塞つ」と述べられているから、『孟子』本文にも「天人合一」的発想が示されている。だから安易にそれを否定することはできない。つまり、仁斎は、『孟子』本文に示された「天人合一」的発想を損うことなく、朱子学におけるその発想を否定するというきわめて微妙な解釈上の問題に直面しているのである。その苦闘の跡が「自筆本」から「十二年本」に至るまでの改訂の跡なのである。

仁斎が、その問題をいかに解決したかを検討するために、仁斎の「天人」観をまず検討する。衆知のように、「天人合一」をいかに解釈するかは、儒学史上、きわめて重要な問題である。それゆえに、これまで様々な解釈がなされてきた。仁斎がその解釈のうち、どのような「天人合一」を批判し、また肯定したかは、それ自体で一つの問題領域をなす。そこで、ここでは本節の解釈に関わる範囲で、仁斎における「天」と「人」との関係を概観しておく。

『語孟字義』最古稿本（道・一条）では、「陰陽交《こもご》も運る、之れを天道と謂ふ。剛柔相ひ須《もち》ひる、之れを地道と謂ふ。仁義相ひ行はるる、之れを人道と謂ふ【陰陽交運、謂之天道、剛柔相須、謂之地道、仁義相行、謂之人道】」と述べているように、仁斎は、「人道」と「天道」とをそれぞれ別の原理の下にあるものと考えているが、「天」と「人」とをまったく無関係なものとして捉えているわけではない。「天命と謂ふ者は、貴賤寿夭自ら気数有るを指して言うのみ【謂天命者、指貴賤寿夭自有気数言耳】」（同、天命・二条）と述べられているように、「天」の意思が絶対的な力をもって人間界に及んでいることを仁斎は認めるのである。しかし、「天」の意思は、「人力の及ぶ所に非ず【非人力之所及】」（同、天命・一条）。だから、「所謂る命を知ると云ふ者は、死生存亡窮通栄辱の際に処して、泰然坦然として、烟銷え氷釈け、一毫心を動かす処無し【所謂知命云者、処乎死生存亡窮通栄辱之際、泰然坦然、烟銷氷釈、無一毫動心処】」（同、天命・三条）という状態に自分をおく以外ないのである。まさに仁斎は、「天」の意思を絶対化することによって「天」を不可知の領域に位置づけ、そのことによって、逆に人間界のことは人間の手で決定されるという人間界の自立をし遂げたのである。こうした人力の限界の自覚は、その認識論にも及んでいく。仁斎は、『北渓字義』の「易に説く、「一陰一陽之れを道と謂ふ」。孔子此の処は是れ造化根源の上に就いて論ず。（中略）惟だ此の一句は、乃ち是れ易を賛する時、来歴根源を説く【易説、一陰一陽之謂道、孔子此処是就造化根原上論、……惟此一句、乃是賛易時、説来歴根源】」を批判して、「天人一道と謂ふときは、則ち可。道の字の来歴根源と為るときは、則ち不可【謂天人一道、則可、為道字来歴根原、則不可】」（同、道・一条）と述べる。ここで仁斎は、人間界の出来事や人間のなすべきことの根拠を人間の側から不可知な「天」に求めることを否定するのである。なぜならば、その「来歴根源」を「天」に求める発想は、「天」が不可知なものであるがゆえに、人間の限界を越えでた営為なのであり、結局は自分の論理をそこに読み込むだけのものになる(9)からである。その発想とは、言うまでもなく「性即理」に象徴される朱子学の発想なのである。

2 『集註』における「至大至剛」

では、『集註』の解釈においては、「来歴根源」はいかに追求されているのであろうか。『集註』では、「至大至剛」は、「至大は、初より限量無し、至剛は、屈撓す可からず【至大、初無限量、至剛、不可屈撓】」と定義され、「浩然之気」の「体段」の盛大な様の表現とされる。この「浩然之気」は、さきにも示唆しておいたが、二重に位置づけられている。「浩然之気」は、「気」が「理」に基づいて、盛大に人間を含んだ天地・万物を生成するものであり、なおかつ「正気」として人間に付与されるのである。だから、人間の修養によって「気」を「至大至剛」な状態に近づけることは、人間に課せられた道徳的営為を実践することになるのと同時に、天地の生成の「至大至剛」に関与することになる。つまり朱子学においては、人の「気」を「正気」に「復初」することの「来歴根源」は、「浩然之気」の天地生成に求められているのである。だから、この「浩然之気」の様を表現した「至大至剛」の解釈には、「初より限量無し」というように「浩然之気」の活動の盛大さを表現するだけではなく、「屈撓す可からず」という、一定の道徳的価値――「正気」の状態を維持するという人間のなすべきこと――を内包した表現が示されていると考えられる。以上の考察から、このような解釈の要に位置する表現は、まさに「天地」の働きの盛大さと人間の「正気」の在り方とを表現した「至大至剛」であることは明らかであろう。

3　仁斎における「至大至剛」

仁斎は、以上の朱子学的世界観に基づいた「至大至剛」の解釈を『孟子』本文に即して検討することによって、「至大至剛」の意味のなかから『集註』が新たに付け加えた意味を析出し、それを否定することによって「至大至剛」の「古義」を回復する作業を行う。

引用④では「至大至剛」は、「至大とは、其の量を言ふ。至剛とは、其の体を言ふ。直とは、其の状を言ふ【至大、言其量、至剛、言其体、直、言其状】」と定義され、『孟子』本文は、「吾が心の固有する所」＝「仁義」を養うことによって、「仁義」の発用としての「浩然之気」の「流行」を活性化し、それが「天地の間に塞つ」ことになると解釈されている。このように引用④が人間の修養と「天地」との連関を窺わせる解釈になるのは、「至大至剛」、とりわけ「至剛」の解釈に基づく。つまり仁斎は、「至剛」を「体」と解釈したがゆえに、その個人の修養を本質に向うものとして位置づけ、さらにその本質を明示する必要にせまられた。それを仁斎は、気が「流行して滞る無く、所として至らざる無し【流行無滞、無所不至矣】」と表現した。この表現は、「浩然之気」の天地生成の盛大な様を形容しているのであるから、この解釈では修養は、まさに天地生成と連関してしまうのである。

ついで引用⑤では、先述のように、「復初の説」に類似する修養が示されている。現実の人間のあり様から「本然」の状態に「復初」するという論理構成は、まさしく人間の現実的あり様から「本然」に復帰する思惟様式を示している。こうした解釈に陥る原因は、引用④と同様に「至大至剛」の解釈に求めることができる。「至大至剛」は、「広大を致し高明を極むるの意」と定義される。この語釈は、『中庸』を典拠とする。『中庸発揮』（第一本）では、「広大」は「徳性の量」、「高明」は「徳性の体」と解釈されている。そして、仁斎の書き入れが残る『中庸章句大全』の同箇所の注釈には、「致広大」が「一毫の私意を以て自から蔽はず【不以一毫私意自蔽】」と、「究高明」が「一毫の私欲を以て自から累せず【不以一毫私欲自累】」と関係づけられている。したがって、「至大至剛」を「致広大究高明」と解釈したことに拘束されて、仁斎の解釈は、まさに「私意・私欲」の克服という朱子学的修養法へと展開せざるをえないのである。こうして引用⑤では、『集註』の「来歴根源」を求める発想の要にある「至大至剛」の解釈を改めようとする仁斎の努力の結果が、逆に『集註』の解釈に引き寄せられることになるのである。

こうした試行錯誤の果てに「至大至剛」の「古義」を回復するのは、「十年本」段階においてである。ここで「至大至剛」は、「天下の広居に居り、天下の正位に立ち、天下の大道を行ふ【居天下之広居、立天下之正位、行天下之大道】」と解釈される。この表現自体は、『孟子』（滕文公下・二章）に見える語句をそのまま採用したものでしかない。この文章は、その章の集註では「広居は、仁なり。正位は、礼なり。大道は、義なり【広居、仁也、正位、礼也、大道、義也】」と解釈される。それゆえに「至大至剛」は、「浩然之気」の盛大さを表現するのではなく、それを受けた人間の立派さを人間の側からまさに表現していると解釈されたのである。この解釈の確立によって、仁斎は、「至大至剛」の解釈を人間の側に限定し、したがって朱子学的な「天地の間」の「浩然之気」と人間の「気」との連関を断ち切ったのである。が、しかし、引用⑤の「復初の説」的発想はまだ残される。これは、先述のように『孟子』本文における「天人合一」的発想に関わる。この本文では「気」を養うことが、「天地の間に塞つ」ことになるとされているから、「至大至剛」の語釈の改訂によって、ただちに引用⑤に示された朱子学的発想を改訂することに仁斎はまだ躊躇しているのである。これがこの段階での仁斎の位置である。

この「至大至剛」の解釈の転換は、「十二年本」段階で『集註』の「至大至剛」解釈への批判が書き加えられることによって、さらに深められる。

⑪先儒、至大至剛の四字を以て浩然の気の体段と為すは、恐らくは未だ然らず。浩然の二字既に尽すか。復た至剛二字を加ふ可からず。学者其の名を見て之れを知る。若し此の四字を以て体段と為すときは、則ち其の浩然の気と称する者、独り盛大の義有るも、而れども至剛の意を見ず。且つ前の言ひ難しの語と自ら相盩《もと》る、既に是の至大至剛、何の言ひ難きことか、之れ有らん。【先儒、以至大至剛四字為浩然之気之体段者、恐未然、浩然二字既尽与、不可復加至剛二字、学者見其名知之、若以此四字為体段、則其称浩然之気者、独有盛大之義、而不見至剛之意、且与前難言之語自相盩、既是至大至剛何難言之有】

ここでは、「至大至剛」を「浩然之気」の「体段」を表わすものとして解釈した場合に、「至剛」は適切な表現ではないと、まず述べられる。これは、「難言」の解釈を「其の盛大流行の体、未だ言語を以て形容し易からざる者有り」と改めたことに連関している。この「浩然之気」の「盛大流行」な様《さま》からは、少なくとも「剛」、つまり硬いという表現は導きだせない。だから、「至大至剛」は「浩然之気」を形容したものではない、と仁斎は指摘する。さらに孟子が、まず「浩然之気」を「言い難し」としたうえで、「浩然之気」に関する議論を展開したのだから、「至大至剛」が「浩然之気」の姿・形を表現しているということはありえない、と仁斎は述べる。こうして仁斎は、「至大至剛」の意味の観点と『孟子』本文の文脈上の観点から考察を加えた結果として、「至大至剛」は、「浩然之気」の表現ではなく、修養の結果、外面に表われた行為や態度の立派さを表わすものであるという結論に到達するのである。こうした「至大至剛」の語釈を確立する過程で実践した、『孟子』本文の言葉の意味と文脈との両面からの考察に基づく注釈の形成こそが、まさしく「古義学」的方法にほかならない。そして、この方法によって『集註』の「至大至剛」の解釈が検討された結果、その解釈は、「理気」論という自らの思想体系に『孟子』本文を組み込んだ、したがって『孟子』の本文から大きく逸脱したものであることを示したのである。

「至大至剛」の「古義」を「古義学」的方法によって確認した仁斎は、「十二年本」の改訂では、この「古義」をさらに補強するとともに、引用⑤の「復初の説」を始めとする朱子学的用語や発想をすべて抹消する段階に到達したのである。[10] そこでは「十年本」で書き加えた「至大至剛」の意味「天下の広居に居り、天下の正位に立ち、天下の大道を行ふ」に、これに続く『孟子』（滕文公下・二章）の「富貴も淫する能はず、貧賤も移る能はず、威武も屈する能はざる【富貴不能淫、貧賤不能移、威武不能屈】」を書き加えて、その「至大至剛」が人間の立派さを表わすことを強調する。そのうえで、「至大至剛」が「浩然の気を養ふの法【養浩然之気之法】」であるという位置づけを書き加える。このことによって、「至大至剛」は自分の行為や態度を立派なものにするための方法を表現したものであって、その行為や態度を立派なものにすることが「浩然之気」を養うことになるという解釈を確立したのである。この解釈の確立の重要性は、「私欲」の克服によって「本然」を回復するという、内面に収斂し、かつ「理」によって論拠づけられた朱子学的修養法を否定して、あくまでも外に表われる人間の行為や態度それ自体を養う修養法を確立したことに求められる。

以上のような「至大至剛」の「古義」の確立は、たんに表現や言葉の意味の問題だけに止まるものではない。すなわち、「至大至剛」を人間の側の表現に奪いかえした、この「古義」の確立が、「来歴根源」を求めるような朱子学的「天人合一」論を解体せしめ、「人道」は、「人道」の原理によって規定する世界像を構築したのである。そして、その世界像は、仁斎においては、『孟子』本来の、したがって「古義」的世界像を指し示した、と観念されていることは明らかであろう。

*稿本中の記号は、〔 〕が書き入れを示し、これへの書き入れは、（ ）で示し、傍線は抹消されたことを示し、□は判読不明のものを示す。引用文中の改訂は、稿本の改訂を総て示した訳ではない。

註

（1） 渡辺浩『近世日本社会と宋学』（東京大学出版会、一九八五年）には、「いわゆる「古義学」こそが、近世日本における儒学を真に自己のものとして受容する企てのこの方法による最初の成功例と見るべきであろう。逆にいえば、ここで日本における思想の儒教化が一歩進んだのである」（二四六〜四七頁）という鋭い指摘がある。

（2） 「古義学」的方法は、『語孟字義』最古稿本で、『論語』『孟子』の二書を「熟読静思」して、その「意思語脈」を体得することだとされ、その際に「意味血脈」を理解するだけではなく、孔孟の「字義」を、「私見」を交えることなく理解することだという主旨のことが述べられている。本稿で「態度」ないし「姿勢」と表現したのは、仁斎が最終段階の「林本」にまで改訂を加え、孔孟の「意思語脈」を知ろうとする努力をしているところから、その「意思語脈」に基づく客観的に確立された方法ではないと考えたからである。三宅正彦『京都町衆伊藤仁斎の思想形成』の第八章三節「意味・血脈の成立」には、この点に関して朱子学の「意味・血脈」との相異という点からの詳細な分析がある。

(3) 天和三年頃に成立。仁斎の伝記に関しては、石田一良『伊藤仁斎』(人物叢書、吉川弘文館、一九六〇年)、「伊藤仁斎・東涯略年譜」(『伊藤仁斎・伊藤東涯』日本思想大系33、岩波書店、一九七一年所収)による。

(4) 『孟子』は、『孟子古義』自筆本・綱領では、「夫れ孔孟の言、猶を一幅の布表裏有りて、精粗無きがごとし。豈に其の間に異なること有らんや。故に論語を読みて孟子を読まざる者は、便ち論語の言自ら頭柄有るを知らず。孟子を読みて論語を読まざる者も、亦た孟子の語根柢する所有るを識らず。凡そ二書の理、渾融通徹、打つて一片と成して、是れ善く論孟を読む者と為るなり」と述べられているように、仁斎においては「宇宙第一の書」(『論語古義』第二本の綱領への書入れ)である『論語』に匹敵するものと考えられている。

(5) 吉川幸次郎・三浦国雄『朱子集』(中国文明選三、朝日新聞社、一九七六年)一八五~八六頁。

(6) 前掲『朱子集』三一四~一五頁参照。ここには、「浩然之気」に関する議論は、『朱子語類』には二百余章にわたって集録され、したがって「浩然之気」が朱子学においてきわめて重要なタームであることが、また朱子学における「浩然之気」を考察する際に避けることのできない重要な問題として「血気」「志気」等があることが指摘されている。この点に関しては、後日の課題としたい。

(7) 『語孟字義』の定義「心の存主」がこの注釈に書き入れられるのは、「十二年本」においてである。また仁斎がまず『集註』を取り入れるところから改訂を出発させるのは、この章だけでなく、しばしばみられるものである。この改訂のあり方は、どんなに朱子学的発想を批判していても、『集註』という注釈抜きには経典を理解できないことを示していると考えられる。

(8) この主観性が恣意性に陥ることを克服するのは、仁斎の道徳実践論においてもきわめて重要なテーマである。ここでは、紙数の関係から、これが「五倫五常」、ないし「道」という客観的規範と「情」の関係、さらに経典を「学」ぶことに関わっていることだけを指摘しておく。

(9) 仁斎における「天道」と「人道」に関しては、丸山眞男『日本政治思想史研究』(東京大学出版会、一九五二年)第一章(五二~六〇頁)、また子安宣邦『伊藤仁斎』(東京大学出版会、一九八二年)第六章を、とくに黒住真「伊藤仁斎の倫理――基底場面をめぐって」(『思想』第七六六号、岩波書店、一九八八年)を参照のこと。黒住論文では、「来歴根源」の否定の発想が仁斎の孔子観に連関することを示唆している。

(10) 本稿の引用では繁雑になるので改訂全部を示さなかったが、引用⑪の付箋に到達するまでには、幾つかの改訂作業が示されている。やはり仁斎にとっても「至大至剛」を人間の態度や行為の立派さに限定するのは、かなりの決断であったのであろう。また『論語古義』公冶長篇・〈吾未見剛者〉章では、「第二本」段階以来、「剛」は「情慾」の過剰の状態を制御する「心」の働きと捉えられている。この『論語』における「剛」の解釈と『孟子』における「至大至剛」の解釈との関係は、『論語』の注釈の形成過程と『孟子』のそれとの関係に関わる問題として興味深いものがあるが、この考察は、後の課題としたい。

伊藤仁斎『論語古義』里仁篇・〈参乎〉章の注釈の成立過程に関する考察

――道徳論における「情」の構造――

一　問題の設定

本稿のおもな課題は、伊藤仁斎の主著である『論語古義』里仁篇・〈参乎〉章の注釈の成立過程を、天理図書館に現存する四種類の稿本にまで遡って解明することにある。この考察においては、仁斎の注釈の成立過程で、その思想的対立者としてつねに念頭に置かれていた朱子学の注釈書『論語集註』の解釈との比較を行なうことにする。その分析を行なう過程で、中国儒学の日本への受容過程における仁斎の位置、また仁斎に関する研究史などに関わる問題について可能なかぎり言及したい。こうした作業を行なうのは、従来の仁斎研究が抱えている問題点を認識し、それをほんのわずかでも克服した仁斎像を提出するためには必要不可欠なものだと考えたからである。

1　受容史における仁斎の位置

中国の儒学文化の精髄を朱子学の立場から再編成した『四書集註』および『四書集註大全』が、東アジアに強い思想的影響を及ぼしたことは周知の事実と言ってよいであろう。さらに、これらの注釈書は徳川期の文化にも大きな影響を与えた。このことは、本稿の以下の論述が明らかにするように、朱子学を徹底的に批判した伊藤仁斎でさえも儒学経典の読解においては、結局朱子学の注釈書に依拠せざるをえなかったことからも、明白であろう。ところが、これらの注釈書の強い思想的拘束力のもとに形成された日本儒学は、内容的に中国の儒学と、さらには同じく儒学を受容した他の国々のそれとも大きく異なっている。この相異点の内実をより詳細に分析し、新たな学問的地平を切り拓いたのが、渡辺浩『近世日本社会と宋学』である。[1] 渡辺氏は、「当時の中国・朝鮮では政治体制と表裏をなす正統的な思想として君臨していた宋学が、少なくともこの頃（徳川前半期――引用者注）までの日本社会においては、一定の有利な事情を基に次第に拡まりつつも、同時になお様々な点で往々かなりの異和感を与える外来思想としてあったという条件」（四頁）を明らかにしている。すなわち渡辺氏は、朱子学が幕藩体制と結びついて「体制教学」（六頁）とされ、初期から思想的影響力を持っていたとする学説に批判を加え、とくに日本的儒学と朱子学との相異性を綿密に解明し、その両者の相異性を二カ国の社会的基盤の相異から解明している。本稿は、渡辺説を継承しつつも、たんに日本的儒学と朱子学との相異性の解明にとどまらずに、『論語』という儒学のなかでもっとも重要な価値を持つ経典の解釈を軸にして、朱子学と日本的儒学とが対立する徳川期の思想状況に着目して、朱子学が日本において、一定の異和感をもたれながらも徐々に受容・変容される過程そのものを解明する一つの試みである。こうした試みを設定した理由は、渡辺説が綿密に日本的儒学と朱子学との相異性を解明し、重要な成果を挙げたにもかかわらず、基本的にはその相異性の指摘にとどまっている、と言えるからである。そうした相異性は、異文化間接触においては必然的に発生するものなのである。だから、問題にしなくてはならないのは、両者の相異性の解明だけではなく、朱子学が徳川社会のなかに受容・変容される過程で、徳川期の文化の形成に与えた影響、いわば思想的〈波紋〉を具体的に解明することである、と考えるのである。

2　稿本研究における仁斎像

以上の問題関心に基づいて、本稿は伊藤仁斎を取りあげる。仁斎は、初期においては朱熹の著作『敬斎箴』から自らの号・敬斎をとったほどに朱子学に傾倒し、朱子学的思惟に依拠した、『太極論』を始めとする著作も残している。しかし、やがて朱子学を批判するに至り、「古義」学が成立する。(2) この「古義」学は、朱子学の『論語』解釈と思想的対決をしながら、『論語』本来の意味、すなわち「古義」の回復を意図したものである。この思想的対決過程の痕跡が、まさに『論語古義』の四種類の稿本の改訂のなかに残されている。したがって、前述の問題意識に立つ本稿に、仁斎はいわば格好の素材を提供してくれているのである。

本稿の分析対象を、仁斎の経典に関する注釈書『論語古義』『孟子古義』『中庸発揮』のうちから『論語古義』に限定した理由は、『論語』はいうまでもなく儒学の経典としてきわめて重要なものであるからであり、また仁斎にとって『論語』は、「万世道学の規矩準則」(『論語古義』綱領5)、また「最上至極宇宙第一の書」(『童子問』下・五十章)と述べられているように、絶対的な価値を持つ経典だからである。

本稿では、仁斎における『論語』の注釈の成立過程を検討する際に、考察の対象を刊本だけではなく稿本にまで拡大する。それは、『集註』のどこを仁斎が受容し、またどのように変容させたかを具体的に解明するためである。また稿本の検討に際しては、以下の点に留意して分析を行なう。

仁斎は、「古義」学を朱子学批判のうえに成立させようとしている。従来の稿本研究においては、稿本の改訂の過程を、仁斎が朱子学から段階的に離脱し、独自の思想を形成する過程として把握していた。しかし、その過程は紆余曲折を経たものなのである。その稿本を検討すると、『論語』本文の用語に関する語釈は、ほとんど『集註』の解釈に依存し、しかも『集註』の解釈視角を取り入れて、そこから『論語』本文の注釈を形成する場合すらある。こうした注釈は、比較的早い時期の稿本に多く見られ、多くの場合は時を経るにしたがって改訂されることになるが、そのなかのいくつかは最終段階まで残されることさえある。(3) その逆に、初期から仁斎独自の解釈視角が示される場合もある。例えば『論語』里仁篇・〈苟志於仁矣〉章のように、『集註』では、その本文を「苟《まこと》に仁を志せば、悪しきこと無し」と読むのに対して、最古稿本である「第二本」段階から、仁斎は「苟《いやしく》も仁を志すときは、悪《にく》まるること無し」（『論語古義』里仁篇・〈苟志於仁矣〉章）と独自の読み方を展開している。また仁斎がきわめて重視する「四端の心」の解釈でも、『孟子集註』では、「端」を「緒」と解釈し、この語訳に基づいて「四端の心」が人間に内在する「本然の性」の現実における「端緒」であるという朱子学の重層的人間観を『孟子』本文に読み込むのに対して、仁斎は『孟子古義』の「自筆本」段階から「端」を「本」（『孟子古義』公孫丑上・六章）と解釈して「本然の性」の人間への内在を否定する。このように仁斎は、さまざまな形で、しかもさまざまな時期において、朱子学的思惟を受容し変容し、さらにそれとの対決に触発されて独自の発想を展開する。だから、本稿では、個々の改訂の意味を逐一分析し、さらに分析範囲を章全体の解釈の変更にまで拡大して『論語』の注釈としての整合性を問題にし、最後に稿本間の異同の検討によって仁斎の解釈の変遷を解明する。

3 『論語』のなかの〈参乎〉章の位置

〈参乎〉章を『論語』から選択した理由は何か。里仁篇・〈参乎〉章は、

子曰く、参よ、吾が道は一以て之れを貫く、と。曾子曰く、唯、と。子出づ。門人問ひて曰く、何んの謂ひぞや、と。曾子曰く、夫子の道は忠恕のみ、と。【子曰、参乎、吾道一以貫之、曾子曰、唯、子出、門人問曰、何謂也、曾子曰、夫子之道忠恕而已矣】

というきわめて短い文章だけが示されている。この〈参乎〉章を『論語』の数多い章のなかから選択したの

は、朱子学においては、「此れ是の論語中の第一章」（『朱子語類』巻二十七・一）と位置づけられているからであり、他方、仁斎においても孔子の言葉「吾道一以貫之」に「道」が示されていることから、〈参乎〉章は、

其の人を教ふることを語るときは、則ち曰く、博文約礼、則ち曰く、文行忠信、と。而して之れを総て曰く、吾が道一以て之れを貫く、と。是れ其の標的なり。後に聖者出づること有りと雖も、亦た此れを易ふること能はじ。【其語教人、則曰博文約礼、則曰文行忠信、而総之曰、吾道一以貫之、是其標的也、雖後有聖者出、亦不能易此】（『論語古義』綱領5）

と位置づけられているからである。

さて、本稿は、〈参乎〉章の内容に即して、以下の三点に分析を加える。その三点とは、仁斎学と朱子学とのそれぞれにおける、①〈真理〉の捉え方、②修養論、③道徳実践規範（「忠恕」）、である。

①は、朱子学においては、『論語』のなかでもっとも重要な〈参乎〉章には、世界の本質構造、したがって、いわば〈真理〉が端的に示されている、と考えられており、また仁斎学においても、〈参乎〉章には、「夫れ道は、至正明白、知り易く従ひ易く、天下万世に達して、須臾も離る可からざる者なり【夫道、至正明白、易知易従、達於天下万世、而不可須臾離者】」（『論語古義』綱領7）と定義される「道」が示されていることに基づいている。

②に関しては、若干説明を要する。〈参乎〉章では、孔子と曾子との間に交わされた「道」に関する会話と、曾子と弟子達との間での「忠恕」についての会話とがただ並存されているだけであり、両者の会話の内容を関連づけるような語句はほとんど示されていない。そこで二つの会話の連関、つまり〈参乎〉章の構成をいかに捉えるかは、「道」の内容に関わる重要な問題として、中国の注釈史上、営々と議論の対象とされてきた。とくに朱子学では、孔子の言葉には〈真理〉が示されていると解釈されているから、その〈真理〉を獲得するた

めにはどのような修養が必要なのかという修養論が、曾子像との連関のなかで問題となるのである。[4] こうした朱子学の〈参乎〉章の解釈のなかに示された修養論が仁斎の思想の形成に重大な影響を及ぼしているのである。こうした点から、〈参乎〉章の分析によって朱子学と仁斎学との修養論の相異が解明できるのである。

③は、曾子の言葉のなかに示されている、儒学のなかできわめて重要な実践規範である「忠恕」に考察を加えることによって、仁斎学と朱子学とにおける道徳実践規範の把握の相異を解明しようとするものである。

4 仁斎研究史

ここでは、仁斎研究史における問題を、仁斎学における「忠恕」の問題との関係のなかで若干触れておく。仁斎は、「忠」を「夫れ人の事を做すこと、己が事を做すが如く、人の事を謀ること、己が事を謀るが如く、一毫の尽さざる無し【夫做人之事、如做己之事、謀人之事、如謀己之事、無一毫不尽】」（『語孟字義』忠信1）と、また「恕」を「人の心を忖《はか》り度《はか》る【忖度人之心】」（同、忠恕1）と解釈している。「忠」「恕」の解釈において、それぞれ他人への寛容をともに示しているところに仁斎の独自性を窺うことができる。そして、その特徴は、「忠恕」全体の解釈にも示されている。仁斎は言う、

> 凡そ人に接するの間、深く之れを体察して、寛宥の意有るときは、則ち親疎遠近、貴賤大小、各の其の所を得て、仁行はれ義達して、道存せずといふこと莫し。【凡接人之間、深体察之、而有寛宥之心、則親疎遠近、貴賤大小、各得其所、而仁行義達、道莫不存】（『童子問』上・六十章）

と。この「忠恕」解釈は、「忠恕」を寛容の観点から解釈しているという特徴のほかに、「忠恕」が「仁義」「道」を実践する「修為」としてきわめて重要な位置にあることを示している。

ところで、子安宣邦『伊藤仁斎』では、以上の「忠恕」解釈には「他者志向」性が認められるのに対して、朱子学のそれには「自己追求」性が示され（四五頁）、この「他者志向」性の基盤には、「人人相互の了解的な基盤として」の「人情」がある（一九六頁）、と述べられる。[5] このような特徴は、たしかに仁斎と朱子学との人間関係論の相異の指摘としては的を射ているし、仁斎が「人情」全般に関して肯定的であることは、すでに通説的見解となっている。[6] しかし、「理」からの「情」の解放、日常卑近な「人倫」としての「道」の重視などの優れた指摘を行なってきた子安説が見落としてきた問題がある。子安氏は、「人人相互の了解的な基盤」には、「人倫的存在としての人の行為のすでにめざしているところのもの」（一三二頁）、つまり「仁義礼智」（同前）が含まれているとされる。ということは、子安説では仁斎が「仁欲」を含めた「人情」を「人人相互の了解的な基盤」のなかに位置づけ、その位置づけそれ自体に仁斎の道徳論の特質を見いだしているように思われる。たしかに仁斎は、〈道のなかの情〉という観点を打ちだすことによって、「道」の上に存在することそれ自体に道徳的規範性を認めていることは、以下の論述が明らかにするように、筆者も同意するところである。しかしながら、「人人相互の了解的な基盤」のなかにいるだけで、「人欲」をも含みうる「情」がなんらかの倫理的価値を持つものに変化するとすれば、そうした「情」の変化とは、どのようなものなのだろうか。このことの解明を抜きにすれば、仁斎の道徳論において道徳実践へ向かわしめる主体における実践への動機が、そして、その「基盤」のなかでの道徳実践という主体的営為がきわめて脆弱なものとならざるをえないのではないか、と考えられる。[7] そこで筆者が問題にしたいと考える点は、その「情」を、そうした人間関係のなかで道徳実践の主体がいかに制御するのか、ということである。言い換えるならば、仁斎が「理」を否定したうえに構築した「情」的道徳実践論における「情」とは何かという問題なのである。この点に関して、結論だけ先に述べておけば、仁斎は、朱子学と対峙することによってその修養論の問題性を見いだし、それに触発されて「人欲」を含む「情」を「道」のなかに位置づけ、そのことで「情」に一定の制限を課す、まさに〈道のなかの情〉という観点を形成したのである。この観点は、たんに朱子学とは異質な日本の社会基盤にだけ起因するものではなく、あくまでも仁斎が朱子学と思想的に対峙することによって、朱子学を否定的媒体として自らの思想を形成した結果、形成されたのであって、この「情」の把握の相異こそが『論語古義』と『論語集註』との解釈を分ける分水嶺なのである。

二 「忠恕」論の成立過程――〈参乎〉章の解釈をめぐって

1 「第二本」段階

まず〈参乎〉章の解釈の形成過程に分析を加える前に、仁斎の稿本の改訂過程に関して若干触れておきたい。『論語古義』には五種類の稿本――「第二本」、「誠修校本」（この稿本には〈参乎〉章が欠けている）、「元禄九年校本」、「元禄十六年定本」、「林本」――がある。そのうち最初に位置づけられる「第二本」には、仁斎が朱子学からの決別を決意し、「同志会」を設けて門弟たちとの議論や彼らへの指導を行いながら、「古義」学的方法によって朱子学の解釈の拘束から自立するために試行錯誤を積み重ねた、最初の成果が示されている。(8)「第二本」段階で諸々の改訂を加えた最終稿が次の稿本に原文として書写され、それに何回かの改訂が加えられる。この改訂作業が仁斎生前最後の稿本といわれる「林本」に至るまで数回にわたって繰り返される。これが仁斎の稿本の改訂過程であるが、それは同時に、仁斎が朱子学に触発されて自らの思想を形成する過程でもあることはすでに指摘した。

まず最古稿本「第二本」を位置づけてみると、この稿本は、仁斎の思想的混乱を如実に示しているという意味で混乱的段階にあると言える。『集註』では、聖人の心、渾然たる一理にして泛応曲当し、用は各の同じからず。曾子、其の用ふる処においては、蓋し已に事に随ひて精察して之れを力行す。但だ未だ其の体の一なるを知らざるのみ。夫子、其の真に力を積むこと久しくして、将に得る所有らんとするを知る。是れを以て呼びて之れに告ぐ。【聖人之心、渾然一理而泛応曲当、用各不同、曾子於其用処、蓋已随事精察而力行之、但未知其体之一爾、夫子知其真積力久、将有所得、是以呼而告之】

と述べられているように、その曾子像・修養論では、〈真理〉を聞くための特別の修養が前提条件として万人に課せられており、それを唯一成し遂げた人物が曾子であり、したがって孔子の言葉のなかに示された〈真理〉は、そうした修養なしには理解できない特別な内容を含んでいるとされる。仁斎は、『集註』の注釈に依拠して、「第二本」段階では、

夫子の道は、至広至大にして涯涘無きが如し。門弟子、皆な以て当に多く学びて識るべしと為して、能く其の力を用ふる者無し。唯だ曾子のみ、真に力を積むこと久しくして、将に自ら其の力の得る所ならんとす。故に夫子、其の名を呼びて之れに告ぐ。【夫子之道、至広至大、如無涯涘、門弟子皆以為当多学而識焉、而無能用其力者、唯曾子真積力久、将自其力所得、故夫子呼其名而告之】

という注釈を記す。

ところが、「第二本」段階での『論語古義』の「綱領」のなかでは、後の「夫れ道は、至正明白、知り易く従い易し【夫道、至正明白、易知易従】」（綱領7）という、仁斎独自の「道」把握の原型がすでに示されている。その原型とは、朱子学の批判の上に立脚して「道」を「卑近」なものと捉えて、「所謂る卑近とは、本より卑

近に非ず、すなわち平常の謂ひなり【所謂卑近者、本非卑近、即平常之謂也】」（同前）というものである。つまり、仁斎は、「綱領」では、「道」を日常のレベルで平易に実践できるものと捉えているのである。ということは、一方では「道」は修養を積まなくては理解できない特別な内容を持つものと捉え、他方では「道」を日常的に捉えているのであるから、〈参乎〉章の注釈と「綱領」との「道」の捉え方において齟齬があることは明白である。このような齟齬が生じるのは、「道」の定義そのものにおいては、仁斎のなかでは徐々に焦点を結びつつあるが、それが〈参乎〉章の注釈には及んでいないからである。それゆえにこの観点に基づいて〈参乎〉章の注釈を構築することが、以後の改訂過程において重要な課題として意識されることになる。

『集註』では、孔子の言葉に、

蓋し至誠息むこと無きは、道の体なり。万殊の一本たる所以なり。万物各の其の所を得るは、道の用なり。一本の万殊たる所以なり。此れを以て之れを観れば、一以て之れを貫くの実、見る可し。【蓋至誠無息者、道之体也、万殊之所以一本也、万物各得其所者、道之用也、一本之所以万殊也、以此観之、一以貫之之実、可見】

という注釈を付す。この解釈は、「吾道一以貫之」の「貫」を「通」と解釈する語釈に支えられている。つまり、この語釈は、唯一絶対の原理「理」が現実のなかに内在し、その現実と本質とを「体用」論・「理一分殊」論によって連関させる朱子学の重層的世界像を、孔子の言葉に読み込むために必要不可欠な解釈なのである。これに対して、仁斎は、孔子の言葉を「道は、至広と雖も、然れども能く一つにするときは、則ち以て之れを統ぶるに足る【道雖至広、然能一、則足以統之】」（「第二本」〈参乎〉章小注）と解釈しているように、「貫」を「統」と定義する。この語釈に従えば、朱子学の重層的世界像を孔子の言葉に読み込むことはできないから、この変更は、まさしく朱子学的世界観の否定の宣言を、さらに、「道」を、本質的・内在的位置から現実的・日常的位置へ奪い返そうという企てを含んでいることになる。では、この「道」と現実的・日常的世界とはどのように関連しているのであろうか。

仁斎は、「唯だ天下の至約のみ、以て天下の衆善を統ぶる可し【唯天下至約、可以統天下之衆善】」（「第二本」〈参乎〉章大注）と述べる。「天下の至約」は、いうまでもなく「道」である。さきの語釈を踏まえれば、「道」は、世のなかにある諸々の「善」を内在的に貫通するのではなく、あくまでも「衆善」を統合するような場所、つまり世の中の個別的・現実的な諸々の「善」から超越したところに位置づけられているのである。[9] こうして「道」と人間との関連に関する基本的な枠組みは、この段階ですでに確立しているのである。しかしながら、そうした枠組みのなかで「道」を実現するための修養をどのように位置づけるのかという問題に関しては、すでに述べたように、仁斎は『集註』を踏まえた修養論を示しただけであった。それゆえに、この段階では、その基本的な枠組みは示されていても、それにしたがって個々の解釈を適切な場所に配置した〈参乎〉章の注釈はまだ形成されてはいないのである。

上記の「貫」の解釈のほかに仁斎が独自の観点を示したのは、「恕」の解釈である。「忠」は『集註』の「己を尽す」をそのまま採用しているが、「恕」は「人を度《はか》る【度人】」（「第二本」〈参乎〉章小注）という仁斎独自の解釈を付す。この解釈には、他者への寛容を重視する姿勢が示されてはいるが、それは曾子の言葉全体の解釈にはほとんど及んでいない。わずかにそれが窺えるのは、

蓋し道は人・己を分かつこと無し。故に学も亦た人・己に通じて、之れを一にするに非ざるときは、則ち以て夫の道を尽すこと無し。【蓋道無分於人己、故学亦非通人己一之、則以無尽夫道矣】（同章大注）

という文章である。しかし、ここには、「人を度る」営為によってどのように「人・己を分かつ無」き状態に

到達するのかという点に関しては、なんらの解釈も示されてはいないのである。仁斎は、こうした事態から抜けだすために、〈参乎〉章解釈の新たな視点を模索して悪戦苦闘した結果、同じく「一以貫之」を孔子が述べてはいるが、登場人物が異なる『論語』衛霊公篇・〈賜也〉章の解釈との折衷を図るという無謀な企てをも試みる。しかしその企てにすべて失敗する。こうして仁斎は、「第二本」段階では〈参乎〉章を解釈する視点を確立できないままに『集註』の解釈に依拠し、そのために朱子学の発想を自らの解釈のなかに取り込むという混乱した事態に陥るのである。

2 「元禄九年校本」段階

「第二本」に引き続く稿本は、「誠修校本」であるが、それには、〈参乎〉章の解釈が欠落しているので、「誠修校本」の改訂の最終形態を清書した原文に改訂を加える「元禄九年校本」を検討する。まず、その稿本の位置を示しておけば、それは、個別的には仁斎固有の解釈が示されているが、〈参乎〉章の注釈としての統一性を欠くという意味で過渡的な段階と言える。

この段階では、「第二本」で『集註』から取り入れられた修養に関する叙述が原文段階では残されているが、それらをほぼ抹消し、

孔門の諸子、皆な以て当に多く学びて之れを識るべしと為《す》。故に夫子、其の力を用ふるの要を明示す。曾子亦た其の旨を黙契し、即ち之れに応ずること速やかにして疑い無し。故に曰く、唯と。門人、之れを問ふに及びて、特に忠恕を挙げて之れを示す。【孔門諸子、皆以為当多学而識之、故夫子明示其用力之要、曾子亦黙契其旨、即応之速而無疑、故曰唯、及門人問之、而特挙忠恕而示】（「元禄九年校本」〈参乎〉章大注）

を新たに書入れる。この書入れには、孔子の言葉の実践こそが門人にとって重要であるという解釈が示されている。言い換えるならば、孔子は、すぐさま実行できる内容を述べたのである。ここに仁斎の修養論は、孔子の言葉を聞くために課せられた前提条件を実現する修養から、孔子の言葉を実践する修養へと転換されたのである。このような改訂の過程から、「第二本」段階では「綱領」にとどまっていた「卑近」なものとしての「道」という仁斎独自の発想が、「元禄九年校本」段階では〈参乎〉章の注釈に完全な形ではないにしても徐々に浸透しつつあることを読み取ることができる。

さて、この段階で仁斎が新たな地平を切り拓いたのは、「忠恕」論である。仁斎は、朱子の門人陳淳が著した『北渓字義』を直接の批判の対象としつつも、「恕」を「己を推す」と解釈する朱子学の「忠恕」論全体を批判する。[10] その批判を踏まえて、仁斎は「能く人の心を忖り度りて之れを行ふときは、則ち寛宥の心周くして、刻薄の患無きなり【能忖度人之心而行之、則寛宥之心周、而無刻薄之患】」（「元禄九年校本」〈参乎〉章小注）を書き込むのである。この「刻薄の患」は、次のような朱子学批判を根底において発せられている。仁斎は、朱子学の修養論を、「己を尽す」ことによって自己に内在する「本然の性」をまず発現させ、その後にそれを他人に「推し」及ぼす、つまり、それを基準にして相手との関係を構築するものと理解している。こうした朱子学理解に立脚して、仁斎は、朱子学の修養論を、人間関係に先行して個人の道徳的確立が求められるものと見なすのである。それゆえに仁斎は、朱子学における人間の道徳的確立を、人間関係から切り離されたところで営まれる孤独な営為と見なし、この点に朱子学への仏老的思惟の混入を見いだす。

その仏老的思惟とは、「空」（『語孟字義』道5）・「虚」（同前）などとしばしば表現されるが、それらは、仁斎にとって「山川大地尽く是れ幻妄【山川大地尽是幻妄】」（同前）、あるいは「万物皆な無に生ず【万物皆生於無】」（同前）というようなもので、まさに現実の「生生窮り無」き様《さま》（同前）を否定して、「山林に屏居」（同前）した者の見る非現実的な空虚な妄想でしかないのである。さらに仁斎は、朱子学では「本然の性」を発現させるために自己の内面にだけ求心していく修養論を構築していることから、その修養論に孤立性・独善性を見いだす。まさに仁斎にとって、朱子学の修養論は、非現実性に加えて孤立的・独善的なものなのである。[11] 以上のような仁斎の朱子学の認識に立脚すれば、さきの「刻薄の患」は次のようになる。すなわち、「刻薄の患」は、朱子学の修養論では、個人の道徳的修養が人間関係から切り離された非現実的なものであるがゆえに、自己の価値観にだけ拘泥し、結局のところ、他人に対して冷酷となり、最終的には他人との関係の断絶にまで到達してしまうことを指しているのである。だから、仁斎は、以上のように朱子学を捉えたうえで、はたしてそうした社会から切り離されたところで生を営むことができる人間などいるのであろうか、という批判を根底において、さきの文章を書き入れたのである。

ところで、この批判を支える仁斎の朱子学理解ははたして妥当なものなのであろうか。朱子学では「人は世間に在りて未だ事無きの時節有らず。事無きを要すれば、除是《た》だ死のみ【人在世間未有無事時節、要無事、除是死也】」（『朱子語類』巻一二・一一六）と述べられているように、けっして現実を捨象してはいないのである。だから、仁斎の理解は、けっして正確に朱子学を捉えているとは言い切れない、と筆者は考える。

仁斎は、そうした朱子学の陥った「刻薄の患」を克服する道を模索し、その結果、さきの「刻薄の患」を批判した文章が、

内に己の心を尽すときは、則ち人において物・我の隔て無く、能く人の心を付り度るときは、則ち癢痾疾痛、挙げて我が身に切なり。【内尽於己之心、則於人無物我之隔、能忖度人之心、則癢痾疾痛、挙切於我身矣】（「元禄九年校本」〈参乎〉章小注）

と改められる。この改訂には、自己のなかの価値観を絶対化することなく、他者の声に耳を傾けることがで

きるような柔軟な心情を確立し、そのことによって他者の痛みが吾がものになるまで他者の気持を汲み取る〈慮《おもんぱか》り〉が示されている。この改訂によって〈慮り〉が「刻薄の患」を克服する「修為」（『語孟字義』忠信5）として位置づけられたのである。

ところで、こうした〈慮り〉によって特徴づけられる「忠恕」は、「元禄十六年定本」段階では「蓋し忠恕を以て一に訓ずるに非ず。忠恕は即ち之を一にする所以なり【蓋非以忠恕訓一、忠恕即所以一之也】」（「元禄十六年定本」〈参乎〉章大注）という書入れが示すように、別々のものと位置づけられるが、その原型は、「元禄九年校本」段階でじつはすでに成立しているのである。「忠」は、「忠以て之れに居るときは、則ち己を処するの道において遺す無し【忠以居之、則於処己之道、無遺】」、あるいは「忠以て心と為るときは、則ち信実の心専らにして、欺詐の念無し【忠以為心、則信実之心専、無欺詐之念】」と定義されるのに対して、「恕」は「恕以て之れを施すときは、物に応ずるの間において必ず当れり【恕以施之、則於応物之間、必当】」、あるいは「恕以て心と為るときは、則ち寛宥の心周くして、刻薄の患無し【恕以為心、則寛宥之心周、無刻薄之患】」とされる（以上、「元禄九年校本」〈参乎〉章大注）。

「忠」と「恕」とは、たしかに「人に接するの間」（『童子問』上・六十章）において捉えられている点で、共通の色彩を帯びざるを得ない。しかし、以上の書入れでは、「忠」は、相手に対する自分の「心」、つまり自分の気持ちのなかに「信実の心」を育成する――いうまでもなくけっしてその内面に収斂するのではなく、そうした気持ちを持つという意味である――ものとして解釈され、また「恕」は、そうした気持ちを持って相手に対して接する態度や姿勢を育成することとして捉えられている。したがって、この両者は、すぐ後で示す「修為」としては、仁斎のなかでは明確に区別されているのである。その「修為」を考察する。仁斎は、さきの「忠」と「恕」との区別を示した書入れの後には「将に天下の心に通じて、之れに一ならんとす【将通天下之心、而一之】」（「元禄九年校本」〈参乎〉章大注）という文章を続ける。つまり、この改訂によって「忠恕」が、「仁」という「天下の達徳」、あるいは「本体」を修め行なう「修為」(『語孟字義』忠信5)として位置づけられていることを、〈参乎〉章の注釈として始めて示したのである。[12]

以上の考察から明らかなように、「忠恕」、つまり自分の相手への〈慮り〉の重要性を強調するのは、「本然の性」の発現を目指す修養論が陥る「刻薄の患」を克服するためのものなのである。

しかしながら、そうした「刻薄の患」に陥るのは、朱子学の修養論におもに問題があるとしても、それだけに基づくものではない。仁斎は、「人、己の事を処するは必ず詳し。人の事を為るは必ず疎きなり【人処己之事必詳、為人之事必疎】」(「元禄九年校本」〈参乎〉章大注)という改訂を書き加える。この段階で示された、この一見常識的に見える見解のなかには、きわめて重要な仁斎の人間観が隠されている。それは、仁斎が自分と相手とはそれぞれ別々の存在であり、しかもその間に一定の距離があることを自覚しているということである。このような自分と相手とを別々の存在として捉える仁斎の人間観は、「本然の性」が万人に内在しているという意味で人間を同一的存在として捉える朱子学的人間観への批判を根底に置いていると考えられる。だから仁斎は、この改訂によって自分と他人とは別々の人間であるといういわば当たり前の、したがって現実的な人間観に立脚したことを指し示したのである。[13]さらにこの改訂が示すもっとも重要な点は、そうした個別的存在としての人間が、けっして相手を〈慮る〉ような感情だけをもつのではなく、自分だけを大切にするような、いわば〈利己〉的感情をその一側面として必ず持っているという人間理解を示している点である。こうした人間理解に立脚している仁斎にとって、人間は、その〈利己〉性ゆえに、相手との関係を断絶する、つまり「刻薄の患」に陥る存在として捉えられているのである。だから仁斎は、この引用文のすぐ後に、「刻薄の患」に陥ることを防ぐための「修為」としての「忠恕」を指し示した文章を続けるのである。それは、

苟も人の事において猶を己の事を為るがごとくするときは、則ち物・我の間無し。言ふこころは、責む

可き尤む可きの事有りと雖も、而れども其の心を忖り度るときは、則ち必ず憐む可き宥す可きの情有り。【苟於人之事、猶為己之事、則無物我之間無、言雖有可責可尤之事、而忖度其心、則必有可憐可宥之情】（「元禄九年校本」〈参乎〉章大注）

という文章である。したがって〈慮る〉感情の育成とは、まさに自分のなかに潜む〈利己〉心を克服するための〈利他〉心を相手との関係のなかで育成することにほかならないのである。

「元禄九年校本」段階の「忠恕」論の改訂においては、朱子学的人間像を否定して現実的な人間観に立脚し、そこから具体的な人間関係において相互に相手を〈慮る〉感情＝〈利他〉心を育成し、その感情によって〈利己〉心を克服するという、人間感情による道徳実践論の確立を示しているのである。以上のような朱子学の修養論を否定的媒体として自らの「忠恕」解釈を打ちだしたこの改定こそは、まさしく仁斎の思想形成過程の一つの画期をなすものと言える。

3　「元禄十六年定本」段階

〈参乎〉章の最終的解釈を示した「元禄十六年定本」において、上記の〈慮り〉による道徳実践論の確立を示した文章のほとんどすべてが一旦抹消される。こうした抹消はこの章だけではない。『論語』のなかでも著名な章、子路篇・〈吾党有直躬者〉章では、

葉公、孔子に語げて曰く、吾が党に躬を直くする者有り。其の父羊を攘《ぬす》みて、而して子之を証す、と。孔子曰く、吾が党の直き者は、是れに異なり。父は子の為に隠し、子は父の為に隠す。直きこと其の中に在り、と。【葉公語孔子曰、吾党有直躬者、其父攘羊而子証之、孔子曰、吾党之直者、異於是、父為子隠、子為父隠、直在其

中矣】

という本文であるが、そこでも同様の改訂が認められる。〈吾党有直躬者〉章での論議の対象は、羊を攘むという、いわば不法行為とそれを互いに庇いあう親子の心情、つまり〈慮り〉の感情とのどちらを優先させるかということである。この点に関して、『集註』では「父子相ひ隠すは、天理人情の至りなり【父子相隠、天理人情之至也】」と述べる。だから、ここでは感情一般を肯定するのではなく、「人情」を「天理」と合致するかぎりで肯定しているのである。しかし、仁斎は、「第二本」段階から、この感情それ自体を「人情の至り、私曲する所無し。天下古今の同じく然る所【人情之至、無所私曲、天下古今之所同然】」（「第二本」〈吾党有直躬者〉章大注）と全面的に認めた解釈を付す。仁斎は、その不法行為を庇いあう感情をなんの吟味も加えることなく、天下の人に共通したやむにやまれぬ行為だからという理由だけで、肯定する。さらに「元禄九年校本」段階では、「旧註、父子相ひ隠すは天理人情の至りと謂ふは、非なり【旧註、謂父子相隠天理之至、非也】」（同章論注）と、朱子学批判を書き加える。ここにおいて仁斎は、行動規範を、感情から切り離した所で形成せずに、「情」に相即的で、誰しもが納得しうるものとして構築しなくてはならないことを明らかにしたのである。ところが、その注釈は、「元禄九年校本」段階で一旦抹消され、次の稿本段階で復活し、「理」批判と「人情」の全面的肯定とをもって最終的に確定する。

〈参乎〉章でも〈吾党有直躬者〉章と同様の経緯をたどっている。したがって〈吾党有直躬者〉章でも、〈参乎〉章でも、「元禄九年校本」段階の前後で、「情」の肯定に関する表現の抹消及び復活という変化が認められるのである。では、その変化は仁斎学の形成においてどのような意味を持つのであろうか。

仁斎は、さきの道徳実践論において、「理」に代って相手を〈慮る〉という感情を人間関係の構築の基盤に据えた。たしかに、苟も礼義以て之れを裁するときは、則ち情欲即ち是れ道、本悪む可きの物に非ざるなり。【苟以礼義制之、則情欲即是道、本非可悪之物也】（『童子問』元禄六年自筆本、中・十二章）

と述べられているように、「情欲」を含めた「人情」は、仁斎の道徳実践論において肯定的に捉えられていることは疑いを挟む余地はない。しかし、ここに「礼義」という条件が課せられていることを見落してはならない。では、この条件とは何なのか。この問題を解くために仁斎における「情」をさらに検証してみよう。

『語孟字義』では、「最古稿本」以来「林本」に至るまで一貫して、「情」は、「性の欲」「性の成」として「物に感じて動く」ものと規定されたうえで、「人情」「情欲」「天下の同情」と並列されて肯定される（情1）。仁斎は、このように欲望も含めて「人情」全体を道徳的行為の基盤に置くことに、わずかの揺らぎも見せてはいない。しかし、『論語』先進篇・〈子哭之慟〉章に関して、「第二本」段階から「宜しく哀しむべくして哀しみ、宜しく楽しむべくして楽しむは、皆な人情の已む能はざる所【宜哀而哀、宜楽而楽、皆人情之所不能已】」と述べたうえで、「聖人と雖も、以て人に異なること無き者なり、是の故に人情は聖人の廃せざる所【雖聖人無以異于人者也、是故人情者聖人之所不廃】」と、聖人を一般の人と同様に感情を外に現わす存在として位置づける（「第二本」〈子哭之慟〉章大注）。そして、聖人の感情の有り方を、「苟も其の節に中るときは、則ち天下の大道と為《し》、其の節に中らざるときは、則ち一人の私情と為《す》【苟中其節、則爲天下之達道、不中其節、則為一人之私情】」（同前）という解釈を示す。つまり、仁斎は、「性の欲」として「物に感じて動く」「情」が、ある種の基準から逸脱すると「私情」に流れ、相手との関係を断ち切ってしまうような「刻薄の患」に陥る可能性を明確に自覚しているのである。

さらに元禄八年頃に出版された『語孟字義』の「贋刻本」以降から「仁斎改修本」に至る改訂過程で書き入

れられたと推定される、

喜・怒・哀・楽・愛・悪・欲を謂ふて、即ち情と為るときは、すなわち不可なり。凡そ思慮する所無くして動く、之れを情と謂ふ。纔に思慮に渉るときは、則ち之れを心と謂ふ。喜・怒・哀・楽・愛・悪・欲の七者の若き、設し思慮する所無くして動くときは、則ち固に之れを情と謂ふ可し。纔に思慮に渉るときは、則ち之れを情と謂ふ可からず。分限甚だ明らかなり。【謂喜怒哀楽愛悪欲、即為情、則不可也、凡無所思慮而動之謂情、纔渉乎思慮、則謂之心、若喜怒哀楽愛悪欲七者、設無所思慮而動、則固可謂之情、纔渉乎思慮、則不可謂之情、分限甚明】（情2）

という文章には、仁斎の「情」理解において着目すべき点が示されている。仁斎は、ここである物事に対する反応としての「喜・怒・哀・楽・愛・悪・欲」を内容とする「情」と、その「情」に「思慮」の働きを加えた「心」とを明確に区別しているのである。では、「思慮」とは何か。『孟子古義』の「自筆本」段階で、次の文章が付箋で書き加えられている。それは、

蓋し心は主宰有りて、気は主宰無し。心は思慮に因りて能く動き、気は思慮に因らずして自ら能く動く。当に喜怒哀楽すべくして、能く喜怒哀楽する者は、心なり。喜怒哀楽すると雖も、而れども自ら其の喜怒哀楽を覚えざる者は、気なり。【蓋心有主宰、而気無主宰、心因思慮而能動、気不因思慮而自能動、当喜怒哀楽、而能喜怒哀楽者、心也、雖喜怒哀楽、而不自覚其喜怒哀楽者、気也】（公孫丑上・六章）

である。まさに「思慮」とは、ある対象からの受動的反応としての「情」を、あるべき姿に変化させる道徳実

践主体の営為そのものなのである。では、そのあるべき姿とは何か。さきに引用した〈子哭之慟〉章は、孔子の高弟でもっとも将来を嘱望された顔淵が死に、それを悼んだ孔子が慟哭する場面を記す。だから、聖人がそうした感情を外に現わす場合には、その場面、その時々に即して、またその相手にとって適切であるか否かに関する判断を明確に下したうえで、感情が外に示されているのである。この点を踏まえるならば、さきの「思慮」は、まさにそうした適切さを判断する主体的判断力と言い換えることができる。だから仁斎において「情」を外へ現わすことは、物事からの反応としての「情」をそのまま外に現わすのではなく、「情」の有り方がその場面などに照らして適宜なものであるか否かを自分のなかで吟味し、それに判断を下したうえで「情」を外に現わすことなのである。

以上のごとき「思慮」によって「情」を制御する道徳論において、問題となるのは、「思慮」による判断を下す場合に、その判断基準はどのようなもので、どこに置かれているのかということなのである。この判断がたんに相手を〈慮る〉営為だけに求められるならば、それは、結局のところ、相手の顔色を窺う式の他者追従型の処世術に陥ってしまう可能性を排除できないであろう。しかし、だからといって、仁斎がそれを「理」に求めることは、いうまでもなくできないはずである。

こうした思想的課題を、仁斎は〈参乎〉章の注釈として解決しなくてはならなかった。そのことが、仁斎を、そうした〈慮り〉に関する解釈を全面的に抹消することに向かわせたのである。その解決は、「道」の解釈に改訂を加えることによって図られる。すなわち「凡そ天下の事は、〔大と無く小と無く、内と無く外と無く、〕総て一に帰す。而る後以て道〔学〕を言ふ可きなり【凡天下之事、〔無大無小、無内無外、〕総帰一、而後可以言道〔学〕】」（『論語古義』「元禄十六年定本」〈参乎〉章大注）という文章が書き加えられる。(14)

「総て一に帰す」の「一」は、文脈上、明らかに「道」を指しているから、現実のできごとは、どんなことであれ、すべて「道」の上にあると仁斎は述べているのである。さらに「道」とは、仁斎の定義によれば、道とは、人倫日用当に行ふべきの路。教を待って後有るに非ず、亦た矯揉して能く然るに非ず。皆な自然にして然り。四方八隅、遐陬の陋、蛮貊の蠢たるに至るまで、自ら君臣・父子・夫婦・昆弟・朋友の倫有らずといふこと莫く、亦た親・義・別・叙・信の道有らずということ莫し【道者、人倫日用当行之路、非待教而後有、亦非矯揉而能然、皆自然而然、至於四方八隅遐陬之陋蛮貊之蠢、莫不自有君臣父子夫婦昆弟朋友之倫、亦莫不有親義別叙信之道】（『語孟字義』道2）

とされるものである。この定義自体は、『語孟字義』の「最古稿本」からあるもので、この段階で確立されたというものではない。しかしながら、この定義が、〈参乎〉章の注釈として適合的な形で表現されたものが、さきの書き入れの文章なのである。この二つの文章を合せて考えてみれば、世のなかのできごとはすべて「道」に基づいており、したがって人間はそのなかに生れでてくる、いわば「社会的動物」（animal sociale）と把握されているのである。しかも「道」は人為的に作りだされたものでも、人間に内在する本質的なものでもなく、人間に先だってある「自然」的なものとされる。ということは、人間は生来的に「道」という一定の秩序のなかに暮していることになる。それゆえに人間は、「情」に基づいて行動するといってもなんの制約もなく〈利己〉的に行動するのではなく、「五倫五常」という内容を持つ「道」、すなわち、一定の社会的関係や規範の制約のなかに置かれているのである。だから、そのなかの人間は、生来的に相手のことを〈慮り〉、その置かれた場面を意識せざるをえない存在なのである。つまり、「情」は「道」のなかに位置づけられているのである。この〈道のなかの情〉という観点の獲得によって仁斎は、「情」を一定の人間関係のなかに位置づけ、そこから〈慮り〉そのものを「情」に固有のもの、したがって自然的感情とするのである。これが、「人人具足、外に求むることを待たず、猶を四体の其の身に具はるがごと【人人具足、不待外求、猶四体之具於其身】」き（『語孟字義』仁義礼智2）、「惻隠・羞悪・辞譲・是非の心」（同、仁義礼智3）という「四端の心」（同、四端之心）なのである。さらに、その〈慮り〉を「修為」として相手との関係のなかで実践するのが、「忠恕」なのである。

要するに仁斎は、〈道のなかの情〉と規定することによって、「情」のなかに含まれうる〈利己〉性に「道」という枠を課し、さらにそのことによって、少なくともその〈利己〉性を、「刻薄の患」に陥らない程度、つまり人間関係を打ち壊さない程度にまで弱め、かつ制御しようとする自己制御を担わざるをえない存在として位置づけたのである。このことこそが、さきの『童子問』の「元禄六年自筆本」において「情」に課せられていた条件、「礼義」の意味内容なのである。

では、〈道のなかの情〉と位置づけた仁斎にとって、それだけで人間は道徳実践を行う存在と把握されているのであろうか。先述のように、「道」には「人倫日用当に行くべきの路」という定義がなされていた。したがって仁斎における「道」は、人間にとって行なうべき当為規範としても定義されているのである。この「道」は、仁斎が「本然の性」を否定していることから明らかなように、外在的・客観的規範と見なされているのである。ということは、「道」は人間にとって実現しなくてはならない規範であると同時に、すでに生れながらにしてそこで暮しているものでもある。どういうことなのであろうか。たしかに人間は、生来的に「道」のなかで相手を相互に〈慮り〉ながら生きてはいるが、それは、生来的であるがゆえに、そのなかの人間にとっては自己制御を担わざるをえない存在である自分のあり方さえも、充全には自覚されてはいないのである。[15]だから、その制御は自覚的に行なわれているわけではない。しかも「道」は「至広大」なものであるから、それを人間が理解することはけっして容易なことではない。それゆえに、そうした人間から見れば、「道」はまさしく実現しなければならない規範として位置づけられていることになる。ここに「学」が位置づけられる。だからこそ、仁斎はさきの改訂のなかで、「道」の有り方それ自体を述べた上で、「而る後以て学を言ふ可きなり」と述べるのである。

では、「学」の対象は何か。それは、その客観的な規範としての「人倫日用当に行くべき」の「道」を、『孟子』を注釈にして『論語』のなかから具体的に「学」び取り、体得することである。(16) しかしながら「学」は、

見つ可し、聖人、道徳を修むるを以て学問と為《し》て、今人の道徳を以て道徳と為《し》、学問を以て学問と為《す》るが若きに非ざることを。【可見、聖人以修道徳為学問、而非若今人之以道徳為道徳、以学問為学問也】(『語孟字義』学3)

と述べられているように、客観的規範を知識として修得するだけではなく、実践と相即的に連関させられている。つまり、「学」は、経典に示された内容を学ぶことと同時に、相手に対する〈慮り〉の精神によって、その規範を、相手や置かれている場面に合せて適切な形に調整して相手に接していくことをも含んでいるのである。仁斎における「学」は、まさに客観的規範である「仁義礼智」＝「本体」を「学」び取る営為と、それを適切な形に調整して実践する営為＝「修為」という、二つの営為の交差する地点に成立するのである。(17)

この点を〈参乎〉章の解釈として表現すれば、孔子の言葉、つまり「道」を「学」び取った曾子は、即座にそれを実践し、その実践経験に基づいて、実践規範としての「忠恕」、つまり〈慮り〉を弟子たちに伝授した、という注釈になるのである。ここに仁斎は、客観的規範としての「道」を人間が「学」び取り、「道」に基づいて相手と交際する際の実践規範として「忠恕」を位置づけたのである。このことこそが「第二本」段階で示された「道」と人間との基本的枠組みの内実にほかならない。

こうした点を踏まえれば、〈道のなかの情〉という道徳実践論は、次のように概括できる。まず自分が「社会的動物」であり、それまで「情」を無自覚的に制御していた営為を意識化し、さらにその制御のための重要な方法としての〈慮り〉は、まず「四端の心」として人間のなかに自然に含まれているものを育成＝「拡充」(『語孟字義』四端之心1)することによって、さらに「修為」としての「忠恕」を人間関係のなかで実践するこ

とによって育成される。この段階で「情欲」は、相手に通じるような形にまで自己制御される。しかしながら、この制御は、あくまで自分が行うものである。だから、その自分の制御がどんなに自己努力に支えられていたとしても、それだけで相手との関係のなかで「情」が適宜な程度にまで制御されるとは限らない。そこで客観的規範としての「道」を、経典のなかから「学」び取ることによって、「情欲」の〈利己〉性は客観的に適切な程度にまで制御されるのである。ここに〈利他〉心による〈利己〉心を制御——けっして消滅ではない——する道徳論が形成されたのである[18]。

こうして仁斎は、〈道のなかの情〉という観点と、その行なうべき実践道徳としての「忠恕」とを示すことによって、さきに抹消され、〈慮り〉による道徳実践論の確立が示された文章の大部分を再び元に戻し、改訂のなかでこれまで苦しんできた曾子に関する解釈も、実践を重視した注釈を「元禄十六年定本」段階で書入れ、最終的に確立するのである（最終稿本「林本」にはおもな改訂はない）。

その改訂は、

曾子直ちに受けて、己が任と為。猶を顔子の「請ふ、斯の語を事とせん」と曰ふがごときの謂ひなり。

【曾子直受、而為己任、猶顔子曰請事此語之謂】（『論語古義』「元禄十六年定本」〈参乎〉章小注）

を書入れ、ほかの諸々の表現を抹消し、「曾子、門人の問ひに答ふるに及びて、特に忠恕を挙げて之れを示すのみ【曾子及于答門人之問、特挙忠恕而示之】」（同前）だけを残すというものである。この注釈は、『論語』本文そのものをただなぞっただけのように見える。しかしながら、ここには特別の能力をもった曾子ではなく、ただ孔子の言葉を率直に実践した曾子がいるだけである。だから、この曾子像に象徴される仁斎の道徳実践論は、〈真理〉を聞くための前提条件として修養を位置づける修養論とも、さらに個人の道徳的確立を優先させた修養論とも、したがって、「第二本」段階において仁斎の解釈のなかに受容され、以後の仁斎の解釈を拘束していた『集註』の修養論ともまったく無縁なところに成立したものであることはもはや明らかであろう。

こうした点を踏まえれば、仁斎がしばしば述べる「道」の「知り易く従ひ易し」という定義は、けっして「道」を簡単に修得できるという意味でも、容易に実践できるという意味でもない。あくまでもその実践にはなんらの前提も課せられず、万人に開放されているということなのである。しかも、なんらの前提も課せられていない道徳の実践それ自体の困難さをも仁斎は自覚している。だから、仁斎は、『童子問』の「元禄十六年定本」で、「一件の恕を為すときは、則ち一件の仁を得。二件の恕を為すときは、則ち二件の仁を得【為一件之恕、則得一件之仁、為二件之恕、則得二件之仁】」(『童子問』上・五十九章)と述べるのである。すなわち、仁斎は、個々の実践の蓄積が、個々の「仁」の修得につながるとだけ述べて、けっして「仁」全体の実現につながるとは述べてはいないのである[19]。

こうした仁斎の道徳実践論は、以下のような問題点を孕んでいる。それは、仁斎の「学」の定義に関わるものである。「学」は、客観的規範を『論語』のなかから「学」び取る営為と、それを適切な形に調整して実践する営為という二つの営為を含んでいた。この二つの点は、仁斎においては、『論語』の絶対的な位置からして、けっして対立することのないものと考えられている。しかしながら、現実的には、その二つの営為が対立するような困難な場面も想定されうる。客観的規範を適切な形に調整して実践したと本人が思っても、結果として相手への〈慮り〉を欠くことになるというように、である。このような場面に遭遇した場合に、二つの営為の対立を即座に、しかも過不及なく解決しなくてはならない。この問題に対して、朱子学的立場からすれば、道徳的修養を成し遂げた主体が、絶対的な規範にしたがって、その場面に充分に対応できるとされえよう。他方、仁斎の道徳実践論は、その朱子学的立場の全面的否定の過程で、相手への〈慮り〉をことさらに強調したために、その原理的解決を図ることはできずに、その対立を取りつくろうような一時凌ぎの形式的な対応しか示されないと見なされえよう。ここに、仁斎の道徳実践論が形式的対他関係に陥ってしまうという批判を生む余地がある。その批判が、「理」を遵守する崎門学派の一人浅見絅斎から仁斎の道徳論に向けられた、

彼仁斎ガ云ル孝弟忠信ハ皆只殊勝ニ世間向ノ最愛ガリ結構ヅクニテ、嫗嬶ノ挨拶云様ニ柔和愛敬ヲホケホケトスルコトヲシアフ迄也。其故只咎メズ逆ハズ、ドチラヘシテモ厚キ様ニ頼シキ様ニスルナリノ上デ、取ツ置ツ云ヨリ外ノコトナシ。（『劄録』、『山崎闇斎学派』日本思想大系31、岩波書店、一九八〇年、三八六頁）

という嘲笑的な言説なのである。(20)

三　結びに代えて――「古義」の回復過程

こうして仁斎は、〈道のなかの情〉という「情」的道徳論を確立したのである。その過程を、仁斎の経典解釈の姿勢としての「古義」学的方法による『論語』の「古義」の回復という観点から、「忠」概念の形成に的を絞って示しておけば、次のようになる。「忠」の語釈は、稿本ごとに「尽己」→「尽中心」→「尽己」という変遷をたどる。「尽己」は、『集註』から採用されたもので、『北渓字義』では、「是れ心に就きて説く、是れ己の心を尽して真実ならざる者無し」（二八頁）と解釈されている。したがって、朱子学では、「忠」は、「心」を涵養することによって「本然の性」を発現させる修養として解釈されているのである。「第二本」段階では、この語釈「尽己」を敷衍した注釈は、「夫子の道、至広大と雖も、唯だ忠恕のみ能く竭し尽して余蘊無し【夫子之道、雖至広大、唯忠恕能竭尽無余蘊矣】」（『論語古義』「第二本」〈参乎〉章小注）というものである。この文章の「竭し尽くして余蘊無し」も、『集註』から取られているうえに、この注釈だけでは「忠恕」によって「竭尽」す

ることと、「道」との関係が明確にはされてはいない。この点に加えて、先述のように曾子の位置づけなどの多くの点に関する解釈が『集註』から採用されていた。だから、この段階の注釈のなかでの「己を尽す」は、内面への求心性という朱子学的意味を喚起させる余地が残されていると言うことができる。次いで「元禄九年校本」原本段階では、「己を尽す」は、「中心を尽くす【尽中心】」(『論語古義』「元禄九年校本」小注)に改められるが、「中心」という語釈は『集註』にある。この語釈の改訂そのものは、まさに内面への求心性を喚起させる定義である。そのうえに、「忠」それ自体に関する解釈は小注のなかには示されてはいない。しかしながら、「恕」の語釈、「恕は、寛なり、宥なり【恕、寛也、宥也】」(同前)が注釈全体を象徴するように、この章の語釈は、その形態としては不備があるにしても、内容的に相手への〈慮り〉という意図によって貫かれ、そこに「中心を尽す」が配置されている。そのために、「忠」の語釈は、文脈のうえから朱子学的求心性を前段階と比べて、より読み取りにくいように配置されているのである。この段階の注釈としての不備は、「元禄九年校本」原文へ加えられる改訂によって補われる。その改訂とは、「忠」の定義を示した「内に己の心を尽すときは、則ち人において、物・我の隔て無し【内尽於己之心、則於人無物我之隔】」(同前)が書き入れられることである。この改訂によって、「忠」は、相手との関係になかに位置づけられたがゆえに、文脈のうえから、内的求心性を読み取れないように配置されたのである。そして「元禄十六年定本」段階では、最後まで仁斎が試行錯誤を重ねた「道」と人間との関係、曾子の位置づけなどに関して、今まで縷々述べてきたような解釈の確定によって、朱子学と同じく「尽己」を使用したとしても、「忠」は、注釈全体の示す方向からして、朱子学的意味を読み取ることのできない位置に置かれたのである。こうして「尽己」は、朱子学的意味から仁斎的意味へ読み換えられた。以上の如き過程こそが、仁斎のなかでは「忠」の意味を『集註』の拘束から解放し、その『論語』本来の意味、つまり「古義」を回復する作業として意識されているのである。

こうした経緯を経て仁斎は、朱子学の〈参乎〉章の解釈と思想的に対峙することによって、「理」に基づく修養論を否定的媒体として〈道のなかの情〉という感情を基盤に置いた、しかも、主体の感情制御による道徳実践論を形成したのである。このことは、仁斎の主観からすれば、朱子学的思惟を脱却し、独自の道徳実践論を構築したことを意味するが、それだけではなく「忠恕」という儒学の概念が、仁斎の注釈を媒介にして徳川期の文化のなかに根をおろしはじめたことを物語っているのである。こうして仁斎は、儒学のなかで絶対的価値を持つ経典『論語』を、『集註』の影響を排斥しつつ読み込むことを通して、儒学思想を受容し、新たな道徳論を提出したと同時に、新たな思想的〈波紋〉を当時の文化に投げかけたのである。その意味において仁斎の思想は、近世日本思想の新たな地平を切り拓いたということができる。

註

（1）渡辺浩『近世日本社会と宋学』（東京大学出版会、一九八五年）。

（2）仁斎の伝記的事実に関しては、石田一良『伊藤仁斎』（人物叢書、吉川弘文館、一九六〇年）を参考にした。

（3）この点に関しては、荻生徂徠が『蘐園随筆』のなかで「予を以てこれを観れば、仁斎の見る所は、終に程朱と殊ならず」（『荻生徂徠全集』第十七巻、みすず書房、一九七六年、四九頁、二三六頁。書き下し文も同書による）、また『蘐園五筆』のなかでも「予かつて仁斎を以て理学の流となせしは、これがための故なり」（同前、四三八頁、七三二頁）と述べていることだけを示しておく。

（4）皇侃の疏では「子出ず」を、「当に是れ孔子、曾子の処に往きて、曾子の答えを得て、竟りて後にして孔子戸を出で去るべし【当是孔子、往曾子処、得曾子答、竟後而孔子出戸去】」と解釈する。また注疏では「門人」を「曾子の弟子」としている。また『論語集註大全』に引く朱子語では「曾子」の人柄を問題にし、その父親と比較し「曾子、父子相反す【曾子、父子相反】」云々と述べたり、また同じく陳氏語では「曾子」の才能を議論して、「曾子の才、能く一貫に達す。故に夫子一貫を以て之れに告ぐ。門人の才、未だ一貫に達せず【曾子之才、能達一貫、故夫子以一貫告之、門人之才、未達一貫】」云々と述べる。こうした諸々の解釈は、〈参乎〉章が孔子の〈真理〉の伝授にかかわる章であるという認識から導きだされたものである。つまり、孔子が多くの弟子たちのなかから曾子にだけ伝えたと解釈できるのであれば、孔子が曾子にだけ〈真理〉を示した理由は何か、そこから曾子の才能・学問・人物は、どのようなものであるかが問題にされるのである。そして、おそらく孔子から〈真理〉を伝授された曾子像などを理解することは、自らの道徳実践にも通底する重要な問題である、と考えられていたのであろう。

なお、注疏は中華書局版『十三経注疏』に、大全は天理大学附属天理図書館古義堂文庫所蔵『周会魁校正古本大方四書大全』に依拠し、『論語義疏』は『武内義雄全集』第一巻（角川書店、一九七八年）に依拠した。

（5）子安宣邦『伊藤仁斎——人倫的世界の思想』（東京大学出版会、一九八二年）。

（6）他者志向性などに関しては、大谷雅夫「恕とおもいやりの間——伊藤仁斎の学問、その一端」（『国語国文』第四八号、京都大学、一九七九年）参照。「情」の肯定に関しては、丸山眞男『日本政治思想史研究』（東京大学出版会、一九五二年）五七頁参照、また中村幸彦「文学は「人情を道ふ」の説」（『中村幸彦著述集』第一巻、中央公論社、一九八二年。初出一九五一年）四九〜七九頁参照。

（7）子安氏は、この問題を和辻倫理学における「間柄的存在」との関連で論じている（前掲『伊藤仁斎』一三一〜三二頁）。この和辻倫理学に関しては、筆者の守備範囲から現在のところ外れているので、ここでは論ずることはできない。それでも本稿が指摘した、「心」の「思慮」「主宰」という人間関係のなかにおける実践主体の営為が「間柄的存在」という定義のなかにはたして位置づけられるのか、という問題はまだ解決されていないと考えられる。

（8）稿本の名称、書誌学的位置づけに関しては、『古義堂文庫目録』（天理図書館叢書第二一輯、天理大学出版部、一九五六年）に依拠した。

（9）この点に関しては、前掲『日本政治思想史研究』五七〜五八頁参照。

（10）「誠修校本」段階で論注が書き加えられている。そこでは、『論語』衛霊公篇・〈有一言〉章の解釈をめぐって朱子学批判が展開されている。仁斎の批判は、朱子学の「恕」解釈——直接には『北渓字義』の「忠恕」一条——へ向けられている。同様の批判が『語孟字義』の「忠恕」の項にも見られる。それは、朱子学の「恕」の解釈、「己を推す」を批判するものである。仁斎は、要するに「己」のなかに確立したものを他者に及ぼすという朱子学の「恕」解釈のなかに、自己の価値観を他人に押しつけるような、いわば押しつけがましさを見いだしているのである。この章に関する問題についての詳細な分析は、豊澤一「伊藤仁斎の恕について」（『文学会誌』第三八号、山口大学、一九八七年）参照。

（11）こうした朱子学理解を、若き日の仁斎の「白骨観法」の体験から意味づけたものに、黒住真「伊藤仁斎の倫理——その基底場面をめぐって」（『思想』第七六六号、岩波書店、一九八八年）がある。とくに同論文の「三、異端と虚無、生命の喪失」（七二頁）参照。

(12) 註(17)参照。

(13) 拙稿「伊藤仁斎における「同一性」批判の構造――人我相異論の成立過程」(本書第一部所収)参照。

(14) 「道」に関する注釈は、「元禄十六年定本」の段階のこの書入れが始めてというわけではない。すでに「元禄九年校本」段階で、「夫れ人一時も君臣・父子・夫婦・朋友・昆弟に非ざるの時無し、又た一事も君臣・父子・夫婦・朋友・昆弟に非ざるの事無し【夫人無一時非君臣父子夫婦朋友昆弟之時、無一事非君臣父子夫婦朋友昆弟之事】」が書き入れられている。この注釈と仁斎の「道」観との間に齟齬があるとは考えにくい。しかし、これも抹消され、「元禄十六年定本」でも元に戻されない。その理由は、次のように考えられる。本文中に引用した仁斎が最終的に定立させた注釈から推測すれば、仁斎の意図は、「道」を、それに向かわせる「学」に関わらせて示すことにあった。それは、本文中に引用した文章でも十分に実現しうる。これを残すと煩瑣な注釈になると判断されたために元に戻されなかったのではないだろうか。

(15) 仁斎は、こうした無自覚に「道」の上を往来する人間に対して否定的ではない。「上、王公・大人より、下、販夫・馬卒・跛奚・瞽者に至るまで、皆な此に由つて行かざるといふこと莫し、唯だ王公・大人行くことを得て、匹夫・匹婦行くことを得ざるときは、則ち道に非ず。賢知者行くことを得て、愚不肖者行くことを得ざるときは、則ち道に非ず【上自王公大人、下至於販夫馬卒跛奚瞽者、皆莫不由此而行、唯王公大人得行、而匹夫匹婦不得行、則非道、賢知者得行、而愚不肖者不得行、則非道】」(『語孟字義』道3)と仁斎が述べているからである。

(16) 『語孟字義』によれば、「学」は、「効なり、覚なり【効也、覚也】」(学1)と定義されている。そして「所謂る効とは、猶を書を学ぶ者、初は只だ法帖に臨摸し、其の筆意点画に効ふことを得るがごとし。所謂る覚とは、猶を書を学ぶこと既に久ふして、而る後自ら古人筆を用ふるの妙を覚悟するがごとし【所謂効者、猶学書者、初只得臨摸法帖、効其筆意点画、所謂覚者、猶学書既久、而後自覚悟古人用筆之妙】」(七三頁)とある。つまり「学」とはすでにある「道」を習い修めることである。

(17) 『語孟字義』忠信5の「学に本体有り、修為有り。本体とは、仁義礼智是れなり。修為とは、忠信敬恕の類是れなり。蓋し仁義礼智は、天下の達徳、故に之れを本体と謂ふ。聖人の教学は、之れに由って之れを行はしむ。修為を待て而る後有るに非ず。忠信敬恕は、力行の要、人工夫を用ふる上に就いて名を立つ。本然の徳に非ず。故に之れを修為と謂ふ【学有本体、有修為、本体者、仁義礼智是也、修為者、忠信敬恕之類是也、蓋仁義礼智天下之達徳、故謂之本体、聖人教学者、由此而行之、非待修為而後有、忠信敬恕、力行之要、就人用工夫上立名、非本然之徳、故謂之修為】」を参照のこと。

(18) 本稿では「四端の心」、「道」に関する仁斎の解釈、そして仁斎における孔子像に関する点については、紙数の関係から、触れることはできなかったが、そうした問題を含めて仁斎における「修為」論を新たに準備している。その際に筆者がとくに孔子像に関してもっとも多くの示唆を受けたのは、前掲「伊藤仁斎の倫理」である。したがって今のところは、その論文、とくに「三、教学と聖人」（六三～七一頁）を参照のこと。

(19) 但し『童子問』の「元禄十六年校本」段階でこの章が書き入れられたというのではない。「元禄八年本」にはこの章は示されていないが、「元禄十六年校本」には示されており、さらに「林本」にも示されている。この章で仁斎は、「恕」と「仁」とを「強めて之れを能くすべし」と、「強めて為すべからず」という点から区別している。この「仁」に関する表現は、「修為」によって体得したものを何等の無理なく実践できるということであろう。仁斎における修養論は、「道」という人間にとって自然的なものを自覚化し、その「修為」によってそれを体得し、その到達した先は、人為によらない世界というように、自然→人為→自然という経緯を辿ることを指摘しておく。

(20) 田尻祐一郎「浅見絅斎「心ナリノ理」をめぐって」（『季刊日本思想史』第二二号、ぺりかん社、一九八四年）および「二つの「理」——闇斎学派の普遍感覚」（『思想』第七六六号、岩波書店、一九八八年）参照。前者では「完成した仁斎学と絅斎の思想とは氷炭相容れない相貌を呈したが、その基底に秘められた問題関心が共有されている」（七四頁）のであり、その問題関心とは、「規範（理）と主体（心）との本来の統一を回復する」（同前）ことであるとある。この「問題関心」を共有しつつ対峙しあうこと、ここに江戸期の思想圏の一つのあり様がある。この思想圏が抱えた共通の、しかも統一的問題意識を解明するとともに、その意識がその射程から落としてしまったことの意味を考えたい。これが筆者の今後の課題である。

伊藤仁斎における「道」秩序の構造㈠

一　はじめに――正月と和

伊藤仁斎は、「道」の理想的状態を「先王の世」における「民心和洽」の状態に見いだすが、そのあり様を正月の比喩によって表現する。(1)

先王の世、家給り財阜《おほ》いに、民安く俗醇し。晨より夕に至り、春より冬に至るまで、民心和洽すること、猶を正月の吉服を被り、儀を具へ、觶《さかづき》を挙げ、寿を上つて、各《おのお》の万歳を祝し、一家煕煕として、頓《しきり》に窮歳の労を忘るるがごとし。(『童子問』中・二十六章)

年に一度必ず訪れ、皆によって祝われる正月は、独特の雰囲気を持つ。正月・元旦には年始の挨拶が、晴れ着を着た「礼者」(2)との間で作法通り交わされ、その後におとそが酌み交わされ、歓談が行われる。そんな華やかな光景がそこかしこで見られる。だが、正月の雰囲気は、それだけではない。あたかも時間がゆったりと流れているかのような和らいだ雰囲気のなかで、本年をよい年にする、という凛乎とした気持も抱かれる。そうした諸要素によって構成された正月独特の雰囲気の中で、「一家」は皆和らいだ楽しい一時を過ごす。

以上のような正月独特の雰囲気は、自然に醸しだされるように感じられる。なぜならば、あれほど慌ただしい年末の雰囲気は、年が変わるとあっという間に消え、正月独特の雰囲気に変わるからである。このような正月の雰囲気によって「先王の世」が表現されるということから、つぎの問いを導きだすことができる。それは、正月が時の流れにしたがって自然にやってくるのと同様に、「先王の世」の雰囲気も必然的ないし自然的に醸成されるや否や、という問いである。この問いに対する答をあらかじめ示すならば、つぎのようになろう。その雰囲気は、個人の営為を必要としながらも、それを越えた力によって醸成される面を持つということになる、と。

毎年十二月中旬頃から、すす払いや餅つきなどの準備が行われる。その準備を怠ったならば、去年のほこりがそのまま積もった家のなかで、餅すらもない、味気のない正月を迎えることになる。そんな正月を祝う気には誰もなれまい。「惣じて、人の始末は、正月の事なり。まだ堪忍のなる道具を改め、内ぶしん、畳の表替、竈の上塗、万事わつさりと気を付、一つ〳〵、目にも立」ざるものであるけれども、その総額は、けっきょくかさみ、「年中の損なり[3]」ということにもなる。まして「世間がつま」ったならば、正月の準備のための出費は、「我・人」にとって「迷惑」なものと感じられる。にもかかわらず、その資金が借金などによって調達され、「それ〴〵の正月仕舞、餅突《つか》ぬ宿もなく、数子買《かは》ぬ人もなし[4]」というように、正月の準備がなされる。また「かしこき人は、大方の事（正月の準備――引用者注）は、春夏、日の永き時する社《こそ》よし[5]」とは、頭では判っていても、春から正月準備を徐々に行うのは、「始末」の面では都合がよいだろうが、面倒だし、時間もかかる。そのため、正月の準備はついつい年末に集中し、毎年慌ただしい思いをする。このように、正月の準備は、経費の面でも多額の出費を必要とし、労力の面でも手間暇がかかる。それでも、その準備が無理をしてでも行われるのは、正月が重要な習俗として「世のなか」に定着し、しかも、その独特の雰囲気が世間の人々の記憶のなかに定着しているからであると考えられる。

しかしながら、この正月の独特の雰囲気も長続きするわけではない。その正月の雰囲気は、「窮歳の労を忘」れさせることはできるが、「窮歳の労」をもたらした原因そのものを解決させることはできない。だから、正月の気分が抜けた頃には、またぞろ「窮歳の労」と同じような苦労に直面することになろう。かりに一年を通して正月気分に浸ったままで積年の労苦をまったく忘れてしまった人がいたとすれば、そんな人はただ脳天気な輩と揶揄されるだけであろう。

「先王の世」における「和洽」も、正月の雰囲気の醸成のためにもろもろの営為が必要とされるのと同様に、「礼・楽」の実践によって支えられている。「礼・楽」は「礼は節倹に生ず、楽は有余に成る」（『童子問』中・二十六章）と定義される。「礼」は、もろもろの欲望に流されることなく、それらに一定の制御を課す。それが、経済的側面から言えば、「節倹」である。その「節倹」によって「家給り財阜いに」なる。その経済的安定がいわば精神的余裕を生み、そのなかから「楽」が生まれる。その「楽」の実践が「民安く俗醇」き雰囲気、つまり「和洽」を醸しだす。ただ「礼」と「楽」とは、「楽は有余に成ると雖も、然ども節倹に由て有余を致すときは、則ち楽と雖も亦た皆な節倹に本づく」（同、中・二十七章）と言われるように、仁斎のなかでは「楽」の根幹に「礼」が位置づけられているから、「礼」から「楽」へという直線的階梯が想定されているわけではない。

では、「礼」の実践が「和洽」の実現にどのように連関するのであろうか。この問題を考える際の手がかりとなるのは、『論語』学而篇・〈礼之用和為貴〉章である。この章では、「礼之用和為貴」というかの有名な語句が冒頭で示され、「和」と「礼」との連関についての議論が展開されているからである。

〈礼之用和為貴〉章における「和」の語釈は、つぎのような経緯を経て成立する。仁斎生前の最終稿本である『論語古義』林本では、「和」は「乖戻無きの謂」（『論語古義』学而篇・〈礼之用和為貴〉章小注）と解釈されるが、これは、現存する最古稿本である『論語古義』第二本の段階で原文の「従容として迫らざるの意」を改めたものである。ところが、この二つの語釈の出典は、じつは『論語集註』にある。「従容不迫之意」は、〈礼之用和為貴〉章の『集註』の解釈をそのまま採用したものであり(6)、また「無乖戻之謂」は、『論語』子路篇・〈君子和而不同〉章の朱子学の語釈である「和は、乖戻無きの心」を踏まえたものである(7)。このようにともに朱子学の語釈を典拠としたものであるにもかかわらず、「従容不迫之意」が斥けられ、「無乖戻之謂」が採用される。何故か。

『論語集註』では、「礼の体為《た》るや、厳なりと雖も、然れども皆な自然の理より出づ。故に其の用為るや、必ず従容にして迫らざるなり、乃ち貴ぶ可しと為す(8)」と言われているように、「礼」の外への発現の際のあり方を規定する規範として「和」が位置づけられ、また仁斎も「礼、勝るときは、則ち離る。故に礼を行ふに必ず和を以て貴しと為《す》」(同前)と述べているように、「礼」を実践するための規範として「和」を位置づける。したがって、「和」が「礼」の実践の際の補助的規範として捉えられている点では、両者の解釈が大きく隔たっているとは言えない。ただ、仁斎にとって問題にせざるをえないのは、朱子学の解釈のなかには「体・用」や「理」という朱子学独自の論理や概念が使用されている点である。〈礼之用和為貴〉章のなかでとくに批判の対象とされるのは、「体・用」である。

この「体・用」は、仁斎の認識では、そもそも「聖人の書に之れ無」きこと(『語孟字義』理4)にもかかわらず、程頤が「禅学」から取り入れ、やがて「至珍至宝」(同前)とされるようになり、朱子学独特の論理としてしばしば使用されるようになった。同章の「礼之用和為貴」に対して、朱子学では「礼の用は和を貴しと為す」という解釈が付されるように、「体・用」という「聖人の書」外の論理によって「聖人の書」が解釈されるのである。これに対して仁斎は、「用」を「以」と解釈して「礼の和を以て貴しと為」と改めることによって、『礼記』、つまり「聖人の書」に従った解釈を提出する。「用」という一語の解釈に示される二者の相違点は、経典解釈に対する根本的姿勢の相異を指し示していると言える。

その「体・用」は「禅学」から取り入れられたと、仁斎は認識している。それゆえに、その思惟様式には「寂滅を以て吾が真体と為」（『語孟字義』理4）というような現世否定的な発想が含まれている。その思惟様式によって「聖人の書」を解釈するならば、当然、その解釈にも現世否定的発想が混入する。この点に対して、仁斎は、朱子学の「体・用」論に基づく解釈を「宋儒、其の説を得て遂に理を以て体と為《し》て、事を以て用と為《す》。故に天理を以て礼の体と為て、和を礼の用と為」（『論語古義』学而篇・〈礼之用和為貴〉章論注）と捉え、それに「聖人の大訓をして支離決裂」にさせるものだと批判を加える。つまり、この解釈では、「礼」の「体」、つまり本質として「理」を、また「礼」の「用」、つまり働きとして「和」を位置づけた結果として、「礼」それ自体の存立する場所が消失してしまう、という皮肉な結果がもたらされる。こうした皮肉な結果がもたらされる理由を、仁斎は、現実を「体」と「用」とに無理矢理、二分することに見いだす。このような「支離決裂」な朱子学の解釈から語釈を採用することが憚られた。これが、「和」の語釈を改めた理由だと考えられる。この理由も、同章論注の痛烈な朱子学批判を踏まえるならば、ゆえなきこととして斥けることはできない。しかしながら、この推論には欠陥がある。それは改訂前も後も、ともに朱子学の語釈から採用されていることである。したがって、朱子学の用語であるという理由だけでは仁斎の改訂の意図を明らかにしたとは言い切れないのである。

ところで、仁斎の注釈の成立過程を概観すれば、つぎのような傾向を読みとることができる。批判の矛先が向けられる朱子学的思惟を直接的に表現する「理」「体・用」などの概念の採用は周到に避けられる。しかしながら、とくに初期の段階では、その朱子の解釈の語句を通して経典の内容が理解されたと思われるほど、朱子学の解釈はしばしば採用される。そして時には文章全体を採用する、いわば剽窃とでも言いうるようなことも行われる。その象徴的例が、本稿において後に詳細な分析を加える「人の外に道無く、道の外に人無し」（『童子問』上・八章）である。この語句は、じつは『論語』衛霊公篇・〈人能弘道〉章に対する朱子学の解釈のなかに示されたものであり、しかも、この語の後に「道体」という語が示されている。仁斎は、「道体」の語の採用を避けつつも、朱子が使用した語句である「人の外に道無く、道の外に人無し」を採用する。だが、それだけにとどまらない。その語句を自らの文脈に置くことによって、意味内容を変えるだけではなく、あろうことか、それを自らの学の中核に位置づけることさえするのである。このような仁斎の解釈の形成過程を踏まえるならば、「従容として迫まらざるの意」は、「理」や「体・用」と直接連関していないから、その採用に関してはさほど問題がないと考えられる。しかも、「従容として迫らざる」態度で相手と交際することは、仁斎の重視する「寛宥」（『語孟字義』忠恕1）の態度にもつながるから、この語釈が仁斎の思想と大きく離れているとも言えまい。

荻生徂徠は、〈礼之用和為貴〉章に関する朱子学の解釈と仁斎のそれに対して、「礼は先王の作る所、道なり。性に非ず、亦た徳に非ず。漢儒・宋儒以て性と為すは、非なり。仁斎先生以て徳と為す、亦た非なり[9]」と批判を展開する。しかしながら、『集註』の解釈でも「礼」を「性」と連関させる記述が示されているわけではないし、仁斎の解釈でも「和」を「美徳」とする解釈は示されているが、「礼」を「徳」と解する解釈が展開されているわけでもない。にもかかわらず、徂徠がこのような批判を展開するのは、朱子学や仁斎学を貶めるための、いわばためにする批判を展開したに過ぎないのであろうか。

徂徠は、「性」を「生の質[10]」と、また「徳」を「人各の道に得る所有るを謂ふなり」と捉えたうえで、「性は人人殊なり。故に徳も亦た人人に殊なり[11]」と述べる。この引用からも明らかなように、「徳・性」を個人の位相で捉え、しかも「徳」の習得度合いの違いや個人の性格の相異をも認める。つまり、「徳・性」の個別的相異が是認されているのである。ところが、「礼」は、徂徠の認識では、「性」や「徳」とは位相を異にする。だから、徂徠は言う、「礼は先王の作る所、道なり。性に非ず、亦た徳に非ず」、と。すなわち「礼」は、個人を超越したところに「先王」によって制作された制度総体として把握され、しかも、その内容は「先王の道は、天下を安んずるの道なり」[12]と言われるように政治的視座から捉えられたうえで、「聖人の道も専ら己が身心を治め候にて相済み、己が身心さへ治まり候へば、天下国家もをのづからに治まり候と申候説は、仏老の緒余と可被思召候」[13]とされる。つまり、徂徠は、道徳と政治との関連を断ち切るのである。このような徂徠の立場に立つならば、朱子学の解釈と仁斎のそれとは「礼」の個別的実践を問題にしているという意味で、「礼」を個人の位相、つまり「性」および「徳」と同じ位相で捉えていると見なしうる。それは、まさに位相を異にする二つの概念をなんらの説明もなく、無媒介に結合させた解釈でしかない。それゆえに、徂徠はこの二つの解釈に批判を加えたのである。

仁斎は、「礼之用和為貴」を「礼勝るときは、則ち離る。礼を行ふに必ず和を以て貴しと為」(『論語古義』学而篇・〈礼之用和為貴〉章小注)と解釈するように、「君」が「礼」という客観的規範を杓子定規に適用するならば、民心が君から離反する。この君・民間の乖離を阻止するために「和」が重視される。このように、仁斎の解釈では、徂徠が指摘するように、「礼」が個人の実践レベルでたしかに捉えられている。だが、この「和」も手放しで肯定されているわけではなく、その実践における弊害もまた指摘される。そして、その弊害の原因に関する議論が展開されるなかで位相の相異——その相異が徂徠ほど明瞭に示されているとは言えないが——が問題とされている。その弊害の端緒を仁斎は「和は流れざる能はず」(『中庸発揮』十六)と述べるように「和」に求める。和気藹々としたムードはたしかに快い。しかし、それに流されてしまっては自・他間のケジメが付かなくなるのである。だから、仁斎は言う、「専ら和を貴ぶを知りて、之れを節するに礼を以てせず」(『論語古義』学而篇・〈礼之用和為貴〉章小注)、と。

この「礼」による制御の欠如した「和」の状態を、仁斎は「委靡頽敗」(同前)と表現する。この弊害の内実に関しては、仁斎は同章の注釈では具体的には何も表現してはいない。そこで、『論語古義』子路篇・〈君子和而不同〉章を参考にしながら検討を加える。この章では、「君子は和して同ぜず。小人は同じて和せず」という本文に対して、「君子の心和す。故に物と忤はず。義に従ふ。故に必ずしも同ずるを得ず。小人之れに反す」という小注が示された後に、大注で「君子は仁義のみ。和するときは、則ち物を失はず。同ぜざるときは、則ち己を失はず」（『論語古義』子路篇・〈君子和而不同〉章）という議論が展開される。ここでは「仁義」だけしか述べられていないが、「仁義の二者は、実に道徳の大端、万善の総脳。智礼の二者は、皆な此れよりして出づ」（『語孟字義』仁義礼智5）とされているから、「仁義」のなかに「智礼」が包摂されていると見てよい。それゆえ、その「仁義」の実践者である「君子」の「和して同ぜず」の「和」は、「礼」の制御を受けていることになる。その「君子」のあり様を、仁斎は朱子学の解釈を採用して、

朱氏曰く、君子の和は、乃ち其の同寅協恭して、乖争忌克の意無きを以てす。其の同ぜざるは、乃ち其の正を守り、理に従ひて、阿諛党比の風無きを以てなり。（『論語古義』子路篇・〈君子和而不同〉章大注）

と表現する。つまり、「君子」は、相手に対して協調することにやぶさかではないが、相手に媚びへつらうことはない。そういう自・他関係を構築する存在として捉えられる。言い換えるならば、「君子」の人間関係においては自・他の相異を前提としたうえで、その二者の間に適宜な距離が確保されているのである[14]。この自・他間に一定の距離があるからこそ、相手の立場も比較的冷静に理解することができる。だが、この距離が自・他の共通理解を妨げるような「隔絶」にまで拡大させてはならない[15]。そこで自・他の間に一定の架け橋を設ける必要がある。その架橋するための規範が「忠信」「忠恕」である。この点についてはすでに述べたことがあるので、ここでは「忠恕」を中心に簡潔に触れるにとどめる[16]。

つまり、相手の立場が自分と異なっていたとしても、相手にも已むに已まれぬ事情があり、それを斟酌するように努め、その結果として、相手の立場をも是認するような「寛宥」の気持ちが生まれる。このような過程

を経て自・他の間に信頼感が醸成される。その感覚のうえに立脚して、悪しき点は悪しきものとして互いに指摘し合うことによって、「悪変じて善と為」ること(『童子問』上・十二章)ができるような間柄が作りだされる。これこそ、まさしく「和」が実現した状態と言える。これに対して「礼」の制御のない「和」のもたらす弊害は、この逆の、つまり「小人」の状態を想定すればよい。つまり、「小人」も表面的には和気藹々とした関係を構築するであろう。しかし「小人」は、「君子」とは逆の立場に立っているから、「物を失ひ、己を失」っている。つまり「小人」は、自分をも見失っているがゆえに、相手の立場も理解することもできない。それゆえ、相手との間に適切な距離を確保することはできなくなるから、どんな相手ともズルズルベッタリとくっついてしまう、そういうけじめのない人間関係しか構築することはできないのである。

「小人」は、ズルズルべったりの人間関係のなかで自分を見失っている。そのような人間たちは、「世のなか」における「尊卑上下、等威分明、少しも踰越せざる」(『語孟字義』仁義礼智1)ものとしての「礼」を喪失させているから、それぞれの「分」をも見失う。そうなれば、たとえば「父」としての役割についての自覚すらも失われ、「子」との役割上の相異、ましては「子」との関係の取り方なども忘れさられる。いわんや「父子」関係を規定する規範をや。したがって、

天の物を生《うま》るや、必ず一本に由りて出づ。祖有りて而る後父有り。父有りて而る後兄弟有り。又た之れを推して以て他人に及ぼす。故に其れ之れを愛するは、自ら差等有り。物に於ても亦た然り。(『孟子古義』滕文公上・五章小注)

と言われる自然的秩序も崩壊する。この自然的秩序の崩壊は、まさに、

楊朱但だ身を愛するを知りて復た身を致すの義有るを知らず。故に君無し。墨子の愛差等無くして、其の至親を視ること、衆人と異なること無し。故に父無し。父無く君無きときは則ち人道滅絶す。是れ亦た禽獣のみ。（『孟子古義』滕文公下・九章小注）

と言われるがごとき状況と同じもの、つまり混乱をきわめた無秩序の状態に陥ることを意味する。

では、「礼」による制御の欠如はなにゆえに起こるのか。〈礼之用和為貴〉章の本文は、『論語集註』では二文に、『論語古義』では三文に分節される。すなわち、前者では「有子曰、礼之用和為貴、先王之道斯為美、小大由之」と「有所不行、知和而和、不以礼節之、亦不可行也」[17]とに、後者では「有子曰、礼之用和為貴」、「先王之道斯為美、小大由之、有所不行」、「知和而和、不以礼節之、亦不可行也」（『論語古義』学而篇・〈礼之用和為貴〉章）とに、それぞれ分節される。この二つの分節の仕方の分岐点は、「有所不行」の位置づけ方にある。

『論語集註』では、「礼の用、和を貴しと為す。先王の道も斯を美と為す。小大之れに由る」と切られているから、「先王の道、此れ其の美と為す所以にして、小事大事、之れに由らざるは無きなり」という解釈が示される。そして「有所不行」は「知和而和」以下に繋がるから、「此くの如くして復た行はれざる所有るは、其の徒に和の貴しと為すを知るを以てして和を一にして、復た礼を以て之れを節せざれば、亦た復た礼の本然に非ざるなり」という解釈が成立する。つまり、「和」だけを実践した行為は、「礼の本然」から外れるから、「行はれざる」ことになる。この文節の仕方では、「有所不行」は「先王の道」云々とはけっして結びつかないのである。

これに対して『論語古義』では、「有所不行」は「先王之道斯為美、小大由之」と関連づけられる。「先王之道斯為美、小大由之、有所不行」を、仁斎生前の最終稿本である「林本」に付された送りがなにしたがって読み下すならば、つぎのようになる。すなわち「先王ノ道、斯ヲ美ト為《す》レドモ、小大之ニ由レバ行はれざる所有リ」[18]、と。この読み方は、かなり異例なものと言わざるを得ない。つまり『論語』本文では「先王之道斯為美」と「小大由之」との間に「雖」「然」などの逆説を示す語句が挿入されていないにもかかわらず、この二文を逆説で読み、そこから、仁斎はつぎのような解釈を導きだす。

先王の道の若きは、固より美と雖も、然れども世に升降有り、時に隆汚有り。悉く此れに由りて改めざるときは、則ち牴牾して行はれざる所有り。(『論語古義』学而篇・〈礼之用和為貴〉章小注)

この解釈には、『論語』本文には示されていない「世」「時」などの語句が加えられている。このような操作をしてまで仁斎が示そうとしたものは、「先王の道」が行われなくなる事態の発生ということである。その「不行」の理由として仁斎が示したものは、「礼」の改良の必要性とその根拠としての「世・時」の盛衰の明示という、二点にほかならない。このなかでも、とくに着目しなければならないのは、「世・時」である。「世・時」は「升降」「隆汚」という言葉が端的に示すがごとく、つねに変化する。しかも、その変化は、良き方向にも、悪しき方向にも向かいうる。では、その「世・時」とはいかなる意味で使用され、何によって変化するのであろうか。「世」は、本稿の冒頭で分析を加えた正月論を踏まえるならば、この世のなか全体の雰囲気を意味し、人の営為と時間の流れによって醸成される。また「時」は、時代を意味し、それぞれの時代において「道徳盛んなるときは、則ち議論卑し、道徳衰ふるときは、則ち議論高し」(「論尭舜既没邪説暴行又作」)というように、個々の道徳実践の盛衰が全体の流れを作り、それが個々の力ではいかんともしがたい大きな流れとなり、時代の風潮として議論が低調となったり、あるいはその逆の事態になったりする。その意味において、時代の風潮もまさに変化する。このように「世」「時」は、個人の力を踏まえつつも、個人の力ではいかんともしがたい、個人の位相を越えた力によって、どの方向にも向かいうるのである。

以上のような「時」と「世」との変化に「先王の道」が晒された結果、「先王の道」も、「時」「世」との間にズレが生じる。そのズレを原因とするさまざまな面で生じるちぐはぐさが「乖戾」の意味内容なのである。そのズレを是正する努力が失われたならば、そのズレはますます拡大し、「先王の道」は「時」「世」から見れば、いわば時代遅れのものとなってしまう。たとえば、カビの生えたような古くさい道徳を持ちだしてきても、誰も見向きをしないように、その「道」を実践する意欲が著しく低下することになろう。このような危険性を「先王の道」さえも孕むのである。その危険が現実化した場合には、「礼」の制御を欠いた「和」だけが実践される。そこにはすでに指摘したように「委靡頽敗」(『論語古義』学而篇・〈礼之用和為貴〉章小注)という弊害が生まれる。すなわち自・他が存する所に存し、そしてその両者の間に一定の関係が構築されるなどの人間生活の基盤そのものが解体する。その「委靡頽敗」を克服した状態が、「礼」によって制御された「和」の実現された状態なのである。これらのことを表現するためには、「和」を朱子学のように「従容不迫之意」という意味で用いることはできない。「従容として迫らざる」という意味での「和」は、あくまでもその実践主体の相手に対する態度を意味することになる。だから、自分でそれを制御することができるし、かりに相手に対して「礼」を失した態度で接したとしても、それを改めるならば、それで事は済む。「従容不迫」という語では「委靡頽廃」という危機的事態を表現することはできない。そこで、仁斎は、「時」「世」と乖離しない「礼」に由って制御された「和」の実現を「乖戾無き」と表現したのである。これが、『論語古義』第二本段階における「従容不迫之意」から「無乖戾之謂」への改訂の仁斎の意図であると考えられる。

ところで「道」を「改」める必要性が述べられているが、その「改」革は誰によって、どのように行われるのであろうか。仁斎の認識では、「時」「世」と「道」のあり様との間に明確な「牴牾」が現れ、それが自覚された後に「改」革が実行されると言うことになろう。しかしながら、「時」「世」の変化は、「先王の世」さえもいわば時代遅れにするくらいの力を持っているから、人為では制御することは至難の業と言わざるをえない。いわば絶大なる力をもった流れとしての「時」「世」は、「改」革の主体もおそらく押し流してしまうだろう。とするならば、その「改」革も、けっきょくのところ実行されず、「時」「世」と「道」との乖離は増大し、「礼」の制御を受けない「和」、つまり絶望的状態に陥る可能性が大であると、現時点では言わざるをえないであろう。

「先王の世」に関する仁斎の理解から、右のような諸問題を導きだすことができるが、その考察に入る前に確認しておかなければならないことがある。それは、仁斎における「道」の意味づけに関する点である。仁斎の「道」観の特徴として、「天道」「人道」「地道」それぞれが区分されている点、また「道は、猶を路のごとし。人の往来する所以なり」と言われるように、実践の側面が強調されている点、この二点を挙げることができる。それを確認したうえで、仁斎の「道」概念には二つの意味が含まれていると、本稿では考える。その一つは、「此れに由るときは則ち行くことを得、此れに由らざるときは則ち行くことを得ず」（『語孟字義』道1）と言われるように、個人および個的関係の道徳実践を規定する規範という意味であり、ついで「聖人は天下上より道を見る。老仏は一身上に就て道を求む」（『童子問』中・十三章）における「道」のように、個々を包摂した「道」全体が想定されている。そこで本稿では前者を「道」規範、後者を「道」秩序と呼ぶことにする。ただし両者は連関している。なぜならば「道」の実現が個的レベルの実践にだけとどまることなく、その全体のなかで捉えられているからである。したがって、個の実践が区別なく全体へとつながるような側面なしとは言えないので、両者の境界が必ずしも明確になっていない場合もある。しかしながら、「道」の二つの意味を念頭に置くことによって、仁斎が「世」のなか全体を如何なる視点から見るのかという問題をも明らかにすることができると考えられるので、この二つの概念に考慮しながら、以下では論述を進めていくことにする。

以上の点を踏まえて、本稿での課題をまとめておくならば、つぎのようになる。その「道」秩序とは仁斎においてどのような構造をもって捉えられているのか、そしてまた、その「道」秩序を「時」「世」の流れによって時代遅れのものにさせることを防止する策とはいかん、という二つの課題に集約することができる。

二 「人の外に道無く、道の外に人無し」論

『童子問』巻之上・八〜九章において示された、「人の外に道無く、道の外に人無し」というテーゼの典拠が、『論語集註』衛霊公篇・〈人能弘道〉章の注釈にあることはすでに述べたが、東涯は、『童子問評釈』のなかで、このテーゼにつぎのような注を付ける。(19)それは、「明道曰く、道の外に物無く、物の外に道無し。是れ天地の間、適くとして道に非《あらざ》ること無し、と。近思録之れを取る。本書の語、此れに本《もとづ》く」というものである。この東涯の言に従うならば、このテーゼは、程明道の語を典拠とし、その語が朱熹編纂の『近思録』巻の下「異端之学篇」に採用され、そこから上述の『論語』衛霊公篇・〈人能弘道〉章の朱子学の注釈に取られ、それを仁斎が使用したということになる。したがって、このテーゼが朱子学的思惟によって生みだされたものであることは、疑いを挟む余地はない。しかしながら、そのテーゼの意味内容は、朱子学のそれとは同じではない。なぜならば、仁斎によってその意味内容が読み替えられているからである。その読み替えの第一歩が「道」と「人」との関係に関する視座の変更である。(20)

『近思録』では、程明道の語はつぎのように示されている。

道の外に物無く、物の外に道無し。是れ天地の間、適《ゆ》くとして道に非ざる無し。父子に即て父子の親しむ所に在り、君臣に即て君臣の厳にする所在り。以て夫婦と為り、長幼と為り、朋友と為るに至るまで、為す所として道に非ざる無し。此れ道は須臾も離る可からざる所以なり。(21)

ここに示されているのは、人間界では「道」がどの様な人間関係をも規定するとされたうえで、「父子・君臣・夫婦・長幼・朋友」という現実的人間関係における「為す」こと、すなわち行為はすべて「道」によって不可分に規定されているあり様である。このあり様に関する記述だけを見るならば、仁斎もけっしてこれに異議を挟まないであろう。なぜなら、

天地の間、唯一の実理のみ。更に奇特無し。生民有てより以来、君臣有り、父子有り、夫婦有り、昆弟有り、朋友有り、相親み相愛し、相従ひ相聚り、善き者は以て善と為、悪しき者は以て悪と為、是なる者は以て是と為、非なる者は以て非と為、万古の前も此くの如く、万古の後も亦た此くの如し。(『童子問』上・八章)

と述べるように、具体的人間関係が一定の普遍的規範によって規定される解釈を、仁斎も示しているからである。

だが、問題はその規定の仕方にある。〈人能弘道〉章に付けられた朱子学の注釈では「人の外に道無く、道の外に人無し。然れども人心覚ること有りて、道体為すこと無し。故に人能く其の道を大とす。道其の人を大とすること能はざるなり(22)」と示されているように、「人」が「人心」に、さらに「道」が「道体」にと敷衍される。つまり、「人」はあくまでも現実において活動するのに対して、「道」は本質として存立するから、その現実の活動が「道」という本質によって規定されることになるが、この両者は、直接的に結合しているわけではない。あくまでも「人心」を介在せざるを得ないのである。

以上のような朱子学の本質論的思惟様式に、仁斎は批判の矛先を向けるが、その考察に入る前に、仁斎の世界観を一瞥しておく。仁斎は、「天地の間、一元気のみ」(『語孟字義』道1)という「気」一元論の立場に立ち、

その立場から万物の生々論を展開する。天地の間に「版六片を以て相合せて匣と作し、密かに蓋を以て其の上に加」えた閉鎖空間に、「自から気有つて其の内に盈」ちる（同、天道3）。だが、そのなかで「気」は停滞しているわけではない。「気」は、「或は陰と為り、或は陽と為り、両者只管両間に盈虚消長、往来感応し、未だ嘗て止息せず」（同、天道1）というようにやむことなく運動し、その運動によって万物は生成される。それを仁斎は「自から白醭《はくぼく》を生ず。すでに白醭生ずるときは、則ち又た自から蛀蟫《しゆたん》を生ず」（同、天道3）という比喩で表現し、この過程に「自然の理」を見いだす。だが、この「自然の理」も「一元の気、之れが本と為て、理は則ち気の後に在り。故に理は以て万化の枢紐と為すに足ず」（『童子問』中・六十八章）とされるから、「理」が、アプリオリに存在し、「気」の運動を制御するのではなく、「気」の運動それ自体に一定の法則性があるという意味でしかない。そして「天地の道は、生有て死無く、聚有て散無し。死は即ち生の終り、散は即ち聚の尽くるなり。天地の道、生に一なる故なり」（『語孟字義』天道4）を踏まえるならば、先引の「白醭」の比喩における「生」も万物の誕生という意味合いはきわめて薄く、この世における万物の「生」の活動、つまり「生生化化」（同、理1）それ自体を意味しており、さらに「生物に在ては生物の理有り、死物には死物の理有り。人には則ち人の理有り。物には則ち物の理有り」（『童子問』中・六十八章）とされるように、万物を通して一貫する原理としての「理」は想定されていないことも明らかである。要するに仁斎は、世界を個別的活動が複雑に交錯する現実の位相でのみ把握しようとするのである。

仁斎は、朱子学の世界観を以下のように把握したうえで、それに批判を加える。「理有て而る後斯の気を生ず」（『語孟字義』天道3）と述べられるように、朱子学では「理」が「気」に先だって存立するとされ、「気」の万物の形成活動が規定される。では、「理」はどこに存立するのか。その探求においては、「気」によって構成される「万物は五行に本づく。五行は陰陽に本づく。而して再び夫の陰陽為る所以の本を求むる」（同前）というように、本質に向かってより奥へ奥へとつき進んでいく。その探求の結果、「上面（形而上的世界）」（『童子問』

中・六十三章)には、全世界を規定する真理としての「理」が存立するとされたうえで、その本質に「無極・太極」という場所が与えられ、さらに「天地未だ闢けざるの前より之れを観れば」、天地開闢以前には「只是れ理のみ」(『語孟字義』天道5)が存在したと断言される。

しかしながら、天地開闢以前の世界も「太極・無極」も、誰も経験したことも見たこともない非現実的出来事ないし場所なのである。にもかかわらず、その架空の場所があたかも現実に存し、そこに真理が定立しているがごとき議論が展開される。ここに仁斎は朱子学の恣意性を見る。つまり、本質への追求は、その抽象性ゆえに、次から次へと自己展開させることが可能である。そうなれば、理論的には「理」を規定する本質へ、さらにその本質へと探求を進めていくならば、それは無限の道程をたどることになる。だが、それでは真理が無限の探求の流れのなかに埋没してしまう。このように朱子学の本質追求型の発想からは真理を導きだすことはじつはできないのである。しかし、本質がその「枢紐」に定立されていない本質論は、その本質論としての意味をなさないから、必ず「之れを理に帰せざること能はず」(『童子問』中・六十八章)というように「理」を最終的本質と位置づけざるを得ない。だが、「理」の位置を誰も経験していない以上、その判断は、朱子学的思考を肯定する者にだけ是認されることになろう。こうした抽象的・閉鎖的思惟は、非現実の世界を勝手気ままに浮遊し、最後には「蛇を画がいて足を添へ、頭上に頭を安んず」(『語孟字義』天道3)という、とてつもない虚偽の世界に迷い込む。だが、それらはみな「実に見得る者に非ず」(同前)。

右のような欠陥に朱子学は気付くことなく、その「理」の真理性を声高に叫ぶ。そうした朱子学的知を、仁斎は、「此れ常識の必ず此に至て意見を生ぜざること能わざる所以」(同前)というように、「意見」つまり私的判断として見なし、しかも、それらの「天地開闢の説」(同、天道5)を始めとする天地創造に言及した説の大方は、じつは「仏氏の所謂る無始、老氏の所謂る無極」と同じものであるとしたうえで、この万物形成論の根幹をなす「天理」に「聖人の書に於て之れ無し」(同、理1)と、非「聖人の教」の烙印を押す。こうして仁斎は、朱子学的世界観を、すべて「皆な臆度の見」（同、天道3）に基づく「妄誕」（同、天道5）として斥けるのである。

朱子学の本質論的思考は、その人間観にも「心は即ち性、性は即ち理」（『童子問』中・六十四章）という形で及ぶ。この「理」の定立する場所は、現実とは位相を明らかに異にするから、現実からは直接的に「性・理」を把握することはできない。言い換えるならば、その領域は、人間の「耳目の見聞する」範囲「外に」（同、上・八章）想定されることになるから、知覚がそこで働くことはない。したがって、そこは「声も無く臭も無きの妙」なる（同、中・六十三章）領域なのである。「理」はそうした領域に定立するから、現実の「塩と水とを服」す（同前）ことはできない。にもかかわらず、塩の味を辛きものとして、あるいは水の味を淡きものとして画一的に規定する。だが現実の「塩と水」の濃淡は千差万別であるから、その現実の味は、多様かつ複雑なものである。現実の味を無視して、本質の立場から一方的に味を判定するならば、その判断は実際の味とは遠く隔たったものとなってしまう（同前）。このように本質的思惟では多様な現実を捉えることはできない。にもかかわらず、その「理」を「学」ぶことが朱子学では重視されるが、その「学」の対象である「理」は、非現実的な場に存立しているから、生の現場としての「日用」にはまったく役に立たない。しかしながら、その非現実的世界は、この世に生きる者にとって、この世では見ることのできない「奇特」の世界として映るから、その人々の好奇心を刺激し、人々を引き込んでしまう。つまり、「邪説暴行」によって、人は「日用」の世界から乖離し、架空の世界に遊ぶようになる。以上の点に関しては、すでに論じたことがあるので、ここでは指摘するに留めておく(23)。

その朱子学的学知は修養法にも適用される。つまり、「理」に到達するためには、「物に格り知ることを致して、以て之れを領会」（同、中・六十三章）する営為が必要とされる。だが、その本質に達するためには、人為だけで事足りるわけではない。この点を朱子学では、「力を用いることの久しきに至りて一旦豁然として貫通す[24]」と表現する。この説自体は、個人の修養の蓄積を必要としながらも、ある時点でなんらかの力が突然に働いて悟りの境地、あるいは本質の領域に到達することができるということを説くものであるが、仁斎は、この「豁然の説」を、あろうことか、悟りの階梯を一段ずつたどることなく、最高の悟りの境地に一挙に到達することを説いた南宋禅の「頓悟」と結びつけ（同、中・六十二章）、それを「悟門の開を竢たずして、強ひて自ら関を抽き鑰を啓き、等待促迫する、之れを我より之れを開発す」（同、中・六十章）というように、個人の力によって、悟りの境地に無理矢理押し入るような傲慢なものとして批判する。このように仁斎が朱子学の議論を捉えるのは、さきに述べたような朱子学の本質論的思惟に混入する恣意的要素を念頭に置いているからである。つまり、「格物致知」における「知」の蓄積が修養の重要な方法とされたとしても、仁斎の認識からすれば、それは、「蛇を画がいて足を添へ」た蛇の絵に関する知識の蓄積でしかない。そんな偽りの知識をいくら蓄積したとしても何の役にもたたないから、それを修養と見なすことはできない。だから、朱子学の修養法に対して、実質的には「頓悟」と同じことになると、皮肉を込めた批判が投げつけられたのである。

そして、仁斎は、最後に朱子学における本質の現実への規定の仕方がもたらす弊害を指し示し、それに真っ正面から批判を加える。仁斎にとって「世のなか」は「物に好悪有り、事に緩急有り、紛紛藉藉、出入隠顕」（同、上・四十一章）と言われるように、価値多様な世界である。なぜならば、「生質、万同じからざる」（『語孟字義』性1）人間たちがさまざまな関係を結び、互いに交際しあうからである。その価値多様な現実を、朱子学は唯一の原理によって判断しようとする。だから、朱子学では言う、「一の理の字を以て天下の事を尽す可し」（『童子問』中・六十五章）、と。その現実から乖離した唯一の原理によって多様な世のなかのあり様を規定することを、仁斎は「断決」と表現する（同前）。この「断決」は、朱子学では正しい判断として確信されているから、個別的かつ多様なあり様がすべて見落とされる。だが、その自己の判断への確信から、その見落としたことすらも自覚されることはない。ところが、人間は「古今に全き人無し」（同前）といわれるように、古今を通して完全な人間など存在するはずはない。したがって、その不完全さゆえに人間は過ちを犯す。ところが、その過ちに含まれるやむにやまれぬ事情を、朱子学はまったく斟酌することはない。なぜならば、その「断決」が真理と見なされているからである。こうした人間の気持ちを、仁斎は「残忍刻薄の心勝て、寛裕仁厚の心寡」き（同前）状態と捉える。そうした冷徹な判断の後には、見落とされた無数の斟酌すべき事情が死骸の如く横たわっているだろう。

右のような「徳」が「菲薄」である人間が「上」に立つならば、その者の判断が一方的に上から押しつけられる。それに刃向かうことは許されない。正しい判断だからである。やがて、そうした一方的判断の押しつけによって「下」の者は窮地に追い込まれ、彼らの気持ちは「傷損」される。さらには、その傷ついた者たちの上に対する「心服」の気持ちも消え失せ、やがて反発を覚えるようになる。このような弊害は、上下間の信頼関係を損なうだけではない。窮地に追い込まれた人々は、相手を慮るような心の余裕を失うことになるから、互いに傷つけあうようになる。そのあり様を、仁斎は、「己を持すること甚だ堅く、人を責むること甚だ深《ふこ》して、肺腑に浸淫し、骨髄に透浹して、遂に刻薄の流と為る」（同前）と見なす。つまり、こうした一つの価値観によって支配された世界では、すべての人間関係がギスギスし、トゲトゲしいものとならざるをえないのである。

以上の朱子学批判に貫かれている仁斎の姿勢は、人間の体験の範囲内で思惟を構築することである。言い換えるならば、「聖人の学は、実説を以て実理を明《あきらかに》す。目睹て耳聞き、心得て身有す。故に践履の言ふべき有て、頓悟の期すべきこと無し」（同、中・六十二章）と言われるように、「世のなか」の原理はそのレベルで捉えるものである。この発想に対しては、いたずらに抽象的思惟を排斥し、現実への単純な還元論という意味での現実還元主義、あるいは、実感できるもの以外を排斥する素朴体験主義の域をでないという批判が展開されよう。(25) しかしながら、かりにそのように捉えられたとしても、それに仁斎が一貫して立脚していることには着目しなければならない。その立脚点の象徴的表現が「日常卑近」な「道」である。そこで稿を改めて、この仁斎の「道」観に分析を加えていく。

註

(1) 仁斎の「王道」論の根底に「正月」があると指摘するのは、渡辺浩「補論 伊藤仁斎・東涯——宋学批判と「古義学」」(『近世日本社会と宋学』東京大学出版会、一九八五年)二三八~三九頁。

(2) 『仁斎日記』(『仁斎日記・花月日記』天理図書館善本叢書和書之部79、八木書店、一九八五年)の天和三年元日の記述に「一、今日ノ礼者ハ松原涼白(中略)右三十九人」(一一八~一九頁)とある。仁斎の日常生活における年中行事に関しては、三宅正彦『京都町衆伊藤仁斎の思想形成』(思文閣出版、一九八七年)の第九章「京都町衆の生活規範」のなかの四節の「年中行事と神儒仏一致」に詳細な分析がある。本稿もこれを参考にした。

(3) 井原西鶴『日本永代蔵』(岩波文庫、一九五六年)一二三頁。本書は、西鶴の作品であるかどうかの議論があるようだが、「今後余程の反証が現れぬ限り、西鶴の作として取り扱って差し支えないと思われる」(一八九頁)という解説に従う。

(4) 同前、一二二頁。

(5) 同前、一二三頁。

(6) 『論語集註』学而篇・〈礼之用和為貴〉章(『四書集註』論語巻之一、芸文印書館)六丁オ。

(7) 『論語集註』子路篇・〈君子和而不同〉章(同前、巻之七)八丁オ。

(8) 『論語集註』学而篇・〈礼之用和為貴〉章(同前、巻之一)六丁オ。

(9) 『論語徴』(吉川幸次郎他監修『荻生徂徠全集』第三巻、みすず書房、一九七七年)四〇〇頁。

(10) 『弁名』(吉川幸次郎他校注『荻生徂徠』日本思想大系36、岩波書店、一九七三年)一三六頁。

(11) 同前、四八頁。

(12) 同前、一二一頁。

(13) 『徂徠先生答問書』(『荻生徂徠全集』第一巻、みすず書房、一九七三年)四三〇頁。

(14) 〈君子和而不同〉章についての仁斎の解釈は、『集註』から取られているから、この距離感も朱子と仁斎がともに共有するものと言える。ただし、その距離感が前者では「理」によって測定されるのに対して、後者では経験の蓄積から生みだされた適宜な距離ということになる。
(15) 拙稿「伊藤仁斎における「同一性」批判の構造――人我相異論の形成過程」(本書第一部所収)を参照のこと。
(16) 拙稿「伊藤仁斎の「情」的道徳実践論の構造」(本書第一部所収)を参照のこと。
(17) 『論語集註』学而篇・〈礼之用和為貴〉章(『四書集註』論語巻之一)六丁オ。
(18) この書き下し文のうち、片仮名は「林本」に付けられたもので、平仮名は筆者が読みやすくするために付けたものである。
(19) 伊藤東涯は、宝永五年(一七〇八)から享保十九年(一七三四)までの間に九回講義し、その途中で語義や出典などを欄外に記した。これをまとめたものが「東涯手校本」である。その欄外の東涯の注釈は、『童子問評釈』として、寛保二年(一七四二年、平安書肆、林権兵衛刊本)に刊行された。『童子問評釈』を参照し整理したものが、清水茂校注『童子問』(家永三郎他校注『近世思想家文集』日本古典文学大系97、岩波書店、一九六六年)の原文の頭注に掲載されている。この頭注は同書二〇五頁に注一三として掲載されている。
(20) 読み替えという視点は、子安宣邦『伊藤仁斎――人倫的世界の思想』(東京大学出版会、一九八二年)一七六~七七頁で展開されている。またこのテーゼについての稿本段階の成立過程に関しては、同書の第四章「人外無道、道外無人(二)」を参照されたい。
(21) 湯浅幸孫『近思録』巻之十三、「異端之学篇」の三条(吉川幸次郎他監修『近思録 下』中国文明選4、朝日新聞社、一九七二年)三四八頁。
(22) 『論語集註』衛霊公編・〈人能弘道〉章(『四書集註』論語巻之八)七丁オ。
(23) 拙稿「伊藤仁斎における「性善」論の構造」(本書第一部所収)を参照のこと。
(24) 『大学章句』伝之五章(『四書集註』大学)六丁オ~ウ。
(25) 浅見絅斎が仁斎の思想を「嫗媼ノ挨拶云様ニ柔和愛敬ヲホケ〳〵トスルコトヲシアフ迄也」(『剳記』、西順蔵他校注『山崎闇斎学派』日本思想大系31、岩波書店、一九八〇年、三八六頁)と批判する。この点に関しては、前掲拙稿「伊藤仁斎の「情」的道徳実践論の構造」で述べたことがある。

伊藤仁斎における「道」秩序の構造㈡

――「道」秩序と「野狐山鬼」――

伊藤仁斎は、「人の外に道無く、道の外に人無し」というテーゼを、『童子問』巻之上・八章と九章とにおいて展開する。まず八章に検討を加える。

八章では、「道」秩序内における道徳実践論が展開された後に、最後に、

> 人、至貴至光明閃爍、驚く可く楽しむ可きの理を以て、汝に説与する者有らば、若し野狐山鬼汝を魅するに非ずんば、必ず是れ邪説の魁ならん。謹んで聴くこと勿れ。（『童子問』上・八章）

という警句によって結ばれている。「至貴至光明閃爍、驚く可く楽しむ可きの理」は、「異端邪説」の説く言説と解釈することができる。「宋明の諸儒及び禅荘の諸書」における「気質偏勝、奇を耽《ふけ》り高きに騖《は》する者」の言辞が、しばしば「高遠」、あるいは「艱渋奇僻」のものとなる（同、上・四章）という批判を展開しているからである。しかしながら、「野狐山鬼」への仁斎の言及は、きわめて稀であるうえに、それに説明を加えられることもほとんどない[1]。第八章でも、「野狐山鬼」に関してなんらの説明が加えられていないから、その意味をくみ取ることはできない。ただ「野狐山鬼」が、人を誑かす存在であることは語意と文脈とから推察することができる。さらに、この警句の前では「孝弟」論がおもに展開されている。この二点を踏まえるならば、この警句は、「野狐山鬼」に誑かされて、「孝弟」などの道徳規範を実践することが失念されることへの戒めと

解釈できる。言い換えるならば、これは、「孝弟」によって良好な親子関係などを構築していた者が、「異端邪説」の抽象的かつ新奇な内容の刺激を受け、それに導かれて、「知り易く行ひ易く平正親切なる」「道」(同、上・五章)からある一定の期間逸脱し、「知り難く行ひ難き」「道」に迷い込むことへの警句ということができる。しかしながら、このような解釈では、「野狐山鬼」は、「異端邪説」とほとんど変わらないことになる。とするならば、「野狐山鬼」という語をわざわざ使用する必要はあるまい。

ところで、筆者は、その「知り易く行ひ易き万世不易の理」(同、上・八章)によって規定される「人倫日用」の世界から堕落した者に関して、すでに論じたことがある。[2] すなわち、「自暴自棄」者に関しては、「高遠」なるイデオロギーによって好奇心が刺激され、「奇特」(同前)の世界に迷い込んでしまったが、そのイデオロギーを捨て去ったならば、「知り易く行ひ易く万世不易の理」(同前)が存立させる世界、いわば正気の世界へと戻る可能性を持った存在として、また「人にして四端の心無き者」(同、下・一章)を既有の関係を全面的に解体させる反「世」的存在として捉え、その者たちは他者を反「世」の世界へと誘い込むことはあっても、自らは改心することがないから、「固に之れを如何ともすること無し」(同前)と冷酷に切り捨てられる存在として捉えた。さらに、「自暴自棄」者が「十に八、九居れり」(『孟子古義』綱領5)といわれている点を根拠に「善」へ向かう人間の能力の脆弱さを明らかにした。したがって、そうした人間は「野狐山鬼」によって誑かされやすいことになろう。

「野狐山鬼」に関する仁斎の言説はつぎの箇所にも示されている。

蠻貊無教の邦、叔季絶学の世と雖も、人皆な化して鬼為り魆《みき》たらざる者は、性の善なるが故なり。(『童子問』上・十六章)

夫子微《なか》つせば、藉令《たとひ》人皆な化して鬼と為り蜮と為らずとも、三綱淪《しづ》み、九法斁《やぶ》れ、天下其の天下為ることを得ず。(同、上・五十三章)

前者の引用は、『論語』衛霊公篇・〈子張問行〉章の「言忠信、行篤敬ならば、蛮貊の邦と雖も行はれん」を踏まえたものである。この章の小注では、「蛮は南蛮、貊は北狄、礼義無きの国」(『論語古義』衛霊公篇・〈子張問行〉章小注)と解釈され、「叔季」とは道徳の衰えた末世を意味するから、「蛮貊無教の邦、叔季絶学の世」とは礼義に従って行動する人も、また学問の習得を志す人もまったく存しない野蛮な世界を指す。この語釈を踏まえるならば、前者の引用は、どんな野蛮な世界でも、人が鬼や子鬼に化けてしまわないのは、人間には「性の善」があるからだと、また後者は、「堯・舜の事業」(『童子問』下・三十一章)を「祖述・憲章」(同、下・五十一章)した「孔子の教」(同、下・五十章)がなかったとしても、人が「鬼」などに化けることはないが、「君臣・父子・夫婦の道」が消滅し、「道」秩序が解体してしまうと解釈できる。(3) このように、両者とも、人が「鬼」などに化けた後の状態および「鬼」などの世界が直接的に示されているわけではなく、あくまでも「鬼」などへの変身が否定的に表現されているに過ぎない。したがって、両者の引用における「鬼」などへの言及は、「性の善」(同、下・一章)および「夫子の教」(同、下・五十一章)の重要性を際だたせるための装置として位置づけることができる。

しかしながら、さきの引用から、つぎのような問いを導きだすことは許されよう。その第一は、つぎのような問いである。すなわち、「蛮貊無教の邦、叔季絶学の世」において「性の善」がまったく感知されないままでいたら、どのような事態が出現するのであろうか。また第二は、つぎのようである。「孔子以前の邪説暴行は、又た孔子出づるに及んで、烟跳び霧散じて、又た跡を存せず。猶を太陽の天に中し、鬼魅・狐惑、自から伏匿して屏息するがごとし」(「論堯舜既没邪説暴行又作」)、そして孔子の死後、また「邪説暴行」が出現したが、孟子が現れた。孟子の学問は「孔門の太宗・嫡派」（『孟子古義』綱領3）であったがゆえに、それが「猶を暗夜途を適くに、必ず明燭を持つがごと」き（同前）指針たりえた。その指針によって、孔子死後の「邪説暴行」も壊滅的打撃を受けたのである。このように孔子の死後に「邪説暴行」がまたもや暗躍したのと同様に、孟子の死後にも、また「邪説暴行」が出現する可能性はきわめて高いと言わざるをえない。だが、孔子の死後に孟子が現れたのと同様のことが起こる保証はない。とするならば、その孟子以後の「邪説暴行」が撃退されることもない状態が長期間続くことになる。以前の「和」論でも指摘したように「先王の道」も「時」「世」との間にズレが生じ、それが克服されないために「先王の道」が時代遅れになり、その状態のまま時が過ぎていくことが起こりうるからである。そうなれば、「鬼魅・狐惑」が跋扈する時代が長く続く。つまり、「三綱」（『童子問』上・五十四章）は、長く沈んだままであるから、人々の脳裏から薄れ、やがては忘れさられる。そうしたなかでは、「三綱」が再浮上する可能性はきわめて低いと言わざるをえない。その状況の下では、人が「人為る所以を失」う（同、上・八章）ことは十分に考えられる。(4)

ところで、〈子張問行〉章の議論は、「言忠信、行篤敬ならば、蛮貊の邦と雖も行はれん」とされるように「忠信、篤敬」に向けられている。この章の大注では、「忠信は学問の本、篤敬は学問の地、始終全体之れを尽す」としたうえで、

後世の世儒、以為へらく、忠信・篤敬、是れ日用常行の務にして、遠きを窮め、高きを極むるの論に非ず、と。而して別に一般の宗旨を立つ。殊に知らず、道は実理なり、学は実務なるを。豈に忠信・篤敬を外にして別に所謂高遠なる者有らんや。（『論語古義』衛霊公篇・〈子張問行〉章論注）

と述べる。ここまでは仁斎がしばしば展開するところの「高遠」批判が展開され、「卑近」なところに位置す

る道徳実践を重視する議論が展開される。だが最後に「忠信を要とする者は、必ず硜々たるに流れ、篤敬を務むる者は、把捉に陥る」とされる。つまり「忠信・篤敬」を石部金吉の如くに実践する者に対して批判が加えられる。なぜならば、「日用に益無」し（同前）だからである。このレベルであるならば、たとえ日常生活に支障をきたしても、それを改めるならば事足りる。(5)「君子は過ち無きことを貴ばずして、能く改るを以て貴しと為《す》」（『童子問』下・二十五章）だからである。したがって、この批判は、「道」秩序内での道徳実践をより円滑にする視点から示されたものなのである。

右のように自分の「過ち」を自覚的に把握し、それを改める能力の持ち主が大多数を占めるならば、あえて「鬼」などを持ちだして警句を発する必要もさほどあるまい。にもかかわらず、仁斎は、消極的な形であるにせよ「鬼」などに言及する。ここに本稿は、つぎの点を読み取る。すなわち、「道」秩序などに言及する仁斎の言説の背後には、反「道」秩序的世界、つまり「悪」の世界が隠されており、その世界に住む者たちの比喩的表現が「鬼」などである、と。では、その反「道」秩序の内容とは如何。こうした問題意識に立脚して、『童子問』巻之上・八章の警句の意味を読み解くことが本稿の課題である。

一　「孝弟」論

仁斎は、「人の霊を以てすと雖も、然ども羽有る者の翔《かけ》り、鱗有る者の潜るが若くなること能はざる者は、其の性異なればなり」（『童子問』上・八章）と述べるように、人間の性質を魚や鳥のそれと区別する。魚などと区別される人間の性質とは何か。ここでは、その性質を「人を以て人の道を行ふ」と表現し、その実践の内容を、「堯の服を服し、堯の行《おこなひ》を行ひ、堯の言を誦するに於ては、則ち復た甚だ難きこと無き者は、其の道同《おなじけ》ればなり」（同前）とする。この堯と同じ服を着る云々は、すでに有効性が確認された、いわば手本としての堯の服装、立ち振舞い、言葉遣いを模倣し、それらの体得によって自己の行動を堯・舜のそれと同一化させ、それを実践することを意味する。しかしながら、そもそも堯と同じ服を着たからといって、堯と同化できるなどと仁斎が考えているならば、それはあまりにも楽観的なものと言わざるをえない。まして、さほど経済的に豊かではないと考えられる「販夫・馬卒・跛奚・瞽者」（『語孟字義』道3）は、その服を買うことができるのであろうか。

この「堯の服を服し」云々の語句自体は、『孟子』告子章句下・二章の、

子、堯の服を服し、堯の言を誦し、堯の行を行はば、是れ堯のみ。子、桀の服を服し、桀の言を誦し、桀の行を行はば、是れ桀のみ。（『孟子古義』告子下・二章本文）

を踏まえたものである。この第二章の本文では、つぎのような物語が展開される。曹の国の君主の弟である曹交が、人は誰でも堯・舜のようになれるのかという問うたのに対して、孟子はそうだと答える。そして、そもそも文王などの聖人は背が高い。しかし、自分は彼らより背が低いし、大飯ぐらいしか取り柄がない。それでも聖人になれるのかと曹交がさらに尋ねた。これに対する孟子の返答では、聖人に肉体的に近づくことの愚かさが指摘された後に、「孝弟」論が展開される。その「聖人の道は、人倫日用の間に過ぎ」ざるものとされたうえで、「堯・舜の道は、孝弟のみ」（同・二章大注）と断言される。その具体的なあり方として、ゆっくり歩いて年長者についていくことを「弟」と、また年長者を追い越すことを「不弟」とする。年長者が躓かないか、転ばないかと気遣いながらついていくことの方が、これまで年長者から受けた恩に報いることになるから、その者にとっても心地よい感情を感じることができる。それゆえに、年長者を追い越すよりも、「徐行して長者に後《おく》る」（同前）ことが選択される。

「堯・舜の道」は、「孝弟」とされる。では、なぜ「孝弟」を大半の人が行いうるのか。仁斎は言う、「孝弟の心は、人の良知良能にして、自然の性なり」（同前）、と。この「良知良能」と「自然の性」とを結合させる発想は、『語孟字義』の「良知良能」の項における「良」を、『孟子集註』と同様に「本然の善」（『語孟字義』良知良能1）と定義し、それを「四端の心」と結合させる記述と軌を一にする。

この「致良知」は、陽明学でも重視される。つまり朱子学が「性善」の根拠を「心」の外に求めたのに対して、実践主体の「心」を「良知」、すなわち本来的に完全なる「善」とするから、その自己の「心」に従っていくことが陽明学では肯定される。この自己実践を重視する「致良知」は、「四端の心」を「人人具足、外に求むることを仮らず」（『語孟字義』四端之心1）というように人間「固有」の心として捉え、「言わずして喩《さと》り、思わずして到る」（同前）という「拡充」論と近似する。しかしながら、仁斎は、陽明学の「致良知」説を斥ける。なぜならば「仁に本づくをこと知」らざる（同、良知良能2）からである。つまり、仁斎は、その説を自己の心のままに実践活動を行うことと見なし、そうなれば、「仁」に向かうとは必ずしも限らないと判断した。それゆえ「致良知」説を否定して、「拡充」の目標を「仁」に限定したのである。

そもそも仁斎の「良知良能」論の典拠は、『孟子』尽心章句上・十五章にある。その章では、「良知良能」は「良は直し易し。良知良能は皆な自然に出でて、偽飾すること無し」（『孟子古義』尽心上・十五章小注）と解釈される。この根拠を「此れ良知良能の義を解るは、孩提、二、三歳の間に孩笑ふを知りて、提抱す可き者なり」（同前）とする。つまり、仁斎は、親に対する赤子の笑いなどを根拠として、「親を知り、兄を知るは良知なり。親を愛し、兄を敬ふは良能なり」（同前）と述べ、「孝弟」の「自然」性を述べる。たしかに誕生直後の赤子の親に対する笑いは本能的なものと言えるかもしれない。しかしながら、その赤子の態度や立ち振舞いが、生後、二、三年を経過する過程で身につけたものであるならば、それは「自然」的なものと呼びうるのであろうか。その過程では、その親子関係のあり様やその〈イエ〉の習慣、そしてその〈イエ〉の属する共同体の習俗、さらには「世」のなかのそれの影響下にあると言えよう。それゆえに、二、三歳の子供の立ち振舞いなどは、後天的に学習したものと考える方が妥当だと言えよう。だが、仁斎はそうしたものを含めて「自然」と表現する。それは、「設令《たとひ》宇宙の外、復た宇宙有りとも、苟も人有て其の間に生ぜば、必ず当に君臣・父子・夫婦の倫有て、仁義礼智の道に循ふ可し」（『童子問』上・九章）と言われているように、人間が必ず「道」秩序のなかに生まれでる「道」内存在と捉えているからである。その秩序それ自体は、堯が「天下猶を平らかならざるがごと」き時に舜を登用し、その後堯・舜によってさまざまな事業が展開され、「民の害已に除かれ、民の生已に育《はぐく》まるるときは、則ち又た教ふるに人倫を以てす」（『孟子古義』滕文公上・四章小注）とされる。つまり、人間が自然に保持していたものではなく、迫り来る危機を乗り越え、生活の安定が確保された後に、堯・舜が契を司徒に任命し、契が「人倫」を民に教化したものであるから、「人倫」は、万人にとってけっして自然的なものではなく、意識的か否かは別として、堯・舜の営為によって見いだされかつ教化されたものなのである。しかしながら、それを孔子が「祖述・憲章」（『童子問』下・五十一章）した結果、その秩序は、人間が人間として生きようとする限り、それに従わなければならないものとなった。その意味では人間が人間として生きようとする限りにおいて必要不可欠な前提条件として、あるいは人間にとってはアプリオリに存立するものとして「道」秩序は認識される。それゆえに人間にとって、それは「自然」的なものとして認識されるのである。

しかも、親への愛情が「己の私に似たり」（『孟子古義』尽心上・十五章論注）と述べられるように、私的なものであることが自覚されている。これに対して「仁」は「遠近内外、充足通徹、到らずといふこと無」し（『語孟字義』仁義礼智1）とされるように、普遍的かつ超私的なものとされる。この異質な二つの概念が、「能く斯《こ》の心（孝――引用者注）を天下に達して、至らざる所無きときは、則ち仁義なり」（『孟子古義』尽心上・十五章小注）とされるように、無媒介に結合させられる。この結合の過程に関しては、次号の「道」秩序の構造に分析を加える際に解明する。*補注 ただ、道徳実践論のレベルで、その結合のあり様を示しておくならば、つぎのようになろう。すなわち、その「道」秩序のなかで赤子が初めて接する他者は親であり、兄である。とすれば、その親などへの抱かれる感情である「孝弟」が純然たる自然的なものか否かは疑問の余地が残るとしても、それはその赤子が初めて抱いた他者への愛情であり、それに基づいて親子の間に関係が成立する。その意味で「孝弟」は赤子が初めて構築する対他的関係を規定する基盤的道徳感情と言えよう。

そして「良知良能」が「四端の心の拡充」論と結びつけられる。その「拡充」論は、「繭の緒有る、操治して止まざるときは、則ち繒《そう》となり、帛となり、端両丈疋の長きに至る」(『語孟字義』四端之心1)と表現される。この比喩を踏まえるならば、つぎのことが言えよう。まず子の親への愛情から始まった一本の糸が、色々の色彩を帯びた他の糸と交わることによって、色々な文様が編まれ、その文様がいくつも編みだされた時、それらの文様が編み込まれた一定の幅を持った織物が完成する。換言すれば、「孝弟」という道徳感情に規定された親と兄との関係の構築から始まって、「人の生質、万同じからず」(同、性1)と言われるようなもろもろの性格を持った他人と接することによって、その対象や範囲が量的に徐々に拡大され、かつ量的にも同じく深化する。ここに、諸場面で、質量共によりよき対他的関係が構築される。この拡大過程は、親子関係という血縁関係の構築から他人との関係のそれへと展開していく自然的成長過程として見なされる。そして、その「拡充」過程のそれぞれの場面で、「孝弟」という道徳感情も深化し、変化する。つまり、赤子の虚飾のない笑みは、「人の事を做すこと、己が事を做すが如く、人の事を謀ること、己が事を謀るが如く、一毫の尽さざる無き「忠」、および「人と説く、有れば便ち有りと曰ひ、無ければ便ち無しと曰ひ、多きは以て多しとし、寡きは以て寡しとし、一分も増減」せざる「信」(同、忠信1)のごとき、邪心のない純粋な心情に支えられた他者への態度へとより社会性を帯びていく。したがって、仁斎は、対他的関係を規定する道徳実践規範の根底に「孝弟」があるとしたがゆえに、「堯・舜の道は孝弟のみ」(『孟子古義』告子下・二章大注)と言い切ることができたのである。

この「自然の性」は、朱子学の「本然の性」を想起させる。「晦庵集註に曰く、性とは、人天に稟けて以て生ずる所の理なり。渾然たる至善、未だ嘗て悪有らず」（『語孟字義』性4）とされるように、その「本然の性」は、いわば絶対「善」として規定され、そして「本然の性」が「性即理」という形で万人に保持されているとされる。しかしながら、その「本然の性」の発現のために、「始より欲を滅ぼして以て性に復るの説無し」（同、性5）と否定されていることから明らかなように、仁斎は「本然の性」を否定する。

しかも、「自然の性」は、「尽く一にして悪無しと謂ふには非《あらざ》るなり」（『語孟字義』性2）と言われているように、絶対的「善」とは見なされてはいない。そのうえ「性は、人、生まれて稟くる所の質、各の殊《ことな》ること有」る（『孟子古義』滕文公上・一章小注）というように、各人の生まれつきの性質の個別性を認める。したがって、この「自然の性」は、「本然の性」のごとき個人における「善」の絶対的基盤を意味しない。加うるに、先述のように「自暴自棄」に陥る者はけっして少数ではない。したがって、仁斎の道徳実践の基盤は、けっして盤石のものとは言えない。にもかかわらず、「自然の性」は、「善に趨くは、則ち一なり」（『語孟字義』性2）とされ、しかも、「其の情、善を好み悪を悪まざること無きは、乃ち所謂る性善なり」（『孟子古義』滕文公上・一章小注）というように、「情」の「善」への指向性も是認される。

以上の点を踏まえるならば、その「善」への指向性は、その可能性への信頼を表現しているに過ぎない。その可能性を実現するためには、その生来的な性質を道徳実践によって「善」に向かいうるレベルにまで改善する必要が生じよう。とするならば、仁斎が「孝弟」を「自然の性」によって根拠づけるのは、あくまでもその方向に向かいうる可能性を保証しているに過ぎないことになる。保証は保証でしかない。だから、生まれながらの堅物は、その性格を変えない限り、さきに指摘したように「忠信・篤行」を実践したとしても、「必ず硜々たるに流れ、把捉に陥る」ことになりかねないのである。

そのうえ、先引の「子、堯の服を服し、堯の言を誦し、堯の行を行はば、是れ堯のみ。子、桀の服を服し、桀の言を誦し、桀の行を行はば、是れ桀のみ」の、「林本」段階の注釈は、「堯の為すを為すときは、則ち是れ堯のみ。桀の為すを為すときは、則ち是れ桀のみ。堯の名を以て之れを聖と謂ふに非ず」（『孟子古義』告子下・二章小注）とされている。このように堯という名前に聖人たる所以があるのではなく、あくまでも堯が実践した行為それ自体に「聖」の意味があるとされる。では、堯の行為の実践が必ず選択されるのであろうか。大注において仁斎は、「夫れ学を貴ぶ所以の者は、衆人の為し難き所を能くするに在らず。乃ち衆人の能くし易き所を能くするに在り」（同、二章大注）と言う。したがって、それは個人にその選択の根拠が固有なものとして置かれているのではなく、実践しやすいか否かの功利的判断に基づく。とすれば、たとえば野蛮な性格の持ち主が、桀の行為を実践しやすいと判断し、それを選択する可能性は残されていると言わざるをえない[6]。

しかも「夫れ跡の見る可き有て、而る後之れを善と謂ふ。若し未だ跡の見る可き有らざるときは、則ち又た善の見る可き無し」（『語孟字義』性4）と言われるように、「善・悪」は、人間の心情や動機にかかわることなく、その行為が生みだす結果から判断されることになる。したがって、仁斎にとって「善・悪」とは、いくら心情や動機が「善」であったとしても、心情や動機を基点として為された行為が悪しき影響を及ぼしたならば、それを「善」と言うことはできない。しかしながら、心情などが悪意に満ちていても、行為がよき結果をもたらしたならば、それが「善」と言えるか否かに関しては、「仁政」の基盤に「人に忍びざるの心」を置いている点を踏まえるならば、仁斎は微妙な立場を取ると言わざるをえない（この点に関しては後述する）。ここでは、そうした心情や動機がことごとく排除され、行動の結果としての業績のみが評価の対象とされているか否かと問うならば、否と言わざるをえない。このことは、人間の内面と行為の結果とは分断されつつも、連続させられていると言い換えることができる。以上の点を踏まえるならば、つぎのことが言える。すなわち、人間がその「善」の本としての一本の糸から、よりよき文様を編み出そうと企図しても、あるいは、少なくとも他者との間により心地よい関係を構築しようと意図したとしても、それは、その結果においてのみ判断されるのである、と。

二　「忠臣」論と「野狐山鬼」

仁斎の「王道」論は『孟子』に基づく。それは、

先王、人に忍びざるの心有て、斯に人に忍びざるの政有り。人に忍びざるの心を以て、人に忍びざるの政を行ふ。天下を治ること之れを掌の上に運《めぐ》らす可し。（『孟子古義』公孫丑上・六章本文）

というものである。その「王道」論は、「約して之れを論ずるときは、則ち一の仁の字之れを尽せり」（『童子問』中・八章）といわれるように、「仁」に基づく。つまり、「天下に王たる者」は、「仁」を必要不可欠な「徳」として体得していなければならない存在なのである。だから「王たる者」は、民に対して「残忍刻薄の心」を抱くことなく、「愛」をもって接する（同、上・三十九章）。それゆえ、その「利沢、人に及ぶ」（同、上・五十四章）のである。しかしながら、君主の主観に基づいて民に対して「利沢」を及ぼしたとしても、民にとってはありがた迷惑な場合も起こりうる。そこで同じく『孟子』から、つぎの語句が引かれる。

民の楽《たのしみ》を楽む者は、民も亦た其の楽を楽み、民の憂《うれひ》を憂ふる者は、民も亦た其の憂を憂ふ。楽むに天下を以てし、憂ふるに天下を以てして、然して王たらざる者は、未だ之れ有らざるなり。（同、中・十六章）

と。このように「王たる者」が、民に愛情を持って接すると同時に、民と共通の価値観を共有することが要

請される。その共有化の作業のなかで、民との間に共通感情が形成され、さらには「民と好悪を同じうする」(同、中・十七章)という「王・民」一体の価値観が形成される。ここに「王たる者」と民との間に確固とした靭帯が成立する。この王に対する民との間の価値観などの共有という点に着目するならば、「王たる者」には一定の制約が課せられていると言うことができる。

右のような「王道」の世界は、仁斎にとってたんなる理想的世界ではない。尭・舜の時代に実現した現実の世界なのである。だから、「尭・舜の君、位に在るときは」(「論尭舜既没邪説暴行又作」)、民との間にそうした靭帯が結ばれていたがゆえに、民の側もその「王道」に共感する。その「君・民」一体の体制こそが、「天下一家、道徳一にして風俗同じ」(同前)と言われるような、安定した統一的状態を実現したものなのである。

1　子文論

「王道」は君だけの力では実現しえない。尭が舜を必要としたように「臣」の協力を必要とする。その「臣」の君への仕え方も多様である。そのなかから歴史上「忠臣」と呼ばれる、あまたの人物に対する品定めが、『童子問』巻之中・三十九章において行われる。その品定めの基準は、仁斎のなかでは必ずしも統一されているとは言いがたいが、ここでは、内面における道徳的向上と「世」のなかに対する業績との関連に焦点を絞って検討を加えていくことにする。

「忠臣」の最高峰に位置づけられるのが「伊尹・周公」である。伊尹は、言うまでもなく、湯王を助けて夏の桀を伐ち、殷室創業の大事業を成し遂げた人物であり、周公は、武王の弟で、同じく周代の文化の建設者であるがゆえに、孔子から聖人と崇められた人物である。この評価の基準は、「至誠君を愛し、善を以て之れを勧め、道を以て之れを輔くる者」(同、中・三十九章)というものである。この基準は、君に対する心情の純粋さ、君主を「善」導するための努力、そしてその「善」の内容である「王道」の実践とその実現という、三つの要素からなっているが、この三つの要素の連関は示されてはいない。ただ、ここではこの三つの要素を確認しておく。

令尹子文は、『論語』公冶長篇・〈令尹子文三仕為令伊〉章では、以下のような評価が下される。子文は、楚の国で令尹という重職に三度任命されたが、格別喜ぶ様子もなく仕事をこなし、また三回免職されたが、なんらの不平不満も抱くことなく、ただ新しく任命された令尹に事務の引き継ぎを行った。この役職の就任と辞任とに対する淡々とした子文の態度に、孔子は、「忠」ではあるが、「仁」者ではないという評価を下した。その理由を仁斎は、

子文、其の身を忘れて国に忠するを以てす。故に其の仁を疑ふ。夫子、其の未だ必しも至誠惻怛の心を出ず、又た利沢物に及ぶの功無し、但だ其の忠のみを許し、其の仁を許さざるなり。（『論語古義』公冶長篇・〈令尹子文三仕為令伊〉章小注）

と述べ、また「仁心仁聞有りと雖も、然れども民、之れを被らざるは、之れを徒善と謂ふ」（同章大注）と解釈する。つまり、子文は、内面の道徳心は、「仁」の域に到達しているが、それだけでは「仁」者という評価をうることはできないとされる。なぜならば、子文は治世の安定などの業績を挙げていないからである。このように、「仁」者という評価は二つの要素によって形成される。その一つは、道徳心を「仁」のレベルまで向上させることであり、その二つは、民に対して政治的業績を挙げることである。

『論語集註』でも、子文に対する「其の忠を許して未だ仁を許さず」という孔子の評価の根拠を「未だ其れ皆な天理に出でて人欲の私無きを知らざるなり」[7]、あるいは「今、是れを以て二子（子文・文子――引用者注）の事を観れば、其の行を制するの高きこと、及ぶ可からざるが若しと雖も、然れども皆な未だ以て其の必ず理に

当《あたつ》て真に私心無きを見ず」[8]とする。このように子文には、「私心」があるがゆえに「理」を完全に発現することはできないから、子文は「仁」者ではなく、「忠」の実践者にとどまると解釈される。つまり、朱子学では、「心」における「人欲」の排除による「本然の性」の発現こそが、その評価の核心に置かれている。この背景には、『大学』における八条目(格物・致知・誠意・誠心・修身・斉家・治国・平天下)が存する。ことに「格物」「致知」が「物に格る」「知を致す」と解釈され、「吾れの知を致さんと欲するは、物に即きて其の理を究むるに在り」[9]というように、「事物」の「理」を極め、「知」識を押し進めることだと解釈されると同時に、聖人の域に到達するための修養法としての「居敬窮理」が要請される。このように「格物窮理」という朱子学的知では、「修身・斉家」という徳目と、さらにはそれを「治国・平天下」という政治レベルに直線的に連続させることになる。この朱子学的思惟においては、その出発点に位置するところの、修養による「心」の純化が、「本然の性」、つまり「理」の発現をもたらし、それが政治的成果に直接的に連関することだとされるから、「人欲」の排除を十全に成し遂げてはいない子文は、その政治的成果を完全な形では挙げられないと評価される。そうした限界のなかでの最大限の成果が、職分に対する淡々とした子文の姿勢なのである。

この朱子学の評価に、仁斎は徹底的な批判を加える。

理に当て私心無きを以て仁を解するは、是れ所謂る其の説を得ずして、従て之れが辞を為《す》る者にして、仁の義を去ること益す遠し。(『童子問』上・五十一章)

と言うように、仁斎の批判は、もっぱら「私心」の否定に向けられる。[10]ところで、仁斎とても、「人欲」をなんらの前提なしに肯定しているわけではない。「苟も礼義以て之れ(情・欲——引用者注)を裁すること有るときは、則ち情即ち是れ道、欲即ち是れ義、何《な》んの悪むことか之れ有らん」(同、中・十章)と言われているように、

「礼義」による制御を前提としたうえで、「情欲」の肯定が主張されているから、「私欲」それ自体が全面的に肯定されているわけではない。にもかかわらず、仁斎の批判の矛先は、朱子学における「私欲」否定だけに向けられ、その制御に及ぶことはない。なぜか。朱子学の「居敬究理」が、たとえ「私欲」の制御（否定ではない）による「本然の性」の発現を意味するものであったとしても、その「本然の性」が「性とは、人、天に禀けて以て生ずる所の理なり。渾然たる至善、未だ嘗て悪有らず」（『語孟字義』性4）と規定されるとき、その「本然の性」自体が「私欲」の否定に結果として繋がると捉えられた。すなわち、「天」から付与された「本然の性」は、「私欲」を含まない絶対「善」とされる。この絶対「善」としての「本然の性」は、「私欲」が「私」たる域にとどまる限り、「気質の性」に濁りが生じるから、十分には発現されえない。言い換えるならば、絶対「善」は、この「私心」の「私」とは相容れない、根元的に対立するものなのである。それゆえ仁斎は、たとえ朱子学において「情・欲」の肯定のような言辞が記されたとしても、その根底には「情・欲」の否定が存すると判断したのである。

しかも、仁斎はその絶対「善」の領域を、現実の世界からの飛躍と見なす。仁斎は、『語孟字義』の「性」の項において、

動静・真偽・善悪、皆な対して之れを言ふ。是れ世の所謂る動静・真偽・善悪、性の所謂る動静・真偽・善悪に非ず。惟だ善を未だ始より悪有らざるの先に求めて、性の善見る可し。（同前）

という延平の説をわざわざ引用して、それに「性の善未だ始より善悪の有らざるの先に有りというときは、則ち是れ父母未だ生まれざるの前に求むる」と批判を加える。つまり、仁斎の認識では、現実の世界には「善・悪」は歴然として存在する。にもかかわらず、朱子学は、現実の「善・悪」を超越した所に絶対「善」を設定

する。それゆえ、その絶対「善」の世界から現実を見るならば、その現実は、「虚」の世界、つまり否定の対象でしかない。なぜならば、「豈に世の所謂る動静・真偽・善悪を外にして、別に動静・真偽・善悪という者有らんや」と言われるように、この「世」には「善・悪」が存立し、また「善有り悪有る者は、其の常」(同前)を踏まえるならば、人には「善・悪」があるからである。以上のような分析から、仁斎における「善」は、現実の位相として、朱子学におけるそれは理想の域として捉えられていると言える。そうであったとしても、なぜ仁斎は、朱子学の「私欲」批判に執拗なまでに批判を加えるのであろうか。仁斎は、「善」を彼岸の彼方に押しやる朱子学は、その彼岸が体験されえない以上、虚偽の事柄をあげつらっているに過ぎないと見なす。だから、その「虚」を撃つことによって「善」を此岸に取り返さなくてはならない。そのために朱子学と同じ土俵、つまり彼岸のレベルに踏み込むことは、「蛇を画がいて足を添え」る域(『語孟字義』天道3)で相撲を取るようなものである。だから、彼岸のレベルではなく、現実のレベルで相撲を取らなくてはならない。そこで、仁斎は、「本然の性」を発現させるための前提としての「私欲」否定に批判を加えることによって「本然の性」の発現の道筋を閉ざすことを目指す。これこそが朱子学の「私欲」否定に対する仁斎の批判の意味なのである。

そのうえ、その評価の対象は政治家としての子文である。現実の政治は、「善・悪」が複雑に交差するうえに、他国との関係などの国際的環境や歴史的背景にも規定されている。だから、その政治は、たとえ不純な動機を持っていたとしても、結果として民の生活の安定などの政治的成果を挙げればそれで事足りる。言い換えるならば、道徳心などの内面のあり方とその業績とは、すくなくとも位相の異なるものとして仁斎は捉えているのである。だから、このすぐ後に取り上げる管仲に対して、つぎのような評価を下す。「管仲が若き、未だ其の事全く理に当て、心果たして私《わたくし》無きことを見ずと雖も、然ども夫子其の仁を称する者は、蓋し民其の賜を受るを以てなり」(『童子問』上・五十一章)、と。その政治を担う者に絶対「善」を求めること自体、笑止千万なことと仁斎の目には映った。だからこそ、『童子問』に一章を立ててまで、「私欲」否定の視座から子文に批判を加える朱子学の評価に、批判の矛先を向けたのである。

「仁者」における「至誠惻怛の心」と、「利沢物に及ぶの功」との連関は如何という問題を解く鍵は、管仲にある。この人物の評価は孔子・孟子で分かれる。孔子は、「其の器、小なると称する」という人物評価を下しているにもかかわらず、管仲に「仁なり」という最大級の評価を与える（『論語古義』憲問篇・〈桓公殺公子糾〉章本文）。これに対して、孟子は、管仲を「其の功烈の卑しきを譏る」（『孟子古義』公孫丑・一章本文）というように否定的評価を下す。このように孔子の管仲評価には相反するものがあるし、孔子の評価と孟子のそれとの間にも齟齬がある。

2 管仲論

そもそも管仲という人物の事跡が単純な評価を許さない。この管仲は、斉の桓公の宰相として、桓公をして天下統一をなさしめた。しかしながら、そのために権謀術策を振う。たとえば、斉の大夫である伯氏の知行地三百戸を、管仲は奪い取った（『論語古義』憲問篇・〈或問子産〉章本文）。また「無道」の暴君である襄公の圧制から逃れるために、管仲は桓公の腹違いの兄である公子糾を守って魯の国に亡命したが、襄公を殺した無知が、斉の人々によって殺されたことから国に帰ろうとした。ところが、桓公が先に位につき、子糾を殺した。しかし、管仲は、自分の仕えた子糾を殺した桓公の捕虜となり、やがて桓公の宰相となったのである（同・〈桓公殺公子糾〉章本文）。このように管仲は他人の領地を略奪し、しかも二君に仕えるような人物なのである。

右のような管仲の行為には、「至誠君を愛し、善を以て之れを勧め、道を以て之れを輔く」（『童子問』中・三十九章）というような「仁」の欠片さえも、また子文のように淡々と仕事をこなすことによって君主に仕えるという「忠」さえも認められないように見える。にもかかわらず、管仲に孔子は「仁者」の評価を与える。なぜか。領地の略奪に関しては、「伯氏疏食を飯《くら》ひ、歯を没しても怨言無し」（『論語古義』憲問篇・〈或問子産〉章本文〉と言われるように、略奪された伯氏がその略奪の背後に潜む管仲の意図を察して、その略奪に恨み言一つも言わなかったがゆえに、その略奪が是認される。また二君に仕えたにもかかわらず管仲が評価されるのは、つぎのような業績を挙げたからである。管仲は、この「周室を尊び、夷狄を攘ふ」「葵丘の会盟」を実現させるために、軍事力をまったく使わなかった。この政治的手腕に孔子は最大級の賞賛を送った。それが「其の仁に如《しか》んや、其の仁に如んや」(同・〈桓公殺公子糾〉章本文)という孔子の言葉の意味である。これに仁斎は、「仲は能く桓公に王法を修挙せしめ、風俗を輓回し、利沢遠く天下后世に被るときは、則ち其の徳為るや甚だ大なり」(同・〈或問子産〉章大注)という注釈をつける。この管仲によって実現された「利沢」は、「其れ髪を被り衽を左」にする「夷狄の俗」への同化を阻止し、「君臣・父子の義」を存続させるという輝かしい業績の実現を意味する(同・〈管仲非仁者与〉章小注)。

以上の管仲の業績は、要するに管仲は桓公を補佐して諸侯を統合し、衰退していた周王室の太子を擁立し、諸侯を統合した結果、「天下」を正したというものである。この政治的成果が野蛮な風俗への民の同化を阻止し、そして「人倫」の道を後世に残すという業績を生んだのである。このように管仲は「桓公を相する」という政治的役職をただこなすだけではなく、政治的にやるべきことを積極的に実行した結果、輝かしい業績を挙げた人物として捉えられている。しかも、その実践においては、

君に仕るの道は、欺かざるを以て本と為《す》。然れども之れを犯すの義を知らざるときは、則ち或は其の好む所に阿《おもね》るに至る。故に又た曰く之れを犯せ、と。(同・〈子路問事君〉章大注)

と言われているように、君主の過ちを正すためにその顔色に左右されることなく諫め争うことが肯定されている。この点を踏まえるならば、この「乱当に作《おこ》らんとす」るような政治的危機のなかで、管仲は、「天下を正

す」ためには媚びを売ることなく諫め諭して、桓公に「天下を正す」業績を実現せしめたのである（同・〈管仲非仁者与〉章小注）。

管仲を「仁者」と評する孔子の言説は、「仁」の解釈に波乱を巻き起こす。右のような管仲の履歴は、けっして「仁者」とは言いがたい側面を持つからである。この問題を朱子学はつぎのように解決する。『論語集註』では、「管仲は、未だ仁人たるを得ず[11]」というように、管仲への孔子の評価に一定留保を付けつつも、その留保が孔子の評価を損なうことを懼れて、「管仲は功有りて罪無し[12]」と付言したうえで、その業績は、意図せざる結果として「仁」政が実現し、その「利沢」が人に及ぼされることになったと解する。この解決に対して仁斎は、孔子の評価を「是れ直ちに仁を以て之れを許す」もの（『童子問』上・四十七章）と解釈する。この解釈は、管仲の存在そのものとその履歴・業績を含めて「仁」と解釈していると言える。

そもそも『孟子』において「覇者」と非難されている管仲は、いかなる人物として捉えられているのか。

凡そ政を為るに才有り学有り。才有りて学無きときは、則ち為るを知らず。学有りて才無きときは、則ち為ること能はず。其の才有りて其の学無きは、管仲の若き是れのみ。（『孟子古義』公孫丑・一章小注）

とされるように、管仲は、政治における独特の才覚の持ち主とされる。ただし、この「才」は、

性の能なり。猶を手の持ち足の行くがごとく、以て善を為す可く、亦た以て不善を為す可し。諸を手を以て物を持つに譬ふ。筆を攬つて字を書くは手なり。刀を把つて人を殺すも亦た手なり。（中略）其の字を書し、之れを殺す所以の者は、則ち心に在り。（『語孟字義』才1）

とされる。したがって、才能が「善」き方向で発揮されるか否かは、「心」がけ次第と言うことになる。しかし、管仲の「心」に関する言及がなされることはない。せいぜい「其の才愈《いよい》よ高きときは、則ち其の望愈よ切に、其の名愈よ重きときは、則ち其の責愈よ深し」(『論語古義』憲問篇・〈或問問子産〉章大注)というように、才能が豊かであるゆえに、その才能への期待感が重くのしかかり、さらにその名声の高さがその責任の重さをもたらす。この重圧のなか、管仲は、その職責を果たした。つまり、その「生民の塗炭極」まった「春秋の時に当」たって(同・〈管仲非仁者与〉章大注)は、その危機的状況を乗り越える政治的行動が是が非でも必要であったし、その行動は結果として成功した。ただし、管仲は「学」がないがゆえに「王道を知ら」ない(『孟子古義』公孫丑・一章小注)。だから、その乗り越え方も、「王道」ではなく「覇道」によってであった。このような管仲の政治は、「王道を知らざりて、もっぱら覇術」(同前)によって行われたがゆえに、孟子は、管仲を「王道を知らざるもの」として「譏」った(『童子問』上・四十七章)のである。その『孟子』の箇所を、仁斎は「斉国の大を以て王道を行ふは、其の易きこと手を反すが若きのみ」(『孟子古義』公孫丑・一章小注)であるにもかかわらず、「王道」を知らない管仲は、「其の君に勉むるに王道を以て」する(同前)ことができなかったと解釈する。したがって、仁斎もまたこの箇所の解釈においては、管仲を「王道」の実践者として見なしてはいない。しかし、その「王道」は、斉国では容易に実現しうるものであった。にもかかわらず、管仲を「仁者」とあえて評するのは、その政治的業績から動機の純粋性や個人の道徳性などの個人の内面にかかわる問題を切り離して判断を下しているからである。そのうえ、聖人の「仁」と管仲の「仁」とが同じであるか否かという問に対して仁斎は、「堯・舜の仁」を「大海の水」に、また「管仲の仁」を「数尺の井泉」と譬え、その「大小の差」を認めたうえで、「大小の差有りと雖も、豈に之れを水に非ずと謂て可ならんや」と、両者を同じ位置に置く(『童子問』上・五十二章)。

子文は、道徳心の面では、「仁」の域に達していたが、政治的成果を挙げなかったがゆえに、「忠」という評価しか受けなかった。これに対して管仲は、内面にかかわる問題にほとんど言及することなく、その政治的業績だけをもって「仁者」と評される。この点を踏まえるならば、仁斎の「忠臣」論においては、道徳性よりも政治的業績がより上位におかれていると言える。だが、以上の点をもって、仁斎の政治論が、内面から独立した業績主義によって貫かれているなどと速断してはならない。この判断は、「医は則ち其の人を活すを期す。人を論ずるときは、其の用に適ふを期す」（『論語古義』憲問篇・〈或問子産〉章大注）というように、孔子の判断の的確さおよび柔軟さへの賞賛へと連関させせられる。すなわち、孔子は、いわばＴＰＯを的確に把握したがゆえに、その管仲の人物像には言及することなく、民を危機的状況から救済したという業績をもって「仁者」と評したのである。このように管仲が「仁者」と評されるのは、いわば時代のなせる業と言ってよい。そこで、仁斎は、「夫子の仁の若きは、実に天地と準《なぞ》らふ。管仲に度越すること、奚ぞ翅だ億万のみならん」（『童子問』上・五十三章）とするのである。つまり、孔子の域に達していれば、「惻隠の心」を拡充させた到達点としての「仁」の実現に基づいた政治的業績を挙げ、かつその「利沢」が万人に、しかも後世まで及ぶことになる。この内面と外的業績とが一体化した孔子レベルの「仁」より一段低いレベルに管仲の「仁」は位置づけられる。その意味において、一度分離せしめられた内面性と業績とは、孔子において再び結合されたと言えよう。

3　「野狐山鬼」の世界

管仲が「仁者」と評される所以の一つに、桓公を補佐して諸侯を統合する際に「兵車」（『論語古義』憲問篇・〈桓公殺公子糾〉章小注）、つまり軍事力に頼らなかった点が挙げられる。この「武」を否定する観点は、「私擬策問十五道」の五で、「大学の書は孔子の遺書に非ず」と説いた翌年、寛文九年（一六六九）、仁斎四十三歳の時に書いた、「山口勝隆を送る序」のなかの「国家将に治まらんとする、必ず文を右にして武を左にす」（『古学先生文集』巻一・序類）にも、また『童子問』巻之中・三十一章において、「治道」とは何かという問に対する「文、其の武に勝つときは、則ち国祚修《なが》かり。武、其の文に勝つときは、則ち国脈蹙《ちぢ》まる」という答えのなかにも示されている。(13) このように、「武」否定の観点は、仁斎のなかで一貫していると言ってよい。さらに、この観点は、

源平氏起こるに曁んで、天下初めて乱れ、礼楽典章、日に壊堕に就き、元・建の後に及んで、干戈相尋ぎ、戦争止まず。専ら威武に任じて、文教を蔑棄す。天下の衰へ極まれり。(『古学先生文集』巻一・序類・「送山口勝隆序」)

と言われるように、日本の歴史の叙述にも貫かれている。仁斎がこのように日本の歴史に言及することは希であるが、『童子問』巻之中・三十章でも、秦の始皇帝と本朝の羽柴秀吉とが同じ視点から批判される。

秦の始皇、本朝の羽柴氏の若き、雄武英略、古今に過絶し、戦へば勝ち攻むれば取り、風動き草靡き、前に勁敵無し。其れ宜しく子孫繁衍にして、数百年の宗社を保つべし。而して纔かに一再伝して亡ぶ。嚮《さ》きの気焔赫赫たる者、何れにか在るや。吁、不仁の過、和漢轍を一にす。

武将としての秀吉の能力が他の武将よりも卓越していたがゆえに、秀吉は天下を取り、「世」のなかを安定させるという業績を挙げることができた。むろん、その治世は、武力によって実現されたものだから、「王道」によるものではなく、「覇道」による。だが、この点だけに着目するならば、秀吉は、先述の管仲の業績と同じことを為し遂げたと言ってよい。したがって、この業績をもって秀吉も「仁者」の端に加えてもよさそうなものである。だが、仁斎は秀吉を「不仁者」として切り捨てる。秀吉は、「仁」をまったく欠いていたがゆ

えに、「王道」を実践するような「徳」性をまったく持たない。このように「仁」を欠いているならば、他の「徳」目も当然欠いている。そのような人物は、「礼義」による制御を欠いた、赤裸々な「情・欲」によってのみ、その行動を起動させる。その貪欲な「情・欲」はとどまることを知らない。だから、秀吉は日本を支配するだけで自己の「情・欲」を満足させることなく、朝鮮にまで触手を伸ばした。しかも「武」による侵略である。そうした「情・欲」に身を任せた君主が行う政治は、

夫《か》の古自り以来、人君、色を好み貨を好む者を観るに、人の怨を顧みず、人の怒を察せず、民の婦女を奪ひ、民の貨宝を掠め、専ら己が耳目を悦ばしめて、民と好悪を同《おなじう》すること能はず。(『童子問』中・十六章)

ということになる。

反「王道」的政治の実践者としての秀吉に対して、その臣下が「忠」誠心をもって従うことはできまい。秀吉の軍事力への恐怖心と、秀吉への服従によって分け前に与りたいという欲望とが混在したものが、秀吉への臣の服従の動因と考えられる。だから、仁斎は言う、「乱臣賊子、其の欲を肆にして、忌み憚る所無し」(『童子問』下・五章)、と。この欲望だけに駆り立てられ、それを充足することしか念頭にない臣下も、その君主と同様に「小人の君に事ふるや、聚斂掊《ほう》克、唯だ君の為《ため》にすることを知って、民の為にすることを知ら」ざる(同、中・二十四章)政治を行うのである。

「不忠の臣」は、君主の座をも虎視眈々と狙う。なぜならば、君主の座に就いたならば、臣という地位において獲得した利得よりもより多くのものが得られ、自己の欲望をより満足させることができるからである。だから、「不忠の臣」は、君主の寝首をかいてでも君主の座に就こうとする。その企てがうまくいけば、君主の座に就くことができる。このように「武」によって君主の座を奪い取った者は、「武」の効果も恐ろしさも知

り抜いているから、その「武」の威力を巧みに使った支配体制を構築しようとする。このような君主は、自分の臣下への同情心の欠片をも発揮することもなければ、「王道」的政治のほんの一端でも実践することはない。ここには「忠」などの道徳心が抱かれる余地はまったくない。そうなれば、その臣下も、かつて自分がそうであったように、あわよくば君主の座に就こうとする。この下剋上が言わば無限に繰り返される。このような状況下では、君主の側がより強大な軍事力を保持していれば、君主の座は安泰であり、臣下は臣たる地位に留まらざるをえないが、なんらかの事情で臣下が君主の地位に就くチャンスが得られたならば、両者の地位が入れ替わるだけである。このような世界は、奪うか奪われるかという力と力とが赤裸々にぶつかり合う弱肉強食の状態なのである。こうした悪政は民に「利沢」(『論語古義』憲問篇・〈桓公殺公子糾〉章大注)を及ぼすことはまったくない。いやむしろ、その悪しき君主の感化を受けた民も、年長者が転ばないかと心配しながら後から歩いていく「弟」の感情など消し飛び、転んだ年長者から金目のものを奪うようになるだろう。いわば人を押しのけ、人から略奪することが常態化する。ここには人間たるに価しない、人間の皮を被った「鬼」だけが生きている。だから、その悪しき治世は、「禍門以て開け、怨府以て成る」(『童子問』中・十六章)ようなものである。このような「武」の支配による反「王道」的政治に「衆心の帰」することはない。したがって、悪しき君主は、「放・伐」される(『孟子古義』梁恵王下・八章論注)だけである。

その天才的戦略家としての秀吉の死は、その軍事的圧力に基づく恐怖心から、臣下や民を解き放った。その恐怖の支配の後には、豊臣家の悪政に対する反発が直ぐさま生じた。だから、豊臣家に臣も民も反旗を翻した。そのため、秀吉の作り上げた治世の屋台骨はすぐさまぐらつき、その天下統一は、秀吉の子秀頼の時に脆くも崩れる。こうして秀吉の治世はきわめて短期間に終わってしまったのである。いや秀吉・秀頼は放伐されたと言ってよいのかもしれない[14]。

仁斎は、この「不忠の臣」を「人に非ず」とする。この評価は、「忠・孝」のいずれが重要なのかという問いに対して「軽重無し。君親体均しく、恩義相倚る。其の親に孝ある者は、必ず其の君に忠あり。其の君に忠ある者は、必ず其の親に孝あり」と答える文脈のなかで示されている。この「忠・孝」一致の概念は、『孝経』の孔子の言葉から導きだされる。それは「孔子曰く、孝を以て君に事るときは則ち忠なり、又た曰く、忠臣を求る者は、孝子の門に於てす、と」（『童子問』中・四十章）に基づく。ここでは、「忠」と「孝」とが、人間にとってもっとも大切な「親」と「君」とに対して、必然的かつ生来的に湧きでる自然的感情であるがゆえに同一視される。だから、この「忠」の欠如者は、同時に「孝」の欠如者であり、また逆も同様である。こうした「忠・孝」の欠如者、つまり自然的感情の欠如者を仁斎は「人に非ず」と切り捨てたのである。

ところで、この必然的かつ生来的な感情の欠如者に対する「人に非ず」という全人格的否定の言辞は、『童子問』巻之下・一章で、「人にして四端の心無き者」が「億万人中一、二のみ」であるにもかかわらず、その者を「人に非ず」と全否定したうえで、その否定をもって「是れ先儒未了の公案」を解いたと自信を持って宣言するような、仁斎の言説と軌を一にする。[15] まさに「人に非」ざる「不忠の臣」を臣下とした秀吉は、「四端の心無き者」としての「四凶・子越椒・羊舌氏」と同類の存在と言えよう。この者たちが天下を取ったならば、人が人として生きていくことのできない「禽獣」の世界しか現出しえない。この悲惨極まりない世界は、トマス・ホッブズの「自然状態」を想起させる。しかしながら、「かれらは戦争とよばれる状態にあり、そういう戦争は、各人の各人に対する戦争である」[16] とされる戦争状態としての「自然状態」は、「各人が、かれ自身の自然すなわちかれ自身の生命を維持するために、かれ自身の意志するとおりに、かれ自身の力を使用する」[17] 自然の権利を行使するために生みだされたものである。とするならば、自分の生命の危機が眼前に迫っていないにもかかわらず、ただ相手を倒してその地位を略奪し、そのことによって自己の欲望を充足させることだけが自己目的化された「禽獣」の世界は、ホッブズにおける「自然状態」よりも悲惨な状態と言えるかもしれない。

仁斎には、以上のような「鬼」の世界がけっして架空のものではないという危機感が抱かれていたからこそ、「悪」への示唆が仁斎の言説に影のようにつきまとっているのである。それゆえ、仁斎は、「人の外に道無く、道の外に人無し」という「道」秩序を具体的に展開する前に、「鬼」の世界をあえて持ちだし、その非人間的言説からの誘惑に惑い、負けることへの警句として、「謹んで聴くこと勿れ」という言葉で、『童子問』巻之上・八章を締めくくったのである。

註

(1)「野狐山鬼」への言及はほとんどないが、「高遠」批判は、仁斎がしばしば展開するところである。『語孟字義』の「堯・舜既に没し邪説暴行又た作るを論ず」では、「夫れ道徳盛なるときは、則ち議論卑し、道徳衰ふるときは、則ち議論高し。議論愈高きときは、則ち道徳を離るること、愈益遠し。故に議論の高きは、衰世の極なり、而して其の最も高き者は、禅に至て極まる」と言う。また同様の論理文脈で『童子問』巻之上・十章では朱子学などの「後儒」批判が展開されている。

(2)拙稿「伊藤仁斎における「性善」論の構造」(本書第一部所収)を参照のこと。

(3)拙稿「伊藤仁斎の「情」的道徳実践論の構造」(同前)を参照のこと。

(4)拙稿「伊藤仁斎における「道」秩序の構造(一)」(本書第二部所収)を参照のこと。

(5)『童子問』巻之上・三十六章では、朱子学の修養法の一つである「持敬」と「忠信」とを対峙させ、前者を批判する文脈で「専ら敬を持する者は、特に矜持を事として、外面斉整なり。故に之れを見るときは、則ち儼然たる儒者なり。然れども、其の内を察するときは、則ち誠意或は給せず、己を守ること甚だ堅く、人を責せむること甚だ深く、種種の病痛故《もと》より在り」と示されている。この点と〈子張問行〉章の「忠信・篤行」批判との関係については、道徳実践論の文脈で稿を改めて論ずることにする。

(6)「子、堯の服を服し、堯の言を誦し、堯の行を行はば、是れ堯のみ。子、桀の服を服し、桀の言を誦し、桀の行を行はば、是れ桀のみ」に対する「林本」段階の注釈は、「堯の為すを為すときは、則ち是れ堯のみ。桀の為すを為すときは、則ち是れ桀のみ。堯の名を以て之れを聖と謂ふに非ず」。東涯が出版のために他の弟子達と共に改訂を加えた「定本」も同じ内容である。しかし、『日本名家四書注釈全書』第九巻(鳳出版復刻、一九七三年)、孟子部一の『孟子古義』では「堯の為すを為すときは、則ち是れ堯のみ。桀の為すを為すときは、則ち　是れ桀のみ。善悪の機、之れを為すこと甚だ易くして、為し難き有るに非ざること明らかなり」（『孟子古義』二六二頁）が付け加えられている。この『日本名家四書注釈全書』版の底本は、安井小太郎の「孟子古義解題」によれば、享保五年の刊本である。この刊本の底本は、東涯の改訂した「定本」である。したがって、「定本」から『刊本』の間で誰かが改訂を加えたことになる。

本論で指摘したように、「定本」までの注釈では、堯の行為と桀の行為との何れを選択するかに関する曖昧さが残る。それを是正するために『刊本』では「善悪の機」云々が書き加えられたと考えられる。

（7）『論語集註』公治長篇（『四書集註』論語巻之三、芸文印書館）六丁ウ。

（8）『論語集註』公治長篇（同前）七丁オ。

（9）『大学章句』（『四書集註』大学）六丁オ。

（10）朱子学の「情欲」否定に対する仁斎の批判は、至る所で展開されている。「其の道専ら欲を滅ぼして以て性に復るを主とす。此れ復性・復初等の語由て起こる所なり。儒者の学は則ち然らず」（『語孟字義』性5、『伊藤仁斎・伊藤東涯』日本思想大系33、岩波書店、一九七一年、五三頁）。

（11）『論語集註』憲問篇（『四書集註』論語巻之七）一四丁ウ。

（12）『論語集註』憲問篇（同前）一五丁オ。

（13）この章は、『童子問』の現存する稿本の二番目の「元禄六年自筆本」に付箋の書き入れで示される。

（14）渡辺浩「補論　伊藤仁斎・東涯――宋学批判と「古義学」」（『近世日本社会と宋学』東京大学出版会、一九八五年。初出、相良亨他編『江戸の思想家たち』上、研究社出版、一九七九年）では、「放伐」論の実現可能性を否定しつつ、「事実上の一般性（『天下之所同然』『人心之所同然』）を普遍妥当なる「道」と同一視する不断の傾向を持ち、かえってここで、「臣」が「君」を誅戮するという異常な行為の端的な是認に到達して、その思想的特質の一断面を鮮やかに示したのである」（二四一頁）と鋭く指摘する。たしかに「放伐」の実現可能性を仁斎が主張していたとは思われないが、豊臣家から徳川家への政権交代という歴史事実をいわば徳川家康による豊臣家の「放伐」と解釈していたとも言えよう。

（15）前掲拙稿「伊藤仁斎における「性善」論の構造」を参照のこと。

（16）トマス・ホッブズ『リヴァイアサン』一（水田洋訳、岩波文庫、一九九二年、改訳版）二一〇頁による。

（17）同前、二一六頁。

＊補注　この論文は書かれることはなかった。

第三部

第三部解題

高山　大毅

⑴**伊藤仁斎の人間観――『孟子古義』諸稿本を中心にして**（『寺小屋語学文化研究所論叢』第二号、寺小屋語学文化研究所、一九八三年十月）

⑵**伊藤仁斎の人我相異論の成立過程――仁斎の人間観と道徳論をめぐって**（『寺小屋語学文化研究所論叢』第三号、寺小屋語学文化研究所、一九八四年十二月）

『寺小屋語学文化研究所論叢』に掲載された二つの論文を参考資料として第三部には収録した（「寺小屋」については、澤井啓一氏の「跋にかえて――丸谷晃一氏の経歴および研究業績」を参照されたい）。

⑴は第二部⑴の論文、⑵は第一部⑴の論文のそれぞれ基礎となっている。丸谷氏が「思慮」と「人我相異」論に着目するに至った経緯が示されている。

伊藤仁斎の人間観——『孟子古義』諸稿本を中心にして——

1

伊藤仁斎は、朱子学者として出発しながら、やがて朱子学に対して懐疑の念を抱くようになり、以後は朱子学を批判しながら、古義学という独自の学問を形成していった学者として知られている。本稿では、朱子学に全面的に依拠していた時期を含めた仁斎の思想形成過程全体を扱う余裕はない。そこで、仁斎が朱子学への訣別を自覚し、朱子学に対して批判を行ないながら、古義学を確立していく時期をおもに考察の対象とする。(1)

仁斎は、朱子の「敬斎箴」からとった敬斎という号を万治元年に仁斎と改めるが、これは仁斎の朱子学への訣別宣言である。(2)しかし、このようなことを行なったからといって、朱子学あるいはその思惟構造を克服できたわけではない。むしろ、仁斎の万治元年以後の時期においてこそ、朱子学を批判し、その作業に触発されながら自らの古義学を確立していく過程が見られるのである。この作業は晩年に至るまでなされ、とくに彼の主著である『論語古義』『孟子古義』『語孟字義』『童子問』などに関しては、彼の死亡する直前まで改訂がなされるのである。

朱子学との訣別を宣言してから三、四年を経た寛文二～三年に書かれた『孟子諸講義』には、なお朱子学的用語や朱子学的思惟構造が色濃く残っているが、すでに朱子学に対する批判も見られる。このなかで最も重要だと思われるものは、寛文二年の『鈞是人也章講義』のなかに見える「復初之説」に対する批判である。

区区窮理之学、亦不レ足レ論、若夫徒謂下克二耳目口鼻之欲一、然後能復中其心之本体上焉、則豈先立二其大者一之謂乎哉、

この批判は、仁斎が朱子学の体系を自覚したうえで行なっているのである。つまり、この引用文では、仁斎は「復

初」に至る以前は、「其大者」（＝「仁義」）を自覚していないはずであるが、それを自覚していないのに、情欲を制限し克服するという道徳実践を行なうことができるのかと、朱子学を鋭く批判しているのである。したがって、仁斎は、まず「仁義」という「心之本体」を理解してはじめて、情欲を制限することができるというように、「復初」の構造を逆転させようとしているのである。このことは、仁斎が朱子学の「復する」という行為と、「心」の「本然之性」と「気質之性」との重層的構造を把握したうえで、先後が逆であると批判していることを示している。しかし、この講義録を見るかぎりでは、その重層的構造自体を批判してはいないし、仁斎の「心之本体」という用語は、人間の「心」の本質という意味だから、朱子学の「本然之性」ときわめて類似している。

しかしながら、「心之本体」をまず最初に理解するという仁斎の主張から推論すれば、「心之本体」は具体的に理解できるものでなければならない。しかし、朱子学の「本然之性」が「気質」を媒介にして発動し、修養によって「気質之性」の状態を正しくしなければ、それは発動しないという構造においては、仁斎の目からは、「復初」以前にそれを理解することは不可能に見えたであろう。したがって、仁斎の先の主張からすれば、仁斎は、「本然之性」自体あるいはそのあり方に対しては批判的なはずである。そうであるにもかかわらず「本然之性」を批判の対象としないのは、仁斎が人間の本体とその発動という朱子学的な「体用」論的発想のなかにとどまっているからなのである。つまり、仁斎のここでの思想的位置は、「本然之性」自体への批判寸前にいるものの、朱子学的発想に依拠しているために、朱子学の「性」の重層的把握を批判の対象とはできないのである。

この朱子学的把握自体への批判は、現存する最古稿本の一つである『孟子古義』の「自筆本」（告子上・六章）の初稿のなかに見ることができる。

先儒不レ得二其意一、亦無レ奈二何気質之有一レ不レ同、故以レ性為レ理、又以二気質之性一補レ之、支離紛紜至二於一性而二名一、不二善読一レ書之誤也、

ここで仁斎は、「本然之性」の存在とそれを「理」と結びつけることを否定し、その点から朱子学を「支離紛紜」なる説として手厳しく批判する。

では、仁斎が「本然之性」の存在、「性即理」等の朱子学的な思惟を否定することによって、彼はどのような思想的

課題に直面したのであろうか。

以上の点を検討するために朱子学の人間観をいちおう、次のように要約しておく。(3) 人間においては、道徳の法則(所当然之則)である「理」は万物の存在する根拠(所以然之故)であり、万物のあるべきあり方――人間においては、道徳の法則(所当然之則)である。この普遍的原理としての「理」は、「本然之性」として万人に本来的に備わる(性即理)。したがって、「本然之性」は純粋至善であり、それが人間のなかに存在することが人間の善性の根拠なのである。しかし「本然之性」だけでは現実に発現することはできずに、「気質」の影響を受けるのであり、「気質」の影響を受けた人の「性」を「気質之性」と言う。この「気質」には清濁、精粗、正偏などがあるので、それが清・精・正であれば、「本然之性」はそのまま発現できるのであるが、そうでなければ、「本然之性」はその「気質」に蔽われてしまって現実には発現できない。一般の人間は、程度の差はあるが、後者の状態にあるので、人間は修養によって「気質之性」の状態を正しくし、このことによって「本然之性」の発動は回復されるのである(復初之説)。

以上のように朱子学の基本構造を把握すれば、仁斎がさきに述べた朱子学的思惟の否定の立場に立つ時に、以下のような思想的課題に直面するのである。第一に、朱子学においては、修養によって「本然之性」の発動が回復されるというように、修養の目的は「本然之性」の発動にあったが、「本然之性」が否定されれば、仁斎は修養の目的を何に設定したのであろうか。第二には、仁斎は、人間の善性の根拠である「本然之性」を、さらに「理」をも否定するのだから、人間の善性はどのように根拠づけられているのか。第三には、朱子学の「性」を重層的に把握することを否定するならば、「性」をどのように解釈するのであろうか。この三点は、それぞれ独立したものではなく、相互に関連する面もあるが、仁斎は、少なくとも以上のように要約しうる三点の思想的課題に直面したと思われる。この三点に関して仁斎は独自の方法によって新たな思想を提出しなければ、朱子学を克服し、そこから脱却したことにはならないと考えられるのである。

本稿では、この三点の思想的課題を考察の対象の中心におく。この問題の解明は当然に、仁斎の全著作においてなされるべきものであるが、本稿では『孟子古義』の諸稿本に限定する。(4) それは、この三つの課題が、『孟子』の「養・気」「性善」「性」「心」等々の用語の解釈に関わる問題だからであり、朱子も仁斎も『孟子』の解釈を中心にして、自らの思想を形成したからである。

2

本節では、第一の思想的課題である修養の目的をどこにおくかという点を検討する。その際に『孟子』公孫丑章句上・二章の「気・養」という用語が窺える「其為気也、至大至剛、以直養而無害、則塞于天地之間」の注釈を検討することを通して、この課題を考えてみたいと思う。

仁斎の注釈を読み解く前提として、朱子の注釈をみると、以下のようである。

蓋天地之正気、而人得以生者、其体段本如レ是也、惟其自反而縮、則得二其所一レ養、而又無レ所二作為以害一レ之、則其本体不レ虧而充塞無レ間矣(5)、

この注釈では、「浩然之気」を「天地之正気」とし、それが「理」とともに人間を生成するものとして捉え、この「気」の形像が「至大至剛」であると解釈している。さらに、自分の気の状態をつねに反省して正しくしていれば、その「気」を正しく養うことができ、また「作為」によってその「気」の状態を害うことがなければ、人間を生成するような「気」の状態は維持され、したがって、その人間の「気」の状態と「天地之気」とは間断なく一体化すると述べられている。この注釈で注目しておかなければならないのは、「至大至剛」を「気」の状態を表わす表現としている点と、人間のあり方と「天」とが連関させられている点であろう。ところで、この正しい状態はつねに維持されているわけではないのである。この引用箇所のすぐ後に程子の次のような言葉が引かれている。

程子曰、天人一也、更不二分別一、浩然之気、乃吾気也、養而無レ害、則塞二于天地一、一為二私意所一レ蔽、則欿然而餒、却其小也、

「天人」の一体化した状態を害うのは、人間の「私意」であるとする。この「私意」とは、「私欲・人欲」と関係しており、「理」が人間に備わったものである「本然之性」と対立しているのである。つまり、この「私意」は、「気質」に根ざすところの「情」や「欲」の過大な、あるいは過少な動きを指していて、この動きが「本然之性」の発動を妨

げており、それが悪なのである。そして「気」は、清濁・精粗などをふくむ可変的なものであるから、人間はつねに「私意」を生じさせる可能性を有している。そのうえ「私意」が一度生じれば、「気」の生来の状態は害われ、「本然之性」を蔽い、その発動を妨げるのであるから、人間は、修養によって「私意」を克服し、過度な「情」の動きを制御し、「気」の状態を「正気」の状態に戻すことによって、「本然之性」を現実に発動させるようにしなければならない。そして「本然之性」は「理」であるから、それの発動は、万物の存在の根拠であり、それのあるべき姿を規定する規範である「理」の発動であり、したがって人間のあるべき姿の実現なのである。

　このように朱子学においては、人間の修養の問題は、人間の内面性の修養を意味し、それは、宇宙万物の生成論と密接に連関する壮大な体系を有しているのである。

　では、仁斎はこの箇所をどのように解釈しているのであろうか。

Ⅰ自筆本

Ⓐ至大言二其量一、至剛言二其体一、直言二其状一、蓋浩然之気仁義之発用、而吾心之所二固有一、故養而無レ害、則流行無レ滞無レ所レ不レ至矣、故曰、塞二乎天地之間一、Ⓑ〔至大至剛、即中庸所謂致二広大一極二高明一之意、直無レ所二屈撓一也、Ⓒ言欲レ養二浩然之気一者、能不下以二一毫私意一自蔽上、不下以二一毫私欲一自累上而養レ之、常循二其本然一無レ所二屈撓一、則其気盛大流行無レ所レ不レ至矣、蓋以二浩然之難レ言、故以二其工夫一与、其養得而所レ成、而形二容其体一也、〕

Ⅱ十年本

Ⓑ至大至剛、即〔後篇所謂居二天下之広居一、立二天下之正位一、行二天下之大道一〕之意、直無レ所二屈撓一也、Ⓒ言欲レ養二浩然之気一者、〔其処レ心至大至剛〕、不下以二一毫私意一自蔽上、不レ能下以二一毫私欲一自累上而養レ之、常循二其本然一無レ所二屈撓一、則其気盛大流行無レ所レ不レ至矣、蓋以二浩然之難レ言、故以二其養レ之法一与、其養得レ所レ成而明レ之也、

Ⅲ十二年本

〔此言下養二浩然之気一之法上也、〕Ⓑ至大至剛〔猶三中庸所謂致二広大一也〕、〔即養二浩然之気一之法〕、即後篇所謂居二天下

之広居一、立二天下之正位一、行二天下之大道一、〔是也、蓋至大下文所謂道之体也、至剛義之用也、富貴不レ能レ淫、貧賤不レ能レ移、威武不レ能レ屈、是也〕、直無レ所二助長一也、Ⓒ言欲レ養二浩然之気一者、〔自居以二至大一、自処以二至剛一、而〕其処レ心至大至剛〔無レ所二助長一〕、不下以二一毫私意一自蔽上、不下以二一毫惰気一自雑上而養レ之、常循二其本然一無レ所二助長一、〔又無レ所レ忘〕、則其気盛大〔無レ熄〕、無レ所レ不レ至矣、〔無レ所レ限レ量即浩然之気之体也、蓋以三浩然之難二〔形容一〕以二其工夫一与、其所二成而明一レ之也、[6]〕（網掛け部分は抹消）

「自筆本」の初稿のⒶが抹消される。それは、「浩然之気」を「仁義」の「発用」と捉えるなど、朱子学の「体・用」論に依拠して注釈がなされているからであると考えられる。

Ⓐが抹消されたあとで書き入れられた注釈で問題にしたいのは、Ⓒの箇所である。ここでは、「私意・私欲」を排除して「浩然之気」を養えば、その本来の姿が「屈撓」することがなくなり、「浩然之気」は「盛大流行」すると述べられている。この記述は、「私意・私欲」で蔽われている状態と「本然」の状態が想定されており、その意味で朱子学的発想をひきずるのである。しかし、全文抹消されたⒶの「……流行無レ滞無レ所レ不レ至矣、故曰塞二乎天地之間一」という『孟子』本文の「則塞于天地之間」についての注釈は、書き改められた注釈では消えている。このことは、『孟子』本文にある語句への解釈を欠落しているのだから、いかにも不自然である。これは何に起因するのであろうか。書き入れのⒸの「其本然」の「其」は、明らかに「浩然之気」を指しているから、「其本然」とは「気」の正しい状態を示しているのである。だから、「其本然」は「本然之性」の発動、すなわち「理」の発動を意味しないことは明白である。したがって仁斎は、「私意・私欲」の排除という朱子学的傾向の強い修養論に立ちながら、修養の問題を宇宙万物生成論と連関させ、根拠づけることを、修養論のレベルでは極力避けたかったからこそ、『孟子』本文のこの部分の注釈を脱落させるという不自然な注釈のつけ方をしているのである。

しかし、書き入れのⒸが現実の状態のなかに「私意・私欲」を見、その「私意・私欲」の排除が「気」を本来の状態に戻すというように、修養を人間の内面性の問題として把握する点は、その用語法とともに、朱子学的であるとは言いうる。この問題を考えるために、まず仁斎は「気」をどのように考えていたかを検討する。

「自筆本」の「夫志気之帥也」の注釈で、仁斎は次のように述べている。

Ⓓ夫志心之所レ之而為二気之将帥一、固不レ可レ不レ持焉……、Ⓔ体猶二居移レ気、養移レ体之体、指二耳目四肢一而言、蓋其視聴居動、各是一事而気其充大者也、……Ⓕ気非レ若下心之為二将帥一而尊然上、亦不レ可レ不レ養焉、(7)

「自筆本」初稿の段階で読み取れる仁斎の「気」の解釈の要点は、次のとおりである。(1)「気」は人間の知覚動作を働かせる活動力のようなものである。(2)「気」は「志・心」とは異なり、それらによって規制される。(3)「気」は、「心」を規定したり「心」の「尊然」たる部分ではないが、それは養われるべきものである。しかし、この引用文の後には、『集註』がほぼ全面的に取られており、したがって『孟子』本文の「夫志至焉、気次焉、故曰、持其志、無暴其気、」の箇所に対して、仁斎独自の解釈を示したことにはならない。だから、仁斎は、『集註』から取った部分を抹消し、次のように書き改めているが、この改訂の意図をより明確にするために、抹消部分と比較しながら検討することにする。

Ⓖ志固為二至極一、而気即次レ之、故又断レ之曰、固当三敬二守其志一、而不レ可レ不レ致二養其気一焉、

Ⓗ志易二極高一而難二持久一、而其志至高者、其気必怒、是所二以於レ道有レ害、故志欲二其持レ之、気欲二其無レ暴焉、〔此志之所三以為二至極一、而気之所二以次レ之、而不レ可レ不レ養也、〕

Ⓖの「志」は、本来的に最上のものであるから、それは「敬守」するに価するものであると述べられている。したがって、この「志」は、本来的に特定の内容を持ち、固定的なものということになる。これは、朱子学からすれば、「本然之性」の十全な発動が最終的な目標なのだから、人間の「志」がこのような方向で固定的に解釈されるのは当然であるが、仁斎は、「本然之性」を「自筆本」初稿段階で否定しているのだから、「志」を少なくとも固定的にとらえることはできないはずである。だから、仁斎は、Ⓗの引用文では、まず「志」は高遠なものになりやすいと述べて、それが変化することを指摘することによって、その固定性を否定する。さらにそうした高遠な「志」は、維持されにくいうえに、「気」への制御ができなくなるので、「気」は必ず暴走してしまうと述べており、「志」は、固定的なものではなく、その場面その場面に応じて抱かれるものと解釈されるようになる。だから、もしこの対応を誤れば、場違いな「志」を持つことになることさえありうるのである。したがって、仁斎における「志」は、つねに「敬守」されるべき固定的なものではなく、その場面に適応するかどうかの判断のうえに成り立つ、いわば可変的でかつそれ自体に固定的な内容を持

たないものなのである。ここに仁斎は、朱子学的表現を克服して、彼独自の「志」の解釈を提出するに至ったのである。ところで、仁斎が「気」に関して明解な解釈を示すのは、この第二節全体につけられた大注の「自筆本」の付箋段階においてである。

Ⓘ蓋心有㆓主宰㆒、而気無㆓主宰㆒、心因㆓思慮㆒而能動、気不㆑因㆓思慮㆒而自能動、当㆓喜怒哀楽㆒能喜怒哀楽者、心也、雖㆓喜怒哀楽㆒、而不㆔自覚㆓其喜怒哀楽㆒者、気也、

この記述は刊本にまで残るものであり、重要なものである。仁斎は、ここで、「心」には思慮分別があって自覚的に感情を表現することができるとし、「気」には思慮分別がなく、無自覚的に感情を表わすものとして、「心・気」を捉えている。この「思慮」は、それによって喜ぶべき時に喜ぶと述べているのだから、その場面における適切な判断ということになる。だから「心」には、その判断によって抱かれた「志」が存するのであり、したがって、そこで「志」は「気」を制御するのである。しかし「気」自体には、なんの判断力もなく、忽然としてわきでてくる感情それ自体なのであるが、「気」の感情としての表われ方は、一面的ではない。ある時には喜びとして、ある時には怒りとして、自覚なしに表われるのであるから、「気」は感情を構成する要素という側面も有しているのである。

ここまできて、「自筆本」初稿段階での「気」に関する解釈の三点がより内在的な関係を持つものとして明らかになるのである。「志」がその場面に適切なものであるならば、その場面に適切な「気」を表出することができるし、適切でない「気」の表出を防ぐことができる。しかし、「気」自体が自然な感情の表出であるから、「志」の制御を無視する場合もありうる。だから「気」を養うことによって、いわば自己の感情表出をコントロールする必要もあるのである。さらに「心」は、この「志」と「気」とが相互に連関するところなのである。ただし、その連関は必ずしもうまくいくとはかぎらないし、「気」自体に自己を制御する力はないのだから、その場面に不適切な表出をすることもありうる。だから「気」は、「心」の尊ぶべき（「尊然」）部分ではなく、逆に尊ぶべき部分は、「志」と「気」とが適切に影響し合い、「気」が制御されるありようなのである。

以上のように、仁斎の「気」の解釈は、朱子学的な万物を構成する普遍的要素というのではなく、人間の感情の位相で把握するのであり、さらに「志」や「心」もその位相で把握する方向にあるのである。そして「気・心・志」それぞ

れは、たんに固定的、物質的なものではなく、仁斎がそれぞれの関係のあり方を問題にしているように、「気・心・志」をその機能の面で把握しようと、仁斎はしているのである。[8]

しかしながら、「気」には感情を構成する要素という側面があることはさきに指摘しておいた。この点こそが、「志」の朱子学的解釈を克服し、独自の解釈の提出を「自筆本」の書き入れ段階で成し遂げているにもかかわらず、本節の検討の対象であるⓒの修養の問題が、「十年本」まで朱子学的な表現に依存せざるをえない理由なのである。以下、この点を中心にして仁斎の修養に関する解釈の変遷を検討することにする。

仁斎が「自筆本」のⓒの注釈で直面したのは、「気」が人間の感情であるという点と、その構成要素であるという点のうち、後者に関する問題である。『孟子』本文の「以直養而無害」を解釈する場合に、「養」の対象の「気」がただ感情という面しかもたなければ、人間の感情の外への表われ方だけをコントロールできるように修養すればよいのである。つまり、怒るべき時に怒り、哀しむべき時に哀しめるようにすればよい。しかし「気」がその感情を構成する面を持つ以上、外に表われる感情だけを制御するのではなく、その感情を構成する背後のものまでも制御しなければならない。つまり、人間のなかのどこからか忽然とわきでてくる「気」をどこか人間の内部で制御できるようにしなければ、「気」を養うことにはならない。このことは、人間の内面性の修養にほかならないのである。しかし、仁斎は人間の内面性を「気質之性」に一元化して捉え、内面の修養を否定する方向にある。仁斎はこの問題にまさに直面したのである。

そこで、「自筆本」のⓒでは、「気」自体のなかに良い状態とそうでない状態を想定したのであるが、「私意・私欲」は人間の心の外に表出したものであるから、それらを除くことによって「気」を純化し、そこで「気」を本来の状態にするという内面性の修養の範囲を出ていないのである。したがって、この内面性の修養ということをどのように改めるかが、この解釈での大きな課題なのである。この問題が仁斎にとっていかに難問であったかは、「十二年本」に至るまでⓒの箇所が残り、そこでも多くの改訂が行なわれていることから推察できよう。

この問題を解く鍵は「至大至剛」の解釈である。「自筆本」のⒷでは、「致広大・極高明」と解釈しているのだから、「至大至剛」を「気」の「盛大流行」するあり様の表現と見ているのである。[9]これでは、「気」を修養によってこのような状態にするという解釈になり、ここからⓒの表現が導きだされるのであり、「気」の感情の構成要素という側面を克服できないのである。そこで、仁斎は「十年本」では、「居二天下之広居一、立二天下之正位一、行二天下之大道一」と解釈する。この語句自体は滕文公章句下二章に見えるものであるが、この解釈をとることで、仁斎は「至大至剛」を、人間の行為あるいは態度の立派さの表現として把握したのである。しかし、問題のⓒの箇所は「十年本」でもあいかわらず残るのである。それは「其処レ心至大至剛」と述べられているように、「至大至剛」が「心」の状態の表現として把握されているからである。「心」を安んずることが「至大至剛」であるとするならば、「心」のなかの「気」を正しく養わなければならないという点につながるのである。この「至大至剛」を人間の行為や態度の立派さとして解釈することが、問題のⓒの箇所への解釈に及ぶのは、「十二年本」においてである。

「十二年本」ではさまざまな改訂が行なわれているが、重要なのは、「至大至剛」を「浩然之気」を養う方法とした点で、「気」の状態を表わすものとしていない点である。このことによって「気」を養うということは、人間の行為や態度を立派なものにすることであるという解釈を打ちだし、修養の対象を、人間の内面に置くのではなく、外に表われた態度や行為に置くに至ったのである。

この「至大至剛」の解釈の転換は、「十二年本」で書き加えられた大注で『集註』批判が展開されることからも明らかである。

> 先儒以二至大至剛四字一、為二浩然之気之体段一、恐未レ然、浩然二字既尽与、是浩然之気、不レ可三復加二至剛二字一、学者見二其名一知レ之、若以二此四字一為二体段一、則其称二浩然之気一者、独有二盛大之義一、而不レ見二至剛之意一、且与二前難レ言之語一自相盭、既是至大至剛何難レ言之有、

仁斎は、『集註』で「至大至剛」が「浩然之気」の姿・形を表わしているとする点に対して批判を加える。この批判の根拠は、『孟子』本文の「（公孫丑）敢問、何謂浩然之気、曰難言也」による。仁斎は、孟子が「浩然之気」を言い表わしがたいものだと述べているのだから、「至大至剛」が「浩然之気」自体を言い表わしているはずはないと、『集註』を鋭く批判する。さらに仁斎は、「難レ言者、其盛大流行之体、有地未レ易下以二言語一形容上者天」と、『孟子』本文「難言」を解釈し、「浩然之気」は「盛大流行」してつねに大きく動くものであるから、「至大至剛」が「浩然之気」の形容であるならば、つねに大きく動くものをもっとも剛いものというようにとらえることはできないとし、『集註』の解釈を否

定するのである。こうして仁斎は「至大至剛」を「気」の表現とはせずに、「至大至剛」を人間の行為や態度を立派なものにするように努力することと解釈し、そのことが「気」を養うことにほかならないとする解釈を確立したのである。だから「十二年本」の©の箇所は抹消されて、「至大至剛、即養浩然之気之法」と改められるのである。

こうした解釈の転換は次のような意味を持つ。修養の方法は、朱子学においては現実の位相から「本然之性」、すなわち人間の内面へと収斂していくのであるが、この方法を否定する立場に仁斎は立っている。しかし、「気」という『孟子』のなかにでてくる言葉を解釈すれば、人間の外に表われた感情それ自体というよりは、感情を構成する要素という人間の内面にかかわる解釈がでてこざるをえない。だからといって『孟子』にでてくる「気」という用語を否定するわけにはいかない。そこで「至大至剛」は「気」を表わすものではないとして、「至大至剛」と「気」との意味上の連関を断ち切るのである。そして「至大至剛」は、人間の外に表われた行為や態度を立派なものにする修養の方法として解釈し、それを実行することによって、「気」は養われるとするのである。つまり仁斎は「気」を養うということに直接に言及することを避けることによって、「気」の人間の内面的要素を修養の対象とすることを回避したのである。このことは、仁斎が朱子学的修養法を克服することに固執しすぎたための苦肉の策ともいえようが、仁斎の注釈が、『孟子』の解釈に忠実であろうとすることと、朱子学的発想の克服を成し遂げることとのうえに成り立っていることを示すものとして解釈すべきであると思われる。ともかくも、仁斎は、修養を人間の外面的行為のレベルに限定するに至ったのである。[10]

3

仁斎が朱子学における人間の善性の根拠である「本然之性」を否定した時に、彼が直面した第二・三の思想的課題、つまり人間の善性をどのように捉えたか、また「性」をどのように捉えたかを本節では考察の対象とする。[11]この人間の善性の問題は『孟子』の「性善」説の解釈に関わるので、本節では『孟子』告子章句上で、公都子が「性」について の無善無不善の説、善悪混合説、三品の説は誤っているかを問い、それに対して「乃若其情則可以為善矣、及所謂善也、若夫為不善、非才之罪也、」と孟子が答えた箇所の注釈を取り挙げて、仁斎の「性善」説を検討してみる。

『集註』での同箇所の注釈は次のようである。

人之情、本但可二以為レ善、而不レ可二以為レ悪、則性本善可レ知矣、

ここでは、万人に与えられている「本然之性」は本来的に善であるから、それの現われたものである「情」も善であると述べられているが、では、人間の不善はどのように考えられているのか。

人之為二不善一、乃物欲陥溺而然、非二其才之罪一也、

このように「情」の動きが激しすぎることが「欲」であり、それに溺れてしまうと「本然之性」が蔽われてしまって十全に発動しなくなり、人間は悪をなすのである。だから人間は、「情」を修養によってコントロールし、「本然之性」を発動するように努めなければならないのである。このように人間の善性は「本然之性」によって根拠づけられており、「本然之性」は純粋に善であって、悪の要素を一切含まない。悪は「情」の発し方によって生じるのだから、純粋な善である「本然之性」を発動させるためには、「情」のなかから悪の要素を追いだし、「情」の状態を正しい状態にしなければならない。この意味において朱子学において善と悪とは二元的に対立している。

では、仁斎はこの箇所をどのように解釈しているのであろうか。

Ⅰ自筆本

情者、①心之所レ趨、才者、②人之所レ能、孟子言、Ⓐ人之情好レ善而悪レ悪、則必可二以為レ善而不レ可二以為二不善一、此我所謂性善之意、而非レ謂二〔天下之人〕③尽レ善而無レ悪也、Ⓑ夫人情如レ此、則才亦宜レ如レ此、今其為二不善一、乃物欲陥溺而然、非二才之罪一也、

②を「性」と改める。

Ⅱ十年本

③を「性善之意、而其性皆与二尭舜一一而無二相異一」と改める以外は、Ⅰとほぼ同じ。

Ⅲ十二年本

①を「性之所レ好欲レ趨」と改める以外はⅠとほぼ同じ。

Ⅳ林本

右に同じ。

この注釈をみると、傍線Ⓐの「情」は、善を好み悪を悪むので、「為善」というように善を行なうという行為性として「性善」をとらえる点と、③の「尽レ善而無レ悪也」の改訂に関する点と傍線Ⓑの意味に関する問題とが重要である。

まず最初に、朱子学的「性善」説に対する批判と思われる③の改訂について取り挙げる。③の「非レ謂二〔天下之人〕尽レ善而無レ悪也一」は、人間を善を十分に行ない悪を行なわない存在として捉えるべきではないと述べている。これは、『集註』の「性本善」への批判である。つまり、朱子学において、「本然之性」が本来的に至善であり、一切悪を含まず、それが万人に同じように備わると「性」を把握していることへの批判である。「自筆本」の③の箇所では、「性」の至善性に対して批判しているが、「十年本」では、「本然之性」を人間に同一に備わるという点に対しても批判を加えている。このように仁斎は、「性」を至善なものとして、また万人に同一に備わるものとして把握することを否定するのである。

凡人物之性、善悪剛柔、有二万不一レ同、

この引用は、「自筆本」の同箇所の小注[12]からの引用であるが、「性」には、善悪剛柔があって、そのあり方は万人に共通ではないと述べている。仁斎は、「性」のなかに善と悪の存在を認め、その善と悪とが「性」のなかにあるあり方は必ずしも同じではなく、人間それぞれで異なるとしているのである。したがって、この「性」のなかに善と悪とを認めるのは、仁斎が「性」のなかの善と、「性」のなかの悪とを、二元的な対立として把握していないことを示している。これは、朱子学において、「情」の状態のなかから、悪の要素を修養によって徹底的に排斥することによって「本然之性」の善性が発動するという、善悪の二元的対立とはまったく対照をなしている。この引用箇所は、「十年本」では、「善悪」が抹消され「昏明」と改められているが、これは『孟子』の「性善」という言葉から、「性」に善悪があるとするのは表現上、問題を感じたから改めたのであって、仁斎が「性」に善悪の並存を見るという見解を改めたのではない。

以上のように仁斎は、「性」の固定性と人間のなかに同一に備わるという点を否定したが、さらに傍線Ⓐと傍線Ⓑを解明するために、同章の小注のなかの次の文を検討する。

Ⅰ自筆本

蓋就二人情之所レ趨而取二其善一耳、Ⓒ非レ謂二人之性皆善而無一レ悪也、〔若二鶏犬之類一、（甚頑而）不レ知二善レ善悪一レ悪、故（雖）二告レ之以一レ善而不レ通、若レ人則不レ然、其情纔知二善レ善而悪一レ悪、則可二以為一レ善也、此人之性所三以為一レ善也、〕

Ⅱ十年本

蓋就二人情之所レ趨而取二其善一耳、Ⓒ非下〔敢為二一切之説一而取二高下一以レ弁禦上レ人也、夫人誉レ我則悦、毀レ我則怒、此人之情也、纔知二善レ善悪一レ悪、則可二以為一レ善也、此人之性所三以為一レ善也、非レ〕若下鶏犬之類甚頑而不レ知二善レ善悪一レ悪、故雖レ告レ之而不上レ通、若レ人則不レ然、

Ⅲ十二年本、Ⅳ林本とも部分的な改訂にとどまる。

この引用文のⒸは、さきに述べた③の改訂と密接に関係する。「自筆本」のⒸの「人之性皆善而無レ悪也」は、③の改訂で示したように、朱子学の「性」を善と捉えることに対しての批判を意味しているが、「十年本」のⒸの箇所を見ると、人間認識の方法に関する朱子学への批判でもある。「十年本」のⒸの箇所は、部分的に人間を把握して、そのなかから、もっとも良い点ともっとも悪い点を取りあげて、人間を把握し、その把握した人間像のなかに現実の人間を留めることへの批判を示している。つまり、朱子学が「本然之性」という人間性の一部を取りあげて、人間は全的にかつ本来的に善であると断定することに対して、仁斎は批判しているのである。つまり仁斎は、人間を現実の場で見れば、善いこともするし、悪いこともするが、善いことをしたから人間は全面的に善であるとか、悪いことをしたから人間は全面的に悪であるというように断定することはできないと述べているのであり、仁斎がまさに現実の場において具体的に人間を理解する立場に立つことを示しているのである。

仁斎は、「情」を、最初の引用文の「自筆本」で「心之所レ趨」としたが、仁斎は「性」を「気質之性」に一元化し

ているのだから、「性」と「情」とは密接に関わるものなのである。さきに述べたように、仁斎の「性」に対する見解は、善悪の並存を認めるのである。だから「自筆本」段階でも、「性」の働きとしての「情」はさまざまに変化するのである。この「情」の変化は、善悪を含むものであって、その変化のなかにはなんの価値も含まれないのである。「情」が善くも悪くも、変化することは人間にとって当然であると、仁斎は認識していたのである。さらに「性」は、万人に同一なものではなく、各人で異なると、仁斎が認識していたことはさきに述べた。「情」の可変性と「性」の非同一性という考え方が結びついて、Ⓒの「夫人誉レ我則悦、云々」という表現が成立するのである。つまり、各人の「性」が多様であれば、各人の「情」も多様であり、さらにその「情」はさまざまに変化する。しかしながら、各人の間の関係によって「情」は規定される。ある人が自分を誉めれば、自分が悦ぶというような、他者との関係のなかに置かれた「情」の現われ方のなかに、各人に共通するものを見いだしているのである。

さて、傍線Ⓐの仁斎の「性善」説に対する考え方を検討してみる。「自筆本」の傍線Ⓐの「人之情好レ善而悪レ悪、則必可二以為レ善、而不レ可三以為二不善一、此我所謂性善之意也」は、「林本」に至るまで見られる表現であり、仁斎の「性善」説に対する考え方をもっともよく表わしていると思われる。仁斎は、さきに述べたように、人間は善であるという断定を否定したし、「情」の多様な変化を肯定した。したがって、この箇所で注目しなければならないのは、「好む・悪む・為す」という点である。「情」は善悪を含んで多様に変化するが、そのなかに「善を好む」傾向が存するから、人間は善を行なうのである。したがって仁斎の「性善」説は、人間が善であるという断定的な人間規定の問題ではなく、まさに人間が善を行なうという行為性として考えられているのである。ところで、仁斎は「自筆本」の小注では、「善を善として、悪を悪とする」を知るというように、「知る」という判断があって善を行なうという行為が生じると述べている。[13]

では、何を基準にして、善悪の区別を知るのであろうか。

Ⅰ自筆本

夫仁義徳之本[1]而非二性之名一、孟子以二仁義一為レ性[2]、此以二仁義一名二其性一也、非レ為二性之名一也、若謂下人之性善、故以二

仁義一而為上レ性、則可レ謂二仁義即性之名一、則不レ可レ観二此章之所レ答二其説一、益明也、先儒不レ得二孟子之言一、③遂以二仁義一為二性中之名一、（網掛け部分は抹消）

Ⅱ十年本

①を「名」と改む。②を「其固有者」と改む。

Ⅲ十二年本

右に同じ。

Ⅳ林本

③を「遂以二仁義一為レ具二於性之理一」と改む。

この引用は、告子章句上の「告子曰性猶杞柳也」章からの引用であるが、この章は、孟子と告子との「性」についての議論が述べられている箇所で、多種多様な問題を含むが、ここでは「性善」説についてだけ検討する。この箇所で、仁斎は、「仁義」は「性」自体を表わしたものであって、「性」のなかのたんなる名辞ではないと述べている。これは、朱子学において「仁義」は、「性」のなかの「本然之性」とするから、それでは「仁義」は「性」のなかの一部分にすぎなくなるし、「性」を言い表わすものではないと、仁斎は批判しているのである。しかしながら仁斎は、「性」を「気質之性」に一元化し、そのなかに善悪の存在を認め、かつ「性」は万人に同一ではないとしているのだから、「性」全体を「仁義」であるとしているわけではない。

この問題を検討する前に、まず仁斎のこの改訂の意図を考えてみたい。仁斎は「自筆本」では、「仁義」は「性」自体を名づけたものであるとしたうえで、それが「性善」であるとした。さきに述べた仁斎の「性善」解釈からすれば、「性善」は「仁義」という規範が人間のなかに存するのではなくて、人間が「仁義」を行うことが善であるという行為性を重視して「性善」を解釈した。この理解のうえに立てば、「仁義徳之本」という表現は、「仁義」が「徳」の根本であるということになり、「仁義」が「徳」を根本で規定する規範ということに解釈されかねない。そこで仁斎は、「本」を「十年本」で「名」と改めるのである。この改訂以上に重要なのは、「自筆本」の「以二仁義一為レ性」を、「十年本」

では「以二仁義一為二其固有者一」と改めている点である。この改訂の意味は非常に難解である。ここでの仁斎の改訂の意図は、さきの「性」の多様性の問題と関係すると思われる。「自筆本」では、「孟子以二仁義一為レ性」と述べたあとで、「此以二仁義一名二其性一也」と述べている。つまり、「性」が多様な内容をふくむものであるから、それをなんの限定もなく「仁義」であるとすれば、意味は通りにくい。言いかえれば、この「自筆本」の表現では、「性」は善悪をふくんだ多様な内容を持つこと自体が、「仁義」であるとすることになる。そこで「孟子以二仁義一為レ性」を、「……以二仁義一為二其固有者一」と改めることによって、「仁義」は人間に生まれてこのかた備わるものとして、人間のなかに明確に位置づけて、その備わった「仁義」を、「性」自体、すなわち人間の生来の性質を表わすものとしたのである。つまり仁斎は、「仁義」を人間のなかに明確に位置づけることによって、「性」自体は多様な内容を持つが、「仁義」がそのなかにはっきりと備わるとするのである。そして、こうした「仁義」が人間のなかに存することが、人間が善悪の区別を「知る」ことなのである。

しかし、「仁義」が人間に「固有」なものであるとしても、さらに多様な「性」のなかの最も重要なものであるとしても、そのなかでの存在を自覚しなければ、それ自体が善悪を知るとはなりえないのであり、「性」の同一な存在を否定するのだから、必ずしも万人はそれを自覚しているとは限らないのである[14]。したがって、「仁義」を人間の「固有」のものとし、それを「性」自体を表わすものとしたとしても必ずしも善悪を「知る」基準を示したことにはならないという問題が生じる。けれども仁斎にとって、これは問題とはなりえないのである。朱子学的人間理解の方法を断定的なものとして否定した仁斎にとって、多様な人間のあり方のなかに「仁義」の存在を確認できれば事足りるのである。ただし、その存在の仕方は、「性中之名」という抽象的なものではなく、人間の生来備わる性質そのものという具体的なものなのである。このように具体的に存在するからこそ、人間のその場面その場面に対応して「仁義」は働くのである。以上のように、「性」全体を「仁義」としていないという問題や、「知る」基準を示していないという問題などは、まさに朱子学的人間観に立つからこそ考えられる問題であって、こういう人間観を否定する仁斎にとっては問題ですらないのである。

ところで、仁斎は人間の多様性を認め、そのなかに「仁義を為す」という行為性を位置づけ、このことによって「善を善とし悪を悪とするを知」り、それゆえに人間は「善を為し」、このことを「性善」の解釈とした。しかしながら、本節の課題である、「本然之性」を否定した時に人間の善性をどのように根拠づけるのかという課題は、まだ明確にされてないと思われる。以下、この点について検討してみる。

この引用文は、告子章句上・三章の「然則大牛猶牛之性云々」の注釈の部分である。

I自筆本

孟子又言、犬知レ守而不レ知レ耕、牛知レ耕而不レ知レ守、人則①能知能霊、其性各殊、豈皆一而無レ別与、

①を「有レ礼有レ義自然完具、非ニ犬牛之能然一、豈可三概而曰二生之謂レ性邪」と改む。

仁斎は、「礼・義」は人間に「自然」に備わるものであるとしている。これは、道徳的行為の根拠を人間の自然性に置いていると解釈することもできる。しかし、人間の「性」の多様性を認め、したがって、その働きとしての「情」の多様性を仁斎は認めているのだから、人為の及ぶ以前の自然性も多様であるはずである。したがって、道徳的実践の根拠を人間の自然性に置くとしても、その根拠は相対的なものにすぎないのである。けれども、人間の現実的な行為を重視する仁斎にとって、人間の個々の行為を見ていくと、その行為のあり方は多種多様であるのだが、その行為のなかに、大方のところ共通しているものとして「礼・義」が存するのである。このことを指して、「礼・義」が自然に「完具」すると述べているのである。この「完具」は、完全に具備しているという意味で、仁斎の発想からは適切な表現とは言い難いが、この箇所は「犬牛」との比較において「人之性」が述べられているからであろう。

以上の点から、仁斎は人間の善性の根拠を必ずしも示しえなかったということもできよう。しかしながら、さきに示唆したように、むしろ根拠を示すという発想をとらなかったのではなかろうか。仁斎の朱子学批判は、「本然の性」が「仁義」であり、それが人間の善性の根拠となり、それを十全に発動させるために「気質」を制御するという、朱子学の構造における人間の本質としての「本然之性」を否定するのである。このことに、さきに述べた仁斎の「復初之説」批判や人間理解の方法を考え合わせてみると、現実に直接的に発動しない本質として善性の根拠を設定することが、そ

の根拠と現実との関係を論理的に、したがって抽象的に示さなければならないということを生じさせ、このことが人間の現実から朱子学を乖離させ、抽象的な理論操作に終始させることになると、仁斎は考えたからこそ、さきの批判を述べたのであろう。とすれば、まさに人間の善性の根拠を示すという発想から仁斎は無縁であり、こうした根拠を示す発想を解体することにこそ仁斎の意図があると言うことができよう。したがって、その根拠が見いだされないことの方が、仁斎の仁斎たる所以であるということになるのである。

さて、最初に問題にしたⒷの箇所「今其為㆓不善㆒、乃物欲陥溺」も、「物欲」という朱子学的用語が見られるものの、「物欲」の存在自体を問題にしているのではなく、人間の「情」の多様な変化のなかの一形態である「物欲」に溺れていることが不善を行なうことになると述べているのである。そして、このことを人間が自覚することによって「善を為す」という行為を行なうのである。

仁斎は、「性」の善悪をふくむ多様なあり方を肯定し、そのなかに「仁義を為す」という行為性を共通なものとして見いだし、それが「性善」であると認識するに至ったのである。

この認識において、仁斎は、首尾一貫して現実的な人間像とその多様性の肯定という立場に立つことによって、朱子学の固定的抽象的人間像を突き崩していくのであり、人間がさまざまに行動し生きている場面のなかで「性善」説を解釈し、そのさまざまな行為のなかに、善的行為性――「仁義を為す」を共通なものとして示すことによって、具体的に人間の道徳的行為のあり方を示したのである。

4

仁斎は、「性」を「気質之性」に一元化することによって「性」の多様性を肯定し、「性善」を「仁義を為す」という行為として捉えたが、仁斎が人間の道徳的行為のなかで、もっとも重視するのは、「四端之心」の「拡充」説である。この説こそは、「本然之性」の十全なる発動という朱子学的道徳的実践を否定した後の、仁斎の考え方を示す重要なものなのである。仁斎は、この「四端之心」の「拡充」説の解釈を通して、さきの思想的課題の第二と第三についての朱子学的な発想を乗り越えて、独自の道徳論を確立していったと思われる。そこで以下、告子章句上・六章の「惻隠之心、人皆有之」の解釈を中心に検討してみる。

Ⅰ自筆本

恭者、〔致〕敬之発㆓於外㆒者也、敬者、恭之生㆓於中㆒者也、鑠〔字義不㆓相通㆒、窃謂〕鑠者、以㆑火銷㆑金之名、①自㆑外以至㆑内也、算数也、Ⓐ言四者之心人所㆓固有㆒、便性之所㆓以善㆒、只人自不㆑思也、故操舎得失、其機在㆑我、求而必得焉、所㆓以善悪相去之遠、紛紜不㆑一者、皆由㆑不㆑能㆑用㆓其才㆒而拡㆓充之㆒耳、〔②Ⓑ前篇言㆔是四者、為㆓仁義礼智之端㆒、而〕此以㆓四者之心㆒即為㆓仁義礼智㆒者、蓋此心之良即以㆓仁義礼智之徳㆒也、〔即前謂孔孟以㆓仁義㆒為㆔其所㆓固有㆒也、此以㆓仁義㆒名㆓其性㆒也、非㆓性之名㆒也、是也、〕

①を「故以㆓所㆑爍之金㆒飾㆑物、亦謂㆓之爍㆒、蓋自㆑外飾㆑之之謂」と改む。②に「大註ニ書ヘシ」と指示あり。

Ⅱ十年本

「①」恭者、致敬也、鑠字「②」義不㆓相通㆒、窃謂、爍者、以㆑火銷㆑金之名、故以㆓所㆑爍之金㆒飾㆑物、亦謂㆓之爍㆒、「③」蓋自㆑外飾㆑之之謂、算数也、〔固有者、言㆔人必有㆓四端之心㆒、便是以㆓仁義礼智之徳㆒為㆓已之所㆑有也、但〕只人自不㆑思矣耳、故操舎得失、謂㆘求㆓其機在㆑我〔者而有㆖㆑益㆓于得㆒也、而〕所㆓以善悪相去之遠、ⓐ紛紜不㆑一者、皆由㆑不㆑能㆑用㆓其才㆒而拡㆓充之㆒耳矣、「④」前篇以㆓是四者㆒為㆓仁義礼智之端㆒、此乃〔何哉、Ⓒ夫仁義礼智者、天下之達徳也、故易曰㆓立㆑人之道㆒、曰㆓仁与義㆒、孟子亦曰、仁⑤者天下之安宅、而義⑥者天下之大路也、是也、前篇以㆓惻隠羞悪辞譲是非之心㆒、為㆓仁義礼智之端㆒也、蓋以学者拡㆓充之㆒、以㆑⑦至㆓仁義礼智「⑧」㆒而言也、此以四者即為㆓仁義礼智㆒者、Ⓓ是予所謂以㆓仁義㆒名㆓其性㆒、而非㆓性之名㆒者、是也、若学者善理㆓会之㆒、則謂㆓之端㆒、亦可㆓直名㆑之、以為㆓仁義礼智㆒亦可㆑要㆑在㆔善視㆓之如何㆒也已、又曰、先儒以㆓固有二字㆒便当㆓性字㆒、非也、固有云者⑨与㆑謂㆓之性㆒⑮逈別、〕

Ⅲ十二年本

「十年本」の「①」に「此以㆓」「ⓑ」四端之心㆒証㆓性善之旨㆒也」の書き入れ。「②」に「諸解皆」の書き入れ。「③」

に「猶下以二消白金一灌二鋈物一為上レ鋈也、如下今以二所レ消之金一飾レ帳称中消金帳上、是也」の書き入れ。「④」に「孟子性善之説、本欲レ明三仁義之為二己之固有一、非三専論二性善之理一、[Ⓒ]於レ是益彰々矣、而」の書き入れ。⑤「人」と改む。⑥を「人之正」と改む。⑦を「成」と改む。⑧に「之徳」の書き入れ。⑨を「不レ可二固有一レ之也、[⑩]何哉、仁義礼智只為二性之名一、則孟子可レ謂二固有一レ之也、以三人之性具[ⓓ]二天下之美徳一、故謂二固有一焉、且[⑩][⑪]亦仁義観レ之也、倘仁義礼智果為二性之名一焉、則不レ須レ用二固有之字一也」と改む。⑩を「[ⓔ]何哉、[Ⓔ]仁義礼智、天下之美徳也」と改む。⑪を抹消。

Ⅳ林本

ⓐを「倍蓰」と改む。ⓑに「下由下非二才之罪一之説上」の書き入れ、ⓒ抹消。ⓓを「成」と改む。ⓔ抹消。

「四端之心」に関して、仁斎と『集註』の解釈の相違は、仁斎が「端」を「本」と解釈するのに対して、[16]『集註』では、「緒」と解釈する点である。[17]『集註』では、「四端之心」を「情」とし、「仁義礼智」を「本然之性」とする。そして「本然之性」は「情」を媒介として現実に発動する。その発動したものが「四端之心」である。したがって、現実に発動した「四端之心」を糸口にして拡充していけば、「仁義礼智」に到達することができる。このような人間理解に立てば、「端」は「緒」と解釈せざるをえないし、「拡充」の方向は、人間の内面性へと向うのである。

仁斎が「端」を「本」と解釈するのは、「自筆本」段階から見られるものである。「四端之心」が「本」であるならば、その「四端之心」を「拡充」していく方向はどこに向かってなのだろうか。もしかりに人間の内面へ向うのであれば、仁斎の「本」という解釈は『集註』のそれとほとんど変わらないことになる。以下、この点を中心に仁斎の「四端之心」と「拡充」論を検討する。

「自筆本」の傍線Ⓐは、「四端之心」は人間に固有なものであって、それを有していることが「性善」なのであり、それを「取捨得失」する契機は人間にあると述べている。さらに傍線Ⓑでは、「四端之心」は「仁義礼智之徳」であって、それは「心之良」であると述べられている。すると、「四端之心」を自覚し、それを「拡充」することが「性善」であり、そのことはとりもなおさず「仁義礼智之徳」であり、それが「心之良」ということになり、それぞれが互いに言い換えられているようなもので、それぞれの関係ははなはだ不明瞭である。たしかに仁斎のさきに述べた人間観からすれば、人間の現実における道徳的実践がまず存在し、それの表現として「性善」や「拡充」や「仁義礼智」があることになるのだから、用語のうえからは、類似しているように見えるのは当然なのかもしれない⑱。しかし、そうだとしても、「心」に良い部分と悪い部分が存在するという場合に、それらが存在すること自体は、仁斎の人間観からすれば当然であるが、「拡充」という問題と関連させると、「拡充」によって悪い部分を克服し、良い部分を実現するという「復初之説」的な発想を認めざるをえないし、「端」を「本」とするものの、まだ表われてない「心之良」へ向うその初めという意味と考えられ、『集註』の「緒」という解釈を否定し「本」とした意味も半減してしまう。

　仁斎は、以上のような問題を意識したからこそ、「十年本」では、この注釈を全文抹消し、付箋で新たに注釈がつけられる。この注釈にこそ、「自筆本」から「十年本」に至る過程での仁斎の大きな思想的転換が示されている。それは、傍線Ⓒの「夫仁義礼智天下之達徳也」と述べられている点である。これは、「仁義礼智」を人間が到達すべき徳として外在化する点にもっとも顕著であろう。すなわち「四端之心」を、外在化した「仁義礼智」へ到る初めとして捉え、「四端之心」を「拡充」することは、その「仁義礼智」へ向うことなのである。さきに「性善」についての仁斎の解釈は、「仁義を為す」という行為性として捉えていると述べたが、これは、この「拡充」論と連関する。つまり「四端之心」を「拡充」すること自体が、「仁義を為す」ことであり、それが人間に「固有」に備わっており、そのことが「性善」の内容そのものなのである。これらの点を仁斎が十分に自覚していたことは、傍線Ⓓ「予所謂以二仁義一名二其性一、而非二性之名一者、是也」と述べられていることから明確である。さらに「四端之心」は到達すべき「仁義礼智」へ向う初めであり、基本であるから、「端」は「本」でなければならないのである。だから、「十年本」において、仁斎は、「仁義」を外在化するものとし、「仁義」に当為として到るべき究極的価値とするものと、人間のなかに存在し究極的価値へ向う行為性との二つの意味を見るのである⑲。この点こそが、人間の内面における「気質之性」から「本然之性」へという「復初」と、それらを関係づける「体・用」という朱子学的道徳論の構造を逆転させたことにほかならないのである。

　「十二年本」では、傍線Ⓔの「仁義礼智天下之美徳也、以二人之性一具二天下之美徳一」という表現が「天下之達徳」という究極的価値をさらに補強している。さらに「十二年本」「林本」の改訂の⑦ⓓは「拡二充之一以至二仁義礼智一」の

「至」を「成」と改めているが、これも「仁義礼智」に達するだけでなく、それを成し遂げるというように、「十年本」で示された思想的転換を補強しているのである。

以上のように、仁斎は、「自筆本」から「十年本」に至る過程で、大きな転換を遂げた。人間の道徳性を人間の内面を追求することによって根拠づけるという立場から、人間の現実の具体的な場においての人間の道徳性を問題にし、外在する究極的目標に向って「仁義を行う」ことを道徳的実践として捉えるに至った。そして、現実の人間のあり方や関係を重視し、それらを見据えることによって、仁斎は、「性」を重視する朱子学的道徳論を読みぬいて、それを転換させて、基本的に独自の道徳論を結晶させたのである。

5

以上のように、仁斎は、朱子学の「本然之性」を否定することによって直面したところの三つの思想的課題に対して、彼独自の見解を示すことができたといえよう。第一の課題に対しては、修養の目的を人間の行為や態度の立派さを確立することにおくことによって、第二・三の思想的課題に対しては、「性」の多様性を肯定し、そのなかに「仁義を為す」という行為を見いだし、これを「性善」説として解釈し、さらにその具体的内容として「四端之心」を「拡充」することによって「仁義礼智之徳」を成し遂げるものという「拡充」論を示すことによって、仁斎は独自の見解を示しえたのである。この独自の見解を導きだす過程を特徴づけるものは、「性」や「情」の解釈に顕著なように、人間の存在のあり方の多様性を全的に肯定したうえで、そのなかから人間のあるべき姿や道徳的実践を見いだしていくという志向と、それらを固定的に規定するのではなく、つねに機能的にかつ動的に把握する志向にある。このことは、仁斎の発想がつねに具体的に行動して生きている場面で人間や道徳を把握しようとする方向にあることを示している。

しかし、この発想は「自筆本」から「十年本」に至る過程のなかにだけ示されているものではない。朱子学的用語や思惟に依拠しながらも、朱子学の「復初之説」に対して行った批判のなかにも、必ずしも明確な形をとらないにしても窺えるのである。つまり、仁斎は「仁義」を現実に表われた具体的なものとして把握したからこそ、「復初之説」を批判したのである。さらにこの発想は、『孟子』解釈において、朱子学的な抽象的人間観や内面性の追求を重視する道徳論を一つ一つ内在的に解体する作業を通じて、それに触発されながら、より明確なものとなり、その表現を徐々に獲得していくものである。[20] そして、その表現が『孟子』の注釈として一応の確立を見るのが、「十年本」「十二年本」、すなわち元禄初頭の時期においてなのであり、[21] ここに朱子学的表現や思惟を克服した仁斎独自の注釈の成立を見ることができよう。

*『孟子古義』諸稿本は、天理図書館古義堂文庫蔵のモノクロ写真版に拠る。諸稿本の名称は、『古義堂文庫目録』に拠るが、「元禄十年重訂本」は「十年本」、「元禄十二年改修本」は「十二年本」と略述した。『講義録』は学習院大学図書館蔵『古学先生文集』(享保二年刊)所収。返点等は筆者が施し、漢字は原則通行字体に改めた。稿本の引用文について、〔 〕内は書き入れを示し、これへのさらなる書き入れは( )内に示した。なお、引用文で示した改訂は、稿本の改訂をすべて反映させているものではない。また、返り点は改訂との関係で適切な形をとりえないものもある。

註

(1) このような仁斎の思想形成史を考察の対象とした論文としては、野口武彦「古義学的方法の成立――伊藤仁斎『中庸発揮』の諸稿本をめぐって」上・中・下(『文学』第三六巻七・八・九号、岩波書店、一九六八年)、三宅正彦「仁斎学の展開――意味血脈論的方法の発展と転化」(木村英一博士頌寿記念事業会『中国哲学史の展望と模索』創文社、一九七六年)。後者は、『論語古義』諸稿本を考察の対象としている。また、諸稿本を考察の対象とはしていないが、「林本」と『集註』との対比から仁斎の『論語』解釈の方法を分析した論文としては、藤本雅彦「伊藤仁斎の論語解釈の方法――『論語古義』学而篇第一章の解釈の試み」(『大阪大学日本学報』第一号、一九八二年)。

(2) 仁斎の伝記に関しては、石田一良『伊藤仁斎』(吉川弘文館、一九六〇年)をおもに参照した。

(3) 朱子学理解にあたっては、山井湧『明清思想史の研究』(東京大学出版会、一九八〇年)の第一部第一章を参照した。

(4) 『孟子古義』を考察の対象とした研究には、木南卓一「孟子古義研究――仁斎学の根底と宋学の立場」(『中国哲学会報』第九号、一九八四年)があるが、諸稿本の検討は行なっていない。また子安宣邦『伊藤仁斎――人倫的世界の思想』(東京大学出版会、一九八二年)の中のとりわけ「第三章、人性と道徳――仁斎倫理学の問題」では、「林本」を考察の中心において「性」、「四端之心」の「拡充」説を分析している。

(5) 『四書集註』(芸文印書館)所収本による。

(6)「林本」では公孫丑章句は欠。

(7)Ⓓの箇所は、『集註』の「志固心之所……」から「固」を抹消しただけで取り入れられたものである。このような注釈のつけ方は仁斎がしばしば用いるものである。仁斎の「固」を抹消した意図は、「志」が「心」の方向性を固定化することを否定することにある。つまり仁斎は、「固」の背後に「気質之性」から「本然之性」へ向うという内容を読みとったからこそ否定したのである。このように仁斎の『集註』を内在的に読みこみながら、それを書き変えていくという、『集註』に対する姿勢が窺えるところである。

(8)「気・心・志」を機能的に解釈することの背後には、吉川幸次郎「仁斎東涯学案」(『伊藤仁斎・伊藤東涯』日本思想大系33、岩波書店、一九七一年、五六七頁)で鋭く指摘する「運動のみが存在であり、静止ではないとする世界観」が存在すると思われる。

(9)この点に関しては、『中庸発揮』の「第一本」の解釈と、仁斎の経典観の変遷とを検討しなければ十分ではないが、後の課題としたい。

(10)仁斎が内面的修養法の否定に固執するのは、仁斎が二十九歳前後に隠棲生活を送り、この時期に白骨観法など、さまざまな内面的修養を実践するが、十分な成果が得られなかったという実感に基づいているのではあるまいか。

(11)「性善」を考察の対象とした最近の研究には、豊沢一「伊藤仁斎における「性善」の意義について――「性」論のための私論」(竹内整一他編『日本思想史叙説』ぺりかん社、一九八六年)がある。

(12)仁斎は、注釈の形式として、語釈・大意を示す注、節につけられた小注、章句全体につけられた大注――仁斎は必ずしも小注と大注の区別をしていないし、すべてこの形式をとるわけではない――の形をとる。「自筆本」の改訂③が注として示され、そこから論理的に展開したものが引用の小注、そしてこれが踏まえられて、「十年本」の③の注が成立するという形をとる。古義学的方法を窺うものとして指摘したい。

(13)仁斎は「知る」という主体的な知的判断を重視しているが、その「知る」は、感性と区別する意味での知性と言えるのだろうか。「其情纔知二善一善而悪レ悪……」と述べられているように、「情」のなかに「知る」は含まれている。「情」と「知る」との関係に関しては以後の課題としたい。

(14)こうした基準を自覚できない人物やそれを持たないような人物の存在は、仁斎の人間把握の方法から容易に推論することができる。この存在を、前掲吉川論文では「善への可能性を持たない精神的不具者」(五九〇頁)と表現した。この根拠となる公孫丑章句上・六章の「由レ是観二之、無レ惻隠之心一、非レ人也」に関する解釈、「然生而無二耳目口鼻一者、世或有レ之。人之或有下無二四端之心一者上、亦如レ此、故曰、無二惻隠羞悪辞譲是非之心一者、非レ人也」が成立するのは「十二年本」においてである。したがって「十年本」では人間のなかに「仁義」を見いだし、それを「固有」のものとすることで、仁斎的人間把握の方法において善性のあり方を示したと言える。

(15)「廼」は「迺」か「迴」の誤りか。本稿では、「迺」と解釈し、「仁義」は「固有」なものであると、「仁義」は「性」であるとは、別であると解釈したが、「迴」でも、「別」を強調しただけである。

(16)「自筆本」公孫丑章句上・六章「惻隠之心仁之端」の語釈に「端本也」とある。

(17)この相違は、『集註』では人間観に基づいて解釈がなされているが、仁斎の解釈では『孟子』の解釈から人間観が導きだされているというように、それぞれの注釈のつけ方の姿勢の相違に基づく。

(18)丸山眞男『日本政治思想史研究』(東京大学出版会、一九五二年)注(19)(六一頁)参照。

(19)「拡充論」と「道」との連関については後の課題としたい。

(20)渡辺浩「伊藤仁斎・東涯——宋学批判と「古義学」」(相良亨他編『江戸の思想家たち(上)』研究社、一九七九年)の四章を参照。

(21)野口武彦「伊藤仁斎における文学論の成立過程(下)」(『国語と国文学』第四四巻三号、一九六七年、四四頁~四五頁)で、仁斎が朱子学的勧懲的な文学論に対して全的に自律的ではないという保留をつけながら、「仁斎の「詩」論がやはり元禄十年を境にして」変化したと述べられている。

伊藤仁斎の人我相異論の成立過程——仁斎の人間観と道徳論をめぐって——

一　問題の所在

伊藤仁斎は、『童子問』林本・巻之上第二十一章で、自己と他者とは能力や性質などがそれぞれに異なる別々の存在であると述べている。この説を本稿では人我相異論と呼ぶことにする。(1) 仁斎は人我相異論について、つぎのように述べている。

所謂能尽二其性一者、就二吾性分内一而言、至下於其尽二人物之性一而賛中天地之化育上、則雖下亦尽二我性一之推上、豈徒尽二吾性一而已哉、夫人之与レ我異レ体殊レ気、其疾痛痾痒、皆不二相関一、況人之与レ物異レ類殊レ形、何相干渉、謂丁財二成輔三相天地之道一、使丙万物各遂乙其性甲、則可、謂三之尽二我之性一而可乎哉、然則唯尽二我性一、而非レ由二学問之功一、則不レ可レ得也、明矣、

人我相異論の成立は、仁斎の思想形成上、重要な画期の一つをなしていると考えられる。この説が、『中庸』の「唯天下至誠、為能尽其性、能尽其性、則能尽人之性、能尽人之性、則能尽物之性、能尽物之性、則可以賛天地之化育、可以賛天地之化育、則可以与天地参矣」の解釈を契機として成立したことは、この引用文から窺うことができる。さらに仁斎のこの説は、内容的に見て、『中庸章句』の「人物之性、亦我之性」という同章の解釈の否定を意図したものであると考えられる。この点を概括してみると、以下のようになる。

『中庸章句』のこの解釈では、『中庸』本文の自分から他者へ、そして物への連鎖は、それぞれの「性」が本質的に同一であることを前提としてはじめて可能になると述べられている。そこで仁斎は、この点を捉えて、朱子学では、「性」

は人間と物すべてに共通して同じように存在していると考えられているとし、それゆえに朱子学的人間観では、人間の存在は同一的に把握されていると、仁斎は断定するに至ったと考えられる。したがって仁斎は、個々人のあり方の独自性を主張することによって、朱子学的人間観の同一性を克服しようと意図していることは明らかであろう。

仁斎は、以下のような思想的遍歴を持つ。初期には、朱子学に傾倒していたが、やがてそれに対して懐疑の念を抱くようになり、それへの批判的作業を通じて自己の思想を確立していった。このような仁斎の思想形成においては、時期的に肯定的な態度をとるか否定的な態度をとるかの差はあるものの、朱子学が重要な役割を果していたということが見てとれる。したがって、仁斎の人我相異論の成立過程を検討することは、仁斎がどのように朱子学を理解したか、またそれをどのように克服したか、さらに、そこにはどのような彼の意図があるのかを、彼の思想形成の現場で明らかにすることになるものと考えられる。

そればかりではない。朱子学の道徳論においては、道徳実践の根拠は「性」、とりわけ「本然之性」が万人に同一に具わり、その「性」が普遍原理としての「理」それ自体と相即の関係にあるという点に置かれており、その実践の目的は、「居敬窮理」「存天理去人欲」という修養によって「本然之性」を発現させることにあると要約しうる。[2] とすれば、この「性」の同一性を否定し、それを現実的なものとして把握するということは、新たに「性」に代わるような道徳実践の根拠と目標を示さなければならないことになるはずである。つまり、仁斎が人我相異論に立脚するということは、朱子学的実践のあり方に依拠することなく、新たな道徳実践のあり方を構築しなければならないという課題を仁斎が負うことを意味していると言いえよう。本稿では、この課題を仁斎がどのように処理したかを検討することを当然射程のなかに入れており、この点については仁斎が書き示した『童子問』の諸稿本の書き入れ箇所や、抹消部分を詳細に分析することによって明らかにできるであろう。

ところで、仁斎はさきの『中庸章句』の語句に続く部分を欠落させていると言うことができる。それは、「但以所賦形気不同、而有異耳」という語句である。詳細な分析は以下で行うとしても、つぎのような問題点を指摘することができる。つまり、この語句を考慮すると、人間は本質的に同一の存在であるとは言いえても、人間が現象的に同一的存在であるとは言うことはできないと考えられる。「本然之性」は万人に共通しているけれども、「気」には本来的に清濁などの程度の差があるので、現実における人間の存在には個人差があると、朱子学では考えられている。したがって、朱子学的人間像では、人間を同一的存在としていると単純に規定してしまうことには、かなり無理があると言うことができる。このことは、仁斎が解釈した朱子学と朱子学それ自体との間には差異があることを示していると考えられる。解釈には当然解釈者の視点が設定されているから、解釈によって理解されたものと解釈の対象との間に差異が存在するのは、当然といえば当然と言いうるであろう。しかしながら、この点を踏まえたとしても、この差異には放置することのできない問題が含まれていると考えられる。つまり、この差異にこそ朱子学に対する仁斎の関心が反映されていると言うことができる。したがって、この差異に着目することは、仁斎の問題関心を際立たせることになるであろうし、さらにこの点を考察することによって彼の朱子学受容のあり方が解明されることになるであろう。

以上のような問題関心から、本稿では人我相異論を取りあげるのであるが、こうした関心は前号の拙稿「伊藤仁斎の人間観」を引き継いでいる[3]。拙稿では『孟子古義』の諸稿本の分析を通して、以下の点を解明しようと試みた。つまり仁斎は、「性」を「気質之性」に限定し、そのために道徳的根拠をどのように位置づけるかに苦心した。そしてさまざまな試行錯誤の果てに「夫仁義礼智之徳者、天下之達徳也」という表現を仁斎は示すに至ったと指摘した。この過程は、道徳的根拠を人間の内面に置くという朱子学的発想から、徳目を人間が到達すべき目標として考えて、これを外在化させる発想へと転換することを意味すると指摘した。以上のように仁斎の思想形成過程を考察したが、このような仁斎の『孟子』解釈の転換は何に基づくのかという問題が生じた。そこで新たに本稿を起して、この点を考察しようと考えたのである。

以上のような問題関心から、人我相異論の成立過程を検討する。その際に考察の対象となるのは、おもに『童子問』の稿本である。この稿本は五種類あり、それらは「元禄四年本」「元禄六年本」「元禄八年本」「元禄十六年本」「林本」である。これらのなかでもっぱら考察の対象となるのは、前の三本である。人我相異論は「元禄四年本」の付箋による書き入れのなかにはじめて示され、「元禄八年本」でほぼ完成し、後の二本はほとんど改訂が行われていないからである。以下では、この稿本の改訂などを検討することによって、仁斎の思想の形成過程が内在的に示されるであろう。

二　寛文年間の仁斎の思想形成

本節では、寛文年間の仁斎の著作の検討を通して、仁斎が自らの思想を確立するための第一歩を踏みだした時期の道徳論と朱子学批判の内容を検討し、その特徴を明らかにすることを目的とする。この時期に形成された仁斎の問題意識が、以後の彼の思想形成を規定すると考えられるので、この時期の彼の問題関心を整理しておくことは本稿の主旨からすれば遠回りにはなるかもしれないが、けっして無意味な作業とはならないであろう。

寛文年間という時期は、仁斎が号を朱子の著した『敬斎箴』からとった敬斎から仁斎へと万治元年に改めた直後で、仁斎が独自の思想を確立しようと歩を進めた時期にあたる。それまでの仁斎は、主観的に朱子学に傾倒して朱子学の「精奥を究」めよう[4]と努力を積み重ねていたが、明暦元年から数年間の隠棲生活を送り、陽明・近渓の書から仏老、あるいは白骨観法という座禅法までも学び、「あるいは合ひ、あるいは離れ、あるいは従ひ、あるいは違ひ[5]」と、試行錯誤を繰り返す思想的遍歴を体験したのである。

この時期の仁斎の著作を見ると、朱子学用語をただ使用するだけではなく、論理的にもその用語に付随した朱子学的論理に引きずられている様を見て取ることができるが、そのなかにもいくつかの朱子学批判が展開されている。まさに仁斎は朱子学的思惟に依存していた自己の思惟を、そこから解き放そうと努めながらも、その朱子学用語を使用せざるをえないもどかしさに苦悶しているように見える。こうしたなかで仁斎は、朱子学批判の一つを『仁人心也章講義』のなかで、つぎのように展開している。

自二窮理之学興一、而世之学者、重看レ知而低看レ仁、尽二力於彼一者多、而用二力於此一者少、故其気象卑薄狭隘、於二充実光大之妙一、心不レ免レ有レ歉焉、豈聖門所謂窮理者、捨レ仁之外、復有レ所レ為レ言哉、

この批判は、道徳においては、認識よりも実践を重視すべきだという仁斎の道徳観を示していると言うことができるが、この点については後に触れることにする。ここでは、この批判の意図を明確にするために、朱子学の修養論の一つである「復初之説」に対する仁斎の批判を検討してみることにする。仁斎は『鈎是人也章講義』のなかで、つぎのよう

に述べている。

　区区窮理之学、亦不レ足レ論、若夫徒謂下克二耳目口鼻之欲一、然後能復中其心之本体上焉、則豈先立二其大者一之謂乎哉、

仁斎は、ここで、人欲を克服すると「心之本体」＝「仁」が発現されるという「復初之説」を、先後が逆だと批判しているのだが、問題は、「仁」が人欲の背後に隠されていると朱子学の構造を見なしている点にある。つまり、この朱子学の構造では、人欲を克服するためには、まず隠されている「仁」を知らなくてはならないはずだとし、それでは人欲を克服するという道徳的実践が二次的になってしまうと、仁斎は考えた。このように、この時期の仁斎は、道徳的実践としては朱子学の人欲克服論に依存しているものの、克服の仕方を批判していると言うことができる。このことが仁斎の「重看レ知而低看レ仁」という批判の内容を示していると考えられる。

　ところで、こうした仁斎の朱子学批判は、はたして朱子学の文脈自体のなかで妥当性を持つと言うことができるであろうか。朱子学の体系において「知」と関係するのは「居敬窮理」である。「居敬」は、心を集中して妄思妄動しない心の状態を保持することであり、「窮理」は、事物の理を一つ一つ窮め知ることである。しかし、この二つは、けっして別々のものではなく、あくまで「窮理」と「居敬」とが相まって、心のあり方を正しくし、「気」の影響を制御して本性を回復しようとするのである。以上の解釈から、たしかに朱子学において「知」を重視する傾向を読み取ることは可能であるが、「居敬窮理」というテーゼが象徴しているように、「知」と修養とは同時になされるものと朱子学では考えられていると言うことができる。

　さらに『大学章句』の八条目の「格物致知」が「知」と関係している。『章句』ではつぎのように「格物致知」が解釈されている。

　致、推極也、知、猶レ識也、推二極吾之知識一、欲二其所レ知無レ不レ尽也、格、至也、物、猶レ事也、窮二至事物之理一、欲二其極処無レ不レ到也、

　朱子学の体系において、この「格物致知」が重要な命題の一つであるということは衆知の事実であろう。だから、この体系のなかに主知主義的傾向があると言うことができるし、「知」を「識」と解釈していることから、「知」の意味は対象を知るというレベルにあると考えることもできる。この「知」の意味をもう少し考えてみると、『論語』述而篇に

ゆきあたる。ここの語釈には、「識、記也」のほかに、一説として「識、知也、不レ言而心解也」とある。前者は記憶すると解釈できるが、問題は後者である。つまり、後者は、心に理解すると解釈できる。したがって後者からは、朱子学における「知」が単純に知識のレベルにとどまってはいないと察することができる。この「知」は、心に理解するのだから、その心の状態が問題となり、その状態を正しくするという修養が当然射程に入れられていると考えられる。さらに『章句』の八条目において、「格物致知」が「誠意」と連関するところからしても、この点は確認されるであろう。とすれば、仁斎の批判が、重く低くという程度の問題として述べられていることを考慮したとしても、朱子学においては「知」を重視する傾向があるとは言いうるが、かれの批判のように「仁」の実践を軽視しているとは言いがたいのである。

以上の点から、仁斎の朱子学批判が必ずしも妥当性を持つとは言えないが、「復初之説」・「知」批判において、仁斎が朱子学のなかにどのような問題点を見いだしていたのかは、かれの批判から推察することができる。仁斎がこの時期に考えていた人欲克服論の内容を検討することによって、この問題を考えてみたい。

仁斎は、『鈎是人也章講録』のなかで、つぎのように述べている。

夫心者、一身之主、而其為レ貴者、乃在二於思一焉、故思者、心之所レ職、而耳目口鼻四肢、皆受二令於此一、所謂思則得レ之者、心得二其職一、而耳目口鼻四肢、皆為二之卒徒一、不レ思則不レ得者、心失二其職一、而耳目口鼻四肢、自横二恣於外一、思之於レ人也、得失存亡之効、其切若レ此、

「耳目口鼻四肢」とは、この器官から生じる「欲」のことを示し、この「欲」は自分で判断する能力を持たない、対象からの刺激によって受動的に生じるものと見なされている。(6) この「欲」が「心」を蔽い、「心」固有の機能を停止させてしまっていると仁斎は人間の現状を捉え、そのうえで、「思」という機能を「心」に回復させることによって、この「欲」をコントロールすることができると仁斎は考えている。この引用は、『集註』の「心則能思、而以思為職、凡事物之来、心得其職、則得其理、而物不能蔽」の最後の二句を換骨奪胎したのであるが、ここではまず仁斎が人欲克服のための方法として「思」を重視していることに着目して見る。仁斎は「思」に「近思・無思」という段階を想定する。「近思」とは、「日用切身」のものを思うことで、「無思」とは、「於穆之命、率性之道、無思無為、寂然不動」

と述べられているように、「思」の極限的なあり方と言うことができる。仁斎は、「思」という人欲に制限されない自律性を心に確立することによって、常々生じる「耳目口鼻四肢」の「欲」をコントロールすることができるようになり、それが「仁」を実現することにほかならないと考えたのである。そして、それが完全に実現すれば、いちいち自覚的に「思」うことをしなくても、自然と人欲を制御できるようになり、これが「無思」の境地であると考えたのである。しかし、そうだとしても、この人欲克服論にはいくつかの問題点が考えられる。さきに仁斎のこの論は、『集註』の換骨奪胎であると述べたが、欠落した部分は「理」に言及したところである。ということは、朱子学における「体用」論のうち「体」にあたる部分を仁斎は欠落させていることになる。このことは、仁斎の考えのなかでは、「仁」が人間の本質に位置づけられていないことを示している。では、「仁」はどこに位置づけられるのか。

「復初之説」批判で述べられたように、「人欲」を克服する前に知ることができるのであるから、少なくとも「用」の部分に「仁」が想定されていると推論することができる。だとすれば、「人欲」と「仁」は、同じレベルに同居していることになる。この点から、なぜ「仁」が存するのに人欲が生じざるをえないのかという疑問が生じることもゆえなきことではないと考えられよう。この解答は、現時点の仁斎からは見いだすことはできないうえに、この解答を現実に生きる人間は「仁」が存在していることを知らないからであろうと推論することも、かれの「知」批判から許されないと言うことができる。

以上のように、仁斎が意味づけた諸々の概念間の関係がはなはだ不明確であるものの、この時点の仁斎の道徳論では、「心」に「思」という機能を確立することによって人欲を克服することができ、それが「仁」なのであると考えられていたことは確認することができよう。

ところで、仁斎のこの道徳論からも、さきの引用文の「其心者、一身之主、而其為レ貴者、乃在二於思一焉」からも、仁斎が「心」を重視していると言うことができる。この「心」については、さきの「知」批判の後に、「且其説率将仁与心為二」という批判が述べられている。

この批判は、朱子学の「未発」と「已発」に対して向けられたものと考えられよう。この二つの概念は、『中庸章句』第一章では、「喜怒哀楽、情也、其未発、則性也、無所偏倚、故謂之中、発皆中節、情之正也、無所乖戻、故謂之和」

と述べられている。したがって、「性」が「情」として発現する以前では、「心」は本来的な状態にあり、これを「性」の状態とし、そこに「仁義礼智」の人間における在存が確認されている。この状態が「未発」であると考えられている。さらに「已発」は、「性」が「情」として発現した状態を示し、その状態が過不及のない状態であるならば、「性」は本来的なまま発現することができるのである。以上のように、「未発」と「已発」とが朱子学では考えられていたと言いうる。しかし、この「未発」と「已発」とは二分法的に区分されたものでないことは、「若以三為截然有二一時是未発時、一時是已発時一、亦不レ成二道理一[7]」と述べられていることから明らかである。

　ところで仁斎は、「心」を「未発」「已発」と捉える朱子学の発想を、「二と為す」と批判している。しかし、「二と為す」という表現が示しているように、仁斎は「未発」「已発」を固定的状態として把握しているが、この点は朱子学的思惟からすれば、その意を十分に汲み取っていないものとされるであろう。この点はともかくも、ここでは仁斎が、朱子学的な「心」の把握を否定する立場に立っていることを確認するにとどめておく。そして、さきの「心」に「思」を確立し、そのことによって人欲を制御するという道徳論を考えると、仁斎は「心」を、「已発」の状態において考えていたことは明らかである。この「心」を「已発」の状態へと一元化して把握することによって、仁斎は「心」を分裂的にとらえる仕方を克服できると考えたのである[8]。したがって、このような「心」の一元化は、仁斎にとって個人の独自性を承認する以後の人我相異論の確立への第一歩を踏みだしたということができよう。

　以上のような仁斎の寛文年間における朱子学批判の意図と、その批判の過程から窺える道徳論をふまえながら、以下では、その問題点を考えてみることにする。仁斎は、「心」を「已発」／「未発」に区分し、現実に人欲に翻弄されている人間は、「未発」の状態にある「本然之性」をまず「知」り、そのことによって人欲を制御し、この結果として「本然之性」を発現させうると、朱子学的道徳論の構造を理解したと考えられる。だから、仁斎は、認識を重視し、実践を軽視するものと朱子学を捉え、その実践の仕方においても先後が逆になっており、かつ「心」を二つに分裂させて不安定にさせていると朱子学を批判していると考えられる。この朱子学批判を踏まえて、仁斎は「心」を「已発」の状態で捉え、その中で「思」という機能を確立することによって人欲に支配された人間のあり方から自立しうると考えるに至ったのである。しかし、以上の批判や道徳論も、まだ端緒についたにすぎないので、この仁斎の考えのなかにはさきに示唆しておいた様々な問題点が含まれていると言うことができる。主要なものとしては、以下の点を挙げることができる。

「気質」のレベルに視座を限定したために、朱子学の体系において立体的に位置づけられた諸概念が一つの位相で雑然と存在しており、それぞれの区分が必ずしも明確にはなっていないこと、ついで道徳実践においてその根拠をどのように示すかが必ずしも明確に示されていないということが挙げられる。後者は説明を要する。つまり、仁斎が「仁義」を「心」の「已発」の状態で捉えているのであるから、「仁義」は、本来的本質的なものはなく、人欲と同じレベルにあることになる。これらが同じレベルにあるとすれば、なぜ「仁義」は人欲をつねにコントロールできないでいるのかという疑問が生じる。この点については、仁斎は、この時期では、たとえばさきの「復初の説」批判が述べられている引用のなかでは、「心之本体」という表現で「仁義」を位置づけているが、この方向は「心」のあり様を区分し、それを価値づけるということになるのだから、ここに「心」の「已発」のレベルにおいてではあるが、「心」の分裂の存在を読み取ることも可能なのである。したがって、朱子学の「心」の分裂的把握を、「心」の安定性を損うという理由で否定しようとした仁斎の意図も、この論理からすれば必ずしも成功しているとは言えないであろう。これらの点は、仁斎の寛文年間の思想的営為の結果として生じた思想的課題であり、それを解決できるか否かは、彼の以後の思想の展開にゆだねられることになるであろう。

以下では、寛文年間における仁斎の朱子学批判の特質と、その問題点を検討してみることにする。仁斎の朱子学批判の特質はまさに一言に尽きる。「本然之性」＝「理」の否定である[9]。仁斎は、寛文年間を通して、この点にかたくなまでに固執していると言えるが、仁斎の「本然之性」の否定は、ただそれにとどまらずに、現実に発現されているものの背後に本質的なものを想定するという、仁斎が考えた朱子学の思惟構造自体にまで及んでいると見なしうる。仁斎における朱子学批判の仕方はこの点に収斂している。だから仁斎は、朱子学の文脈に従って内容を理解し、その内容を批判するというのではなく、否定の対象である「本然之性」を重視する学として朱子学を固定化し、この方向で朱子学を批判していると考えられる。この固定化の結果として、仁斎の朱子学像からは、朱子学のなかの現実に発現したものを述べた部分が欠落することになると言いうる。

　このことは、一方で仁斎は朱子学を理解できていないことを示していると言うことができるが、むしろ、仁斎が朱子学――特に語釈を媒介にして論孟などの経典の内容――を理解しつつ、その理解したものから朱子学の体系を取捨選択をするという、受容と批判の同時的進行という一種の受容形態を示していると言うことができるのではあるまいか。

　では、何故に仁斎は、これほどまでに「本然之性」、あるいはこれに伴う思惟方法の否定に固執せざるをえなかったのであろうか。この理由として、一つは仁斎の体験を、二つは仁斎の思惟のあり方を挙げることができよう。仁斎の体験とは、明暦元年、二十九歳の時から数年間にわたる隠棲生活のことである。仁斎は、その時期を回想した『同志会筆記』27のなかで、「……備述二危微精一之旨一、自以為、深得二其底蘊一、而発二宋儒之所レ未レ発、然心窃不レ安」と述べ、この不安を解消するために王陽明・羅近渓などの書物にまで漁猟したとしているが、問題は朱子学の奥義を窮めたと自負している点である。その奥義を窮めたということが、はたして朱子学から見て妥当であったか否かを確かめる術は今のところないが、このことが仁斎の希求していた成果を挙げなかったのではないかと推測することができる。この失望感から仁斎はさまざまな書物を渉猟し、「或合或離、或従或違、不レ知二其幾回一」と、性急なまでの試行錯誤を繰り返すのではあるまいか。こうした体験の結果として仁斎は、「本然之性」の存在を主張したり、これに伴う思惟方法を取ることが無益であると悟ったと推論することができる。二つ目の仁斎の思惟のあり方とは、たとえば寛文二年の、『鈎是人也章講義録』に「何謂二近思一、其所レ思在二於日用切身者一、而不三少馳二高遠無用之地一」と述べられている――以後においてもしばしば見られるものであるが――ように、日常的・現実的なものを重視するという考え方である。こうした考え方からすれば、朱子学の現実を直視しそこから本質を見いだす仕方は、けっきょく現実から離れてしまう考え方ということになるであろう。それゆえに、朱子学の思惟方法を端的に示す「本然之性」の否定に仁斎は固執したのではあるまいか。以上の二点は、あくまで推論の域をでないものであり、それぞれに問題があると考えられるが[10]、本稿では、ともかく現在考えられうる二つの理由を示すとともに、思想を受容する時に直面せざるをえない制約と困難という枠組みのなかで、将来考えてみたいという方向性を付け加えるにとどめることにする。

三　人我相異論の成立過程

以上のように、仁斎は「本然之性」の否定の立場に立脚し、この立場から朱子学を解釈していたと言いうるが、このことが、本節の出発点となる。

仁斎の人我相異論は、「問題の所在」で述べたように、『中庸』を軸として、『中庸章句』の解釈と対峙しながら形成されてゆくので、まず『中庸章句』の解釈を検討することから始める。

尽二其性一者、徳無レ不レ実、故無二人欲之私一、而天命之在レ我者、察レ之由レ之、巨細精粗、無二毫髪之不一レ尽也、

ここで述べられているのは、すべての人間には「徳」は普遍的なものとして実際に具わっているから、それは「人欲之私」を克服しさえすれば、十分に発現することができるし、これが「尽其性」であるということである。そして、この普遍性は「天命之在我」という形で根拠づけられている。つまり、「本然之性」が普遍的であることの根拠は、「天命」にあると考えられている。言い換えれば、これは道徳性の根拠が「天命」、したがって事物総体の存在の根拠であり、事物のあるべき姿を示している「理」によって確保されていることを示している。しかし、ここで注意しなければならないのは、「天命之在我」の表現から、いわゆる天地自然における自然性と人間の自然性とを単純に同一視しているとは言いがたいという点である。最終的に天人合一的状態を目指すと言うことはできても、論理的には、「理」という原理性を媒介にして天地自然と人間の自然性とが連関していることは、朱子学的論理の整合性を示すものとして着目しなければならないであろう。

つぎに、さきにも引用したが、右の引用に引き続く部分を検討してみる。

人物之性、亦我之性、但以二所レ賦形気不一レ同、而有レ異耳、

「人物之性、亦我之性」は、普遍的原理としての「理」と相即関係にある「性」のレベルからすれば、「性」は人と他人、そして万物に共通して同一に存在するものと考えられていることを示している。しかし、それはあくまで「性」のレベルでである。だから周到にも、「但」以下のところで「形気」のレベルでの人間の個別性が述べられていると考え

られる。では、「性」のレベルでは同一的存在であり、かつ「気」のレベルでは個別的であるような人間は、全体としてはどのような存在なのであろうか。「理」と「気」の関係は、「理」がなければ「気」は現実的に事物を構成することはできないが、逆に「理」は必ず「気」を媒介にして発現すると、朱子学では考えられている。したがって、現実の人間は道徳的根拠として「本然之性」を必ず有しているが、その発現を媒介する「気質」の清濁などの程度の差によって、多少の差はあるものの、「本然之性」は蔽われてしまっているのが普通の人間のあり方ということになるであろう。したがって、この人間像が本質的には人間を同一的に把握しているとは言いえても、人間存在総体を同一視しているとは言えないのである。さらに「理」自体も、程伊川の言葉「理一分殊」という用語が示すように「理」が同一的に存在することは認められているが、そのあらわれ方の個別差も承認されていると言うことができる。

こうして見てくると、朱子学の論理においては、現実の人間を見据えた結果として、人間の本質を見いだし、それを根拠づけ、さらに、その現実のあり方を示し、そのうえで本質と現実との間の連関を示すという構造を取ると言うことができよう。

以上、『中庸章句』第二十二章の解釈を手がかりにして、朱子学における論理構造の特質について素描したが、つぎに仁斎の同章の解釈の検討を行うことにする。その際、仁斎がこの時期に念頭に置いていたと考えられる朱子学像に留意しつつ、作業を進めることにする。

仁斎の人我相異論成立の契機となった『中庸』の解釈は、『童子問』では「元禄四年本」の付箋による改訂部分にはじめて示されている。

　其所謂能尽二其性一者、在二己之性分一、尽二人之性一以下、非二己之性分之所レ及、非二学問之功一、不可、人性分之所レ及有レ限、

仁斎のこの注釈で注目すべき点は、「性」を「性分」と言い換えている点、自己の「性」の有限性を述べている点、「尽其性」のための手段として「学問」の効用を重視している点を挙げることができる。「性分」は「性」の分限を示すものと解釈できる。[11]『中庸』本文自体のなかでは、自己の「性」から他人の「性」へ、そして「万物」の「性」へという形での連鎖が述べられているので、「性」の同一性が結論づけられることになる。そこで「性」を「性分」と言い換

えることによって、この結論自体の誤謬を仁斎は暗示しようとしたのである。

では、この限界を持つ「性分」と「仁義」との関係は、どのようなものであろうか。この点について仁斎は、必ずしも明確な見解を示しているわけではない。しかし、右の引用文の前に、一車の薪では一石の米を炊くことができるが、十把の薪では一石の米を炊くことはできないという主旨の長い比喩が示されている。この比喩は明らかに「性」の限界と個々人の相異を暗示していると解釈できる。

こうした「性」を有限的なものとし、個々人を相異するものと捉える考え方のなかから、普遍的規範である「仁義」を「性」のなかに位置づける方向性は読み取ることはできないであろう。「性」を個別化・限定化することは、「仁義」の普遍性とは相入れないからである。さらに仁斎が「尽其性」のための手段として「性」を個別化・限定化することと「性」という生来的なものを育成するのではなく、後天的かつ外在的なものである「学問」によって「仁義」を身に付けさせるという形で仁斎が考えていたことを示している。要するに仁斎は、「性」を有限的なものとして限定することによって、『中庸』本文に示されている「性」の連鎖を断ち切り、このことを通して朱子学における「性」を重視する道徳論を否定しようとしていると考えられる。

以上の「性」の有限性と個別性を主張することによって朱子学的思惟を否定しうるとした仁斎の企図から、逆に仁斎が想定した朱子学像を推測してみると、仁斎が「性」を限定化しようとしているのだから、朱子学では「性」が無限なものとして考えられていると、仁斎が見なしていたと考えられる。彼の考えた無限性ということは、おそらく朱子学の体系のなかでの「性即理」と「性」の同一性を指しているのであろう。つまり、人間が普遍原理と通底し、したがって一個の人間が全世界を構成する原理と連関している点と、「性」がすべての物に共通しているという点を捉えて、仁斎は朱子学では「性」が無限なものとして考えられているとしたのであろう。では、なぜ仁斎にとってこの点が問題とならざるをえないのであろうか。もちろん、直接的には仁斎の目的は「本然之性」を否定することにあるのだから、朱子学の体系のなかでの「本然之性」の意味を解体させるためなのであろう。しかし、ここではこれに留まらずに、彼の発想を射程に入れつつ推察を進めると、以下のようになる。

まず仁斎は、人間がかような無限性と連動することなど、自分自身を顧みても実感できないという感情レベルでの反発があると考えられる。こうした実感が背景としてなければ、仁斎のかたくななまでの「性」批判の理由は考えられないのではあるまいか。ついで「理」が人間と連関するということが、仁斎にとっては「理」が人間を制限することになり、それでは人間はつねに「理」を意識する生活を強いられることになると、彼は考えたと言うことができる。さらに朱子学においては、「本然之性」を実現することが道徳的な生き方であると考えられているから、程度の差こそあれ「気質」に蔽われ、「本然之性」を十全に発現することのできないような大多数の人間は、つねに非道徳的に生きていることになってしまうと、仁斎は考えたのではあるまいか。この点については説明を要する。朱子学においては、「復初之説」が端的に示しているように、「本然之性」の発現を妨げ、それゆえに悪しき行為の根源とされている「気質之性」の偏りを克服し、本来的な状態へ復することが重視されていると言うことができる。さらに、この復帰を完全に実現したものは「聖人」だけであり、大多数の人間はこれを実現しうる可能性を有しているにすぎない存在であると考えられている。仁斎はこの点を固定的にとらえて、朱子学では「復初」した状態だけが道徳的状態として把握されていると考えたのではあるまいか。とすれば、この状態へ向う過程にあり、「聖人」ではないような大多数の人間は、非道徳的な生活、言い換えれば道徳的には否定されるような仮象の生活を営んでいることになってしまうと、仁斎は考えを展開させたのであろう[12]。

これらの点からは、仁斎の「性」の限定化の意図は、「本然之性」の持つ重要性を失わしめることによって、「理」と「本然之性」との結合を断ち切ることにあると考えられる。以上のような理由が考えられるが、これ自体の論証は以下に譲るとして、ここでは、ともかくも仁斎が、朱子学は「性」を絶対化していると把握している点を確認し、それへの強い批判意識が、『中庸章句』の「但」以下の部分を欠落させることになってしまったことを指摘するだけにしておこう。ただ、もしそうだとすれば、寛文年間に見られた彼の朱子学批判の歪みは、ここでも読み取ることができるのである。

ところで、「元禄四年本」のなかでほかに注目に値するものは、「四端之心」の「拡充論」を強調していることである。これは『中庸』本文の「能尽物之性、則以賛天地之化育」以下の部分の解釈として示されている。しかし、その内容は、『孟子』離婁章句下を引いて、「其勢之無窮也」と述べているだけである。つまり「元禄四年本」の段階では、「教」による道徳的成長のすばらしさを仁斎は述べるに留まっていると考えられる。ということは、「性」という内面的なものを有限的なものとして、朱子学のなかで占めているその比重を軽減させていくことに反比例して、「教」すなわち「学問」という外在的かつ後天的なものを重視していることを示すだけであって、なぜ「教」によって道徳的成長が可能となるのかという問題に対して言及はなされていないことになろう。かりに強いて推論したとしても、「教」は孔子の教えだからだという断定を導きだすことができるだけであろう。

こうした点の解決は以後の段階に委ねざるをえないので、つぎに「元禄六年本」の検討に移ることにする。ここで「元禄四年本」にまず加えられるのは宋学批判である。仁斎はつぎのように述べる。

曰、宋明儒先、皆以レ尽二己之性分一為二極則一、而不レ知二学問之功益大一矣、殊不レ知二己之性分有レ限而学問之功無レ窮、

仁斎は、ここで「性」の有限性と「学問之功」の無窮性を対立させて示すことによって、朱子学のなかに見られる本来的に具わる「性」が道徳的根拠となることを解体させる方向にはっきりと踏みだしたと言うことができる。しかし、朱子学の「性」を軽視する方向に邁進しすぎると、その結果として、仁斎が『論語』についで評価する『孟子』における「性」の否定へと連なることを危惧したのであろう。ついで「〔固〕雖下尽二己之性一之推上、然非レ由二学問之功一、則不レ得、〔乃尽レ〕性之至験、而学問之極功、故謂二之性教合一一也〕」と述べているのは、この点の調停を計ろうとしたのであろう。

ところで、「元禄六年本」で最も重要なものと考えられる改訂は、つぎの箇所である。

夫吾之性有レ限、而天下之道無レ窮、欲下以二有レ限之性一而尽中無レ限之道上非二学問一、則不可、此教之功所レ以次レ道為レ大也、

ここで問題なのは、限定的存在としての人間と無窮である「道」との関係のつけ方である。朱子学においては、人間に「本然之性」が内在していることが「理」との連関を保証していたということはしばしば指摘したし、その点を仁斎が否定していることも同様に示した。そして、さらに「元禄四年本」では、ただ「教」と人間とを連関させただけであった。しかし、ここでは一歩進んで、「無窮之道」を示した「教」という形で、少なくとも「教」の内容を仁斎は示そうとし、その内容のゆえに、人間は「教」を身につけなければならないという形で道徳的実践の根拠が示されていると

解釈できる。しかし、これだけならば、右に示した朱子学的な方法からはさほど隔たってはいないと言うことができる。もちろん普遍的原理を人間に内在化させていない点は、朱子学のそれとは異なっているのだが。つまり、仁斎のこの段階での問題点は、ただ「無窮之道」と「教」と人間とを連関させるだけでは、普遍原理としての「道」によって人間の道徳性が根拠づけられているという読み取り方を許してしまう余地が残っていると言うことができる。とすれば、この論理構造は、普遍的原理によって人間を根拠づけるという仁斎の批判の対象としての朱子学のそれとはさほど隔たってはいないと言うことができる。

以上のように、仁斎はこの段階では、「性」の有限性の強調によって道徳的根拠を内在化させる発想を解体することには成果を挙げつつも、道徳の根拠をどのようにとらえるかという点についてはさほどの成果を挙げていないと見なすことができる。この点について仁斎なりの解決を読み取ることができるのは「元禄八年本」のなかにおいてである。「元禄八年本」の改訂で、人我相異論の成立とその形成に伴うさまざまな問題の解決は、いちおう最終段階を迎えることになる。後の「元禄十六年本」「林本」ではほとんど改訂が行われていない。

まず、さきに示した「林本」の人我相異論のうち、「夫人之与我異体異気」以下の表現がこの段階で成立するのである。ここで仁斎は、「性」の有限性を述べるとともに、明確に人間個々の独自性を示すに至るのである。ということは、仁斎は、この段階で朱子学的な「性」の同一性をはっきりと否定し、朱子学的概念区分で言えば、「気質」のレベルだけで人間を把握する立場に立脚したと言いうる。仁斎がこの立場に立つということは、道徳的根拠を人間に内在化させることも、「性」を媒介にして普遍的概念へと通底させることもできないところに彼が立っていることを示していると言えよう。では、仁斎はなにゆえに個々人の独自性という点にこれほどまでに固執せざるをえなかったのであろうか。この問題を考えるためには、朱子学の論理の組み立て方が手掛りとなるであろう。つまり、朱子学の論理においては、現実の人間のあり方の個別性を承認していたとしても、その現実的存在のなかから共通する本質性を見いだすという発想が取られていると言うことができる。この発想においては、本質を見いだすという時の視座は普遍的なものの側にあって、そこから現実を見るという構造を持つと考えられる。仁斎はこの点をとらえて、人間が普遍的立場に立脚して現実を理解するということがはたして可能なのであろうかという疑念を抱いたのではなかろうか。だから、仁斎はつぎのように述べる。

所謂能尽二其性一者、就二吾性之分内一而言、至下於其尽二人物之性一、而賛中天地之化育上、則〔雖下尽二我性一之推上、実〕出二於吾性之〔分〕外一而為レ言、

仁斎は、ここで『中庸』本文で述べられている「天地」と人間の「性」との連関は、個人の限界を超えでたものであると述べていると解釈できる。ということは、これは、この連関自体が人智の及ばない次元のことであって、安易に言及することはできないものなのだと、仁斎が考えていたことを示している。この人智の限定性に着目してみると、人間の「性」は限定的であるし、さらに自己の「性」を完全に尽したと判断することも容易ではない。だから、「尽己之性」が他者へと連鎖していること自体を知ることができないはずだという仁斎の『中庸』に対する批判を汲み取ることができる。したがって、仁斎の立場からは、自分が努力して「性」を尽すということしか示すことができないであろう。あるいは、せいぜい言えたとしても、「尽己之性」の結果として「尽人之性」や「賛天地之化育」に連関するであろうという推測が示されるだけであろう。こうした仁斎の発想からは、朱子学的な普遍から現実を視るという考え方ではなく、個別的な人間の側にだけ視座をおくという考え方を引きだすことができよう。したがって、人我相異論の成立は、たんに「性」の同一性の否定にとどまらずに、普遍的視座に立つのではなく、個別的な人間の側に立つという仁斎の視座の確立を意味し、この視座こそが「孔・孟」のなかに示されている考え方に添うものであるという仁斎の見解が含意されていると言いうる。(13)さらに個別的な人間の側に視座を固定するという考え方には、普遍的原理によって人間を規定するという朱子学的連関を断ち切ることによって、人間の完結性を確保しようという彼の意図も読み取ることができるのである。だから、仁斎にとって人我相異論を成立させるにあたって右のような考え方を示すことが必要となったのである。

こうした点を踏まえてなされるのが、「拡充論」の改定である。仁斎は次のように述べている。

吾気、亦有限之物、其曰レ塞二于天地之間一者、亦謂二其養成之極一、無二処而不一レ到、皆拡充之謂、〔旧解以為、満二本然之量一、非也、満二本然之量一、猶以二一升之水一入二于一升之器一、以二一斗之水一入二于一斗之器一、謂三之満二本然之量一、是孟子所謂本旨乎哉、拡充云者、謂二推広充大之勢、不レ可二遏止一、非下満二本然之量一之謂上、所謂猶二本然之量一者、〔旧解〕以レ理断レ之、而不レ知二孟子之本旨一故也、〕

仁斎はここで、『中庸』の語句や『孟子』の「浩然之気」を養うことをすべて「拡充」の意味で把握しようとし、さらに『集註』の公孫丑章句上で示されている解釈を否定している。仁斎は、人間の「気」は限定されたものではあるが、「拡充」は無限のものであるとしたうえで、『集註』の解釈は「拡充」を限定的に捉えすぎていると批判していると言うことができる。一見、人我相異論からすれば、人間の営為としての「拡充」は当然限定的なものと解釈されて、むしろ『集註』の方が仁斎の方向に近いような印象を受けるであろう。しかし、「拡充」は、「四端之心」から「仁義礼智之徳」へ向う過程そのものであり、かつ人間は出発点としての「四端之心」を有している存在であり、したがって徳へ向い続ける存在であると仁斎は考えている。とすれば、人間の側からは、「仁義礼智之徳」はつねに無限に隔てられたところにあり、したがって、そこへ向うことも無限のエネルギーを必要とすることになると、仁斎は考えた。だから仁斎は、「塞于天地之間」と「養浩然之気」との「塞」と「養」という行為は、徳目に到達することを目標にすえて無限に営為することを表現しただけであって、これらはみな「拡充」を意味していると考えたと言うことができる。逆に『集註』の解釈は、「理」という普遍的立場に立つから、人間は限定された存在として規定されてしまうことになると仁斎は考えた。そして、そうした立場に立つから、「拡充」を人間の本来もっている量を充塞させるという限定的なものとしてしか解釈できないはめに陥いるのだと、仁斎は批判していると考えられる。こうして仁斎は普遍的立場に立つという方向を断ち切り、個別的な人間の側に視座を一貫して固定するに至ったと言うことができる。

この視座に立つ仁斎にとって、現実の人間は「拡充」を続け、「仁義礼智之徳」へ向っているという意味でつねに道徳的実践をなし続けている存在ということになろう。

ところで仁斎は、『中庸発揮』の「元禄七年本」の書き入れで、二十二章をつぎのように解釈している。

心有レ思而性無レ為、〔有レ思者、可二以レ力能一、無レ為者、任二其自長一、而不レ能二助長一〕故孟子於レ心曰レ尽、於レ性曰レ養、而繫詞《ママ》・中庸、皆以レ尽レ性〔為レ言、此孟子大異、〕学者当レ審レ諸、〔聖人勉人之所□能而不レ強二人之所レ不レ能、其以二高遠不レ可レ及□為レ道（者、皆）不二実知レ道之故也、〔凡物皆有二部分一、於二其部分之内一、則皆可二以レ力到レ処、於二部分之外一、則力□不レ到レ処、雖二聖人一不レ能レ然之故〕〕

この引用からは、「心」に「思」という機能があるから、自らがその機能を「心」に確立することが必要であり、そして「性」については、ただ自然に育成するのを待つだけだと、仁斎が考えていたと言いうる。また仁斎は、続く部分で、彼が重視する『孟子』の「尽心・養性」という点から『中庸』に対する批判を展開しているが、ここからも彼が道徳実践の中心として「性」よりも「心」を重視していることが見て取れる。傍線を付した抹消部分については、抹消の理由が必ずしも明確ではないと考えられる。この部分で仁斎は、人為によって発達する部分とそうでない部分とを区別している。前者が「心」で後者が「性」と言うことになろう。したがって、人智の限定や「心」の重視という仁斎の論理からすれば、人間の生来的な性質である「性」は、生来的であるがゆえに人為の及ばないものとして否定的に位置づけられても、なんら問題はないのではあるまいか。しかし、仁斎はこの部分を抹消する。なにゆえであろうか。仁斎の論理は、「性」を軽視する方向にあるが、この「性」は、あくまで朱子学的に意味づけられたものであると考えられる。もし仁斎が「性」を全面的に否定しようとすれば、彼が経典として重視する『孟子』のなかに示されている「性」も否定することになってしまう。そうなれば、『孟子』の経典としての位置を損なうことになる。そこで仁斎はこの点を憂慮して、この箇所を抹消したと考えられよう。

ここで重要なのは「思」ということである。この「思」は、いわば努力することによって確立されるものと仁斎は考えている[14]。したがって、この「思」の重視が示されてはじめて、「元禄八年本」で示された無限な過程としての「拡充」論が具体化すると考えられる。つまり「拡充」の過程とは、つねに自分が徳へ向うのだと「思」うことであり、さらに目標としての徳への隔たり方が個々人によって相異しているものの、徳を念頭におきながら、個々人がその場面場面においてなにが適切であるかを「思」うことなのであると、仁斎は考えていると言いうる。だから、この「思」は、いわば人間の判断力であると言うことができる。こうした「拡充」論的な道徳観からは、人間が常に適切な判断をしながら生きていくことが重要だという仁斎の道徳観が導きだされることになるのである。したがって、仁斎にとって徳を実現したかどうかは問題ではなく、つねに徳へ向うという行為が重視されると言うことができる。さらに、こうした道徳観からは、まだ徳を実現できない人間達もその行為を行っているかぎり、十全に道徳的に生活していることになるのである[15]。

以上のように仁斎は、「元禄八年本」の段階で道徳的実践を重視する道徳観を確立させたと言うことができるし、その実践を重視する考え方を成立させるにあたって、人我相異論が重要な役割を果したと言うこともできる。

四　結論と展望

以上のように、『童子問』の「元禄八年本」において確立された人我相異論は、仁斎の思想のなかできわめて重要な意義を持つと言うことができる。仁斎の人間観の重要な転換点は、前にも述べたように、「仁義礼智、天下之至徳也」という表現が『孟子古義』の「元禄十年本」で確立し、これは「仁義」を外在的規範として仁斎が解釈したことを意味しており、このことが朱子学的内面重視の人間観からの転換を仁斎にとって意味すると考えられると、拙稿「伊藤仁斎の人間観」のなかで指摘した[16]。この『孟子古義』のなかの重要な転換は、人我相異論が確立してはじめて可能となるのである。つまり、人間が個々に独立した存在であるという認識を仁斎が持ち、さらにこの認識が人間を同一的に把握しているという仁斎のとらえた朱子学的人間像を否定することのなかから創りだされてきたことを考えあわせると、仁斎が道徳的根拠を人間の内面に置くことはできなくなったと言いうる。したがって、この論が成立してはじめて、朱子学的な人間観に基づいて道徳的基盤を人間の内面に置くという朱子学の呪縛の圏内のなかから仁斎は脱することができ、「仁義礼智之徳」を到達すべき規範として外在化させるという、解釈上の視点を彼は獲得することができたと言いうる。

さらに人我相異論は、仁斎にとっては、朱子学的発想を乗り越えるための重要な契機となると考えられていたと言いうる。つまり、人間の側に視点を固定するという仁斎の発想からは、逆に朱子学的発想では普遍的原理が人間を束縛しているという朱子学批判を読み取ることができる。さらに仁斎が道徳的実践を強調し、したがって徳目へ至る過程自体を重視することからは、朱子学的道徳論では「本然之性」が実現されたか否かが問題にされていると仁斎が考え、それでは程度の差こそあるものの「気質」に蔽われている大多数の人間は非道徳的存在となってしまうと、仁斎が朱子学を批判していたことも読み取れるであろう。このように人我相異論の成立過程から読み取ることのできる仁斎の発想は、彼が念頭に置いていた朱子学像を批判することのうえに成立したと言うことができる。したがって、「性」だけを重視するという仁斎の理解した朱子学像を克服するためには、人我相異論が仁斎にとって重要な契機をなしていたと言うことはできよう。

では、こうした仁斎にとって重要な、朱子学を乗り越える契機となった人我相異論が、彼自身の道徳論をどのように特徴づけることになったのかを考察してみることにする。

仁斎は、さきに述べたように、人我相異論の成立によって、道徳的実践の基盤を「性」には置くことはできなくなり、それと反比例するかのように「拡充論」の重要性が彼の思想のなかで増大するようになったと言いうる。ということは、仁斎が「四端之心」という人間の自然的感情に道徳的基盤を置くものの、この基盤には規範が位置づけられてはいないと考えられる。この点で仁斎の考えは、「性即理」という形で内面に守るべき規範を位置づける朱子学のそれとは大きく異なると言うことができる。さらにこの規範は、「至徳」という表現が示すように、外在的なものであると仁斎は考えており、それへ向う行為自体が仁斎にとっては重要なのであるということは前に指摘した。とすると、仁斎にとって規範は、外在的規範へ向うことを自覚すること、その規範に照して自己の行為を判断すること、この二点の意味を持っていると言うことができる。したがって仁斎における規範は、一定の内容を持つ規範を遵守することを強調するというよりは、規範を意識することによって個人のなかに生じる諸々の行為を規定するものと特徴づけることができよう。まさにそうした意識を持って生きることこそ、仁斎は道徳的生き方と考えていたと言うことができる。さらに、個々人は別々の存在であり、「拡充」のなかでそれぞれに営為をなしているのだから、規範に対する意識の仕方は、個人によっても、その「拡充」の段階によっても異なると言うことができよう。そのうえ、仁斎の視点は、個別的な人間の側にのみ固定されていると考えられる。したがって、この仁斎の「拡充」論と規範意識からは、規範自体の中味を具体的に示すことも、その規範に適合した行為の内容を現実的に示すことも、はなはだ困難であると考えられる[17]。だから、それゆえに、仁斎は「仁義」の重要性と「拡充」の必要性を、彼の道徳論のなかで繰り返し繰り返し強調するという道徳論の展開の仕方をとらざるをえないと考えられる。

最後に朱子学の影響について若干言及することにする。仁斎は、朱子学が「性」、とりわけ「本然之性」だけを強調するものと断定し、したがって「気質」の部分を欠落させて朱子学を理解していると見なしうるが、この朱子学観のなかからは、朱子学の体系の二組の命題のうち一方を否定し、他方を採用するという、彼の受容の仕方を窺うことができよう。[18] 仁斎はこの命題の一方である「気質」のレベルに立って思想営為を成しており、その営為の形成においては、彼独自のものを考えだしていると言うことはできるが、その出発点には朱子学の体系からの彼の選択が存していることは見落としてはなるまい。とするならば、仁斎が、たとえば朱子学を「高遠」に「趨向」すると批判する時に、仁斎の位置は朱子学の「気質」の立場に立脚していることになる。したがって、その批判の構造は、朱子学の概念区分の一方によって他方を批判するという形を示していることになると考えられよう。さらにこの批判のあり方からは、彼の立場自体は朱子学の体系の枠のなかに包摂されているという結論を引きだすことができよう。だから、仁斎が主観的に朱子学を乗り越えたと述べた時でさえも、仁斎の発想自体のなかに「気質」のレベルに立つということがある以上、はたして文字どおりに受け取ることができるのかという疑問は当然起りえよう。しかし、朱子学からの選択としてではなく、『論語』の「性相近也」章等から「気質之性」に関する発想を、仁斎が構築したと言うこともできよう。この見解は、たしかに妥当なものであるかもしれない。しかし、この章の検討は本稿では枚数の制限のため行うことはできないが、もしそうだとすれば、少なくとも仁斎がその章から導きだした「気質之性」に関する見解から、朱子学のそれに対する批判がなんらかの形で展開されてもよさそうである。しかし、その批判は示されることなく、朱子学の体系から「気質之性」に関する視点を欠落させるだけに留まっているのである。したがって仁斎は、朱子学の体系のなかから「気質之性」を選択したと考えた方が妥当であると言うことができよう。[19] とするならば、仁斎は、朱子学の命題の一方によって触発されながら、自らの発想を生みだし、これをふまえて『論孟』の読解を行い、さらにこの作業によって自らの発想の内容をより充実させ、これにとどまらずに、この内容を朱子学の他方の命題と対峙させることによって思想的により豊かなものにしようとする彼の思想形成過程のあり方を窺うことができよう。そして、まさにこの過程にこそ、仁斎の思想形成過程の特質とその苦渋の跡を見て取ることができると言いえよう。

以上述べてきたように、本稿では人我相異論の成立過程とそれの仁斎思想のなかでの意義について考察を進めてきたが、残された課題も多い。たとえば、仁斎の朱子学批判が語句ないし経典解釈の個々のレベルでの考察に留まったことは、重大な問題点となるであろう。つまり仁斎は、朱子学の四書主義を批判して、『大学』を斥け、『中庸』のある部分の価値を貶しめたが、この経典に対する仁斎の姿勢が朱子学批判を全的に窺うための重要なキーポイントになるはずであるが、後の課題としたい。

また朱子学者と自認する時期の仁斎の朱子学観を検討することも、それが後期の彼の朱子学観を規定するという意味できわめて重要となるであろう。つまり、その朱子学者の時代に朱子学から学び取ったものが、仁斎の朱子学批判を規定していることは十分に考えられよう。以上の点も稿を改めて検討することにしたい。

＊稿本の引用文について、〔　〕内は書き入れを示し、これへのさらなる書き入れは（　）内に示した。また、□は判読不能文字、傍線は仁斎が抹消した部分を示す。引用文で示した改訂は稿本の改訂のすべてを示すものではなく、返り点は改訂との関係で適切な形をとりえないものがある。

註

（1）人我相異論を考察の中心課題とした論文にはいまだ接したことはないが、伊藤仁斎研究に関する有力な先行論文であり、本稿の成立に刺激を与えたものとしては、子安宣邦『伊藤仁斎――人倫的世界の思想』（東京大学出版会、一九八二年）を挙げることができる。

（2）朱子学理解のために参考となったものとしては、山井湧『明清思想史の研究』（東京大学出版会、一九八〇年）、島田虔次『大学・中庸』（新訂中国古典選4、朝日新聞社、一九六七年）。

（3）拙稿「伊藤仁斎の人間観――『孟子古義』の諸稿本を中心にして」（本書第三部所収）。

（4）『古学先生文集』所収の『性善論』に付された「長胤謹識」の中の語。

（5）『同志会雑記』27（『古学先生文集』所収）。

（6）仁斎の人欲克服論では、人欲と「情」の関係はまったく不明瞭である。人欲が受動的なものであるとすれば、「情」も受動的である。たとえば「四端之心」でさえも、井戸に落ちようとするのを見て発動するのだから受動的と言いうる。仁斎の理論的枠組みからは、「情」と人欲との区別は根本的にはされえない。基準となる「本然之性」がないからである。ただ、仁斎の理論から推論すれば、「思」によってコントロールされた「人欲」が「情」だと考えられよう。つまり「仁」を実践する意志のもとで抱く感情が仁斎にとって正しい感情つまり「情」と考えられていたのであろう。

（7）『朱子語類』巻之六二（中文出版社）。

（8）同様の指摘が、田尻祐一郎「浅見絅斎「心ナリノ理」をめぐって」（『季刊日本思想史』第二二号、ぺりかん社、一九八四年）第一節にある。

（9）仁斎は「窮其理、即所以明其心……」と、『釣是人也章講義』で述べている。つまり仁斎は「心」を明らかにすることが「窮理」

なのだと述べている。したがって仁斎は、「理」を評価しているとも考えられる。しかし、問題は「理」の意味にある。この「理」は万物の根拠であり、万物の従うべき普遍原理という意味ではなく、一般的に道理にかなったという程度の意味だと考えられる。だから仁斎は、この時期では朱子学的「窮理」自体を批判の対象とするには至っていないからといって、朱子学的「窮理」を肯定的に捉えていたとは言いえないであろう。

(10) 仁斎の体験を原因とする見解の問題点としては、あくまで推論の域をでないし、仮りに仁斎が失望感を感じたとしても、彼の以後の行動が「本然之性」の否定に向うだけとは言いえないであろう。また思惟方法を原因とする見方にしても、なぜ仁斎がこの見方のみに固執するのかという疑問は生じざるをえないであろう。

(11) 「性分」は「しょうぶん」と解釈できる。この解釈の方が「性生也、人其所レ生而無二加損一也、董子曰、性者生之質也、周子以二剛善剛悪柔善柔悪不レ剛不レ柔而中焉者一為二五性一、是也、猶レ言二梅子性酸、柿子性甜、某薬性温、某薬性寒一也」(林本『語孟字義』性1)と述べられているように、仁斎の見解に添うものであるかもしれない。しかし、そうだとしても、人間がそれぞれ生まれながらにもっている特性という意味であって、「性」を人間の共通したものと考えられているのではない。したがって「性」を限定化するという本稿の方向が損なわれるものではない。

(12) この推論については、仁斎の仏教観を含めて検討されなければならないが、以後の課題としたい。

(13) 仁斎の個別的な人間の側に視点を固定するという考え方は、「仁義」あるいは「礼楽」とかいうものが具体的にどのようなものであるかという点を示しえないという問題点を孕んでいる。だから『論語古義』の注釈の仕方にしても、孔子が述べたから「仁義」が重要なのだというような理由あるいは根拠を欠落させた言い方が多いように見える。徂徠が「礼楽」を日本のなかで具体化するために、それを具体的あるいは実体的に解釈しようとしている方向を有しているのとは対照的である。

(14) さきに示した『鈞是人也章講義』における「思」のうちの「無思」は、この時点の仁斎では考えられないであろう。「無思」は「仁義礼智」を達成しなければ考えられないからである。

(15) この点が前提にあって、「然生而無二耳目口鼻一者、世或稀有レ之、人之無二四端之心一者、亦猶如レ此、倘初無下有二四端之心一者上、則不レ可レ謂下之無二惻隠羞悪辞譲是非之心一、非上レ人也」という、『孟子古義』の「元禄十二年本」公孫丑章句上・六章の解釈が成立したのではあるまいか。つまり、どんな程度であれ「四端之心」を「拡充」しさえすれば、その人間は道徳実践をなしているとすることができるのに、それすらできない人間は人間とは言えないと、仁斎は強く断定せざるをえなかったのではないか。

(16) 拙稿「伊藤仁斎の人間観」(本書第三部所収)の、とくに4の箇所を参照されたい。

(17) この規範意識と註(13)とを合せて考えると、「仁義」の具体的な内容を示されがたいのであるから、「仁義」を念頭に置きそこに向うという決意は個人のなかに生まれることはできても、適切な判断を示すということは困難であるかもしれない。ただ、この点は仁斎にとっては『論語』『孟子』を学ぶことによって必ず身につけることができると考えられていた。しかし、歴史的にも情況的にも、『論語』や『孟子』の世界とは異なっている日本において、それらの内容が人々の具体的な生活のなかで有効性を持つかどうかは問題点として検討されなければならない。

(18) 友枝龍太郎「仁斎初年の思想――その朱子学受容の特色について」(『東洋文化 復刊十周年特集』一九七三年)、同「続仁斎初年の思想――その朱子学脱却の過程について」(『宇野哲人先生白寿祝賀記念 東洋学論叢』一九七四年)には、本稿の朱子学の把握の仕方と異なる面があるが、仁斎の初年の思想のなかに二者択一的な発想があるという指摘がある。

(19) 仁斎は、「気質之性」を重視する理由として、『論語』陽貨編の「性相近」章では、「気質之性」しか論じられていないとしばしば述べている(例えば『語孟字義』性2)。しかし『論語』本文に「気質之性」という言葉が述べられているわけではない。したがって仁斎の理由の提示は、朱子学における「性」に関する二つの概念のうち、『論語』からは「気質之性」が導きだされるから、自分はこれを重視するのだと考えていたことを示している。

解説

相原　耕作

一

丸谷晃一氏の伊藤仁斎研究は、次の一文からスタートしている。

伊藤仁斎は、朱子学者として出発しながら、やがて朱子学に対して懐疑の念を抱くようになり、以後は朱子学を批判しながら、古義学という独自の学問を形成していった学者として知られている。

仁斎が古義学を形成する過程は紆余曲折を辿った。幸いにも、その跡を辿ることのできる稿本が残されている。しかし、このことは研究者にとって本当に幸いなのだろうか。稿本研究は、地道な作業を通じて着実な成果が得られそうに見えるが、労多くして功少ないケースも多いのではないか。

思想家の紆余曲折の過程を、研究者が当人同様に紆余曲折しながら辿り直すことは不可能であろう。思想家が辿り着いた思想の完成形態を想定し、そこに至る過程を逆算しながら、思想形成過程を整理する必要がある。この場合、思想の最終的到達点を予めきっちりと構造化できれば、明快で分かりやすく整理できる。しかし、このような方法は、恰も思想家が出発から完成へと順調に歩んだかのような錯覚をもたらしかねないし、思想家の到達点それ自体を再検討する契機を持たなければ、研究上の新しい知見をもたらすことはできない。従来、到達点と思われていたものとは異なる思想が見えてくることこそ、稿本研究の醍醐味であろう。しかし、そのことに成功している研究は少ないのではないか。

また、稿本を突き合わせて変化を指摘できても、変化の意味を解釈することは難しく、勝手な読み込みによって過剰な意義づけを行う危険もある。さらに、稿本の各部の変化は比較的辿りやすいが、部分的には変化しているように見えても、作品全体、あるいは同時期の他の作品にまで視野を広げれば、さして変化していない可能性もある。部分と全体に目配りして稿本を検討し、変化を意義づけることは、容易ではない。

このように、稿本研究は一筋縄ではいかないのであるが、丸谷氏の仁斎論のタイトルには「過程」と「構造」という語が目立ち、仁斎の到達した思想「構造」の成立・形成の「過程」を辿るという、ありがちな稿本研究のスタイルをなぞっているように見える。しかし、唯一、「過程」も「構造」もタイトルに含まない処女作を書いたとき、丸谷氏に、仁斎の思想「構造」の完成形態とそこに至る「過程」について、何らかの成算があったようには見えない。丸谷氏は、予め確固たる仁斎思想の「構造」を想定してそこへ至る「過程」を整理したのではなく、手探りで「過程」を辿るなかから次第に「構造」的把握へと向かった。そもそも伊藤仁斎は、完成形態に向けて突き進んだ訳でも、自身の思想「構造」に整合するように経典を解釈した訳でもなく、行きつ戻りつしながら経典を解釈し、思想を形成していった思想家である。丸谷氏もそのスタイルを踏襲した。丸谷氏は、仁斎が悪戦苦闘した紆余曲折の跡を自らも辿り直そうとした、稀有な研究者なのである。

また、丸谷氏の稿本研究は、特定の文献の限られた箇所の比較検討から出発し、次第に検討対象を広げ、議論の変化の意味を広い視野から検討する方向に発展する。その結果、議論はますます曲がりくねるのであるが、仁斎思想の意外な面が浮上してくることになる。

仁斎とともに紆余曲折する丸谷氏の仁斎論は、読みやすいとは言い難い。本書は、丸谷仁斎論の肝が分かるように、主要な論文を二部に分けて配列し直し、特に読みにくい最初の二作品は参考資料として第三部に掲げるという構成をとった。これは読者への配慮であるが、その反面、丸谷氏が仁斎と格闘した形跡は見えにくい。そこでこの解説では、本書の配列順ではなく論文執筆順に、丸谷仁斎論を追ってゆくことにする。

丸谷氏は、仁斎が、朱子学を学びつつ、迷い苦悶し苦闘し、『論語』『孟子』と真摯に向き合いながら、古義学を形成していった過程を、同じように迷い苦悶し苦闘し、仁斎の稿本と真摯に向き合いながら、辿り直していった。仁斎の思想の到達点は既に分かっているのだから、仁斎と同じように悪戦苦闘するのは愚かなことかもしれない。しかし、労も功も多い稿本研究の優れたお手本として、丸谷氏の姿勢から学ぶべきことは多いのである。

丸谷氏の仁斎論を執筆順に並べると次の通り（以下、論文①、論文②……と記す）。

＊初期三部作

①伊藤仁斎の人間観――『孟子古義』諸稿本を中心にして（一九八三年十月）

②伊藤仁斎の人我相異論の成立過程――仁斎の人間観と道徳論をめぐって（一九八四年十二月）

③伊藤仁斎における「同一性」批判の構造――人我相異論の形成過程（一九八六年九月）

＊中期三部作

④伊藤仁斎における「古義学」的方法の形成過程――『孟子古義』諸稿本における「至大至剛」の解釈をめぐって（一九九一年六月）

⑤伊藤仁斎『論語古義』里仁篇・〈参乎〉章の注釈の成立過程に関する考察――道徳論における「情」の構造（一九九一年七月）

⑥伊藤仁斎の「情」的道徳実践論の構造（一九九二年十月）

＊後期三部作

⑦伊藤仁斎における「性善」論の構造（一九九九年一月）

⑧伊藤仁斎における「道」秩序の構造㈠（二〇〇一年七月）

⑨伊藤仁斎における「道」秩序の構造㈡（二〇〇二年一月）

二

論文①は初めて公表された丸谷氏の論文である。『孟子古義』諸稿本の検討を中心に、仁斎が、朱子学と訣別し、苦労して朱子学を克服しながら、古義学を形成し、朱子学と異なる人間観に到達する過程を検討する。論文の概要は以下の通り。

仁斎は、朱子学への訣別を宣言しても、朱子学の思惟構造を克服できたわけではない。『孟子諸講義』では、「本然の性」「気質の性」という朱子学の「性」の重層的構造を理解したうえで「復初の説」を批判するが、朱子学的な「体用」

論的発想に依拠するため、「性」の重層的把握自体は批判できない。『孟子古義』自筆本初稿で「本然の性」「性即理」を否定するに至るが、(1)修養の目的は何か、(2)人間の善性をどう根拠づけるか、(3)「性」をどう解釈するか、という思想課題に直面する。これを解決する過程を考察する。

まず、課題(1)について、「浩然の気」に関わる『孟子』公孫丑上2の注釈をみると、仁斎は、「気」を感情として把握し、思慮分別ある「心」の適切な判断によって抱かれた「志」が思慮分別のない「気」を制御し、また、「気」を養うことによって、感情の表出をコントロールするとして、人間の内面を「気質の性」に一元化し、外面的な修養の方向に議論を進めるが、「至大至剛」を「気」の状態を表すとする朱熹の注釈に引きずられ、内面性の修養という発想から脱却できない。しかし、『孟子古義』元禄十二年本で、「至大至剛」の解釈を転換して「浩然の気」を養う方法とし、修養を、外に表れた態度や行為を立派なものにすることと捉え、外面的行為のレベルに限定するに至った。

次に、課題(2)と課題(3)について、『孟子』の性善説の解釈を手掛かりに考察する。「仁義礼智」が人に固有とする『孟子』告子上6の注釈を見ると、朱子学の場合、人の善性は「本然の性」に根拠づけられるのに対し、仁斎は、善を行うという行為性として「性善」を捉え、「性」のなかに善悪の並存を認める。「情」も善悪を含んで多様に変化するが、「情」には「善を好む」傾向があるから善を行うとする。さらに、「人性を以て仁義と為す」ことに関する『孟子』告子上1の注釈では、多様な内容を含む「性」を「仁義」と「名」づける解釈から、「性」の多様性のなかに「仁義」が生来の性質として備わっているとする解釈に改め、これによって人は善悪を「知る」ことができるとした。人間の善性の根拠については、『孟子』告子上3の注釈で、「礼・義」が人間に「自然」に備わるという相対的な根拠を示すに過ぎないが、むしろ、仁斎の意図は、善性の根拠を設定するという朱子学の発想を解体することにある。

仁斎が道徳的行為で最も重視するのは「四端の心」の「拡充」である。『孟子』告子上6の注釈を見ると、朱熹の注釈は、「端」を「緒」と解し、「四端の心」を糸口にこれを拡充すると「本然の性」である「仁義礼智」に到達できるとする。「拡充」は内面に向かう。一方、仁斎は、『孟子古義』自筆本段階から「端」を「本」と解するが、「復初の説」的な発想が窺われる。しかし、「元禄十年本」に至る過程で大きな思想的転換が起こる。「仁義礼智」を人間が到達すべき徳として外在化し、「四端の心」を「本」としてこれを「拡充」して「仁義礼智」へ向かうと捉えたのである。こうして仁斎は、朱子学的道徳論の構造を逆転させた。

具体的に行動して生きている場面で人間や道徳を把握する仁斎の発想は早くから窺え、『孟子』解釈において朱子学的な抽象的人間観・内面性追求重視の道徳論を内在的に解体する作業を通じて明確化し、「元禄十年本」「元禄十二年本」で『孟子』の注釈として確立する。ここに、朱子学的表現や思惟を克服した仁斎独自の注釈が成立するのである。

以上が論文①の概要である。朱子学から訣別しようとしても、朱子学的思惟や朱子学的用語・表現を克服することは容易ではなく、苦しみながら仁斎独自の人間観を形成してゆく過程が、克明に跡づけられている。なお、思慮・判断力の重視が丸谷仁斎論の特徴の一つと考えられるが、この観点は、論文①ではまだ萌芽に止まっている。

論文①は、「性」を「気質の性」に限定した仁斎が、道徳的根拠の位置づけに苦心し、道徳的根拠を人間の内面に置かず、徳目を外在化させる発想へ転換したことを明らかにした。論文②は、このような仁斎の人間観の転換の前提を問う。

まず、《問題の所在》が示される。『童子問』巻之上21で展開される「人我相異論」は、「性」の本質的同一性を説く朱子学に対し、「自己と他者とは能力や性質などがそれぞれに異なる別々の存在である」とする仁斎の説に丸谷氏が与えた名称であり、人我相異論の成立は、仁斎の思想形成上の重要な画期の一つだとする。但し、仁斎は、気質の性の個人差に関する朱子学の議論を欠落させており、朱子学受容のあり方も問題となる。

前段として、《寛文年間の仁斎の思想形成》が検討される。仁斎は、朱子学的思惟から自己を解放しようと努めつつ、朱子学用語を使用せざるをえないもどかしさに苦悶するが、「心」を已発に一元化し、個人の独自性を承認する人我相異論確立への第一歩を踏み出す。

次に、《人我相異論の成立過程》を検討する。『中庸』は、「性」を「尽くす」ことが、自分から他者へ、さらに物へと連鎖するとし、朱熹の『中庸章句』は、その根拠を「性」の本質的同一性に求める。これに対して、仁斎は、『童子問』元禄四年本で、「性」を「性分」と言い換えて「性」の有限性を示し、「学問」の効用を重視して、「性」の連鎖を断ち切り、「性」を重視する朱子学の道徳論を否定しようとする。朱子学の道徳論では、「本然の性」を十全に発現できない人間は非道徳的に生きていることになると仁斎は考えたと推測される。「四端の心」の「拡充」論を強調することも重要である。「性」の比重を軽減させるのと反比例して「教」「学問」という外在的かつ後天的なものを重視するのであるが、なぜ「教」によって道徳的成長が可能となるのかという問題には言及しない。『童子問』元禄六年本では、「無窮の道」を示した「教」という形で「教」の内容と道徳的実践の根拠を提示するが、普遍原理としての「道」によって人間の道徳性が根拠づけられると読まれる余地があり、道徳の根拠の捉え方の点で問題が残った。『童子問』元禄八年本で人我相異論はほぼ完成する。仁斎は明確に人間個々の独自性を示す。「気質」レベルだけで人間を把握し、道徳的根拠を人間に内在化させることはできないことになり、個別的な人間の側にだけ視座をおく立場を確立させたのである。そして、「拡充」論が改訂される。「拡充」とは、人間の有する「四端の心」から「仁義礼智の徳」へ向かう無限の営為であり、現実の人間は道徳的実践をなし続けている存在である。ここで丸谷氏は、一年遡って『中庸発揮』元禄七年本の書き入れに注目する。道徳実践の中心として「心」を重視し、「心」の「思」の機能の重要性が示され、これによって初めて『童子問』元禄八年本で示された「拡充」論が具体化する。適切性に関する判断力である「思」の機能を「心」に確立させ、常に自分が徳へ向かうのだと「思」うことが「拡充」なのである。

最後に《結論と展望》が述べられる。『孟子古義』元禄十年本は、仁義を外在的規範とし、朱子学的内面重視の人間観から転換したが、これは、『童子問』元禄八年本で人我相異論が確立して初めて可能となった。道徳的根拠を人間の内面に置くことができなくなって、「仁義礼智の徳」を到達すべき規範として外在化させるという解釈上の視点を獲得することができたのである。なお、仁斎は、朱子学の体系の二組の命題のうち、「本然の性」を否定し、「気質の性」を採用している。朱子学の命題の一方に触発されて自らの発想を生みだし、他方の命題と対峙させることで思想的により豊かなものにするのである。

以上が論文②である。仁斎の解釈した朱子学と朱子学それ自体との差異について、仁斎の誤読を論うのではなく、朱子学受容のあり方として意義づける点が興味深い。また、「心」の「思」という判断力に関する議論が具体化してくる点が重要である。

論文③は論文②と同趣旨であり、初めてタイトルに「構造」という語が使われている。《問題の所在》では『童子問』各稿本の見取り図が示される。「元禄四年本」は「朱子学の同一的人間観に有限的・個別的人間観を対峙させるものの、そこから生じた課題をまだ解決できない段階」、「元禄六年本」は「この課題に対して解決策を提示するが、必ずしも十分な成果が得られていない過渡的段階」、「元禄八年本」は「仁斎固有の思惟方法を創りだし、この課題を解決した段階」である。『中庸発揮』については「元禄七年本」以前の諸稿本への言及がある。仁斎は「性」の連鎖を断ち切る方向で『中庸』を解釈し、この解釈を『童子問』で積極的に展開したのが人我相異論であり、朱子学的思惟方法の否定を媒介に仁斎の思惟方法を確立させた。また、道徳的根拠を人間の内面に置く朱子学的発想から、徳目を人間の到達すべき目標として位置づける発想への転換の基盤となった。

以下、『童子問』各稿本の《思想的展開》が検討される。「元禄四年本」では、「性」が「性分」と言い換えられ、「性」の限界性・有限性が述べられ、「学問」の効用が重視される。人我相異論の骨組みが示されるが、これに基づく道徳論は積極的に展開されていない。

「元禄六年本」で仁斎が直面した課題は、「教」の内実と、「教」と有限的・個別的人間との関係について、仁斎自身の方法で示すことであった。有限的・個別的存在である大多数の人々の立場に立脚する仁斎固有の思惟方法が獲得されるが、有限的・個別的人間と「無窮」である「道」とを「教」によって関連させたことは、「教」を学習する営為が「道」という普遍的原理によって根拠づけられていると解釈される可能性がある。また、「教」を学習する個人の道徳的実践の究極的到達点を「性教合一」とした。この段階では、朱子学的思惟方法の残滓を引きずり、仁斎の思惟方法が貫徹されていないのである。

「元禄八年本」では、「人間の能力や性質がそれぞれに異なり、したがって自己と他者との同一性を認めず、個別性を強調する〈人我相異論〉」が書き入れられ、仁斎固有の思惟方法が貫徹される。有限的・個別的人間からは、到達すべき目標としての徳目（仁義礼智）は無限に隔たって見えるが、自然と湧き出る道徳的感情に基づく個々人の営為（「四端の心」の「拡充」）によって到達できる。「拡充」論については、『中庸発揮』元禄七年本で、「思」の働きのある「心」が重視されることが重要である。「四端の心」の道徳的感情の働きが判断力である「思」であり、有限的・個別的人間が個々の場面で何が適切な行為なのかを判断して振る舞うことが道徳的営為と言える。こうして、有限的・個別的人間観は、それを支える思想的方法を獲得し、道徳論も内実を十全に備えるようになった。

最後に《結論と展望》が述べられる。人我相異論の形成過程は、直線的に発展するものではなく、第一段階で示された発想が徐々に内容的充実を獲得する過程である。また、仁斎の思想形成過程は、出発点に朱子学からの選択があり、それを他の命題と対峙させることを契機としながら自らの発想をより充実させ、そこから得た視座から経典解釈を行い、その上で修正を加え、その作業のなかから自身の思想を形成するものと言える。

以上が論文③の概要である。論文②・論文③は論文①の前提を問うものとされるが、丸谷氏は時系列的に遡って稿本を研究した訳ではなく、両者で扱われる稿本が書かれた時期は重なり合っている。内容的にみても、論文①の結論は、タイトルにある人間観ではなくむしろ道徳論であり、論文②・論文③は、その前提となる人間観を探るとともに、道徳論を充実させている。やや混乱があるのは、予め確固たる見通しをもって論文を書き進めた訳ではないからだろう。論文①が対象とした『孟子』注釈から、単なる人間の多様性とは異なるレベルで仁斎の人間観を解明することは、難しかったのかもしれない。『孟子』は「性」を重視しているから、仁斎は、朱子学の「性」を否定するために『中庸』を批判するという迂路を通る必要があり、この迂路を辿り直すように、丸谷氏の「人我相異論」は、『孟子』注釈と同時期に書かれた『中庸』注釈と『童子問』を検討することによって成立した。同種の稿本の改訂過程だけでなく、異なる種類の稿本を、時期を考慮しながら突き合わせることによって生み出された、稿本研究の見事な成果である。

一方で、論文タイトルに初めて現れた「構造」が意味するところは判然としない。タイトルからすれば、朱子学の人間論の「同一性」に対する批判の構造を意味するはずだが、それはそのまま「人我相異論」の構造であるようにも見えるし、仁斎の人間論・道徳論・思惟方法全体の構造を指すようにも見える。「構造」と呼べるほどの構造も示されていない。仁斎の思想の「構造」的把握が進むには、さらなる稿本研究が必要であったようだ。

論文④は初期三部作と重なるところが多いが、「儒学の日本化」と「古義学」的方法という視点を導入し、これが論文⑤へとつながってゆく。また、初期三部作で、仁斎が、天人合一的発想を批判し、人間の有限性に基づく人間論・道徳論を構築したことが示されたが、論文④は、天人合一が否定されたうえで成り立つ世界像を論じている。

《はじめに》、仁斎が果たした「儒学の日本化」は、「古義学」的方法によって経典を解釈した結果の意図せざる産物である。「古義学」的方法とは、朱子学の解釈と対決し、できるかぎり経典に即して解釈するという「態度」「姿勢」である。仁斎は、朱子学の注釈が独自の観点から付け加えた解釈を取り除いて「古義」を回復する作業を行った。こうして形成された仁斎の思想は、仁斎が解釈した儒学の概念によって表現されており、近世日本思想にインパクトを与えた。

それが仁斎における儒学の日本化の過程である。

次いで《仁斎と朱子学との基本的対立点》に触れる。朱子学への訣別宣言後の《初期的段階》で「復初の説」を批判し、『孟子古義』の《「自筆本」段階》で、「本然の性」と「気質の性」の重層的な朱子学の人間観が明確に否定される。

次に、《仁斎と朱子学との注釈上の対立点》について、『孟子』公孫丑上の《「浩然之気」の解釈における対立点》を検討する。朱子学の『孟子集註』では、「浩然の気」は天地の生成と人間の存在の結節点に置かれ、「天人合一」を損なう偏った「気」を「正気」に戻すための修養法は「天理を存して人欲を去る」ことだとされる。一方、仁斎の『孟子古義』自筆本には、「天人合一」的発想と「私意」の克服による「本然」の発現が述べられている。「自筆本」の改訂で「天人合一」は消えるが、朱子学的思惟様式に依拠した注釈を付しており、混乱の渦中にいる。これは、「気質の性」のみに立脚するにも関わらず「気」の解釈が定立できていないからである。『孟子』に、「志」は「気」の「帥」とあり、「自筆本」では「気」を人間の感情に関わるものに限定するが、「気」の養い方については、万人共通の「本然の性」の発現を目指す「志」が「気」を統御すると考える『孟子集註』を取っている。「自筆本」の改訂でこれを抹消し、「志」を個別的なものと捉え、「心」の「思慮」という主体的判断によって「気」を制御するとする。さらに、「志」は、「気」を道徳的により高い価値の方向に導く主体的働きだとした。

こうして《仁斎における「志・心・気」》の一定の解釈が成立するが、「元禄十年本」段階でも「復初の説」が示されている。これは、『孟子』の「天人合一」的発想を損なうことなく朱子学の「天人合一」を否定するという解釈上の問題に直面しているからである。《「古義」の回復過程》を見ると、《仁斎における「天人」観》は、『語孟字義』最古稿本では「天」の意思が絶対的な力をもって人間界に及んでいることを認めている。しかし、仁斎は、「天」を不可知の領域に位置づけ、人間界のことは人間の手で決定されるという形で人間界の自立を成し遂げた。次に、『孟子』が「浩然の気」を「至大至剛」とする点について、《『集註』における「至大至剛」》は、「天地」の働きの盛大さと人間の「正気」の在り方とを表現したものと解している。《仁斎における「至大至剛」》は、『孟子古義』元禄十年本段階で、「浩然の気」を受けた人間の立派さを人間の側から表現していると解釈して、「天地の間」の「浩然の気」と人間の「気」との連関を断ち切る。但し、『孟子』の「天人合一」的発想のため、「復初の説」的発想の改訂を躊躇している。『孟子古義』元禄十二年本段階に至って、「至大至剛」は、修養の結果、外面に現れた行為や態度の立派さを表すものだという結論に到達した。仁斎は、「古義学」的方法によって、「理気」論の体系に『孟子』本文を組み込んだ『集註』の解釈は『孟子』本文から逸脱していることを示したのである。『孟子古義』元禄十二年本の改訂では、朱子学的用語・発想を全て抹消し、「至大至剛」は「浩然の気を養ふの法」であるとし、外に表われる人間の行為や態度それ自体を養う修養法を確立した。「至大至剛」の「古義」の確立は、朱子学的「天人合一」論を解体し、「人道」を「人道」の原理によって規定する世界像を構築した。これは、仁斎にとっては「古義」的世界像である。

以上が論文④の概要である。有限的な人間観に見合った「古義」的世界像が示されている。なお、仁斎が朱子学的発想を批判していても、『集註』抜きには経典を理解できない、という興味深い指摘がなされている。逆に言えば、朱子学の注釈に依拠しつつ注釈を転換するのが「古義学」的方法の特徴なのである。

論文⑤は、論文④に引き続き、「儒学の日本化」・「古義学」的方法の観点から仁斎の道徳論を検討する。初めて『論語』を俎上に載せ、確固たる「構造」が示される。仁斎にとって最も重要なはずの『論語』がここまで扱われなかったのは、仁斎は『孟子』を注釈として使わなければ『論語』を読めなかったことを意味しているのかもしれない。

丸谷氏にしては珍しく、《問題の設定》で先行研究に対するスタンスが示される。《受容史における仁斎の位置》では、日本的儒学と朱子学の相異を解明した渡辺浩『近世日本社会と宋学』を継承しつつ、違和感をもたれながらも朱子学が受容・変容される過程に目を向け、朱子学の思想的〈波紋〉を具体的に解明するとしている。《稿本研究における仁斎像》では、従来の稿本研究は、仁斎が朱子学から段階的に離脱し、独自の思想を形成する過程として稿本の改訂を捉えているが、実際には紆余曲折があることが強調される。《『論語』のなかの〈参乎〉章の位置》では、『論語』里仁篇の「吾道一以貫之」「夫子之道、忠恕而已矣」を含む章に分析を加える点として、①〈真理〉の捉え方　②修養論　③道徳実践規範（「忠恕」）の三点が示される。《仁斎研究史》では、子安宣邦『伊藤仁斎』は、仁斎の「忠恕」解釈に「他者志向」性を認め、その基盤に「人人相互の了解的な基盤」としての「人情」があるとするが、「情」を如何に制御するかが問題であるとする。

《「忠恕」論の成立過程――〈参乎〉章の解釈をめぐって》では『論語古義』稿本の改訂過程が検討される。《「第二本」段階》は「混乱的段階」であり、修養論と「道」の捉え方の間に齟齬がある。仁斎は、〈真理〉を理解するには特別な修養が必要だとする朱熹の『論語集註』に依拠した注釈をつける。しかし、「綱領」では「道」を「卑近」なものと捉え、「一貫」についても、「道」を現実的・日常的位置へ奪い返そうと企てている。「道」と人間との関連に関する基本的枠組みは確立しているが、修養論についてはこれに沿った〈参乎〉章の注釈が形成されていないのである。「恕」については、「人を度る」と解釈し、他者への寛容を重視する姿勢が示されているが、曾子の言葉全体の解釈には及んでいない。《「元禄九年校本」段階》は、個別的には仁斎固有の解釈が示されるが注釈としての統一性を欠く「過渡的な段階」である。『集註』の修養論を抹消し、孔子の言葉の実践というすぐさま実行できる修養論へと転換し、「卑近」な「道」が徐々に注釈に浸透する。「忠恕」論については、「本然の性」の存在を前提とする朱子学の「忠恕」論は「刻薄の患」となると批判し、他者の気持ちを汲み取る〈慮り〉が「刻薄の患」を克服する「修為」として位置づけられる。「忠」は相手に対する自分の「心」の中に「信実の心」を育成すること、「恕」はそうした気持ちをもって相手に対して接する態度や姿勢を育成することとされる。さらに、「忠恕」は「仁」という「天下の達徳」「本体」を修め行う「修為」として位置づけられる。他方で、仁斎は自分と相手を別々の存在として捉えるから、人は利己的感情を持ち、「刻薄の患」に陥る存在であることになるため、利他心を育成し利己心を克服することが〈慮る〉感情を育成することとなり、人間感情による道徳実践論が確立する。この「忠恕」論は、仁斎の思想形成過程の一つの画期である。《「元禄十六年定本」段階》では、〈参乎〉章の最終的解釈が示される。まず、〈慮り〉による道徳実践論の確立を示した文章を一旦抹消したうえで復活させる。このことの意味を考えるために、「情欲」を含む「人情」を肯定的に捉える道徳実践論に、「礼義」という条件が課されている（『童子問』元禄六年自筆本）ことに注目する。相手を〈慮る〉だけなら他者追従型の処世術に陥る可能性があるが、「理」を基準として判断する訳にもいかない。こうした思想課題を〈参乎〉章の注釈として解決しなければならず、仁斎は一旦、〈慮り〉に関する解釈を抹消するのである。この問題の解決は、「道」の解釈の改訂によって図られる。「道」の定義自体は『語孟字義』最古稿本からあるが、それが〈参乎〉章の注釈として適合的な形で表現される。「道」は人間に先立つ「自然」的なものであり、人間は「道」の中に生まれる「社会的動物」であって、「情」に基づいて行動する人間も「道」の制約の中に置かれている。ここに仁斎は〈道の中の情〉という観点を獲得する。「情」の含みうる利己性に「道」という枠を課し、自己制御する必要があるものとして位置づけたのが、『童子問』の課した「礼義」の意味内容である。しかし、〈道の中の情〉とするだけでは道徳実践として不十分である。「道」は外在的・客観的規範でもあるから、自己制御は、無自覚に行うだけでなく、自覚的に行わなければならない。そのためには、〈慮り〉を、「四端の心」の「拡充」と「修為」としての「忠恕」の実践によって育成し、さらに、「道」を経典から「学」ぶ。こうして、「情欲」の利己性を客観的に適切な程度まで制御できるようになる。ここに、利他心によって利己心を制御する道徳論が形成された。なお、「学」は、『論語』から客観的規範を学ぶ営為と、それを適切な形に調整して実践する営為を含むが、両者が対立する場面もありうる。仁斎は相手への〈慮り〉を強調するため、浅見絅斎が仁斎に浴びせた嘲笑に見られるように、道徳実践論が形式的対他関係に陥るという批判を生む余地がある。

《結びに代えて——「古義」の回復過程》では、『集註』から採用された注釈が、仁斎的意味へと読み替えられ、「古義」が回復されて、主体の感情制御による道徳実践論が形成されたとする。このことは、「忠恕」という儒学の概念が仁斎の注釈を媒介にして徳川文化の中に根をおろし始めたことを物語っている。仁斎は、新たな思想的〈波紋〉を当時の文化に投げ掛け、近世日本思想の新たな地平を切り拓いたのである。

以上が論文⑤の内容である。朱子学的発想から離脱しつつある『語孟字義』や『論語古義』「綱領」のような一般論と、朱子学の注釈の影響を引きずる『論語』の個別の章の注釈との間には、ズレや齟齬が存在した。これは、『孟子』と『論語』の摺り合わせに仁斎が苦しんだということかもしれない。丸谷氏は、この点に着目して、仁斎の思想形成過程の紆余曲折を見事に解き明かした。紆余曲折を重ねた丸谷仁斎論も、一定の「構造」を示すことについに成功した。しかし、安直な「情善論」が成り立たず、さらなる解決を求める問題を孕んでいることも明示されている。丸谷仁斎論の紆余曲折はまだ続く。

論文⑥は、問題含みの「構造」を示した論文⑤を発展させて問題解決を図ったものであり、ここに丸谷仁斎論が構築する「構造」は、道徳論としては一つの完成を迎える。

《問題設定》では、「欲」をも含む「情」の全的肯定の上に道徳実践論を構築することは可能か、という問題提起がなされる。

まず、仁斎の《「情」論》を検討する。《「情」の肯定の位相》では、仁斎の「情」的人間像は朱子学的思惟の否定を媒介として成立したとする。《「情」の構造》を検討すると、「情」は受動的側面を持ち、人間はあらゆる感情を感じる「情」的存在である。しかし、受動的な「情」だけでは道徳的実践能力や道徳的価値を見出すのは難しい。そこで仁斎は、『孟子』に依拠して「情」の中に能動的働きを見出すとともに、〈共通感覚〉を見出し、そこから道徳感情を引き出して、「情」には、善悪を知る識別能力、経験に基づく道徳的判断力があるとする。これが「情善」論の構造である。しかし、《「情」の否定的側面》も指摘され、仁斎は、「情」の発現に「天下の達道」という基準から制限を加える。《「情」と「思慮」》では、「主宰」ある「心」は「思慮」によって「情」を〈適宜〉な水準に制御するとされる。利己心と利他心の内的葛藤が生まれ、利己心が制御されるのである。

しかし、「思慮」による「情」の制御は主観的判断に基づくため、《「情」の客観的制御》が必要である。まず、《孔子の「祖述・憲章」》によって、普遍的妥当性を持つ内容に再構成された〈適宜〉性の水準が示された。そこで、《『論語』を学ぶこと》により、孔子の「祖述・憲章」によって実現可能性と効用とが確認されている〈道徳実践の手本〉を修得し、「情」を制御する仕方を身に付けてゆくのである。次いで、《修為論》に詳細な検討を加える。道徳実践論のなかでの《「修為」の位置》として、「仁義礼智」と関連づけられる「本体」と、「忠信敬恕」と関連づけられる「修為」が、「学」の中に位置づけられ、「本体」は「修為」に先行して存在するとされる。つまり、道徳的あり方を静的に指し示す「徳」は人間にとって普遍的原理であり、「修為」は「徳」に到達するための人間の側の実践的営為として位置づけられ、また、道徳的あり方を動的に指し示す「道」は、人間がその上を日常的に「往来」し、人がそこで暮らしている既存の「道」と定義されると同時に、実現すべき当為規範としても定義され、後者は「修為」によって到達すべき目標として位置づけられる。既存の「道」という点では「道」は「自然」的であり、人間は「道」の中に生まれる〈社会的動物〉であって、「修為」とは、「道」の制約性を自覚化してそれを積極的に遵守するとともに、「道」という当為規範を意識的に実践することである。「道・徳」に到達するためには、道徳的実践を可能にする能力を育成することと、「道・徳」に基づいた実践規範によって規定された個々の行動様式を身に付けることとが要請される。前者が「四端の心の拡充」、後者が「忠信」「恕」、この両者を含むのが「修為」であり、「修為」によって「情」を制御する仕方を身に付けるのである。「修為」の具体的な内容として、まず《「四端の心」》の拡充が検討される。「四端の心」は、外在的な「仁義礼智」の「本」として、人間に生まれながらに備わるが、受動的感情に止まるため、「拡充」して自然かつ恒常的に発現できるように育成する。「四端の心」による「情」の制御は、客観的・普遍的規範である「仁義礼智」に担保され、自己のなかで恒常的に感じられる〈適宜〉性の水準にまで育成される「修為」である。次に《「忠信」》は、誠実で嘘偽りのない態度や姿勢を心から示すことができるように自己を向上させる「四端の心の拡充」によって〈適宜〉性の水準に制御された「情」を、「忠信」によって、交際のなかで〈適宜〉な態度として発現させるのである。しかし、自己を向上させる「忠信」は自分本位に陥る可能性があるため、「義」による制御を課し、他者志向的「忠恕」を車の両輪とする。《「忠恕」》については、利己心に対し、相手への慮りによる「寛宥」の気持ち、つまり利他心を育成するのが「恕」である。以上のように、「修為」とは、外在化された客観的規範としての「仁義礼智」が、道徳的実践主体としての人間の側に、人間関係のなかでの自己の感情・態度として確立・維持されるための営為なのである。

《結びに代えて――「天下の同情」の世界》では、仁斎が、「人情」「情欲」という個人的感情と「天下の同情」という〈共通感覚〉を同列に置いて肯定することについて考察する。仁斎が「人情」を「道」と無媒介に結びつけて肯定することを、荻生徂徠も浅見絅斎も問題にしている。このように、仁斎が「情」を基盤に据えた道徳実践論を確立したことは、思想的波紋を当時の思想圏に投げかけ、以後の日本思想にも影響を与えたのである。

以上が論文⑥の概要である。前期・中期の丸谷仁斎論の集大成と言えるが、多くのものを盛り込みすぎたせいか、「構造」化が不十分であり、「情」の制御の様々な方法が雑然と並列されていて、相互の関係がよく分からないところがある。

まず、「情」の主観的制御として、「思慮」による「利己心」と「利他心」の葛藤、次いで、「情」の客観的制御として、孔子という「道徳実践の手本」を「学ぶ」ことが挙げられ、さらに、「学」には「本体」と「修為」があり、「修為」は、「四端の心の拡充」と「忠信」「忠恕」に分けられ、「忠信」は自分志向、「忠恕」は他者志向とされる。これらの様々な方法は、相互にどのような関係にあるのだろうか。例えば、「情」の制御は主観的なものから客観的なものに発展するのだろうか、それとも、主観的制御は「道」のうえで生きる人間は無自覚に行い続けるのだろうか。また、孔子の手本を「学ぶ」ことと、「本体」「修為」という「学」の二類型との関係が分かりにくい。『論語』『孟子』を読むことは「仁義礼智」という「本体」を直接的に学ぶことのように見えるが、孔子をお手本として「修為」を行うことのようにも見えるし、「本体」「修為」とは別の類型の「学」にも見える。さらに、「修為」は客観的制御とされているが、無自覚のうちに行われる主観的なレベルのケースもあるように見える。「忠信」「忠恕」は車の両輪になるのが望ましいが、バラバラに実践されるケースもあり、「四端の心の拡充」と「忠信」「忠恕」も、両者がそろうのが望ましいが、別々に行われるケースもあるように見える。全ての方法が自覚的に同時並行的に行われるのが最善なのかもしれないが、そうでない場合でも、人それぞれにそれぞれのやり方でそれなりの制御は自覚なしに可能であるようにも見える。最悪の場合でも誰もが主観的制御はやっていて、それも拡充以前の「四端の心」に支えられているのだろうか。疑問は尽きない。

しかし、仁斎の思想は構造化に向かないのかもしれない。それは、完成度の高い朱子学の思想体系を解体した代償とも言えるし、自己の体系を経典解釈に読み込むのではなく、『論語』『孟子』の「古義」を回復しようとしたことの必然的な結果なのかもしれない。『論語』は体系的な書物ではなく、『論語』の体系的な解釈の導き手となるはずの『孟子』は『論語』と整合的に書かれている訳ではないから、雑然とした「構造」になるのは当然なのかもしれない。あるいは仁斎は、朱子学に代わる確固たる体系を作ることを自覚的に拒んだのかもしれない。丸谷氏はそのように解しているようにも見える。論文⑥は、仁斎本人の意図を超えて思想の構造化に挑戦し、仁斎が用いなかった様々な概念・用語を導入したものの、整然たる「構造」化は断念したように見える。それは、仁斎の実像をむしろよく反映しているのかもしれない。

丸谷氏は後期三部作で、「性善」論と「道」秩序の「構造」の解明に取り組む。仁斎の道徳論が「情善」論だとしても、古義学が『論語』『孟子』に依拠する以上、「性善」が前提にあり、さらに、性情ある人間が包摂される「道」がある。仁斎の思想の全貌を明らかにするには、「性善」と「道」に関わる「構造」を検討しないわけにはいかない。

論文⑦は、《はじめに》、仁斎が孟子の「性善」説に立ちつつ、「悪」に言及することに注目する。まず、《「性善」論の構造》が検討される。《「善」と「悪」》について、仁斎は朱子学の「本然の性」を批判し、「善・悪」並存する「已発」の状態が現実であるとするため、「性善」論解釈に「悪」を含まざるを得ず、道徳基盤を内在化させる論理も否定される。多様な性をもち内在的な道徳基盤を保持しない者が自他関係を構築するために最も重要な実践規範は、「忠信・忠恕」であり、〈心を開く〉ことが重要である。〈心を閉ざす〉と対立が発生するが、過ちに気付いて改める。この改善行為の原動力が、万人にほぼ共通して存在する「善を善とし悪を悪とする」判断力であり、「善に趨く」志向性であり、「性善」である。これは「四端の心」の問題である。そこで《「四端の心の拡充」》が検討される。仁斎は、孟子の「性善」説は『論語』陽貨篇〈性相近〉章に基づくとし、〈性相近〉章について、善悪の判断力、善への志向性はほぼ共通し、「四端の心」の共有という点で、「性は相近し」と解する。「四端の心」の初発の自覚は外的刺激によるが、「拡充」によって恒常的に意識することなく起動するようになる。一方で、人には「嗜欲」もあるが、諸々の気持ちの内的格闘劇が起こり、「嗜欲」に一定の制御が加えられる。これが「性善」の内実である。但し、「四端の心」は「拡充」されなければならず、それには「聖人の教」を「習」う必要がある。そこで《「教」論》が検討される。「教」は人間の外に存在し、「性」の「善」なる能力が「教」を「学」ぶ源泉となるが、その能力は脆弱であり、また、「教」の解釈が恣意的で判断基準が妥当性を欠くことがある。しかし、人間関係の構築に失敗すれば、その経験から反省が生まれ、是正への意欲が生じるのである。そして、「四端の心」の「拡充」の到達点が「仁義礼智」であり、「仁義礼智」に「由る」か否かが人間と禽獣の分岐点となるが、「拡充」の実践は容易ではない。次に、自他関係の構築を規定する規範である《「義」論》について、仁斎は、自他の役割や状況を斟酌して臨機応変に選択すべきという選択の諸原則を形式的に提示する。こうした諸原則を踏まえて具体的行動を適宜に判断する能力が「四端の心」である。以上が「性善」論の構造である。

次に《「悪」論の構造》が検討される。まず《「四端の心無き者」の存在》である。『論語』陽貨篇〈性相近〉章の「上知と下愚とは移らず」について、仁斎は、「下愚」を「四端の心」の無い者と解釈し、「四端の心」の生来的欠落者は「禽獣の心」「不成人」であり、「道」外的存在と捉える。朱子学では「下愚」を「自暴自棄者」と解するが、仁斎によれば、「自暴自棄者」は「四端の心」の自覚への可能性がある。しかし、「四端の心」の生来的欠落者は冷淡に切り捨てられるのである。次に《「邪説暴行」論》では、「四端の心」を具備していても自他関係の構築に向かわない者・構築を拒絶する者として、「邪説暴行」の徒について検討する。彼らは人間を自然感情や「世」の現実から無理矢理に乖離させる。《「邪説暴行」の歴史》を辿ると、「邪説暴行」は堯舜によって克服され、孔子は堯舜の「正道」を「祖述・憲章」し、現実から乖離した虚構の世界に誘導された「生」を事実の世界に還した。しかし、孔子死後、《「正道」と「邪説暴行」》の闘争の歴史となる。このように「邪説暴行」が受け入れられる理由として、仁斎は好奇心を挙げる。

ここからの脱出の道については、《結びに代えて》にまとめられている。「邪説暴行」による「道」の喪失・「禽獣」

への堕落体験が動機となって、「自暴自棄者」が「四端の心」を自覚し「拡充」へと踏み出すと、仁斎は確信する。その理由は何か。解答は「人の外に道無く、道の外に人無し」というテーゼにある。これが次なる課題となる。

以上のように、論文⑦は、「悪」の存在に着目し、特徴ある議論を展開する。特筆すべきは、「悪」の発生を契機として、過ちを自覚化し、「善」に向かうという「構造」である。善悪相交わる現実から「善」を導き出す、よく練られた「構造」である。

論文⑧・論文⑨は未完の連載である。論文⑦で予告された「人の外に道無く、道の外に人無し」というテーゼの解釈は、論文⑧では示されず、論文⑨もテーゼ理解の前提作業に止まり、「道」秩序の「構造」は明らかにされなかった。しかし、各部分を独立した論考として読んでも十分に有意義であるうえ、「民心和洽」した正月のような状態から人道滅裂した禽獣同然の世界への転落という驚くべき議論の展開は、悪魔的な魅力を湛えている。

論文⑧の《はじめに――正月と和》では、「礼」と「和」の関係について、『論語』学而篇〈礼之用和為貴〉章の解釈を手掛かりに論じる。「礼」の杓子定規な適用は民心の離反を招くため「和」が必要だが、「礼」による制御が欠如した「和」では自他間のケジメがなくなり、ズルズルベッタリの人間関係しか構築できず、「委靡頽敗」の弊害を招く。人間関係の自然的秩序が崩壊し、人道の滅絶した禽獣状態に陥るのである。では、なぜ「礼」による制御が欠如するのか。「世」「時」が変化して「先王の道」との間にズレが生じ、是正しなければズレが拡大し、「道」を実践する意欲は低下し、「礼」の制御を欠いた「和」だけが実践され、「委靡頽敗」の弊害が生じるのである。さらに、絶大な力をもった流れとしての「世」「時」のもとでは「道」の改革は実行されず、絶望的状態に陥る可能性が高いと指摘される。丸谷氏は、ここで、仁斎における「道」の意味づけを確認する。「道」概念には、個人及び個的関係の道徳実践を規定する規範という意味と、個々を包摂した「道」全体が想定される意味の、二つの意味が含まれ、前者を「道」規範、後者を「道」秩序と呼ぶ。論文の課題は、「道」秩序の「構造」はどのようなものか、「道」秩序が「世」「時」の流れによって時代遅れになることを防止する策はどのようなものか、の二つだとする。

そのうえで、《「人の外に道無く、道の外に人無し」論》を検討する。このテーゼは、『論語集註』衛霊公篇〈人能弘道〉章に典拠があり、朱子学的思惟によって生み出されたが、仁斎は意味内容を読み替える。読み替えの第一歩は

「道」と「人」の関係に関する視座の変更である。朱子学では、「人」が現実において活動するのに対し、「道」は本質として存立すると考えるが、仁斎は世界を現実の位相のみで把握しようとし、朱子学の本質論的思惟様式を批判する。朱子学は、価値多様な世界の現実を、現実から乖離した唯一の原理によって判断し、「残忍刻薄の心」による冷徹な判断によって、人間の個別的で多様な現実は見落とされる。こうした人間が「上」に立てば、上下間の信頼関係は損なわれ、相互の慮りは行われず、人間関係がギスギスし、トゲトゲしいものとなるのである。これに対し、仁斎は、人間の体験の範囲内で思惟を構築する姿勢を貫き、「日常卑近」な「道」を立脚点とした。このような「道」観に分析を加えることを予告して、論文は閉じられる。

なお、論文⑧には、仁斎の注釈の成立過程についての興味深い言及がある。朱熹の解釈の語句を通して経典の内容を理解しつつ、朱子学的思惟様式を直接的に表現する語句を取り除いてゆき、意味内容を読み替えることが、具体例とともに指摘されている。

論文⑨は、《「道」秩序と「野狐山鬼」》として「悪」の領域に本格的に踏み込み、政治における「悪」の問題が検討される。丸谷氏の政治学者としての側面がよく現れている。

まず課題設定がなされる。『童子問』巻之上8・9で展開される「人の外に道無く、道の外に人無し」テーゼについて、「異端邪説」に対する警句、なかでも「野狐山鬼」という語に丸谷氏は注目する。「人倫日用」の世界から堕落する者には、正気の世界へ戻る可能性のある「自暴自棄」者と、冷酷に切り捨てられる「四端の心無き者」がいる。前者は「野狐山鬼」に誑かされやすいであろう。ここで丸谷氏は、もし道徳の衰えた野蛮な世界で「性の善」が全く感知されなかったらどのような事態が出現するか、「邪説暴行」が出現し「先王の道」と「時・世」との間にズレが生じたままの状況が続いたらどうなるか、と問い、「道」秩序に言及する仁斎の言説の背後には、反「道」秩序世界、「悪」の世界が隠されており、「野狐山鬼」はその世界の住人たちの比喩的表現なのではないか、と指摘する。

次に《「孝弟」論》が検討される。「孝弟の心」は「良知良能」「自然の性」であり、対他的関係を規定する基盤的道徳感情であって、これが「仁義」へとつながってゆくが、「自然の性」は「本然の性」と異なって「善」の絶対的基盤ではない。しかも、「自暴自棄」者は少なくないから、仁斎の道徳実践の基盤は決して盤石ではない。「自然の性」から善き対他関係の構築へと向かう道筋は容易ではないことを、丸谷氏は次々と指摘する。

ついで、《「忠臣」論と「野狐山鬼」》として、まず「忠臣」論が検討される。「王道」は、「仁」に基づき、民に利沢を及ぼすとされるが、「王道」の実現には「臣」の協力が必要であるとして、仁斎が「忠臣」の品定めを行った『童子問』巻之中39が検討される。まず《子文論》である。子文は、内面の道徳心は評価できるが、政治的業績を挙げていないので、「忠」だが「仁」ではないとされる。仁斎は、内面のあり方と政治的業績とは区別するべきだと考える。次に《管仲論》である。管仲は評価の分かれる人物であり、孔子が「仁」と評価する一方、『孟子』では、「覇道」「覇術」によって「王道」を知らなかった点で批判される。仁斎は、管仲が「王道」を実践しなかったことを認めつつ、政治的業績を個人の内面に関わる問題から切り離して「仁者」と評する。このように、仁斎の「忠臣」論は、道徳性よりも政治的業績を上位に置いているが、仁斎の政治論が内面から独立した業績主義によって貫かれている訳ではなく、孔子レベルの「仁」であれば、内面と外的業績が一体化すると考える。ここで、管仲評価に見られるように、仁斎が「武」を否定する観点で一貫している点に丸谷氏は着目して、《「野狐山鬼」の世界》を描き出す。仁斎は、秦の始皇帝と羽柴秀吉を「不仁」として批判する。「仁」を全く欠く反「王道」的政治の実践者に臣下が忠誠心をもつことはなく、「不忠の臣」は下剋上を狙い、下剋上がさらなる下剋上を招く。こうした悪政は民に利沢を及ぼすことはなく、民は悪しき君主の感化を受け、人間の皮を被った「鬼」だけが生きている状況となる。このような悪しき君主は「放伐」されるだけである。仁斎は「不忠の臣」を「人に非ず」とする。この全人格的否定の言辞が「四端の心無き者」にも使われていたことからすれば、「不忠の臣」を臣下とした秀吉は「四端の心無き者」と同類であり、彼らが支配する世界は「禽獣」の世界となる。こうした「鬼」の世界が架空のものではないという危機感があるからこそ、「悪」への示唆が仁斎の言説には影のようにつきまとうのだと、丸谷氏は指摘する。

丸谷氏の仁斎論はここで途切れる。「性善」「情善」の可能性が現実化することが容易ではなく、人間が「禽獣」同然となる世界への転落の可能性を強調したうえで、「人の外に道無く、道の外に人無し」とされる「道」秩序がどのように構造化されるのか。大いなる不安と斬新な議論への期待を抱かせつつ、丸谷仁斎論は未完に終わったが、未完の構想は仁斎研究を大いに刺激するものがあり、自由な想像と新たな創造への道が開かれている。

ここまで仁斎の稿本の改訂過程を丹念に追い続けた丸谷氏の仁斎への愛情は並々ならぬものがあると思われるが、仁斎への視線は意外と厳しい。仁斎の朱子学理解は一面的であるとされ、『集註』がなければ経典を読めないという指摘も繰り返される。そして後期三部作の「悪」をめぐる議論である。これは、仁斎の情善論・性善論の穴を衝くものであって、仁斎の思想「構造」に根本的な問いを突き付けている。丸谷氏の問いには飛躍があるように見えるところもあり、政治学者としての丸谷氏が提示した外在的な問い掛けであって、仁斎にとって問題だったのか疑問もあるが、仁斎の性善論・情善論の背後に広がる「悪」の世界を開示することによって、仁斎思想の思わぬ局面に光が当てられ、新たな意味が引き出されてくるのである。

興味深いのは、善悪入り混じる現実に依拠する仁斎の思想は、時に「悪」の世界に飲み込まれそうな危うさを見せつつ、そこから「善」への展望が開かれてくることである。人間には利己心があるが、利他心との葛藤から「善」への道が開かれる。「自暴自棄」者には、人間関係を構築することに失敗する経験から「善」への自覚が生まれる。「不忠の臣」に囲まれた反「王道」的政治の実践者である豊臣秀吉の後には下剋上の連鎖は起こらず、悪政に対する反発から臣も民も豊臣家に反旗を翻し、豊臣家は徳川家康によって「放伐」された。善悪の相剋から善が立ち上がってくる弁証法的な「構造」が、仁斎の「道」秩序の構造の要にあると思われるが、それは解説者の想像である。

三

丸谷氏は、仁斎との対話を続けた反面、他の仁斎研究と対話し、仁斎研究の文脈のなかに自己を位置づけることには、殆ど関心を示していない。しかし、先行研究との差異化を図ることにばかり腐心する文脈依存的な研究は、研究の文脈が分からない者には面白味が分からない。この点、丸谷氏の仁斎論は、研究状況と無関係に面白く読むことのできる自立した研究であり、研究史的文脈を離れて読み継がれる価値がある。

また、丸谷氏は法学部で教育を受けた政治学者という一面がある。文学部で思想史のテキストを読む訓練を受けた研究者には、丸谷氏の読みは不正確で飛躍があるように見えるかもしれない。同じく法学部で教育を受けた解説者から見ても、地道な稿本研究から飛躍しているように見える丸谷氏の読み込みには戸惑うところもある。しかし、恐らく仁斎にとっては外在的な視点から向けられた問い掛けが、仁斎思想の新しい側面を露わにし、新たな読みの可能性を開示しているのである。

政治学者としての丸谷氏が最も意識している先行研究は丸山眞男ではないかと思われる。丸谷氏の言葉遣いや用語には丸山から借用したとおぼしきものが数多くみられる。また、丸山の『日本政治思想史研究』は、朱子学的思惟方法の分解過程を徳川思想史のなかに読み込み、仁斎については倫理思想に重点を置いて分析している。これに対し、丸谷氏は、伊藤仁斎個人の思想形成過程のなかに朱子学的思惟の分解過程を読み込むとともに、政治論を含む新たな思想の形成過程を読み込んでいる（論文⑥註（8）参照）。さらに、丸山は、政治的なものと真正面から取り組んだ思想家はいわゆる性悪論者であり、人間を問題的な存在として捉えると主張している（「人間と政治」参照）。この観点に立てば、性善論・情善論をとる仁斎は政治学者の名に値しないことになろう。しかし、丸谷氏は、政治における「悪」の問題に注目することによって、仁斎の政治論の新生面を切り開いた。残念ながら道半ばで終わったが、丸谷氏の試みは、政治学者・仁斎の誕生を予感させる。

丸谷氏が仁斎の政治論をどのように展開しようとしたのかは、今となっては知るよしもないが、想像の一端は上に記した。それに加えて、もう一つの書かれなかった仁斎論に触れておきたい。丸谷氏は、生前、『論語』公冶長篇の「桴に乗りて海に浮かばん」、『論語』子罕篇の「子、九夷に居らんと欲す」について書きたいと言っていた。仁斎は、孔子が日本に心を寄せていたと解するのだが、丸谷氏は何を論じようとしたのだろうか。孔子の教えの普遍性と日本の優越性を結びつけ、仁斎のナショナリズムを論じようとしたのだろうか。孔子が、「野狐山鬼」の跋扈する中国を離れ、「君子の国」であり、人々が「朴」「忠」である日本で「王道」を実践していたら……――そのような想定から、「悪」から抜け出し「善」へと向かう道を見出そうとしたのだろうか。しかし、丸谷氏の独創的な紆余曲折を辿り直してみると、このような想像は陳腐に過ぎるかもしれない。

丸谷仁斎論を通読すると、よき稿本研究の条件は、事前・事後の見事な「構造」化にあるのではなく、たとえ外在的で論理が飛躍していたとしても、根源的な問いを突き付け、稿本の思想家の言葉から新たな意味を引き出してくることにあると思われてくる。丸谷氏は、稿本との独特の向き合い方を通じて、多くの学問的成果と、問われ続ける価値のある問いとを、私たちに遺してくれたのである。

コラム

丸谷晃一さんと私——その研究と思い出——

ケイト・ナカイ　田尻祐一郎
菅原　光　片岡　龍
大久保健晴　高　熙卓
末木恭彦　苅部　直

徂徠研の三十年と丸谷さん

ケイト・ナカイ

荻生徂徠研究会（通称、徂徠研。以下同）に初めて参加し丸谷さんと接触するようになったのは一九八八年の秋だったようである。毎回配付される資料を保管している箱を発掘したところ、一番古い配付資料に一九八八年九月二十四日の日付が載っている。「里仁第四篇」第11章「君子懐徳」である。それから三十年近くが経っているが二〇一七年六月現在に「子路第十三篇」第16章「葉公問政」までにやっとたどり着いてきたことを思えば、研究会の初年にはもっと速いペースで進んでいたにしても、私が参加するようになるまでに、丸谷さんを始め徂徠研の中心メンバーはかなり長い年月を『論語』の注釈史とコツコツ取り組んできていたのであろう。

今と変わらず、「君子懐徳」章の配付資料は三部からなっている。それぞれは朱熹の『論語集注』を中心とする『四書大全』の中のこの章の注釈、伊藤仁斎の『論語古義』における注釈、および荻生徂徠の『論語徴』の同章に対する注釈を起こしたものと、それらについて論じたものとである。『論語徴』の分だけはパソコン（あるいはワープロ）によってプリントアウトされた形のもので、『大全』や『論語古義』の報告は両方とも手書きである。何れも作者の名前が付されておらず、頼りにできる日付があるのは『大全』だけだ。しかし筆跡や体裁からそれぞれは末木恭彦さん、丸谷さん、澤井啓一さんによるものであることはほぼ確実だと思われる。とくに『論語古義』の報告は丸谷さんの特徴的な大きな四角い字で書かれ、懐かしさを誘っている。

後までもずっと続けられたように、『論語古義』「君子懐徳」章の報告は二つの部分からできあがっている。一つは天理大学附属天理図書館所蔵の旧古義堂文庫に保存されてきた伊藤仁斎自筆の『論語』注釈諸稿本を年次順に起こしたものである。いわゆる「第二本」から「元禄九年本」や「元禄十六年本」の変遷を細かく忠実に再現し、最後に仁斎自筆ではないが、生前最終稿本とされる「林本」を載せている。もう一つの部分はそれに対する解説である。諸稿本の変遷が意味するところや仁斎の思想の展開がそれにどのように反映されているかに関する丸谷さんの理解や感想が表されている。

「君子懐徳」章の本文は「子曰、君子懐徳、小人懐土、君子懐刑、小人懐恵」という「君子」と「小人」の比較をめぐるもので、解説では丸谷さんはこの比較に対する仁斎の姿勢を分析している。焦点の一つは拠り所だ。この章まで仁斎は「解釈した内容は異なるにしても」、朱熹の『集注』をよく手掛かりとして使用していた、と指摘する。しかし、現存する一番早い稿本にあたる「第二本」ではこの章を解釈するために仁斎は『集注』ではなく、いわゆる「古注」の『論語注疏』を使っている。たとえば、朱熹は「懐」を「思念」と解釈するに対して、仁斎は『注疏』と同様、「安」と解釈する。また、君子と小人の違いが「趣向」するところの「タダ公私ノ間ノミ」にあると締めくくる朱熹の論説と距離を置き、『注疏』の「君子小人所安不同也」や他の語句を引用した上、「君子小人存心不同如此」とまとめる。要するに、「第二本」段階では仁斎が『注疏』の注釈を手掛かりとして本章を君子と小人との「心」のあり様の相違を示したものと捉えている」と丸谷さんは論ずる。

「元禄九年本」になると注釈は大きく書き直される。「懐ハ安也」が「懐ハ帰也」と改められるを始め、小人の「懐於土」を説明するため、仁斎が孟子の「恒産ある者は、恒心あり」の観念を導入することによって、「物質的基盤がなくては道徳的基盤が確立しない」立場を示す。結論として、丸谷さんは次のような指摘を掲げる。「元禄九年本」段階になって（そしてこの章に関しては仁斎の見解がこの段階でほぼ確定される）、「君子と小人とは、それぞれが実践する「道」が相違することによって区分される。最後の「君子・小人存心不同」はのこるが、やはり外にある「道」に対する態度が重視されており「第二本」にくらべて内面へ向かう傾向が弱くなっている」と。

その後、年月が経つにつれて、徂徠研はいろいろな変遷を経験してきた。参加する人びとが入れかわり、開催する場所も変わった。一九八八年の秋に私が始めて参加したとき、開催場所はしばらく、丸谷さんの取り計らいで、学習院大学内の教室になっていた。しかし、次の一九八九年に丸谷さんが博士論文を提出し、博士号を取得すると、学習院の部屋は使えなくなり、その代わりに、私が所属する上智大学比較文化学部の所在地で開催するようになった。

比較文化学部は当時千代田区四番町の「市ヶ谷キャンパス」に置かれていた。「キャンパス」という言葉はちょっと大げさで、元々カトリック教会が司祭を養育するための神学校兼修道院として使われていた建物を上智大学が受け継ついで教室として再利用していた本館と教員研究室や図書室を収容するために数年前に新しく建てられていた研究棟の二つだけの施設があった。徂徠研は最初本館の会議室を使っていたが、その後いわゆる「K棟」で研究会を開くようになった。「K棟」は英語のkuraからくる名称で、本館の裏にあった元々の三階の蔵だった。教室の不足を補うために、一階ずつに暖房機や机と椅子を入れ、三つの小さな教室に作り直されたものであった。二〇〇六年の春に比較文化学部が国際教養学部と名前を変え、市ヶ谷を引き上げ四谷の本キャンパスに移るまで、徂徠研は「K棟」で開催し続けられた。

国際教養学部が四谷へ移動した後、市ヶ谷キャンパスにある古い本館や「K棟」の耐震性が問題視され、それ以降殆ど利用されていない。廻りの環境も大分変わってきた。当時、研究会の後、丸谷さんが見つけていた近所の居酒屋によく通い、店員さんに常連として親しく待遇された。しかし、四谷への引き上げと前後して居酒屋が地下に入っていたビルが壊されることになり、今は跡形もない。

市ヶ谷を去った二〇〇六年から私が定年を迎えた二〇一〇年までの四年間、徂徠研は四谷キャンパスにある国際教養学部の会議室を使っていたが、その後、菅原光さんの取り計らいによって、専修大学の世話になり、今も専修大学の神田キャンパスで研究会が開かれている。

その長い年月の間に丸谷さんが徂徠研の中心的なメンバーとして活躍し続けていった。一九九五年の春から名古屋の中部大学で教鞭を執り始めた後も、二〇一一年の夏に体調を崩すまで研究会が開かれるごとに殆ど毎回参加された。ごく稀に他の方が代わりに仁斎を担当することがあったが、それを例外として、その年代から手元に残されている仁斎に関する配付資料の殆どが彼の手によるものである。時期が下るとその外面は少し変わることもあった。一九八九年七月から資料がパソコンによって作成されるようになり、また、「君子懐徳」章に比べ、仁斎の解釈が数段階を経て大きく揺れる場合、それを反映して、稿本の翻刻の枚数や複雑さも増え、丸谷さんの解釈も細かく長くなることもたびたびあった。しかし、丸谷さんの基本的な姿勢は変わらなかった。

仁斎が長い、複雑な注釈を施し、丸谷さんが解釈に力を入れた章のひとつから言葉を借りて転用すれば、それは「吾が道は一以てこれを貫く」というものであった。仁斎が注釈を通じて表そうとしたものに対して丸谷さんは最後まで付いていき、それを忠実に、正確に把握しようと地道な努力をし続けていった。稿本の翻刻作業は途中で途絶えてしまい、徂徠研の外ではその成果がそれほどよく知られていないかもしれない。しかし、研究会に参加した人びとにとって、丸谷さんの努力は大きな意味を持ち、仁斎の『論語』解釈に対する彼らの理解にも種々な形で反映され、生き続けていると確信している。

（上智大学名誉教授）

持続する志

田尻　祐一郎

丸谷さんと親しく言葉を交わすようになったのは、一九八六年、私が東海大学に赴任してすぐ、荻生徂徠の『論語徴』を読む研究会に誘っていただき、月に一度、学習院大学の小さな古い木造校舎に通うようになってからのことである。キャンパスの緑の中に、忘れられたように静かに佇んでいた、私のおぼろげな記憶では、二階建ての校舎だったように思う。『論語徴』は、朱子と伊藤仁斎の『論語』解釈を乗り越えようとするものだから、当然、朱子や仁斎を踏まえた上で徂徠を検討しなければならない。そこで、澤井さんが『論語徴』を、末木さんが『論語大全』を、そして丸谷さんが仁斎の『論語古義』を担当して、一回に一章ずつそれらを読み比べていくという研究会であった。黒住さん、ケイト・ナカイさん、片岡さんなども常連で、三つの『論語』解釈を比べながら、銘々が好きなように議論をしていく。会といっても、とくに会員というような意識はなく、誰でも好きな時にいらしてくださいという流儀で、留学生や院生なども自由に出入りしていた。そもそもこの会は、「寺小屋」という、一九七〇年代に作られた、出身大学や専攻分野を横断した若い世代による自主的な学習サークルに起源をもつものだが、私が誘っていただいた頃には、「寺小屋」の話は、昔語りとしてごくたまに耳にする程度だった。

その会で丸谷さんは、毎回、『論語古義』の幾つかの稿本によって、仁斎の『論語』解釈の加筆・修正の過程を明らかにし、そして最終的な林本へ（場合によっては東涯の手による刊本へ）という軌跡を報告していた。周知のように諸稿本には、仁斎の思索が凝縮されたように、細かな加筆・修正がもとの文章の上に書き加えられているので、それらを解読していくことは大変な作業である。丸谷さんの報告でも、時にはここは判読できないというような箇所があった。私は、その報告を聞くたびに、気の遠くなるようなその作業に、ただ驚き、かつ頭が下がる思いだった。と同時に、何が丸谷さんのこれだけのエネルギー、持続する志とでも言うべきものを支えているのだろうかと考えざるをえなかった。勿論、仁斎の思想形成を本当に理解するためには、『論語』『孟子』との仁斎の格闘を内在的に追いかける必要がある、そのためには諸稿本を通じて仁斎の解釈の形成過程を追わなければならない、これは間違いないし誰でも分かっている。それまでも、自分の気になる箇所だけを拾い上げて、その過程の一端を紹介したような仕事はなくはない。しかし、逐条、それをやっていくというのは、前途遼遠、研究者としての一生をそれに捧げるような覚悟がなければ、到底できるものではない。いわば、自分が仁斎になるというくらいの思いがなければ、手を出せるものではない。どういう問題意識が、それを支えていたのだろうか。

私は、ほとんど毎回、会が終われば、丸谷さんをはじめ皆さんと一緒に酒を飲んで話し込んでいたのに、迂闊なことにも、丸谷さんからそのあたりの話を聞く機会を逸してしまった。

丸谷さんは、政治学の出身である。今では必ずしもそうではないが、かつては、仁斎の思想的な本領は、今の言葉でいえば倫理学に当たる領域にあるという理解が強かったように思う。仁斎は、政治には低い価値しか置いていない、そこが仁斎の偉いところだというような議論さえあったのではないだろうか。当時のそういう研究状況の中に丸谷さんを置いてみれば、丸谷さんは、単純に「いやそうではない、仁斎にも政治的な思想がちゃんとあるぞ」と言いたかったわけではないだろう。仮にそういう道を選ぶのなら、仁斎の為政者論とか、仁政論、易姓革命論といったようなテーマを設定して、関連する仁斎の議論を集めてくれば、とりあえずの議論は出来たはずであるが、丸谷さんは、そういう道を採らなかった。そうではなくて、仁斎の倫理学が想定する人間相互の在り方そのものに、仁斎の構想する秩序世界の特質を見ようとしていたのではないか、そして、そこに仁斎の政治思想の核心を求めなければならないと考えていたのではないか、私にはそう思われる。政治を、倫理や文学や歴史と並ぶ一つの限定的な分野として立てて、これは倫理思想、これは歴史思想というように範囲づけて、そういう範囲の一つとして政治思想を探るのではなく、人と人との繋がり方の総和としての秩序という主題を据えて、「秩序とは何か」という根底的な問題に向き合った思想家として、仁斎を捉えようとしていたのではないだろうか。

想像を逞しくすれば、丸谷さんは、アダム・スミスの道徳論を、仁斎理解の参照系にしようとしていたのではないかと思う。丸谷さんは「伊藤仁斎の「情」的道徳実践論の構造」（本書第一部）で、仁斎は、朱子と違って感情という厄介な存在をそのまま受け容れながらも、しかし感情を感情のままに放任させるのではなく、感情を〈適宜〉なものに制御する（抑制させたり、高揚させたりする）ことを修為として説いたと論じている。そして、仁斎の言う「忠信」や「恕」から、その修為の諸相を読み取ろうとする。それが具体的にどういう修為であったのかは、丸谷さんの論文によって確かめてもらうしかないが、丸谷さんによれば、その結果として人々の間に〈利他〉心が育まれるということになる。そういう論旨なのであるが、この論文で丸谷さんは、〈適宜〉性（propriety）という概念をキーワードに据えている。丸谷さんは、この概念は、アダム・スミスの『道徳感情論』から引いたものだと断わっているし、また仁斎の捉える〈利他〉心についても、『道徳感情論』の〈自愛－利他〉心との「比較のなかでさらに論じる必要がある」と自らコメントを加えている（一二〇頁）。私の想像は、これらに拠ってのものである。

丸谷さんは、もう一つ、「人我同異論」という枠組みで、仁斎が構想する人と人との繋がりの在りようを考えていた。私は最初、「人我同異論」という聞き慣れない言葉で、丸谷さんが何を問題にしようとしているのかよく分からなかったが、それは私の勉強不足のせいであり、仁斎は「他者」という問題とぶつかっているのだと理解するようになった。他者意識の極端に弱い儒教の伝統の中で、仁斎は、初めて本格的にこの問題に向き合った思想家だと私は考える。丸谷さんは、仁斎に即して、人は、自分と異なる他者に対して、なぜその気持ちを理解し、寛容になれるのか、そこで構想される穏やかな繋がりとはどういうものなのか。朱子学ならば自他を貫く「理」の人間学として語られるであろうものを、一人ひとり違っていておかしくない感情という次元から、それをどう構想しえたのか。その場合、人間の自己中心的な面は、どう考えられていくのか。こういう一連の問題が当然ながら立ち塞がってくるわけで、それらを「人我同異論」という視角から追求しようと試みたのであろう。そしてそれもまた、共感（sympathy）や仁愛（benevolence）という利他心の根拠は何か、自分の利益を求めること（自愛）がなぜ全体の富裕（利他）をもたらすのかというようなアダム・スミス固有の問題群に、どこか通じているように思われる。富（wealth）の問題こそ仁斎は論じないが、社会全体の幸福や調和への関心は強かったから――「儒者の王道に於ける、（中略）蓋し専門の業也、学問は王道を以て本と為す」（『童子問』中・十一章）――、問題を少しずらせば、アダム・スミスを参照することで、そこからヒントを得ることは不可能ではないだろう。「四端」「忠」「恕」「仁」「王道」といった仁斎にとっての重要な観念を、アダム・スミスの問題群から学び取るべき何者かによって整序・再構成することで、人と人の繋がりという深みから、政治とは何かを考えようとしていたのではないだろうか。

それが、丸谷さんのあの根気強い作業を支えていたエネルギー源だったのではないだろうか。

以上は、あくまで私の勝手な想像である。しかし、もしそれが少しでも当たっていたなら、丸谷さんという人は、何という正攻法の（ブキッチョな）研究者だったのかという思いを強くする。器用な人なら、あるいは小才の利く人なら、こういう問題に身を投じることはしないだろう。

『論語徴』を読む会は、学習院大学から市ヶ谷の上智大学、上智の四谷キャンパス、さらに専修大学と場所を変えながらも、「徂徠研」という略称で今も続いている。ゆっくりと世代交代を進ませながら、何十年も変わることのないその様子・雰囲気については、会の柱石というべき澤井さんによる見事なスケッチがあるので御覧いただきたい（『季刊日本思想史』第七九号の「編集後記」、二〇一二年）。

丸谷さんは、長い間、非常勤講師の掛け持ちなどで苦労されたが、中部大学に職を得てからは、校務その他でお忙しかったのだろうか、当日、名古屋から会に駆けつけることも多かった。どんなに多忙でも、欠席ということは、まずなかった。「むこうでは、こういう話をする人もいないので」とか「徂徠研で刺激をもらわなければ」とよく口にして、研究会も、その後の飲み会も、本当に楽しみにされていた。

徂徠研の片隅に座っていて私は、丸谷さんが、配布する史料のコピーを抱えて、ハンケチで汗を拭きながら、あの笑顔で研究会に飛び込んでくるような気に、今でもふと襲われることがある。

（東海大学教授）

丸谷さん――「直感」と「こだわり」の人――

菅原　光

丸谷さんと初めて出会ったのは、指導教員のうちの一人である黒住真先生に促されて参加した「日本思想研究会」*でのこと、記憶を辿ってみると、一九九九年四月、私が修士一年になったばかりのことだったようである。

それは驚きの初対面であった。研究会が終わった懇親会の場、ほとんど挨拶を済ませただけという状況で、丸谷さんは私に「荻生徂徠研究会／日本思想研究会」の案内係を代わってほしいと依頼してきたからである。毎月の研究会開催連絡の葉書を作成し、登録メンバー全員に送付する係である。当時、同研究会に出入りしていた院生は少なくなく、他に依頼しても良さそうなメンバーは複数人いたはずであったのに、なぜか丸谷さんは、初対面の私に案内係をバトンタッチしようとしたのである。自己紹介と懇親会の場でのたわいもない会話のみを材料に、丸谷さんは私を指名したということになる。名簿を管理し、開催通知を定期的に送付するようなルーティンをこなす人材としては適任であると直感的に感じ取り、引き受けてもらえる可能性が高いものと直感的に判断したということなのだろう。実際、私はその依頼を断ることもなく、しばらくの間、案内係を継続してつとめたので、丸谷さんの直感は当たっていたということになる。

本書の解題を書いている高山大毅さんが初めて「荻生徂徠研究会」に顔を出すようになったのは、おそらく二〇〇一年か二〇〇二年のことではなかったかと思う。丸谷さんはここでもまた驚いたことに、即座に、当時まだ学部学生であった高山さんに、次回からの発表担当を依頼している。初対面の挨拶と研究会での高山さんの発言のみを材料に、これまた直感的に、その資質と能力、やる気とを見抜いたのかもしれない。高山さんは、見事に発表担当をこなし続け、その後の「荻生徂徠研究会」を支える重要な人材となっている。やはり丸谷さんの直感は当たっていたということになる。

以上のようなエピソードから、丸谷さんを、直感の人と思ってきた。直感は時に、根拠のないものでもあり得るが、しかし丸谷さんの直感は、不思議とよく当たる。そんなイメージである。

本書に収録する論文を改めて網羅的に通読してみた時、丸谷さんの研究もまた直感に支えられていた部分があったのではないかと、勝手に思い至った。あるいはこれは、私の思い過ごしに過ぎないかもしれない。本書を手にとってみれば、丸谷さんの研究の特徴が「稿本比較」という一貫した方法論にあることは、誰しも思い至ることに違いないからである。『論語』や『孟子』につけた伊藤仁斎の注を対象とし、年代の異なる複数の稿本における異同を明らかにし、その意図を考察することで仁斎の思想を分析する、その成果の一部が、本書におさめられている。「荻生徂徠研究会」での丸谷さんの発表も同様であった。その発表を毎月のように聞いていると、その愚直な作業から、仁斎の思想が垣間見えてくると思える瞬間が多々あった。思想家個人の思想発展のプロセスを跡付け、その意味を解明するという丸谷さんの方法論が、実に魅力的に見えたこともあった。

稿本比較という丸谷さんの方法論に関心を持った私は、似たような手法を自分の研究に持ち込もうとしたこともあった。西周の功利主義思想を分析する際に、『利学』とその草稿とを比較することによって、改訂過程の意味を分析できるのではないかと考えたのである。やりかけてはみたものの、まるで成果が出る見込みを得られず、かなり早い段階で断念した試みであった。草稿と刊本とを比較しただけでは、異同があった場合でさえ、その意味を読み解くのは困難である。部分的な論証のために、改訂のプロセスに言及するという程度のことであればともかく、それだけで研究を構成するということは、到底不可能であった。

この点、仁斎の場合、稿本は複数あり、何度も改訂し続けている箇所があれば、一度改訂した箇所をさらに元に戻している場合もあったりする。丸谷さんが稿本比較という方法論を採用する上で、研究対象が伊藤仁斎であったということは、決定的な意味を持っていたと思われる。稿本比較という方法によって自らの研究を進める決断をした時に、丸谷さんはこのことにどこまで気付いていただろうか。先に稿本比較という方法論を決め込み、その方法論で分析すべき対象として最適な思想家ということで伊藤仁斎を選び出したということでは、もちろんない。しかし逆に、伊藤仁斎の思想を分析するために熟慮して選び取られた合理的な方法論として、稿本比較という手法にたどり着いた、ということでもなかったのではないかと思う。両者いずれでもなく、仁斎のテキストとの対話を進め続ける中で、いつともなしに、直感的に「稿本比較」という方法論にたどり着いた、そういうことだったのではないだろうか。

稿本比較という方法論の採用が直感に基づくものであったかどうか、もはや本人に聞くことはかなわない。そして同時に、それは必ずしも重要な問題ではないかもしれない。それ以上に注目すべきなのは、丸谷さんがこの方法に徹底的にこだわり続けたことの方であろう。この、頑固なまでの「こだわり」もまた、丸谷さんの研究の特徴であった。それがいかに大変な作業であるとしても、複数の稿本を並べて比較し、繰り返しの改訂が為されている箇所、改訂を取り止めて元に戻したりしている箇所を明らかにすることは（常人には不可能としか言いようがないが）、原理的には可能であり、丸谷さんはまさに、それを実行した。しかし、稿本間の異同の意味が即座に明らかになるわけではない。『利学』とその草稿を比較した際に私が感じたように、改訂されている場合でさえ、文意をハッキリさせるためとか、語調を整えるためといったような意味以外、さしたる意味がなかったかもしれないし、そもそも一切の意図的な意味がないという場合さえ想定し得ないわけではない。明らかに意味を込めて改訂しているという雰囲気が感じられる場合でさえ、どのような意味であるかは確定しがたい。もちろん、朱熹自身の解釈、『論語大全』に引かれる各思想家の解釈と、仁斎自身の解釈変遷のプロセスとを付き合わせて為される丸谷さんの解釈が、明らかな説得力を持っているという場合も少なくはない。しかし、丸谷さん本人でさえ、半信半疑な部分の方が圧倒的に多かったはずである。それは、研究会の際の、「これが、よく分からないんだけど……」とか「なんで仁斎は……」といった、丸谷さんの口から毎度のように繰り返されるフレーズを思い出しても想像できる。しかし、それでもなお、丸谷さんはこの方法論にこだわり続けることによって、その成果を出し続けてきた。そこには、この方法論にこだわり続けることによってしか到達し得ない知見も含まれていたのではないだろうか。

丸谷さんの訃報に接した後、夫人の依頼によって、澤井さん、高山さんと共に、中部大学丸谷研究室の蔵書整理に伺う機会があった。網羅的に収拾していた史料への数多くの書き込み、そしてまた読書メモ、執筆準備メモの類も拝見した。それらを見る限り、まだ先の話としてということだったようには思うが、研究成果をまとめて発表しようとしていたことは明らかであった。それが完成した形で世に出ることはなかった。しかし、本書によって、こうして丸谷さんの既発表論文を一括して読むことができるようになった。丸谷さんの研究成果の一端を、同分野に関心を持つ多くの読者が、容易に垣間見ることができるようになったのは、せめてもの幸いである。

＊当時はまだ、読書会形式である定例の「荻生徂徠研究会」に加え、研究発表もしくは書評会の形式をとる「日本思想研究会」が不定期に開催されていた。両者の参加メンバーは重なる部分もあるものの、後者の方が多くの参加者を集めており、交流の場としても機能していた。

（専修大学教授）

丸谷さんから引き継ぎたいこと

片岡　龍

今度ひさしぶりに丸谷さんの論文を読み直す機会をもち、いくつか考えさせられることがあった。

初めに開いてみたのは、一九九九年一月刊行の中部大学『人文学部研究論集』創刊号に載せられた「伊藤仁斎における「性善」論の構造」（本書第二部）。これはいわゆる抜き刷りで、おそらく初めて丸谷さんから直接いただいた論文である。

その頃わたしは、大学院を終えたばかりで、関東のいくつかの大学で非常勤講師をしながら、荻生徂徠という儒学者の思想を研究していた。その関係で荻生徂徠研究会、通称「徂徠研」にも顔を出し、丸谷さんとはそこで初めてお会いした。

今となっては、この論文をいただいたときの場景や、初めて丸谷さんに会ったときの具体的印象は、よく思い出せない。すこし遡って、心象風景的に丸谷さんとの出会いの意味を回想してみたい。

わたしが荻生徂徠や伊藤仁斎に興味をもったのは評論家の小林秀雄の文章を通じてだが、徂徠研は当時のわたしにとって、かなり異質だった。わたしが大学に入学した八〇年代前半、大学にはまだ学生運動の残滓があった。しかし、時代はまさにバブルに突入しかけており、テニスや合コンに明け暮れる一般の学生にはなんの関係もなかった。

わたしはテニスや合コンはしなかったが、音楽が好きだった。中学のとき友人とバンドの真似事をして、故・忌野清志郎のRCサクセション、町田町蔵（後の小説家の町田康）のINU、遠藤ミチロウのスターリンなどの曲をカバーしたりした。

高校になって小林秀雄を耽読するようになったのは、実はこの延長線上である（ミチロウ経由で吉本隆明を知り、吉本経由で小林を知った）。上の音楽家たちの芸術的課題をもっと深めるためには、小林の張りつめた文体が、当時のわたしには、ぴったりだったのである。

大学に入ったころは、バンドはしていなかったが、相変わらず音楽は好きで、最初に入ったサークルはパンクミュージックの愛好会だった。しかし、そこにわたしの求めていた思想的（?）関心はなく、すぐに辞めてしまった。

小林秀雄がとりあげたさまざまな思想家のなかで、やはり徂徠が当時のわたしの肌にいちばんあったようである。徂徠といっても、その政治思想的部分ではなく、文学論的方面に関心は偏っていた。一方で、徂徠を研究するからには中国学、とりわけ儒学をきちんと勉強しなければとの思いもあり、大学院では朱子学に関する文献学的訓練を受けた。

このようなわたしにとって徂徠研は、丸山眞男を中心とする政治思想的な関心、また埃をかぶった学生運動的文化のにおいをひきずっているように感じられ、あまりなじめるものではなかった。そうした先入観のために、徂徠研の顔的存在であった丸谷さんにたいしても、すぐには〈心を開〉けなかったように思う。

ところで、この〈心を開く〉という表現は、実は上の丸谷さんの論文に出てくる語である。

> 関係の構築という観点からみるならば、「善」は相手に〈心を開く〉ことを意味し、「悪」は〈心を閉ざす〉ことを意味する、と言える。

今回読み直してみて、ああこんなことを言われていたのかなと思った一節である。注によると、これは中村雄二郎『悪の哲学ノート』における悪の定義（の一つ「関係の解体」）の援用なのだが、丸谷さんの関心が悪とは何かという点にあったわけではない。

丸谷さんの関心の中心は「関係の構築」というところにあり、そしてこの問題は丸谷さんにとって、机上の哲学的議論にとどまらない、終生の実践的課題であった。

丸谷さんは長いあいだ定職が決まらず、わたしが徂徠研に出はじめた頃は、まだ予備校で教えられていた。中部大学への就職が決まる前後だったと思うが、丸谷さんが予備校の仕事を紹介してくれようとしたことがある。それをわたしは自分勝手な理由で無視してしまった。

丸谷さんがカンカンに怒っていることを、丸谷さんの友人でわたしを徂徠研に紹介してくれた澤井啓一さんから伝え聞き、はじめてわたしは自分が何か悪いことをしたことに気がついた。それほど当時のわたしは、自分と異なる世界に〈心を閉ざし〉ていたのである。

ともかく謝るように、あとは自分がなんとかするからと澤井さんに言われ、次の研究会の際に詫びたが、丸谷さんの怒りはすぐにはほどけなかった。性格上、丸谷さんは感情をひきずるタイプではないので、あれは〈心を閉ざす〉悪にたいする、いわば倫理的怒りだったのだと思う。

怒りにせよ、喜びにせよ、他人にたいして素直な感情を見せることが、だんだん難しい社会になってきている。若者が異質な世界に〈心を閉ざし〉がちなのは、社会自体がそうだからであろう。丸谷さんのように〈心を開い〉てばかりいると、なかなか就職もできないのである。

わたしはかなり幼稚だったので、こんなていどのことで徂徠研や丸谷さんにも少しずつ〈心を開い〉ていったのだが、わたしよりもはるかに上手に〈心を閉ざし〉ている人びとに、丸谷さん流のやり方がいつも通用するかは、疑問である。

そもそも、丸谷さんが「関係の構築」を終生の課題としたのは、〈心を閉ざし〉がちな人びとの多い現実があったからであろう。丸谷さんはそれを「人我相異」論という形で、思想史的に捉えようとした。人と我がたがいに〈心を閉ざし〉隔異しているという状況にたいし、どのようにして「関係を構築」するかが、仁斎の思想的課題であったと考えた。

「人我相異」という認識は、当時においては新鮮な響きがあった。しかし、グローバル化や情報化が進み、異質な他者との共存があたりまえの課題となった現在においては、もはや目新しい認識ではないだろう。むしろ、その先の「関係の構築」の方に関心の焦点は移っている。そして、丸谷さんの仁斎論は、ついにそれを十分に展開できないまま途絶してしまったのである。

なぜ、十分に展開できなかったのか。色々な原因があるだろうが、一言でいえば、やはり「関係の構築」の実践面に精力を消尽したためと言えるのではないかと思う。赴任した大学に新設されたばかりの学部での学生・同僚・経営陣らとの様々な「関係」、名古屋と東京を行ったり来たりしながら「オルグ」（丸谷さんの愛用語）した研究会や勉強会。

勉強会といっても、丸谷さんの場合、「勉強」が先にあったのではない。たいていは、誰かから個人的な悩みを相談されるところから始まり（ハラスメントの認識がまだ弱かった当時、丸谷さんはそうした類の相談を若い女性から受けることが多かった）、じゃあ勉強会をしてその悩みを共有化しようという流れであった。

したがって、研究会や勉強会の後には必ず「一杯どう？」となるのだが、「関係の構築」において酒に頼ったのが、丸谷さんの敗因であったとも言える。わたし自身は依然として丸谷流を踏襲しているが、もう酒の力で「関係を構築」することは難しい時代であろう。

「関係の構築」の実践ということでいえば、伊藤仁斎全集の刊行のための組織活動ということも大きかった。このために、丸谷さんは二〇〇六年度から二〇〇九年度科研費の基盤研究(B)「伊藤仁斎・東涯の諸稿本の思想史的研究」の代表を務めた。わたしもその研究分担者の一員であって、無責任な言い方になるが、この手の仕事は丸谷さんには向いていなかった。面倒な事務処理等は、丸谷さんの命を縮めた一因になったと思う。

この科研費に先立ち、一九九七年度から二〇〇〇年度の基盤研究(B)「伊藤仁斎・東涯の諸稿本に関する総合研究」の代表は、わたしの大学院での指導教員であった土田健次郎先生が務めた。丸谷さんは研究分担者であったが、仁斎全集の刊行をめざすこの企図は、丸谷さんの呼びかけで始まった。

丸谷さんの「伊藤仁斎における「性善」論の構造」の発表は一九九九年。仁斎の「関係の構築」論の追求はここからはじまり、二〇〇一年の「伊藤仁斎における「道」秩序の構造(一)」、二〇〇二年の「伊藤仁斎における「道」秩序の構造(二)」へとつづき、そこで終わっている。今から思えば、丸谷さんの「関係の構築」を中心とした仁斎論の追求は、仁斎全集刊行をめざした活動とほぼ同時進行している。「関係の構築」論が十分に展開できなかった最大の原因は、やはりここにあるのではないか。

そう考えると、わたしは自分の責任の大きさを痛感するのである。二〇〇〇年から二〇〇一年にかけて、丸谷さんはわたしと連名で、「〈研究ノート〉伊藤仁斎の訓読法と『論語古義』の成立過程に関する研究」一・二・三(『中部大学人文学部研究論集』三号〜五号)を発表している。これは伊藤仁斎『論語古義』の諸稿本の改訂過程をふまえた学而篇の訳注である。学而篇は仁斎が「一部の小論語」と呼んだ篇であり、丸谷さんにとっては仁斎全集の編集方針を見通すためのものでもあった。

ここまでは、比較的順調に進んでいたと思う。ひきつづき丸谷さんは『人文学部研究論集』の六号・七号に「伊藤仁斎における「道」秩序の構造」(一)(二)を発表し、一方わたしもこの訳注作業の刺激から仁斎論に手を染め始める(「伊藤仁斎の異端批判」、「仁斎から徂徠」(一)(二)など)。

二〇〇三年秋からわたしは韓国の大学で教えることになり、『論語古義』全体の訳注を韓国ですることになるのだが、初めて外国で暮らしながら、ひたすら部屋に閉じこもって仕事をすることに疑問を感じつつも、なんとか仕遂げて日本に原稿を送った。ただ、その原稿は出版までにまだ何度かの見直しが必要と、丸谷さんは判断されたようである。

ただ、そのことはわたしには直接伝えられなかった。二〇〇四年夏に韓国から帰国後、すぐにまた仙台に行くことになったわたしの状況を配慮されたのだと思う。また、わたしも自分のやることはやったのだから、あとはお任せと甘えてしまい、作業の進展に積極的に関わろうとはしなかった。

丸谷さんが科研費の代表となったのは、そうした状況を打開しようとしてだっただろう。しかし、その頃わたしの関心は韓国思想の方に移っており、研究分担者としてほとんど何の貢献もしなかった。今、科研費の研究成果報告書を見ると、研究作業の中心は『論語古義』訳注の校正(三校に及んだ)にあったようである。ここには、わたしの後輩の阿部光麿さんや小池直さんなども関与したと聞いている。それによって、より優れた原稿になったことを喜ぶとともに(仁斎全集自体の刊行は難しくても、この『論語古義』だけでも出版できないか)、そこにわたしが全く関わらなかったのは、みずから忸怩たるものがある。

いくら〈心を開い〉たと言っても、結局は丸谷さんから声をかけられないとなにも始まらない、受け身な「関係の構築」しか、丸谷さんにたいして、わたしは築けなかった。ただ、それはやはり難事である。「関係の構築」の実践に身を削って、命を縮めることは、誰にも強要できることではない。

仁斎全集の企画が頓挫しているのは、わたしのような個々の分担者の怠慢や、丸谷さんのような音頭取りがいなくなったことにもよるだろうが、現在の出版状況の厳しさ、とりわけ人文学をめぐる環境の悪化などの要因も大きいだろう。

丸谷さんが仁斎全集の刊行を企てたのは、丸谷さんの指導教員であったカント政治哲学研究者の森永毅彦先生から伝え聞いた、カント全集編纂における学問的徹底の態度の影響などが大きかったのではないかと思う。しかし、それを可能としたヨーロッパの人文学的環境を現在の日本に期待することは、到底できない。

その点で、やはり丸谷さんは戦略を誤ったのではないか。わたしがいま韓国に関心を向けているのは、そこに根太い人文学的伝統があるからである。回り道のようだが、まずはアジアの人文学的基盤を構築するところから始めたい。

それはともかく、今回丸谷さんの論文を読み直してみて考えさせられたのは、たとえ途絶してしまっているにせよ、「関係の構築」論の構想の一端が透けて見えるように感じられた点である。その構想の一端を示唆するのが、「判断力」「志向性」といった概念の使用ではないかと思う（「伊藤仁斎における「性善」論の構造」）。当時のわたしは、こうした語は読み飛ばしてしまっていた。

ここでは、もはやその構想を浮かび上がらせるだけの余裕はないが、フッサールらの志向性（特に意味充実としての直観）論に関する、以下のような文章を読んだ上で、もう一度丸谷さんの論文を読み直して欲しい。

志向性の成立を担保するのは、対象から何かを因果的に受け取る受容性の能力ではなく、むしろある経験をある判断の確証ないし反証と看做したり、ある判断をある判断の帰結と看做したり、ある判断とある判断を不整合であると看做したりといった、それらの正当化関係によって経験の諸作用を結びつける我々の振る舞いのネットワークの方である。（富山豊「受容性と志向性——志向性の哲学史におけるフッサールの功績は何処にあるのか」、『フッサール研究』11、二〇一四年）

わたしの独断的解釈によれば、丸谷さんはこの「志向性」を仁斎の「拡充」と結びつけ、その成立を担保する「経験の諸作用を結びつける我々の振る舞いのネットワーク」を「道」秩序として捉えようとされていたと思うのだが、果たしてどうだろうか。

そして、わたしはそうした構想により説得力をもたせるためには、それを同時代の韓国や中国の思想伝統と関連させて考える必要があると思うのである。そのような形で、わたしは丸谷さんの未完の志を引き継ぎたい。

その義務があることを、今回深刻に考えさせられたのである。

（東北大学准教授）

悪を巡る政治哲学的考察——西洋古典との対話——

大久保　健晴

オックスフォード大学名誉フェローであり、スタンフォード大学名誉教授であったJ・O・アームソン氏は、その作品*Aristotles's Ethics*（Basil Blackwell, 1988. 雨宮健訳『アリストテレス倫理学入門』岩波書店、一九九八年）の冒頭で、古代ギリシャの詩人ホメロスの作とされる叙事詩『イリアス』の有名な一節を取り上げ、次のように解説している。トロイの王子ヘクトールを討ち、友人パトロクロスの復讐を遂げた将軍アキレスは、ヘクトールの屍を戦車に縛りつけて日ごと引きずりまわし、夜は外に置き去りにして野犬の餌食とする。これに対してオリンポスの神々のうち、アポロは、「アキレスは優れた人間だが、このような野蛮なふるまいをつづければ我々も黙ってはいないということを心するべきだ」と糾弾した。アームソン氏によれば、現代の道徳観では「アキレスは低劣な人間だから」とするところ、「アキレスは優れた人間だが」と逆説的な表現を用いて記されているところに、ホメロスの時代における「善とは何か」を読み解く一つの鍵がある。

荻生徂徠研究会（通称「徂徠研」）を通じて、丸谷晃一氏との面識を得た私は、その後、研究会以外の場でも様々な形で声をかけていただき、いつしか一緒に、立川駅近くの喫茶店で小さな勉強会を開くようになった。勉強会は、発起人である丸谷氏が中核となり、そこに片岡龍氏（現・東北大学）と私が加わり、さらに丸谷氏を慕う二十歳前後の若い学生の方々が顔を出した。一九九八年から九九年頃のことである。

このコラムでは、当時、勉強会のあと、夜遅くまで自由闊達に学問談義に花を咲かせたことを思い出しながら、政治思想史研究者としての「読み」にこだわった丸谷氏のお姿にならって、氏の作品に対する私なりの「読み」を書き記したい。

丸谷氏の仁斎論を中心とした江戸思想研究を時系列的に並べると、論文がほとんど公刊されなかった時期（九三年から九八年まで）を挟んで、大きく二つに分けることができる。最初は、一九八〇年代中葉の「人我相異論」を中核とする諸論文から、博士論文の執筆を経て、一九九二年に「伊藤仁斎の「情」的道徳実践論の構造」を『思想』誌上に発表するまで。これを仮に第一期と呼ぶならば、第二期は、約七年の時を経て、九九年の「伊藤仁斎における「性善」論の構造」（以下「性善」論文）の刊行から、片岡氏と共同での『論語古義』の訳注、さらには「伊藤仁斎における「道」秩序の構造」（以下「道」論文）の連載へと続く。私たちが立川で勉強会を定期的に開いたのは、まさにこの、一連の豊かな仁斎研究の成果が集中的に発表される、第二期へと突入する時期のことであった。

おそらく当時、丸谷氏のなかでは、新たな仁斎論の執筆に向かう学問的情熱と、勉強会にのぞむ温度が、ほどよく溶け合い、調和していたのではないか。「普段の研究生活では読まない、専門（江戸思想史）から離れた本を読もう」という丸谷氏の発案により、この勉強会では、真木悠介『自我の起原』（岩波書店、一九九三年）や、ダグラス・ラミス『ラディカル・デモクラシー』（加地永都子訳、岩波書店、一九九八年）などを輪読した。とはいえ、毎回披露される、テクストに内在した丸谷氏の緻密な読解は、専門の稿本研究を思い起こさせるものであった。

この勉強会は、お互いにとって、自らの研究を一歩離れたところから見つめ直し、分析概念を鍛え上げるための貴重な機会であった。少なくとも丸谷氏は、そのような空間を自覚的に創出しようと考えていたように思われる。そこでは「エゴイズム」や「愛」、「共通感覚」「政治的徳」などの主題を巡って、議論がなされた。なかでも最も強く印象に残っているのが、「最近、悪についてずっと考えており、それとの関連でアリストテレスの『ニコマコス倫理学』を読んでいる」という丸谷氏の話である。その成果は、同時期の九九年に執筆・発表された「性善」論文の「三「悪」論の構造」註(16)に、明確な形で記されている。

この箇所で丸谷氏は、「我よく人を愛すれば、人また我を愛す」と説く仁斎であるが、しかし全ての人間が「善」なる「性」を有してると言い切っているわけではなく、なかには「「四端の心」の生来的な欠落者」も存在すると考えていた、と指摘する。「「四端の心」の生来的な欠落者」とは、「生まれてこの方、他者に心を閉ざし続ける」人々であり、「相手の心情を慮ることやその場で為すべきことを選択・判断する「思慮」が全く欠け」た、「いわば「世」の常識を欠いた「世」的不適応者」である。丸谷氏によれば、仁斎はこれらの人々に対しては、「矯正の道を探ることなく」、「「固に之を如何ともすること無し」とただ切り捨てるという冷淡さ」を見せている。その意味で、彼らに投げかける「仁斎の視線は冷たい」。

そう論じた上で、註(16)では、『ニコマコス倫理学』の次の一節が引用される。「立法家は（中略）不従順な、素性の卑しいものには懲罰と刑罰をもって臨み、さらに、医し難いものに対しては、これを完全に追放してしまわなければならない」。これは同書の最終部分、ポリスの成立条件としての教育と法について論じた第十巻第九章において、アリストテレスがプラトンの『法律』を敷衍し引証している箇所を典拠とする。丸谷氏はこうして、伊藤仁斎とアリストテレスが直面した思想課題の親和性に光を当て、「この認識を踏まえながら、アリストテレスは政治学を構築する」と付言している。

このような「悪」への注目は、「人我相異論」を中心に、丸谷氏が長年にわたり伊藤仁斎の思想と取り組むなかで内発的に獲得した視座でもあった。先述の区分を用いれば、丸谷氏は九二年までの第一期、仁斎による「朱子学の受容と変容」を分析し、その一つの到達点を「人我相異論」として描いた。氏によれば、「人我相異論」とは「人間の能力や性質はそれぞれ異なるものという個別性」を重視する仁斎の人間観・道徳論を指す。それは、「「本然之性」が万人に同一に具わり、その「性」が普遍原理としての「理」それ自体と相即の関係にある」とする「朱子学的思惟方法」への批判を通して形成された。ただそうであるとき、次なる課題として、二つの相接する本質的な問いが浮上することとなる。第一に、人々の能力や資質の多様性を認める場合、その偏差は無限に拡がっていく可能性がある。それでもなお、人間を人間たらしめる臨界点は、果たしてどこにあるのか。第二に、例えば同時代、朱子学者・山﨑闇斎の高弟・浅見絅斎は、普遍的原理としての「理」を否定する仁斎の道徳論を卑俗なものとみなし、「嫗嚊の挨拶云様に柔和愛敬をホケホケトスルコトヲシアフ迄也」と嘲笑したが、それでは仁斎の思想において善と悪の境目はどこにあるのか。この「善」と「悪」を巡る難題に正面から取り組んだ作品こそ、九九年の「性善」論文であった。

丸谷氏は「性善」論文で、仁斎の「善」「悪」論の構造の分析を試み、中村雄二郎氏の『悪の哲学ノート』（岩波書店、一九九四年）を引きつつ、仁斎にとって「悪」とは「心を閉ざし」他者との関係性を解体するものであったことを、テクスト内在的に明らかにする。ここにおいて丸谷氏が、洞察をより深めるための対話相手として選んだのが、『ニコマコス倫理学』であった。アリストテレスの徳倫理学は、プラトンのようなイデア論をとらず、行為者が直面する個別的状況に注目し、中庸を重んじ、快楽や情念をも否定はせず、「思考に関わる徳」とともに習慣を通じて経験的に習得される実践的な「性格に関わる徳」を高く評価する。そしてまた、具体的な共同体における善き生を希求し、「人間というものの善（ト・アントローピノン・アガトン）」こそ政治の究極目的であると定める。おそらくこれらの点から、同書は、仁斎の「善」「悪」論の内奥へと潜行する手がかりとなる貴重な道標として援用されたのであろう。

続いて、二〇〇一年に公刊された「道」論文の第二節「「道」秩序と「野狐山鬼」」でも、この思想課題は取り扱われ、さらに掘りさげた検討がなされている。よく知られるように、アリストテレスは『ニコマコス倫理学』で、人間が避けるべき逸脱の形態として、「悪徳」「無抑制」「獣性」という三つの区分を行った。その上で、（先に丸谷氏が「性善」論文で議論したような）生まれながらに世に不適合な「獣性」を持つ人間よりも、むしろ「悪徳」な人間の方がいっそう悪い、と唱えた。なぜならば、悪徳な人間は、知性を有し、その行為が悪徳であることを知りながら、なおかつその不正な悪行に手を染めるからである。「悪い人間は獣よりも一万倍も悪いことを生みだしうる」。この議論の背景には、果たして、「善・悪」は、人間の心情や動機によって判断すべきか、それとも行為がもたらす結果によって判断すべきなのか、という問題が伏在している。丸谷氏はこの問いに対して、「道」論文の中で、仁斎においては「人間の内面と行為の結果とは分断されつつも、連続させられている」と指摘した上で、古代中国の二人の政治家を巡る仁斎の洞察を分析の俎上に載せている。

最初に取り上げられるのは、子文。楚の国の子文は、要職・令尹に三度任命されたが特に喜ぶ顔をみせず、また三度罷免されたが不満も示さなかった。孔子はこの子文を、「忠」であるが「未知、焉得仁」と評価し、これを仁斎は「仁心・仁聞有りと雖も、然れども民、之を被らざるは、之を徒善と謂ふ」と解釈した。なぜ、子文は内面の道徳心が「仁」の域に達しているにもかかわらず、「仁」者とは評価されなかったのか。二人目は、管仲。なぜ管仲は「他人の領土を略奪し、しかも二君に仕えるような人物」であったにもかかわらず、孔子から「仁」であるという評価を受けたのか。その詳細な分析は本論に譲るが、丸谷氏は「至誠惻怛の心」と「利沢物に及ぶの功」との相剋を手がかりに、この二人の人物論を通じて、「善」と「悪」が複雑に交錯する現実の世界を正面から見据えた、伊藤仁斎の豊穣なる思想世界を鮮やかに描き出している。こうして丸谷氏は、西洋古典との対話を通じて、それを自らのうちに血肉化し、改めて仁斎の稿本を内在的に読み解くなかで、「善」と「悪」という思想課題を巡る古代中国への仁斎の眼差しに、新たな視座から光を当てるに至ったと考えられる。

そしてこの取り組みの先にこそ、なぜ仁斎が悪に対して「冷たく」「冷淡」であったのか、その思想の本質に関わる丸谷氏の解答が導き出される。それが、仁斎の「羽柴秀吉」論を巡る、氏の解読である。そこでは、子文・管仲論との対比のもと、次の問いが提示される。秀吉は、天下を取り「世」を安定させた。その意味で、秀吉は「覇者」として、「管仲の業績と同じことを為し遂げた」とも言える。それにもかかわらず、「仁斎は秀吉を「不仁者」として切り捨て」た。それは、なぜか。丸谷氏によれば、その理由は明瞭である。なぜなら、そこでは「「武」の支配による反「王道」的政治」が行われ、「不忠の臣」が君主の座を虎視眈々と狙うという下剋上が無限に繰り返された。恐怖と欲望のみが渦巻く世界。そこには「人間たるに値しない、人間の皮を被った「鬼」だけが生きている」。

極めて興味深いのは、この文脈で丸谷氏が、仁斎と同時代の英国に生きたホッブズを引証していることである。ホッブズは、十七世紀、イングランド内乱の時代経験を「万人の万人に対する戦争状態」として描き出し、そこから政治理論を構築した。丸谷氏は言う。下剋上という内乱の時代を経て確立した徳川政治体制のもとに生を享けた仁斎の言説にもまた、「野狐山鬼」が跋扈する「「悪」の世界」の暗い影が差し込んでいる。十七世紀の日本に生きた儒者・伊藤仁斎の政治思想が、ここに深い濃淡をもって立ち現れているように、私には思える。

「仁斎先生は冷たい」と微笑みながらつぶやく、丸谷氏の柔和な笑顔が、今も偲ばれる。

（慶應義塾大学准教授）

「情的道徳実践論」の再照明

高　熙　卓

今から二十年ほどの前に丸谷晃一先生と初めて顔を合わせてお酒を飲んだことを思い出す。東大大学院（駒場）修士課程に入ったばかりの私に、勉強になるからと、指導教官の黒住真先生が荻生徂徠研究会（徂徠研）を勧めてくれた。多分それに参加しはじめて二回目か三回目の時だったかもしれない。当時は毎月第三週土曜日の午後に上智大学市ヶ谷キャンパスの一室で徂徠研が開かれ、それが終わると、近所の行き付けの居酒屋で乾いた喉をビールでうるおすのが恒例だった。が、まさにその飲み会で私は偶然にも丸谷先生の近いところに座ることになり、杯を傾けていくうちに仁斎の話で盛り上がることになったのだ。その日は初めての会話ということもあってか、主に私が話し、丸谷先生が聞いてくれる様子だったと記憶する。最初は韓国からの留学生が仁斎に関心をもったことを珍しがられたような質問への答えから始まったが、仁斎論に近い批評からついには私自身の体験談へと話は弾んでいった。

当時の私は仁斎について基本的な文献をざっとしか読んでいなかったが、それにもかかわらず既存の仁斎研究に対して大きな疑問をもっていた。既存研究の大部分は、仁斎の思想的課題のうち、より愛に染まった（満ちた）生活世界は如何に可能かといった課題だけに主要な関心を注いできた。が、私には、そこに描かれた仁斎像がまるで片方の翼を失って飛べなくなった鳥のように思われた。仁斎にとって政治世界への思いも、生活世界への関心に決して劣ることはなく、しかも両者は仁斎において緊密につながるものだと思われた。「王道政治」の強調もさることながら、「易姓革命」解釈においては急進的とも評しうる仁斎の考え方が垣間見られたような気がしていたからである。とくに後者の解釈は、単なる経学伝統の敷衍ではない。朱子学のそれとは雰囲気がかなり違う。また吉川弘文館の人物叢書『伊藤仁斎』に紹介された太宰春台の仁斎評、すなわち穏やかな顔や振る舞いと時々放たれる鋭い眼光との奇妙な対照的描写も心に残った。それなのに、既存の研究では、その辺が無視されるか、怪しげな話として放置されてきたとしか思えなかったのである。その意味で従来の仁斎解釈は腑に落ちないと、丸谷先生に酔った勢いで胸中のことを打ち明けたのだ。

残念だが、それに対する丸谷先生の言葉はほとんど記憶にない。多分従来の視角とそれほど変わらないものと自分勝手に裁断したせいかもしれない。むしろ記憶に残っているのは、仁斎に対しても、また仁斎研究者たちに対しても、生意気な態度ではないかといったニュアンスで叱られたようなその場の雰囲気である。が、それにはわけがある。私が仁斎の思想的な営みのプロセスを自分自身の二十代の体験と重ねながら解釈していたからである。例えば、仁斎の朱子学入門頃の体験について、大学新入生だった私が韓国民主化運動に参加しはじめた頃の体験に重ねて解釈したこと、また心血をかけていた朱子学からの仁斎の離脱体験について、民主化運動時に馴染んでいたマルクス主義からの離脱体験に重ねて解釈したことなどである。時代状況も違えば、問題意識も違うはずなのに、何のことを言うのかといった具合で丸谷先生は私を見られたと思う。今から思えば、私の錯覚であったにしろ、まだ思想的混迷から脱していない私に思想的な旅の師匠あるいは同伴者として仁斎が現われたといった感激と、そのような仁斎を研究対象として一筋に追い続ける人物に出会えた喜びが、私の心の奥底にあったものを恥ずかしがらずに言わせたかもしれない。

ところで、仁斎の朱子学入門体験の意味についてはもう少し説明する必要があるように思われる。その手掛かりは、仁斎が『大学』の治国平天下章を読んで感激したといった回顧である。周知のように、仁斎の生きた江戸時代はサムライ中心の身分制社会であった。だから、商人の家に生まれた仁斎の生きるべき道の範囲は、彼の意思とは関係なく、そもそも限定されていた。ところが、一身の修養から始めて治国平天下の使命を説く『大学』に従えば、精神的には士大夫のような境地に立つことも可能である。まさに仁斎の心はそれに憧れてしまったのではないだろうか。そうなると、その心はもはや世間的な定めの枠に収まることはできない。世間の枠を飛び越えてしまう。単に商売でお金を稼いで自足的な生を営むことだけで満足できる心ではなくなったのだ。自らの生のアイデンティティの危機のようなものを乗り越えながら、仁斎の心の中に「治国平天下」についての一種の使命感なり、自負心のようなものが芽生えたとしか言いようがない。朱子学入門の頃にぶつかった家族からの猛反対も、また仁斎がそれを押し切って学問の道へ進んだのも、尋常ならぬ仁斎の心の変化を示唆するもののように思われる。そうなってしまえば、いくら体制的な制約があったとしても、その心の変化は消え去るものではない。また自らの出自が非サムライ層だとしても、『大学』が政治権力層の教科書だとしても、まったく問題にはならない。もはや精神的に士大夫の境地に立てる限り、国家の存在理由と政治権力のあり方について問いただすことは現実の身分と関係なくなるだろう。こうした「精神的士大夫主義」ともいえる姿勢は、武断統治に走りがちな江戸時代だから、より一層重要なのである。その精神的境地から、「王道政治」の強調も急進的な「易姓革命」解釈も行われていたと思われるのだ。

そこで、非サムライ層あるいは非士大夫層が「精神的士大夫主義」に立つことの意味についてもう少し考えたい。周知のように、朱子学は「治国平天下」にかかわる政治世界への主体として士大夫層を呼びかけ覚醒させようとしたものではあるが、他方では特有の理気論や人性論によって、その主体とすべき対象の階層的拡張には否定的であった。とくに売買利益によって生計を立てた商人層に対しては最も厳しい視線が注がれていた。その点を顧慮すれば、朱子学から離れて孔子や孟子から直接に「古義」を求め続けた仁斎の思想的革新は、「治国平天下」にかかわる政治世界の身分的独占状態を問題とし、その独占状態を哲学的に解体しつつ再編しなおすことでもあったように思われる。思えば、孔子や孟子が描いた「治国平天下」とは、「民貴君軽」の観点から「与民同楽・与民同患」のできる王者に率いられ、万民が喜ぶような体制が敷かれてはじめて具現されるものではないか。だが、現実はそうではない。しかもその身分的独占体制が朱子学の理気論や人性論などによって裏付けられていたとするなら、孔子や孟子の思想的原点の回復は死活的な問題でもあったはずである。それだけに、その問題解決も、一方で朱子学の哲学的な正統性や正当性を否定しながら、他方では疎外されてきた非士大夫層の主体的可能性を哲学的に正統化しつつ正当化するといった方向に赴くのは自然ではないだろうか。

このように考える時、丸谷先生の取り出した「情的道徳実践論」は、とくに後者、すなわち疎外階層の主体的可能性を哲学的に裏付けようとしたものとして、その延長線上で身分的な独占や疎外を哲学的に裏付けていた世界観の崩壊を予期させるものとして、より積極的に解釈できる余地をもっているのではないだろうか。ほぼ同時代に、スコットランド啓蒙思想家たち、例えば、フランシス・ハッチソン、デイヴィッド・ヒューム、そして『道徳感情論』(*Theory of Moral Sentiments*)の著者としても有名なアダム・スミスなどが道徳感覚(moral sense)論を展開していたという、興味深い事実を念頭におけば、なおさらである。ここでは、深入りできないが、その議論の命名だけを見ても、道徳は、神や理性によるものではなく、感情や感覚によるものだという意味が鮮明に浮き彫りになる。丸谷先生の名付けた仁斎の「情的道徳実践論」も、より分かりやすい形で、道徳感情論や道徳感覚論の一つとして読みなおされてはじめて、その真価が現われるのではないかと私は考えている。スコットランドの道徳感覚論が当時に西欧に伝わった孔子・孟子の哲学の影響から生まれたという説も出始めるこの頃だからこそ、丸谷先生の「情的道徳実践論」の再照明への時代が到来したと思う次第である。

　最後になったが、二人の初対面の場面に再び戻りたい。少し叱られたような情景が残る記憶は、愉快なものではないが、私にとっては意味深いものであったことを記しておきたい。性格的に恥ずかしがりやなので、ふだん何かを思ってもそれほど表に出さない私が、初心者の立場も忘れて、私なりの仁斎論を仁斎専門家の前で最大限に言えたからである。頭の中にあるものを具体的な言葉をもって口に出したことによって、その後の修士論文のテーマについても、私なりの思想史的な関心のあり方も、より明確に自覚できたからである。それはふだんから肩の力を抜いた姿勢で若い人に接してくれた丸谷先生の人柄のおかげだと思う。今となっては、その人の不在が惜しまれるわけである。遅まきながら、紙面を借りて、故人のご冥福を心から祈りたい。

（崇実大学校招聘教授）

寺小屋教室と中国儒学研究からみた丸谷晃一君

末木　恭彦

　筆者に委ねられた課題は二つである。㈠中国儒学研究者の目から見た丸谷君の学問、㈡丸谷君と寺小屋教室の思い出。

　まず、㈡から記していく。寺小屋教室があり、その継続としての荻生徂徠研究会があって、丸谷君との交際があった。この交際の中で、彼の学問と接することになった、この故に、㈡から記していく。

　丸谷君と出会ったのは寺小屋教室である。私が初めて寺小屋教室に関わった時、それは高田馬場の駅近くの住宅街のマンションの中にある人文系の私塾であった。大学に満足しきれない学生や社会に出てなお学問に未練を残す若者が集まっていた。その「日本の儒学」講座のチューターとして、私は寺小屋教室に足を運ぶようになった。一九七八年の秋であった。大学院博士課程の一年目であった。丸谷君はその時既に寺小屋教室の会員であった。彼は私と同学年である。ただ、彼は大学入学時に二浪し、学部卒業にも一年余計に費やしているはずである。学部生の頃から寺小屋教室に関わっていた。彼は、始め「日本イデオロギー論」の講座に属していた。従って、私とは直ちには知り合うことはなかった。ただし、「日本の儒学」講座と「日本イデオロギー論」講座とはその前身が「水戸学・国体論」講座であったことから親しい関係にあった。いつか「日本イデオロギー論」講座に丸谷という男が居るのを知るようになった。「日本イデオロギー論」講座は「水戸学・国体論」講座の頃から名波弘彰氏が講師を務めていた（名波氏は当時定職をまだ得ずにいた。後に筑波大学の教授を務めている）。寺小屋教室時代にその名波氏と丸谷氏と澤井啓一氏それに私の四人で読書会を行ったことがある。テクストは会沢正志斎の『典謨述義』であったと思う。結局は二、三回ぐらいしか続かなかった。しかし、この時初めて丸谷氏と言葉を交わしたと覚えている。一度言葉を交わすようになると、しばしば言葉を交わすようになっていった。

やがて、彼は「日本イデオロギー論」講座から「日本の儒学」講座（「荻生徂徠研究」へと講座名が変わっていたかもしれない）に移ってきた。あるいは、彼が大学院に進み伊藤仁斎に主題を据えるようになったことに関わるのかもしれない。益々彼と言葉を交わすことが増えた。彼は、よく講座の黒子役を引き受けた。また、生来の人の良さを併せ持っていた。こうしたことも彼と言葉を交わすことを増やす一因であった。次第に彼の人となりも分かってきた。前に述べたように彼と私は同学年である。私たちの学年は最も全共闘運動の影響を受けている。私自身、シンパと活動家の境目のような位置にいた。高校生運動に燃えきれないものを引き摺って大学生となり研究者への道を歩いていた。丸谷君も高校生運動に関わっていたはずである。このことは、私は、彼に私と同じような高校生運動の蔭を感じていた。このことは、私の彼への親近感を深めた。このように、私は丸谷君と親しく附き合うようになっていった。寺小屋教室自体が全共闘運動の蔭を引き摺っていた。寺小屋教室の出発からして既存のアカデミズムへの抵抗の精神が流れている。こうした体質が私や丸谷君に居場所を与えたのかもしれない。ただ時代は全共闘運動の精神の退潮の時期であった。寺小屋教室も次第に衰退していった。やがて、解散をせざるを得なくなった。「荻生徂徠研究」講座は寺小屋教室の幕引きを担った数少ない講座の一つであった。「荻生徂徠研究」講座は荻生徂徠研究会として独自に存続する道を選んだ。この時、会の実務を担って会の存続に最も努めてくれたのは丸谷君だった。会員も一時は私と澤井啓一氏それと丸谷君の三人にまで減った。このことは、三人の関係を一層緊密なものとした。荻生徂徠研究会は、その後多くの参加者を得ることに成功し、今に至るまで存続している。

荻生徂徠研究会（徂徠研）は徂徠を標榜しているが実質は論語研究会と言っても好い。徂徠の『論語徴』の講読を中心としているが、同時に伊藤仁斎の『論語古義』、更に『論語大全』を読み合わせている。それぞれの担当は固定していた。『論語大全』は私末木、『論語古義』は丸谷君、『論語徴』は澤井啓一氏であった。徂徠研が続いて行くうちにまず澤井氏が勤め先の都合で欠席することが多くなり、『論語徴』の担当を降りた。丸谷君は、『論語古義』の担当を粘り強く続けた。彼のリポートは『論語古義』の諸稿本を興して、その変化を丹念に指摘した。彼はこの作業を病気で上京ができなくなるまで続けたのである。私は、途中で徂徠研が開かれる土曜日に授業を配当されて一年間徂徠研を休まざるを得なかった。結果、丸谷君が最も長くリポーターを続けたのである。

そろそろ中国哲学者としての目から見た丸谷君の話に移ろう。私が寺小屋教室にチューターとして参加したことは上に述べた。これは、私が中国哲学を専攻していたからである。漢文（中国古典語）を読む訓練を受けてきていた。また、儒学の基礎知識を持っていた。私は、「日本の儒学」講座のチューターになった。「日本の儒学」講座では、日本の儒者の文献を読もうとしていた。日本の儒者の文献には勿論和文の者もある。しかし、本格的な資料は漢文によって書かれている。これを読むには、漢文を読む力を必要とする。日本儒学は儒学である以上東アジアに共通する儒学の基礎知識も必要とする。こうした条件にかなう存在として、私は「日本の儒学」講座のチューターになったのである。

丸谷君は、「日本イデオロギー論」講座から「日本の儒学」講座に移ってきた。「日本イデオロギー論」講座は上に述べたように、名波弘彰氏が講師をしていた。名波氏は、始め漢文学科を出て、その後国文に専攻を転じた。名波さんから漢文の手引きを受けていた可能性はある。ただ、大学で漢文の訓練や儒学の基礎知識を学んではいないことは確かである。

丸谷君はこれも上に述べたように、徂徠研では『論語古義』を担当していた。伊藤仁斎は、丸谷君の研究の中核を占めている。修士論文、博士論文では、仁斎の『論語古義』や『孟子古義』の成立過程を丹念に追求した。彼の仁斎研究は仁斎全集の計画の中心人物に彼を育て上げた。

しかし、初期の丸谷君の漢文力は見るも哀れなものであった。彼のリポートに対して、漢文の訓みの修正で始終したと言える。しかし、私たちの指摘を丸谷君は素直に受け入れた。彼の語るところでは、私たちの漢文の訓みについての指摘をカードに取り復習をおこたらなかったと言う。こうした努力が実を結び、彼の漢文力は飛躍的に伸びていった。最後まで、漢文の訓みに不安はあったが、漢文力は一応一人前になっていった。

儒学についての知識も徐々に身につけていった。私からは、朱子学の基本的な研究書を聞き出しては、コツコツと読書を重ねた。朱子学については一通りの基礎知識を身につけていった。

今も目を閉じれば丸谷君の人の良い笑顔を思い出す。徂徠研に出席すると、ふらっと名古屋から丸谷君が出てくるような気になる。伊藤仁斎をライフワークとした彼が、最後に企てていたのは仁斎全集の刊行であった。今も私の手元に一枚のCD－ROMが残っている。『論語古義』林本のCD－ROMである。丸谷君が下稿を作り、大谷雅夫さんが手を加えたものである。行く行くは仁斎全集の原稿となるはずのものであった。丸谷君は仁斎全集の中心として、大きな仕事を残す一歩手前に至っていた。彼の学力はそこまで育っていた。しかし、この仕事は結局実現することなく終わってしまった。今は、丸谷くんの夭折を悔やむよりほかはない。

（駒澤大学教授）

酒場と予備校

苅部　直

「最近、お父さんがご活躍のようで。」西新宿のバー、ペーパームーンのママ、中尾美和子さん（店もママもいまはない）が言った。え、と思ってカウンターの隣に座る丸谷さんを見る。その前に、丸谷才一の息子と間違えられたというお話を聞いたことがあったから。たしかこの大作家の新作小説が出たか、何かの賞をとったときだろう。しかしご当人は否定すると思いきや、平然とうなずいている。勘違いを指摘して恥をかかせるのを避ける気づかいだったか、それとも人の悪いところが丸谷さんにもあったのか。

丸谷さんとは一年半ほど「同僚」として接していた時期がある。河合塾で学生の個別相談を受けるフェローのアルバイト。丸谷さんは政治・経済、当方は日本史の担当である。明治大学の後藤総一郎先生の研究会に出入りしていた留学生から、丸谷さんの名前をきいていたので、河合塾の千駄ヶ谷校（これも現在は消滅）で初めて姿を見かけたとき、ああこの人かと思った。その日は大学の非常勤講師としての授業もあったのか、スーツにネクタイという姿。いまでも丸谷さんを思い出すとき、その服装が脳裏に浮かぶ。

しかし挨拶して知遇をえたのは、おそらくその数カ月後、『思想』八二〇号に載った論文「伊藤仁斎の「情」的道徳実践論の構造」の合評会のときである。一九九二年十月号だから、その年の年末あたりだろう。当時、荻生徂徠研究会と並行して半年に一度ほど開いていた「日本思想研究会」。幹事の一人だった黒住真さんが、案内の葉書に「長年のご研究をまとめられた」と書いておられたのを憶えている。その会の幹事は、数年後に丸谷さんと当方が引き継いだのち、立ち消えにしてしまったのであるが。

ともあれおたがいに河合塾への出勤の曜日が同じだったため、五時ごろに仕事を終えると代々木方面へ一緒に飲みに行き、最後はペーパームーンというコースをたどるのが慣例になった。以前に身体を壊したことがあると聞いていたのだから、いまにして思えば、酒量についてもっと配慮すべきだったのだろう。だが当時はこちらも若くて無謀だったので、そういうことに気が回らない。とにかく楽しかった印象ばかりが残っている。そのころ、ある年の丸谷さんからの年賀状に「昨年もっとも頻繁に飲み、語ったのはあなたでした」とあった。

予備校教師としての丸谷さんについて知る人は少ないだろう。たまたま当方の大学の同級生が一九八三年度にお世話になっている。その男の話では、大学に入ってからも何度か、元学生たちが丸谷さんを囲む会を開いていたとのこと。やはり、慕われる先生だったのである。八三年の前後は、予備校の業界に活気（単に儲かっていたというだけではない）があった黄金時代。まだその空気がかろうじて残っていた九〇年代初頭に、仕事仲間として顔をあわせていたことになる。

やがてこちらが辞めるのと同じころ、丸谷さんも明治大学の複数の学部、八千代国際大学（現在の秀明大学）と出講先が多くなり、河合塾から離れた。将来の保証はないが、実入りはそれなりによく、学生と気のむくままにおしゃべりしていても許される、奇妙に自由な職場だった。そんな予備校で何年もすごした経験が、のちのち授業や研究のスタイルに与えた影響は小さくないと思っているのだが、丸谷さんもそうだったのではないか。

なぜ伊藤仁斎をテーマに選んだのか。稿本研究という途方もない作業に着手したのはどういうきっかけか。何度もおしゃべりしていたのに、そのことを質問した記憶がない。後者については、仁斎研究のシンポジウムで三宅正彦から批判を受けたのが始まりだと聞いたような気もするが、ご本人による説明だったかどうか。こちらは、なぜ和辻哲郎を研究しているのかと問い詰められ（絡まれ）、どんな風に説明しても納得してもらえず困惑したけれど、反対尋問をしたことはなかった。

ただ、うっすらと想像することはある。直接にはもちろん、学習院大学法学部政治学科――日本政治思想史の講義は、非常勤講師であった中国政治研究の毛里和子先生から受けたと聞く――や、高田馬場にあった寺小屋教室での修練が、仁斎研究のきっかけになったのだろう。だがそのさらに底には、都立雪谷高校時代の学園紛争の経験があったと思う。

その学校で高校紛争が起こったのか、あるいは他校の紛争の支援に入ったのかについては、よく知らない。ただ断片的な話から、学園紛争とその後の内ゲバ・爆弾テロへと展開する時代の動きからゆっくりと距離をとるようにして、イデオロギー闘争と（表面上は）対極にあるアカデミックな営みへ、関心を移していったのだろうと思っていた。その印象は、いま丸谷さんの諸論文を読み返しても変わらない。

寺小屋教室の「水戸学・国体論」や「荻生徂徠研究」といった日本思想史研究の講座で学ぶことが、丸谷さんの研究者修業の大きな部分を占めていたことは確かである。だが同時に、指導教員であった森永毅彦先生（西洋政治思想史）や飯坂良明先生（政治学）といった、学習院大学政治学科のスタッフからの影響も強いだろう。「伊藤仁斎の「情」的道徳実践論の構造」で道徳感情に関するアダム・スミスの議論を引照しているのは、仁斎研究では異例であるが、研究者としての来歴を考えれば納得できる。

また、丸谷さんが大学院に進んだのち、一九八〇年に坂本多加雄先生が日本政治思想史の初代の専任教員として、学習院大学に着任している。丸谷さんより年上であるが三歳しか違わない。はじめは酒席をともにするなど、親しい関係であったと聞いた。その後、大学内の人間関係から来た疎隔のゆえか、九〇年代にはすでに二人の交流が絶えていたはずである。いろいろな事情があったのだろうが、両者と親交をもった立場からすると、ともに早世されたことも含め、きわめて残念なりゆきである。

丸谷さんの博士論文は「伊藤仁斎における『論語古義』の成立過程に関する研究——「忠恕」論を中心にして」。手書きによる執筆で、四百字詰原稿用紙で約六百枚の分量。一九八九年十月に政治学博士の学位を授与されている。審査委員の顔ぶれは、森永毅彦・飯坂良明・河合秀和・坂本多加推の各教授に、学外から丸山眞男が加わっていた。口述試験のさい、丸山が例によって長々と語りはじめ、それを飯坂先生が論文冊子にメモしているのを見て、「ひとの博士論文に……」とカチンと来たという思い出を、ご本人からきいた。大学での学位授与のあと、改めてペーパームーンで「学位授与式」をやったとのこと。丸谷さんにとっては気恥ずかしいながらも、やはり誇らしかっただろう。

『丸山眞男集』の年譜・著作目録には記されていないが、丸山は論文審査のために「講師」の肩書きで参加し、「審査の結果の要旨」には、三千字ほどの長文の「補足意見」を特別に書き加えて、関心の強さを表わしている。ただ東京女子大学にある丸山眞男文庫には、丸谷さんの博士論文の冊子や審査に関するメモは、残念ながら残されていないようである。

だが、一九八八年から始まった丸山の回想インタヴューの記録には、以下のような一節がある。これはもしかすると、論文審査のために伊藤仁斎の著作を読み直した経験、そして丸谷さんの論文を読んで考えた内容を示しているのではないか。丸谷・丸山のお二人がもっと元気なまま長生きして、仁斎に関する共同研究を楽しんでいる姿を、つい夢想してしまう。

「こんど仁斎のものを改めて読み返して、なぜ仁斎が、ああいう画期的な朱子学批判をやったか、あれは全くミステリーです。」

「仁斎は孔孟の道の本質を究めるというのかな。徂徠はもっと浮気で、非常に早くから韓非子とか諸子百家のものを読んでいて、言語学的な関心が強かった。古文辞学をうんとやっていて、その延長線上に朱子学の批判が出てくる。仁斎のほうはもっと真面目で、どこか聖人の道が歪曲されている、そういうことから直感的に朱子学批判に行っている。ちょっと驚くべきものなのです。」

（松沢弘陽・植手通有・平石直昭編『定本 丸山眞男回顧談』下巻、岩波現代文庫、二〇一六年、一八六～一八七頁）

先日、西新宿に用事があったついでに、ペーパームーンの跡地を訪ねてみた。二十年前はバブル経済崩壊のあとでビルが廃墟のようになっていたから、すでに建て替わっていると思っていたら、意外にも健在である。店があった地下の飲食街も、スナックとバーが三、四軒ちゃんと営業している。そして一、二階に新たに入っているのは、かつてはなかった予備校で、建物全体が明るく輝いているように見える。何だかオチがついたように思い、苦笑しながらその場所を離れた。

（東京大学教授）

跋にかえて——丸谷晃一氏の経歴および研究業績——

澤井　啓一

本書の編集に携わった者のなかで、私が丸谷晃一氏とのつき合いがもっとも長いことから、かれの「経歴」および「研究業績」について書くことになったが、まずは個人的な思い出から述べることにしたい。本書に収録された友人たちのエッセイにもさまざまな思い出が書かれていて、屋上屋を重ねるところもあるが、本書の意義を知ってもらうためには、やはりそこからはじめないとならないように思われるからである。「経歴」ということであれば、本来はその生い立ちなどから話を始めないといけないのだろうが、研究者丸谷晃一に関する「経歴」ということから、私との出会いからはじめたいと思う。

私が丸谷君——当時から、そして今でも私のなかでは「丸谷君」であるから、ここでもそう呼ばせてもらう——と出会ったのは、一九七四年四月のことである。当時高田馬場のマンションの一室を借りて開かれていた寺小屋教室の「水戸学・国体論」という講座であった。かれ自身が作成した、たぶん勤め先の大学に関係する資料であろう「履歴」には、一九七三年に学習院大学の法学部に入学したと書かれているので、その時かれは大学二年生になったばかりということになる。講座担当の講師は芳賀登氏で、後に出版された寺小屋教室に関する資料によると、ほかに圭室文雄氏・乾宏巳氏・尾藤正英氏の名前も講師としてあがっていて、かれらからはそれぞれ一、二回ほど話を聞いた記憶もあるが、おもには芳賀さんが研究史を含めていろいろなことを教えてくれたと記憶している。講座の最初に、それぞれが自己紹介をしたはずであるが、三、四名いたはずの受講生の名前も、丸谷君がどのような動機で受講したのかもまったく覚えていない。我ながら記憶力の悪さに驚くしかないが、丸谷君が「水戸学・国体論」を受講した理由は不明なまま、今に至っている。やや弁解じみた言い方になるが、それぞれの受講の動機に関しては、自分の過去をさらすことに等しいので、お互いに無関心を装っていたのかもしれない。それが「政治の季節」を過ごした人間の、ある種の処世術であり、優しさでもあった。

七五年度の「水戸学・国体論」から、会沢正志斎の『新論』など、本格的な文献講読に入ってゆくが、そこで講師を勤められたのが名波弘彰氏で、名波さんは水戸学や日本思想が専門ではなく、中世日本文学が専門であったが、岩波の日本思想大系『水戸学』の注釈や解説を担当した今井宇三郎氏のお弟子さんであったから、今井氏の紹介によって文献講読の講師に選ばれたものと思われる。ここから丸谷君の漢文資料読解の「修行」が始まることになる。名波さんのもとでの「修行」は、その後七七年度をもって「水戸学・国体論」講座が終了し、「日本イデオロギー研究」講座へと移行した後も継続されたと思われるが、この講座は八〇年三月まで続いた。その年の四月から丸谷君は、「水戸学・国体論」が分解した後に別の講座として始まっていた「荻生徂徠研究」講座——これは講師として末木恭彦氏にお願いし、「日本の儒学」として七八年四月から開講していたものの後身であり、私が参加していた——に移って、中国思想、なかんずく朱熹の思想を専門としていた末木さんのもとでさらに「修行」を積むことになる。

この講座では、当初は徂徠の『辨道』『辨名』のほか、『大学解』や『論語徵』を原典テキストに選んで順次読んでいったのだが、やがて徂徠の主著と目される『論語徵』を探究するために、『論語大全』と伊藤仁斎の『論語古義』を対比的に講読することになった。末木さんが『論語大全』を、丸谷君が『論語古義』を、そして私が『論語徵』を担当するという態勢がいつ頃確立したかについてははっきりとした記憶はないのだが、おそらく寺小屋教室が解散した後、いくつかの講座が一時的に協同して設立した寺小屋語学文化研究所に、「荻生徂徠研究会」と改名したうえで存続することになった一九八一年からそう遠くない時期であったように記憶する。参加メンバーは上記の三名以外にもいたのだが、入れ替わり立ち替わりの出入りとなっていて、誰がいつ頃参加していたのかはもはや定かではない。また三人による分担態勢は、やがて私の都合によって徂徠の担当を多くの人が順次担当することになり、それはそれで徂徠研究者が誕生する契機となったのであるから、いかにも「荻生徂徠研究会」——「徂徠研」というのが仲間内の呼び方であったので、以下ではそう呼ぶことにする——にふさわしいあり方だったと私自身はそれなりに納得しているのだが、『論語古義』の分担は丸谷君が体調を崩す頃まで一人だけで継続して行っていた。ついでに触れておくと、『論語大全』の分担も、一時的にほかの人が分担していた時期があったようだが、末木さんがごく最近までずっと継続されており、末木さんによる『論語大全』の解説にどこまでついていけるかが、つまりは『論語大全』という注釈のあり方にどこまで興味が持てるかが、「徂徠研」に定着できるか否かの分かれ目となっていた。

「徂徠研」は、八五年三月に寺小屋語学文化研究所が解散したのにともなって、場所を丸谷君が在籍していた学習院の一角、木造二階建ての建物に拠点を移すことになった。本書に収録されたエッセイで、多くの人が丸谷君を「徂徠研」の「ぬし」であったかのように語っているのはこうした経緯によるものであるが、実際のところ、研究会における討議の場ばかりでなく、その後の飲み会においても丸谷君は中心人物として活躍していた。『論語徴』などを前にした三時間以上にわたる討議と、その後の、お酒を飲みながらの、ほぼ同じくらいの時間をかけたさまざまなことがらに関する談論風発の時間が「徂徠研」の活動であったが、つねにその中心にいて、大きな存在感を放っていたのが丸谷君であった。なお寺小屋語学文化研究所が発行していた『寺小屋語学文化研究所論叢』の第三号——これが最終号であり、八四年十二月に発行された——には、末木さんによる「徂徠研」の活動報告が載っているが、そこには「やっと為政篇を終わり、八佾篇に入った」ことが書かれている。月一回程度の輪読ではこれが精一杯のペースであったと思われるが、『論語徴』を読破することではなく、『論語』の本文をどのような意味として理解するかについて、古注や新注を批判しながら仁斎や徂徠が何を考えていたのかを「実地」に検証することが目的であったから、いつ終わるかはまったく意識されていなかった。

この間、丸谷君は学習院大学法学部を卒業して、七九年には大学院の政治学研究科に進み、八二年には修士論文「伊藤仁斎の人間観の形成過程に関する研究——『孟子古義』の諸稿本をめぐって」を書いて修士課程を修了し、博士課程に進んでいる。修士論文では仁斎を対象としていたが、そこで取りあげたテキストが『論語古義』ではなく『孟子古義』であったことから、「徂徠研」における講読とは別に、かれ個人として天理図書館古義堂文庫に所蔵されていた『孟子古義』の諸稿本を読んでいたことになる。修士論文に関わる業績として、寺小屋時代のことになるが、本書の第三部として収録した二つの作品、「伊藤仁斎の人間観——『孟子古義』諸稿本を中心にして」と「伊藤仁斎の人我相異論の成立過程——仁斎の人間観と道徳論をめぐって」が、『寺小屋語学文化研究所論叢』の第二号と第三号に発表されている。これらは丸谷君にとっては処女作と言えるものなのだが、一方で、かれ自身は「習作」として位置づけていたのだろうか、その後の業績一覧からは除かれている。したがって、かれの記念すべき最初の論文は、一九八五年九月に大阪大学で開催された「仁斎シンポジウム」で発表した内容を活字化した「伊藤仁斎における「同一性」批判の構造

──人我相異論の形成過程」(『季刊日本思想史』第二七号、ぺりかん社、一九八六年)であり、これは本書第一部の最初に収録している。

この当時、三宅正彦氏を中心に仁斎研究の新しい見解、すなわち版本や活字化された仁斎の著書は、ほとんどが東涯による修正を受けているから、仁斎の思想を分析するためには「林本」などの稿本類を見なければならないという主張がなされていた。丸谷君もそうした新しい動向に刺激を受けて、『孟子古義』の稿本類の調査に取り組んだと思われる。仁斎の学問的研鑽は、その生涯にわたって続けられた主要な著作の修正に基づいて展開されたと言えるのだが、それらのほとんどが古義堂──仁斎が創始し、東涯およびその子孫によって受け継がれてきた学塾──に近代に至るまで大事に継承されてきて、さらに中村幸彦氏の尽力によって天理大学に収蔵されて現在に至っている。『古義堂文庫目録』(天理大学出版部、一九五六年)に詳しく説明されているが、仁斎四十歳代後半に書かれたもの──これらが現存する最古の稿本とされ、それ以前の注釈類は存在した可能性が高いが、現在は失われている──から、亡くなる直前の七十八歳の時に改訂がなされた「林本」までの間に、何年かおきに改定作業が行われ、「抹消」「書き入れ」などによって、その痕跡が残された数種類の稿本類が存在する。丸谷君は、これらの稿本類を、個人的に、あるいは所属していた学習院大学や研究者仲間の協力を得ながら、写真による複写版を入手し、それらを読み込む形で研究を進めたのである。丸谷君が苦労をして入手した仁斎の稿本類(写真版)は現在学習院大学の図書館に所蔵されていて、学習院大学の関係者によると誰でも閲覧可能だという。もっとも学習院に所蔵のものはモノクロの写真版であり、仁斎は校本の修正に墨だけでなく赤や青の筆も用いているので、仁斎の修正の細かなところは天理大学の図書館にある原本を見ないと判断できないのだが、関東近辺にいて、本書に関心をもった人はぜひ学習院所蔵の写真版も参照してほしい。じつは、それを見ないことには本書に収録された丸谷君の仕事の大変さはもちろん、その重要さも理解できないのである。

かくして、仁斎に関する資料の山──人跡未踏の巨峰と形容することもできる──に分け入るような作業に丸谷君は終生取り組むことになった。しかし、これは無謀と言うしかない選択でもあった。というのも、仁斎の稿本類は、それを大切にしてきた子孫や関係者たちによる「奇跡の賜物」とも呼べるような貴重な財産であるが、それがゆえにかえって仁斎研究の最大の妨げになっていた。仁斎自身の最終稿本とされる林本と東涯が出版した版本とを比較して、その異同を指摘するだけのことであれば、時間をかけさえすれば可能である。だが、古義堂文庫には、さきにも述べたように時期の異なる多くの稿本類が残されている。それらを読んで、その間にどのような「変化」が仁斎に起きたのかを探ることは想像を絶する忍耐力が必要とされる。さらには小さな変化をも見逃さない読解力と、なおかつ仁斎の思想をどのようなものと捉えるかという構想力が要求される。朱子学の影響が徐々に薄まって独自の学問が姿を現してきたというような単純明快なストーリーは、じつはそこには存在しないのである。詳しいことは、本書に収録された丸谷君の個々の論文を読んでいただくしかないのだが、朱子学的色彩の濃い表現を消しながら、また別の箇所の朱熹の注釈を使用したり、一度抹消した文章を再び採用したりと、「迷走」としか言いようのない展開が『論語古義』や『孟子古義』をはじめとする稿本類から浮かびあがってくるのである。三十歳代半ばと推測される『論語古義』への最初の取り組みから七十九歳で亡くなる前年の「林本」まで、四十数年間の間、仁斎が迷うことなく一直線に歩み続けたなどと考えることは稿本類から導かれる「事実」に反している。そうではあるが、仁斎における「紆余曲折」がいかなるものであったかについては、注釈という形以外に仁斎自身が語っていない以上、ひとえに稿本類を読み解く側に委ねられているのもまた確かであろう。仁斎の生涯をかけた「迷走」にどのようなストーリーを当てはめるかということに、研究者の力量すべてが問われていると言ってよい。

一九八九年十月に、丸谷君は博士論文「伊藤仁斎における『論語古義』の成立過程に関する研究――「忠恕」論を中心に」によって政治学博士号を取得するが、それ以前の八七年には学習院大学大学院の博士課程（後期課程）を満期退学していた。その後一九九五年四月、中部大学女子短期大学・日本語日本文化学科に助教授として就職するまで、予備校やいくつかの大学の非常勤で生計を立ててゆくことになる。一方、「徂徠研」の活動は、八七年に丸谷君が学籍を失って、同大学付属の東洋文化研究所の研究生となったことから、同じく研究会のメンバーであるケイト・ナカイさんの勤め先、上智大学比較文化学部――最初は市ヶ谷キャンパス、後に四谷キャンパス――に移ることになった。その後さらに、やはりメンバーの一人である菅原光さんの尽力で場所を専修大学に移して「徂徠研」は現在に至るまで存続している。丸谷君にとって「徂徠研」は終生の「修行」の場であったように思う。ある意味、仁斎と同じように、一つのテキスト、一つの問題に根気よく向かいあっていたのが丸谷晃一という研究者であった。「徂徠研」という場において、若い研究者を含めて、明るく楽しく、そして真剣に討議することで、丸谷君は仁斎研究を深めていったのである。上智大学で研究会が開かれる頃には、さきに紹介した講読の役割も固定されていたから、そこで培った『論語古義』に関する知見をもとに、丸谷君は博士論文をまとめあげることができたのだろうと推測する。とくに研究に関する方法論や視座——丸谷君が好んで使った術語——に関しては若手の研究者たちから得たものは大きかっただろう。その様子は本書に収録された友人たちのエッセイから知ることができる。それらのエッセイを読むと私の知らないことも多く、私は丸谷君との出会いが早かっただけで、本当に一緒に歩んできたのだろうかと疑念を抱かざるを得ない。すくなくとも良き友人ではなかった気がしてならない。

それはともかく、政治思想史の領域で、テキスト改訂の痕跡をたどるという解釈学的な研究や、「忠恕」論という、一見すると倫理学的なテーマがどのように評価されたのかは分からないが、無事に論文審査に合格したのだから、日本政治思想史における新しい研究として一定の評価を受けたものと思われる。後掲の「経歴および研究業績」を見ていただければ、恐らく指導教員であった森永毅彦氏——森永さん自身はカントを中心とした西洋政治思想の研究者であった——の尽力の賜物だと思うが、当時学習院大学にいた坂本多加雄氏ばかりでなく、日本政治思想史の創始者とも言える丸山眞男氏までがよばれた審査委員会が作られ、そこで審査が行われたことを知ることができる。丸谷君にとって、この審査委員会は多大なプレッシャーであるとともに、大いなる栄誉であるとも感じていただろうと推測されるが、かれの博士論文が西洋と日本とに専門を異にするものの、政治学や政治思想史学の名だたる研究者によって評価されていたことを指摘しておきたい。

その後、博士論文の内容はいくつかの非常勤先の紀要や学会誌に発表された。本書第二部に収録した「伊藤仁斎における「古義学」的方法の形成過程——『孟子古義』諸稿本における「至大至剛」の解釈を巡って」(『政治経済史学』第三〇〇号、日本政治経済史学研究所)と「伊藤仁斎『論語古義』里仁篇・〈参乎〉章の注釈の成立過程に関する考察——道徳論における「情」の構造」(『八千代国際大学紀要国際研究論集』第四巻第二号、八千代国際大学国際研究学会)は、稿本類の異同を検証しながら、仁斎がいかにして朱子学から脱却しようとしたかを追究したものであった。こうした博士論文以前から取り組んできて、博士論文として結実した稿本研究に一応の区切りをつけて、仁斎の思想の核心に直接迫ろうと試みたものが、一九九二年に、『思想』第八二〇号に掲載された「伊藤仁斎の「情」的道徳実践論の構造」という論文であった。この論文は本書第一部の最後に収録したが、丸谷君自身も期するところがあったように思われる。「情」という、人間の発露された情感の問題は、これまでの仁斎論のなかでもたびたび取りあげられてきた主要なテーマではあったが、丸谷君はそれを仁斎における実践をめぐる問題として論じようとしたのである。仁斎の場合、道徳的実践は、社会的実践、すなわち政治的な実践でもあるから、狭義の政治論という観点からは見逃されてきた問題こそがじつは仁斎を政治思想として研究するに際して核心的なテーマなのだという、丸谷君のメッセージがそこには籠められているように思う。丸谷君の研究は、仁斎研究が丸山眞男以来、政治思想史の領域であまり取りあげられなかった理由として、仁斎の思想を政治思想と考えるにあたって、何を、どのような方向から扱うかという検討がほとんどなされてこなかったことに対する反省から出発しているのである。

一九九五年に中部大学女子短期大学――九八年には中部大学人文学部に改組される――に就職して生活が安定したこともあり、丸谷君は、仁斎研究に関して新しい取り組みを始める。それは二つの方向から成りたっていた。一つは、博士論文で取りあげた『論語古義』に関する注釈的な仕事の延長で、諸稿本のうち「林本」の訳注を作るというものであった。これに関しては、『論語古義』の初めの部分だけであるが、現在東北大学に勤めている片岡龍さんとの共同作業による作品が『人文学部研究論集』(中部大学人文学部発行)の第三号から五号にかけて掲載されているほか、そのほかの研究者の協力も得て、『論語古義』全体の訳注に取り組んでおり、ほぼ完成した草稿が残されている。これは諸般の事情から出版にまでは至らなかったが、もしも公刊されたならば、仁斎研究にとって貴重な文献資料の提供となり、その発展に大きな貢献を果たすことになっただろうから、中断したままであるのは非常に残念なことである。また、かれが研究代表者となって獲得した数回の科学研究費のタイトルを見ると、仁斎の『論語古義』だけにとどまらず、仁斎・東涯の注釈的営為の全貌に迫る仕事を構想していたようである。丸谷君としては、『論語古義』を皮切りに、「林本」を中心とした仁斎全集を編集する計画も持っていたようであるが、仁斎の主要な著作の「林本」をデータベース化するだけにとどまっている。これらを書籍として出版するのではなく、データベースとして多くの研究者に活用してもらう道も考えられるのだが、「林本」を始めとする稿本の所蔵元である天理大学との関係もあって、広く知られていないのは残念なことである。

もう一つの方向は、さきに述べた仁斎における道徳的実践の問題を発展させたもので、一九九八年に開催された日本思想史学会における口頭発表「伊藤仁斎における「善」と「悪」」を皮切りに、翌年勤め先の紀要に発表された「伊藤仁斎における「性善」論の構造」(『人文学部研究論集』第一号)、さらには「伊藤仁斎における「道」秩序の構造(一)」(『人文学部研究論集』第六号）・「伊藤仁斎における「道」秩序の構造㈡」（『人文学部研究論集』第七号）へと続く議論である。このうち「伊藤仁斎における「性善」論の構造」は本書第一部に、そのほかの二つの論文は第二部に収録したが、仁斎の注釈的変遷がどのようであったかというこれまでの解釈学的研究ではなく、「林本」段階に場面を設定して、仁斎の「政治思想」がどのようなものであったかを探ろうとした研究である。朱子学を否定しながらも、なおかつ仁斎が保持してきた「性善」論が、理念だけでなく実践をも含めたもっとも重要な議論であることを検証しようとしたものであった。そのために丸谷君は、仁斎において「悪」とはなにか、それがいかなる論理によって構成された議論なのかを明らかにしようとした。仁斎における実践規範としての「道」には、現実世界を反映して、「善」ばかりでなく、「悪」もまたその基本構造のなかに組み込まれているからである。もちろん、こうした議論を「政治思想」領域に扱いうることを論証するために、古代ギリシアの哲学的議論や、それを再評価しながら登場してきた西欧近代初頭の政治論などを参照することで、方法的な枠組みを確立しようと苦心していた。ただ、残念なことに、最後の論文「伊藤仁斎における「道」秩序の構造㈡」のなかで、その先に論ずべきことに言及しながら、それはついに日の目を見ることがなかった。この研究の到達点は、かれの死とともに消え去ってしまったのである。

このほかに丸谷君の業績としては、後掲の「経歴および研究業績」に挙げたように、「佐藤一斎の思想」（『日本通信』第四号、中部大学女子短期大学日本語文化センター）や事典原稿など、仁斎以外の仕事もある。仁斎に関しても「『童子問』（諏訪春雄・山折哲雄・芳賀徹・小松和彦監修『日本古典への誘い100選Ⅰ』東京書籍）で解説と現代語訳を担当するといった一般向けの仕事もある。しかし、なんと言っても丸谷君の最大の業績は、ここまで述べてきたように、仁斎の思想との、文字通り「格闘」が挙げられよう。それは、現代から見て仁斎の思想の有効性を論じるような一般的な仁斎論ではなく、仁斎の思想の変遷過程をテキストの改訂という「ささいな」証拠から復元しようとする試みであった。これが成功したかどうかについては、本書を読んだ読者の判断に任せたいと思うが、本書に収録した高山大毅さんの「解題」と相原耕作さんの「解説」は、そのためのよき「道しるべ」となると思われるので、ぜひ熟読してほしい。また丸谷君の一連の仕事が、これから仁斎に関心を持つ研究者によって受け継がれて行くことを切に願っている。研究者の現在的関心からの議論は時間の経過とともに色あせてゆくしかないが、テキストの確定という作業は時間を越えて継承されるからである。

最後に、晩年と呼ぶには早すぎる時期であったが、丸谷君が亡くなる頃の経緯と、その後に始まった本書編集について述べておきたい。「経歴および研究業績」に示したように、かれが体調を崩すようになったのは二〇一一年の頃のことである。持病の「糖尿病」以外に、「アルコール依存症」が疑われるような状態になり、勤務先の仕事にも支障ができたことから、病院に入院する事態になったことを電話や電子メールを通じて私はかれから聞かされた。当時私は仕事が多忙を極めたうえに身体を悪くするなどして、「徂徠研」への出席もほとんどできず、丸谷君から逆にいくどとなく励まされているような状態だったから、私がかれのためにできることはほとんど何もなかった。丸谷君はその後断酒会に参加するなどして復帰をはかっていたようであるが、じつは「前頭側頭型認知症」に罹っていたことが判明して、入院治療を余儀なくされる。「前頭側頭型認知症」は、当時はもちろん、今でもよく知られていない病気だが、いわゆる「若年性認知症」の主たる要因に挙げられている病気である。入院後、私は二度、一度目は一人で、二度目は「徂徠研」の若い仲間、菅原光さんと高山大毅さんとともにお見舞いに行き、丸谷君に会ったのだが、すでにまとまった内容を持続的に話すことは無理な状態であった。その後も「徂徠研」のメンバーでお見舞いに伺うことを計画したのだが、病院側の都合もあることから参加する人数などを調整していているうちに、ついに果たすことができずに終わった。

最終的に「紘仁病院」に転院したのちに、丸谷君が「肺炎」を併発して亡くなったのは二〇一五年十一月九日のこと、通夜は十一月十一日に、葬儀は十二日に「平安会館春日井東斎場」で同じく行われた。通夜に際しては、高山大毅さんが「徂徠研」を代表して弔辞を読みあげたほか、相原耕作さんと大久保健晴さんが参列した。亡くなった病院の名前に「仁」という文字があったことに不思議な感じがしたというのは、ご伴侶の市枝さんの話である。また葬儀場は、勤務先の中部大学が望める場所にあり、最後まで復職を目指していた丸谷君の気持ちを思ってのことだったというのも、やはり市枝さんの話である。丸谷君の葬儀も含めて、その最後の時期に何もすることができなかった私には、せめてかれの論文集を出版することだけができること、しなければならないこととして残されていた。

丸谷君が亡くなった後の「徂徠研」は、かれがずっと一人で続けていた仁斎の『論語古義』の担当を私が引き受ける形で再開されたが、その会合のなかでかれの論文集を編集する話が持ちあがった。たぶん誰が言いだすともなく、そこに参加していたメンバー全員の思いだったような気がする。丸谷君自身も自分の論文集を出版することを考えていたようであったが、それをはっきりと示すようなメモ類は残されていなかったので、一六年三月に本書の解題・解説やエッセイを執筆しているメンバーが中心となって、かれの論文を読みながら討議を行った。その結果が本書の構成として反映されている。丸谷君自身がまとめたならば違う形になっていた可能性も高いが、残された論文から判断するかぎり本書の構成がベストだと私たち「徂徠研」のメンバーは考えている。本書の出版は、丸谷君自身が恐らく望んでいただろうと思い、ぺりかん社に引き受けてもらった。二つ返事で快諾された編集部の藤田啓介氏に、丸谷君に代わって心からの感謝を申しあげたい。さらには、かつて「徂徠研」のメンバーだった人々や日本思想史研究の分野で丸谷君と親交のあった方々全員に、やはり丸谷君に代わり、この場をかりて感謝の意を申しあげたい。

丸谷晃一氏の経歴および研究業績

一九五三年一月三日　丸谷忠彦・貴美子夫妻の長男として生まれる
一九七一年三月　東京都立雪谷高等学校卒業
一九七三年四月　学習院大学法学部政治学科入学
一九七四年四月　寺小屋教室「水戸学・国体論」講座参加（〜七七年三月まで）
一九七七年三月　学習院大学法学部政治学科卒業
一九七七年四月　学習院大学文学部聴講生
一九七八年四月　学習院大学法学部聴講生
一九七八年四月　寺小屋教室「日本イデオロギー研究」講座参加（〜八〇年三月まで）
一九七九年四月　学習院大学大学院政治学研究科（政治学専攻）修士課程入学
一九八〇年四月　寺小屋教室「荻生徂徠研究」講座参加（〜八一年三月まで）
一九八一年四月　寺小屋語学・文化研究所「荻生徂徠研究会」参加（〜八五年三月まで）
一九八二年三月　学習院大学大学院政治学研究科（政治学専攻）修士課程修了。政治学修士号取得。修士論文「伊藤仁斎の人間観の形成過程に関する研究——『孟子古義』の諸稿本をめぐって」（論文審査委員：坂本多加雄・松本三之介・森永毅彦）
一九八二年四月　学習院大学大学院政治学研究科（政治学専攻）博士後期課程入学

一九八三年十月　「伊藤仁斎の人間観――『孟子古義』諸稿本を中心にして」（『寺小屋語学文化研究所論叢』第二号、寺小屋語学・文化研究所）

一九八四年十二月　「伊藤仁斎の人我相異論の成立過程――仁斎の人間観と道徳論をめぐって」（『寺小屋語学文化研究所論叢』第三号、寺小屋語学・文化研究所）

一九八五年九月　発表「伊藤仁斎の人我相異論の成立過程――仁斎の人間観と道徳論をめぐって」（大阪大学文学部日本学研究室主催「仁斎シンポジウム」、於大阪大学）

一九八六年九月　「伊藤仁斎における「同一性」批判の構造――人我相異論の形成過程」（『季刊日本思想史』第二七号、ぺりかん社）

一九八七年三月　学習院大学大学院政治学研究科（政治学専攻）博士後期課程単位取得の上満期退学

一九八七年四月　学習院大学東洋文化研究所研究生

一九八九年十月　学習院大学大学院政治学研究科（政治学専攻）より政治学博士号取得。博士論文「伊藤仁斎における『論語古義』の成立過程に関する研究――「忠恕」論を中心に」（論文審査委員：飯坂良明・河合秀和・坂本多加雄・丸山眞男・森永毅彦）

一九八九年十月　東京理科大学（工学部第二部）非常勤講師

一九九〇年四月　学習院大学（法学部）非常勤講師

一九九〇年四月　明治大学（政治経済学部）兼任講師

一九九一年六月　「伊藤仁斎における「古義学」的方法の形成過程――『孟子古義』諸稿本における「至大至剛」の解釈をめぐって」（『政治経済史学』第三〇〇号、日本政治経済史学研究所）

一九九一年七月　「伊藤仁斎『論語古義』里仁篇・〈参乎〉章の注釈の成立過程に関する考察――道徳論における「情」の構造」（『八千代国際大学紀要国際研究論集』第四巻第二号、八千代国際大学国際研究学会）

一九九二年十月　「伊藤仁斎の「情」的道徳実践論の構造」（『思想』第八二〇号、岩波書店）

一九九四年四月　八千代国際大学（政治経済学部）非常勤講師

一九九五年四月　中部大学女子短期大学（日本語日本文化学科）助教授
一九九六年一月　「佐藤一斎の思想」（『日本通信』第四号、中部大学女子短期大学日本語文化センター）
一九九七年四月　母貴美子氏死去（享年七十三歳）
一九九七年四月～二〇〇一年三月　科研「伊藤仁斎・東涯の諸稿本に関する総合研究」（課題番号09410009・研究代表者：早稲田大学文学部教授土田健次郎）参加
一九九八年四月　中部大学（人文学部・日本語日本文化学科）助教授
一九九八年十月　発表「伊藤仁斎における「善」と「悪」」（平成十年度日本思想史学会、於同志社大学）
一九九九年一月　「伊藤仁斎における「性善」論の構造」（『人文学部研究論集』第一号、中部大学人文学部）
二〇〇〇年九月　父忠彦氏死去（享年七十九歳）
二〇〇〇年一月　訳注（片岡龍氏と共著）「伊藤仁斎の訓読法と『論語古義』の成立過程に関する研究㈠」（『人文学部研究論集』第三号、中部大学人文学部）
二〇〇〇年七月　訳注（片岡龍氏と共著）「伊藤仁斎の訓読法と『論語古義』の成立過程に関する研究㈡」（『人文学部研究論集』第四号、中部大学人文学部）
二〇〇一年一月　訳注（片岡龍氏と共著）「伊藤仁斎の訓読法と『論語古義』の成立過程に関する研究㈢」（『人文学部研究論集』第五号、中部大学人文学部）
二〇〇一年四月　中部大学大学院（国際関係学研究科）助教授
二〇〇一年七月　「伊藤仁斎における「道」秩序の構造㈠」（『人文学部研究論集』第六号、中部大学人文学部）
二〇〇二年一月　「伊藤仁斎における「道」秩序の構造㈡」（『人文学部研究論集』第七号、中部大学人文学部）
二〇〇二年四月　中部大学（人文学部・日本語日本文化学科）教授
二〇〇二年四月　中部大学大学院（国際人間学研究科）教授
二〇〇二年四月～二〇〇六年三月　科研「伊藤仁斎・東涯の思想に関する総合研究」（課題番号14310020・研究代表者：中部大学人文学部教授丸谷晃一）
二〇〇四年四月　中部大学（人文学部・歴史地理学科）教授

二〇〇六年四月　法政大学大学院（政治学専攻）非常勤講師
二〇〇六年四月～二〇一〇年三月　科研「伊藤仁斎・東涯の諸稿本の思想史的研究」（課題番号18320026・研究代表者：中部大学人文学部教授丸谷晃一）
二〇〇六年九月　「『童子問』」（諏訪春雄・山折哲雄・芳賀徹・小松和彦監修『日本古典への誘い100選Ⅰ』東京書籍）
二〇〇六年九月　長島市枝さんと結婚
二〇〇八年四月　中部大学大学院（国際人間学研究科歴史学・地理学専攻）教授
二〇一一年　夏頃から体調を崩し、その後数年にわたって入退院を繰り返す
二〇一五年十一月九日　肺炎のために入院先の病院で息を引き取る（享年六十二歳）

著者略歴
丸谷 晃一（まるや こういち）
1953年東京都生まれ。学習院大学法学部卒業。学習院大学大学院政治学研究科博士後期課程修了。政治学博士。元中部大学大学院教授。2015年逝去。
専攻—近世日本政治思想史（伊藤仁斎研究）
主要論文—「伊藤仁斎における「同一性」批判の構造」（『季刊日本思想史』27号），「伊藤仁斎の「情」的道徳実践論の構造」（『思想』820号）

装訂——鈴木 衛

伊藤仁斎《いとうじんさい》の古義学《こぎがく》
稿本からみた形成過程と構造

2018年10月10日　初版第1刷発行

著　者　丸谷 晃一

発行者　廣嶋 武人

発行所　株式会社 ぺりかん社
〒113-0033　東京都文京区本郷1-28-36
TEL 03(3814)8515
http://www.perikansha.co.jp/

印刷・製本　閏月社＋創栄図書印刷

Printed in Japan

ISBN 978-4-8315-1519-3

日本思想史講座1――古代	苅部 直・黒住 真・佐藤弘夫 末木文美士・田尻祐一郎 編	三八〇〇円
日本思想史講座2――中世	苅部 直・黒住 真・佐藤弘夫 末木文美士・田尻祐一郎 編	三八〇〇円
日本思想史講座3――近世	苅部 直・黒住 真・佐藤弘夫 末木文美士・田尻祐一郎 編	三八〇〇円
日本思想史講座4――近代	苅部 直・黒住 真・佐藤弘夫 末木文美士・田尻祐一郎 編	三八〇〇円
日本思想史講座5――方法	苅部 直・黒住 真・佐藤弘夫 末木文美士・田尻祐一郎 編	四八〇〇円
日本思想史辞典	子安宣邦監修	六八〇〇円

◆表示価格は税別です。